U0748563

大学基础写作教程
（第二版）

Daxue Jichu Xiezuo Jiaocheng

主　编　赵成林

中国教育出版传媒集团

高等教育出版社·北京

内容提要

本着博采众长、守正出新、简要周到、切实可用的原则，本教材不但选材广泛、新颖，而且注重体例的独创与内容的充实。教材分上、下两编，共九章。上编为理论篇，包括写作概论、聚材论、构思论和表达论四章，全面介绍写作活动必备的基础知识和基本理论；下编为文体篇，含文体导论、文学文体、公务文体、实用文体、学术文体五章，分别讲解了近30种文体的概念、特点，写作要求和案例分析。从文体类型看，几乎囊括了所有已经成型的各种文体大类；从现实需要看，广泛涉及了生活与交流的各种文体样式。各章均以经典文本的分析导入，章后附有"阅读推荐书目"与"思考与练习题"，形成了从感性认识到理性认识再到实践指导的完整学习设计。

本教材可供高等院校各专业学生的基础写作类课程使用，也可供社会各行业人员自学参考。

图书在版编目（CIP）数据

大学基础写作教程 / 赵成林主编 . -- 2版 . -- 北京：高等教育出版社，2024.1（2025.1 重印）
ISBN 978-7-04-061422-0

Ⅰ．①大… Ⅱ．①赵… Ⅲ．①汉语－写作－高等学校－教材 Ⅳ．①H15

中国国家版本馆CIP数据核字(2023)第233014号

Daxue Jichu Xiezuo Jiaocheng

策划编辑	罗 京	责任编辑	罗 京	封面设计	赵 阳	版式设计	杨 树
责任校对	张 然	责任印制	赵 佳				

出版发行	高等教育出版社	网 址	http://www.hep.edu.cn
社 址	北京市西城区德外大街 4 号		http://www.hep.com.cn
邮政编码	100120	网上订购	http://www.hepmall.com.cn
印 刷	北京中科印刷有限公司		http://www.hepmall.com
开 本	787 mm×1092 mm 1/16		http://www.hepmall.cn
印 张	22	版 次	2014 年 2 月第 1 版
字 数	400 千字		2024 年 1 月第 2 版
购书热线	010-58581118	印 次	2025 年 1 月第 3 次印刷
咨询电话	400-810-0598	定 价	41.70 元

本书如有缺页、倒页、脱页等质量问题，请到所购图书销售部门联系调换
版权所有 侵权必究
物 料 号 61422-00

编写组成员
（按姓氏音序排序）

符继成　谷文彬　何　纯　黄春霞　蒋金星

雷　磊　李军华　刘晓丽　吕　斌　莫立民

漆凌云　宋德发　唐晓玲　田　华　童　真

王洁群　王学业　喻几凡　赵成林　郑长天

序

陈文新

人与人的沟通离不开说话和写作,说话是口头的写作,写作是书面的说话。写作在人类生活中的重要程度,无论怎样形容,恐怕都是不过分的。基于这样一个认识,虽然我不是什么写作高手,但当成林教授嘱我为他们这本修订、再版的《大学基础写作教程》作序时,我没有迟疑就应了下来。

给这样一本书写序,义不容辞。

(一)

《大学基础写作教程》是一本朴质无华而又管用的教材。这里很少深奥难懂的理论阐释,也没有绚烂夺目的前沿话语,而是针对大学生具体文类训练不足、文体感较差的现实,在适当讲授写作基础理论的前提下,以主要篇幅讲解写作基本文体,包括文学文体、公务文体、实用文体和学术文体。

《大学基础写作教程》以文体为中心,拙见以为,这是一个睿智的安排。

不同的文体,体现了把握世界的不同方式。换句话说,把握世界的方式是多种多样的,文体因而也是多种多样的。钱锺书曾在《中国诗与中国画》一文中举过一个例子,以说明文体之间的差异:"我们常听说中国古代文评里有对立的两派,一派要'载道',一派要'言志'。事实上,在中国旧传统里,'文以载道'和'诗以言志'主要是规定各别文体的职能,并非概括'文学'的界说。'文'常指散文或'古文'而言,以区别于'诗'、'词'。这两句话看来针锋相对,实则水米无干,好比说'他去北京'、'她回上海',或者羽翼相辅,好比说'早点是稀饭'、'午餐是面'。因此,同一个作家可以'文载道',以'诗言志',以'诗余'的词来'言'诗里说不出口的'志'。""西方文艺理论常识输入以后,我们很容易把'文'一律理解为广义的'文学',把'诗'认为文学创作精华的同义词。于是那两句话仿佛'顿顿都喝稀饭'和'一日三餐全吃面',或'两口儿同去北京'和'双双同去上海',变成相互排除的命题了。……对传统不够理解,就发生了这个矛盾的错觉。"

清代纪昀的《阅微草堂笔记》卷十七讲过这样一个故事:

李秋崖与金谷村尝秋夜坐济南历下亭,时微雨新霁,片月初生。秋崖曰："韦苏州'流云吐华月'句兴象天然，觉张子野'云破月来花弄影'句便多少着力。"谷村未答，忽暗中有人语曰："岂但著力不著力，意境迥殊。一是诗语，一是词语，格调亦迥殊也。即如《花间集》'细雨湿流光'句，在词家为妙语，在诗家则靡靡矣。"愕然惊顾，寂无一人。

故事里的暗中之人，不妨说就是纪昀自己，他向来主张"文各有体，得体为佳"。"流云吐华月"是唐代诗人韦应物的一句诗，"云破月来花弄影"是宋代词人张先的一句词，李秋崖只注意到两者在意境方面"兴象天然"与"着力"的差异，纪昀却进一层揭示了两者的格调之别：一为诗语，一为词语；并引"细雨湿流光"为例，说明有些词中的佳句，放在诗中却未必好。诗词之"体"不容混为一谈。纪昀的说法，确系真知灼见。比如北宋的晏殊，作过一首《浣溪沙》词：

> 一曲新词酒一杯，去年天气旧亭台。夕阳西下几时回。　无可奈何花落去，似曾相识燕归来。小园香径独徘徊。

这首词传诵千古，不愧名作，而"无可奈何"一联，尤为精警，晏殊非常喜欢这两句，还曾写入七律《假中示判官张寺丞王校勘》中。清代张宗橚的《词林纪事》卷三引了这首七律，评道："细玩'无可奈何'一联，情致缠绵，音调谐婉，的是倚声家语，若作七律，未免软弱。"倚声家"即词家。词中的妙语，在诗中却成了庸音。同一句子在不同文体中的不同效果，为我们区别诗词两种文体提供了一个生动的实例。

区分文体是写好文章的基本前提。《大学基础写作教程》(第二版)分门别类地讲述各种文体的写作方法，实实在在，当得起"开卷有益"的赞许。

（二）

写作是一门实践性很强的课程，多练多写是写好作文的不二法门。

北宋苏轼的《日喻》，打过一个有趣的比方。生来眼瞎的人从未见过太阳，向人打听太阳是什么样子。有人告诉他："太阳像铜盘。"敲盘而得其声。后来听到钟声，以为这就是太阳。又有人告诉他："日光和蜡烛相像。"摸烛而得其形。后来摸到短笛，以为这就是太阳。太阳与铜盘、短笛的差别可就太大了。这种情形说明：仅仅靠他人的语言传授，是不可能得道的。道只能在实践中去体验。同样，一个从未游过泳的北方人，初次下水，照人指点的方法去做，没有不下沉的。不在实践中体验而依赖于讲解，其结果就是如此。

宋朝禅师大慧宗杲门下，有个名叫道谦的和尚。他参禅多年，却仍未发现禅的奥秘。师父派他出远门去办事，道谦失望之极。在他看来，出门在外是没法参禅的。

同门和尚宗元对道谦非常同情，说："我和你一同去吧。我想我可以尽力帮助你,使你在路上继续参禅。"在途中,道谦向宗元诉说了自己参禅已久却不能悟道的苦恼,并请宗元帮忙。宗元说:"凡我所能帮你的事,我都尽力而为。但有五件事,我不可能帮助你,必须你自己去做。"

道谦忙问是哪五件事。宗元说:"你饥渴时,我的饮食不能填你的肚子,你必须自己饮食;你想大小便时,我也不能帮你,你必须自己来;另外,你的身子,只能靠你自己驮着往前走,别人替不了你。"道谦听了,豁然开朗。

道谦明白了什么呢?悟道是自己的事,只能靠自己去体验。如人饮水,冷暖自知,别人说得再多也无济于事。真理与文字不是一回事,真理有如天空的明月,文字则是指月的手指;手指能表示明月的所在,但手指并不就是明月本身。危险常常发生于知识潜入,把手指当作月本身的时候。

是的,所有使用《大学基础写作教程》的同学都应牢记一句话:只读教材是不够的,只听老师讲解是不够的,在认真读书听课之外,还要扎扎实实地多练多写。

2020 年 6 月 2 日于武汉大学

目 录

上编

理论篇

第一章　写作概论

■ ■

　　学文须熟看韩、柳、欧、苏。先见文字体式,然后遍考古人用意下句处。……第一看大概主张。第二看文势规模。第三看纲目关键:如何是主意、首尾相应,如何是一篇铺叙次第,如何是抑扬开合处。第四看警策句法:如何是一篇警策,如何是下句、下字有力处,如何是起头换头佳处,如何是缴结有力处,如何是融化屈折、剪截有力处,如何是实体贴题目处。

——吕祖谦《看古文要法》①

　　吕祖谦是我国南宋时期著名的理学家、文学家,曾任著作郎兼国史院编修等职。他为了帮助后学"学文"即如何作文,编辑了《古文关键》一书。该书选取了他认为必须"熟看"的"韩、柳、欧、苏"②等唐宋著名散文大家的经典文章,并对各家之文做了精要的点评,目的在"示人门径",尤其是对文章谋篇布局等的精辟见解,在文章学上具有重要的意义。篇首的《总论:看文字法》一文,虽然只是短短的一段,虽然谈的只是"古文"的"看文字法",却也涉及了写作学范畴内的文体与文势、内容与形式、主题与材料、剪裁与结构、语言与修辞、方法与手段,等等。而这些,正是与"写"、与"文章"相关的方方面面,也正是基础写作内涵的方方面面。而本教程正是从这些方面,从普适性的角度,阐释与说明文章写作的一般原理及各种文体写作的规矩与方法。可以说,无论写什么、怎么写,一切写作都是以基础写作原理为指导的。

第一节　写作的要素

　　关于写作,有种种大同小异的学术化了的定义。例如,"(写作)即写作主体运用语言符号,表现思想、传达情意、沟通信息等复杂的精神劳动"③,又如"写作是人们运用书面的语言文字反映事物、表情达意、交流思想的一种重要方式"④。

---

① 《吕祖谦全集》(第 11 册),引者据文渊阁《四库全书》本点校。
② "韩、柳、欧"指韩愈、柳宗元、欧阳修,"苏"则包括苏洵、苏轼、苏辙。他们都是《古文关键》所收选文的作者,也都在"唐宋八大家"之列。
③ 魏饴主编:《大学语文新编》,高等教育出版社 2006 年版,第 170 页。
④ 路德庆主编:《普通写作学教程》(第 5 版),高等教育出版社 2015 年版,第 3 页。

其实,用一种通俗的说法来表述,更容易理解,也更方便阐释:写作就是写文章。"写文章"三字,可以说囊括了基础写作学的全部要素:

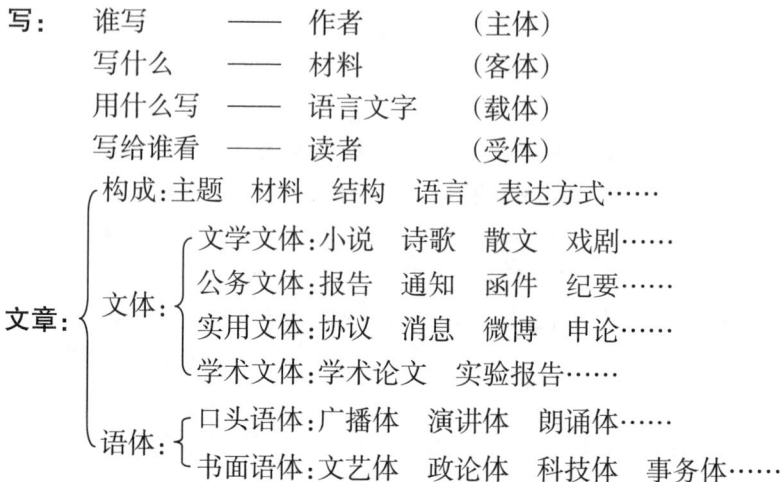

写:

谁写	——	作者	(主体)
写什么	——	材料	(客体)
用什么写	——	语言文字	(载体)
写给谁看	——	读者	(受体)

文章:

构成:主题　材料　结构　语言　表达方式……

文体:

- 文学文体:小说　诗歌　　散文　戏剧……
- 公务文体:报告　通知　函件　纪要……
- 实用文体:协议　消息　微博　申论……
- 学术文体:学术论文　实验报告……

语体:

- 口头语体:广播体　演讲体　朗诵体……
- 书面语体:文艺体　政论体　科技体　事务体……

文章还可以作细类的区分。例如小说还可分为长篇、中篇、短篇等,消息还可分为动态消息、综合消息、述评消息等,公文还可分为请示、决定、通报、意见等。但不管哪种文类,只要将写作作为一种行为、一个过程,就是其基本要素即主体、客体、载体和受体相互依存、相互制约的一种活动或一个结果,这是一个完整的系统。了解这个系统的内在联系与运行机制,对于掌握写作原理,指导写作行为是大有帮助的。

一、写作主体

写作主体即作者。这是写作中关键的、起决定作用的要素。离开了写作主体,写作就无法进行。作者的思想、感情、观点、意见决定着写什么和怎么写;而作者的认知能力、道德素养、专业水平以及写作方法也决定着作品的质量与效益。"从喷泉里出来的都是水,从血管里出来的都是血"[1],鲁迅谈写作的这一论断,说的正是写作主体的决定性作用。举例来说,同是写"秋",尽可言人人殊。林语堂是爱秋的,是因为从"秋林古气磅礴气象"中感受到做人"有古色苍茏之慨,不单以葱翠争荣了",而作文,便是"已排脱下笔惊人的格调,而渐趋纯熟炼达,宏毅坚实,其文读来有深长意味"[2]。而鲁迅则憎恶过"凛秋"——"荷叶却早枯了;小草也有点萎黄。这些现象,我先前总以为是所谓'严霜'之故,于是

---

[1]《鲁迅全集》(第 3 卷),人民文学出版社 2005 年版,第 568 页。
[2] 纪秀荣编:《林语堂散文选集》,百花文艺出版社 2009 年版,第 110 页。

有时候对于那'廪秋'不免口出怨言,加以攻击"①。一爱一憎,均有所自,是作者理智、意志、观念、情感参与的结果。故而,加强写作主体的修养与能力就成为写作的关键一环。

二、写作客体

关于写作客体,有两种界定。一种界定为"客观世界",这是写作取之不竭用之不尽的源泉;一种界定为"写作材料",即对象化了的自然现象、社会现象和精神现象。我们倾向于后一种界定。因为客观世界之种种,只有成为写作对象之后才成为写作客体。问题是如何理解"对象化"。马克思对此有明确的阐释:"只有音乐才激起人的音乐感;对于没有音乐感的耳朵来说,最美的音乐也毫无意义,不是对象⋯⋯"② 这就是说,"对象化"即是被感知、被理解,渗入了主体意识、情感的客体。杜甫诗言"感时花溅泪,恨别鸟惊心",花鸟本是客观存在的事物,而一旦成为写作材料,便被"对象化"了。因老杜"感时"与"恨别"的情感渗入,花与鸟才"溅泪"与"惊心"。客观世界中的诸事万物,在没有成为写作材料的时候,它就只是个客观存在,而一旦被认知,作为写作材料进入写作过程,便必然因为主体的不同千变万化,多姿多彩。以"月"为例,作为客观存在,千千万万年以来,月亮还是那个月亮;而作为写作对象,古今中外,便有了千千万万个月亮:

> 人生代代无穷已,江月年年望相似。(张若虚)
>
> 海上生明月,天涯共此时。(张九龄)
>
> 我歌月徘徊,我舞影零乱。(李白)
>
> 露从今夜白,月是故乡明。(杜甫)
>
> 大漠沙如雪,燕山月似钩。(李贺)
>
> 但愿人长久,千里共婵娟。(苏轼)
>
> 爱他明月好,憔悴也相关。(纳兰性德)
>
> ⋯⋯⋯⋯

这些"月"都是特别的月,是蕴含着作者的独特发现和独特感受的"这一个"月。

三、写作载体

写作载体包含相互联系的几个方面的内容。

一是书写工具。从文明初始时期的树枝竹炭到毛笔钢笔,从甲骨、金石、竹

①《鲁迅全集》(第3卷),人民文学出版社2005年版,第392页。
②《马克思恩格斯文集》(第1卷),人民出版社2009年版,第191页。

简、丝帛到纸,从印刷术的使用到打字机的发明,直到今天的电脑写作,书写材料和工具的进步,促使人们写作的思维方式等发生了极大的改变。以打字机的发明而言,"打字机'融合了写作与出版,导致一种全新的对待写出的或印出的字词的态度'。借助打字机来写作,记者实际上便成为其作品的出版人。随着其思想即时化为印刷体,他们也就敏锐地意识到句子的结构,拼写及字词短语的节奏"[①]。在当下,当电子计算机介入文本处理后,文本内容和文本制作观念正在发生着变化,而互联网上的写作,则是在一种共时呈现的空间状态中进行的对话式和参与式的写作。计算机和互联网这种新兴工具的出现,势必引发写作活动的改变。

二是语言文字。写作本质上是一种思维活动,而语言则是思维的直接现实,是思维的物质外壳(文字是语言的记录符号和书面形态)。著名作家汪曾祺说"写小说其实就是写语言",便是对思维、语言、写作三者同一性的高度概括。

三是文本,即写作的成品——文章。它是用一定的书写工具记录思维活动并包含篇章结构形态和文体制式的最终的写作载体,它具有物质性、可视性和可接受性。讲载体,一般讲的就是由文字所构成的文本。

■■ 四、写作受体

写作受体指的是文章的接受者,主要包括文章的把关人(如编辑、审稿人等)和阅听人(如读者、听众等)。作者本人也是受体,在某种意义上,任何文章的第一受体都是作者本人。

传播学理论认为,作为写作载体的文本,是"由传播活动中必不可少的符号与符码所组成的某一表意结构"[②],文本只是讯息的载体和通道。因此,仅是形成文本并不能达成传播,按传播学者拉斯韦尔的"五个 W"理论模式,即:

Who	谁(传的)
Say what	说什么(内容)
In what channel	通过何种渠道(传播)
To whom	对谁(传播)
With what effects	达到何种效果

再加上同是传播学者的施拉姆提出的反馈机制,文本形成后必须要接受并达成某种效果而且形成反馈,传播才算完成,文章写作的目的也才能达到。因此,写作受体作为写作活动也是传播过程的重要一环,是必不可少的,他直接关系到写作活动的效果。

---

① [美]沃尔特·福克斯:《新闻写作——报刊记者指南》,李彬译,新华出版社 1999 年版,第 8~9 页。
② [美]约翰·费斯克等:《关键概念——传播与文化研究辞典》,李彬译注,新华出版社 2004 年版,第 291 页。

传播学意义上的受众具有广泛、分散和隐匿的特征,而写作学则将写作受体分为指定读者和基本读者等不同类型,分别具有不同的意义。例如,日记的指定读者可以说就是作者本人,信函的指定读者是收信人,上行公文的指定读者是上级领导等;而基本读者一般则指相关文本所拥有的读者。写作受体直接影响写作本身。曹雪芹于悼红轩中,将一部《红楼梦》"披阅十载,增删五次",就是要"编述一集,以告天下",天下人都成为激励他写作的动力;而贾岛诗云"两句三年得,一吟双泪流。知音如不赏,归卧故山秋",说的是假如"知音"不买账,他连写都懒得写了,因为离开了受体,写作也便失去了意义。

写作主体、写作客体、写作载体和写作受体是写作活动即写作行为系统中的四大要素,四大要素之间的互动关系便构成了完整的写作行为系统的运行机制。其相互关系如下:

主体——客体	认识关系
主体——载体——客体	表达关系
主体——载体——客体——受体	传播关系
受体——主体	反馈关系

在写作四大要素中,它们之间的关系不会是单向度的,而是交叉的、多向互动的,主体与客体、主体与载体、载体与受体、受体与客体等之间均可构成双向作用,以主体与载体之间的作用而言:

> 一方面是"主体"自觉地操演着语言文字符号、篇章结构、文本;另一方面,"载体"又以其自身的规律,规范和制约着写作主体。写作离不开"主体",因为一切写作行为,都要写作主体去操作,写作主体的基本状态,包括它的人格、胸怀、胸襟、认知、知识、智能以及技巧的运用,无不随时随地地制约着写作行为,并且决定着这个精神产品生产的质量和效益。但"载体"也并非是一个随意接受"主体"摆布的客体:一方面,无论是语言文字符号、篇章结构还是由它们组成的"文本",都蕴涵着其自身的规律、规则、特点,对写作行为作了内在的规定,如果完全漠视或脱离这些规范,写出来的文章也就不成其为文章,写作也就不成其为写作。另一方面,"主体"对"载体"——语言文字符号、篇章结构以及文本的掌握又可以转化为"写作主体"的一种基本技能,甚至转化为一种创造力,从而使写作主体更加完美娴熟地实施写作行为。①

综上所述,写作就是写文章,它是由写作主体、写作客体、写作载体和写作受体之间的多向互动所构成的一种有特性、成系统的社会实践活动,是一种具有

---

① 陈果安:《现代写作学引论》,中南大学出版社 2002 年版,第 59~60 页。

明确目的指向的精神产品生产与传播的过程。

第二节　写作的意义

对于写作的意义,可以从两个方面探讨和回答这个问题,一是"写作工具论",二是"文章功用论"。

一、"写作工具论":写作是一门重要的工具学科

"写作工具论"包含两层意思:写作是训练思维的工具,写作是劳动与创造的工具。

"能思维会说话"是人的本质特征。汪曾祺在谈"语言的内容性"时论道:"马克思在论语言问题时说'语言是思想的直接的现实'。我觉得马克思这话说得很好,从思想到语言,当中没有一个间隔,没有说思想当中经过一个什么东西然后形成语言……我曾经有一句说到极致的话,'写小说就是写语言'。"[①]正因为写作就是写语言,而语言是思维的工具,是"思想的直接现实","当中没有一个间隔",所以要训练思维,写作便是极有效的路径。不可想象,一个语言呆滞的普通人,思维会活跃到哪儿去。古今中外为人类作出贡献的人们,大多贡献并书写了他们思维的成果。"莫春者,春服既成,冠者五六人,童子六七人,浴乎沂,风乎舞雩,咏而归"(《论语·先进》),这是两千多年前《论语》中运用形象思维所描绘的人类社会大同世界的美好图景;$E=MC^2$,这是现代物理学奠基人爱因斯坦运用理性思维创立的相对论公式(公式中的符码也是语言的一种形式)。

"能制造工具和使用工具"同样也是人的本质特性。而在人类制造和使用的工具中,写作无疑具有重要的作用。尤其是对具有一定知识背景而从事文化科学工作的人们而言,在很大程度上,写作不仅是谋生的手段,更是创造的工具。这既与训练思维有关,也将与后面要论述的"文章的社会功用"有关。但许多人并没有真正认识到其重要性,因此在写作时"意不称物、文不逮意"。物理学家玻尔是举世闻名的哥本哈根学派的创始人、诺贝尔奖的获得者,但玻尔很不重视写作的修养和技能。1913 年,他把那篇著名的原子结构量子论的论文初稿送给他的导师、诺贝尔奖的获得者卢瑟福审阅。对着论文那艰深繁缛的长句和连篇累牍的论述,卢瑟福很不满意,但他以"天使般的耐心和热情"帮助玻尔修改论文,使文章焕然一新,终于使之成了原子物理学中划时代的文献。但是,由于玻尔不重视写作,他虽然做出了卓越的成就,却未能留下表现才华的著作,他的一

[①]《汪曾祺全集》(第 10 册),人民文学出版社 2019 年版,第 86 页。

些科学论文也使人感到艰深而不精练,这对于科学研究不能不说是一个巨大的损失。还有一个较为贴切的事例说明。近年,在大学生求职招聘会上,普遍出现了两种情况,一是学历越高简历越薄,一是许多简历重形式不重内容。前一种情况说的是"博士""硕士"学位的知识含量,可以不言而喻。后一种情况则说的是许多求职者不会写作求职简历。简历作为一种常见的应用文,以自荐者介绍说明自身品质和才能为主,具有简要性和论说性的特征,要求的就是言简意赅、重点突出、针对性强。而不少求职者却以为写得越详越好,主次不分,细大不捐,有的甚至不惜工本拍摄艺术照片,变成"人体秀",结果是形式大于内容,重点和特色湮没在众多的材料中,无法引起招聘者的注意。试想一下,在人头攒动的招聘会上,招聘者(或评审人)接到你递上的厚厚一沓五花八门的自荐材料,哪有工夫为你细作区分,而按人际交往理论,你又如何争得"第一印象"?究其实,哪怕是一份简历的写作,也是写作系统的四大要素综合运用的结果——它是主体(自荐者)将客体(自身特点及应介绍的材料)通过载体(文字、图片、表格、证书……)传播给受体(招聘者、评审人)的过程。不了解、不掌握这一文体对四大要素的要求和特点,肯定写不好,也达不到预期的效果。

由上述两例可知写作作为工具学科的意义。不掌握写作这门工具,科学文化就不能很好地为人类造福,也不能很好地为自身的发展服务。

■ ■ 二、"文章功用论":写作促进社会的发展

"文章功用论"是从写作以及写作的成品——文章的社会功能和作用方面论述写作和学习写作的意义。

中国是文章的泱泱大国。自汉字创制以来,四书五经、诗词曲赋、天文地理、典章制度等不可胜数,仅一部《四库全书》便卷帙浩繁、汗牛充栋。自先秦典籍《左传》记载"三不朽"为立德、立言、立功之后,文章写作便成为很多人人生的一大追求。而历代统治者也把它作为治国抡材的主要工具。读书人也视其为谋生晋升的重要手段,魏文帝曹丕即把写作看成是"经国之大业,不朽之盛事"(《典论·论文》),宋真宗赵恒的《劝学诗》又说书中自有"千钟粟""黄金屋"和"颜如玉"。唐朝诗赋取仕,一首诗作得好就能成为天子门生;明清科举选才,八股文作得好,一下子就是状元及第。写作成了立功、扬名、获利的武器,成了治国平天下的法宝。但读书人一旦落第潦魄,就只剩下自嘲"文章不能锅里煮,百无一用是书生"了。这实在是对写作、对文章的功用或夸大或歪曲的反映。但不可否认的是,在人类发展的历史来路和未来发展的进程中,写作所起的促进作用是无法估量的。简而言之,写作是人类生产知识、文化等精神产品的生产方式,是人类生存和发展的基本形式;文章是整个人类文明的重要载体。湘潭大学羊

春秋教授认为:"写作,是一门应用很广的学科,是一切学科的基础,没有它就不能互通信息,交流思想;没有它就不能总结经验,记录成果;没有它就没有现代的科学,现代的文明。"① 这是说得很中肯的,同时也说明,写作和文章的社会功用是多方面的。

(一)认识作用

文章是信息交流的工具,是思想文化传播的媒介。人类将对客观世界和主观世界的认知通过写作记录在文章和书籍中,它把古代的文明传到今天,又使今天的文明传诸后世。薪火传承,包罗万象。人们在很大程度上就是通过对文章、书本的学习,认识自然从而改造自然,认识社会从而改造社会。

(二)教育作用

教育的本质是对人的培养,它指一切增进人们知识、技能,影响人们思想、行为的活动。人类的教育,从小学到大学包括自学,主要知识来自书本。文学作品被称为"生活的教科书",读者既可以借此认识世界与人生,也可以养成风度与气质。新闻作品能"把党的理论和路线方针政策变成人民群众的自觉行动,及时把人民群众创造的经验和面临的实际情况反映出来,丰富人民精神世界,增强人民精神力量"②。在《反对党八股》中,毛泽东指出:写文章作演说,就是"专为影响人的","是要去影响别人的思想和行动的"。③ 这也就提示我们,写作和文章的教育作用,不仅在于总结人类的知识和经验去培训人的技能,更重要的是对人的思想道德进行培育。东汉许慎作《说文》,对"教、育"二字的解释更接近道德的范畴。"教,上所施下所效也";"育,养子使作善也"。写作,就是通过"施"达成"效",达成"作善",也就是"影响思想和行动"。

(三)审美作用

马克思说:"人也按照美的规律来构造。"④ 写作作为一种生产活动,包括动机、立意、构思、表达、修改,这都是一系列具体的审美判断和审美追求。这一系列审美判断和审美追求反映、表现在文章中,就构成了文章之美,文章也就成了审美对象。人们阅读文章时,就会从文章的主题、结构、语言、意境、风格等方面获得审美愉悦和审美享受,从而陶冶性情、滋养心灵、升华思想、激发意志。当然,"审丑也是审美",当你明确了什么是"假""恶""丑"时,审美的作用也就是上述的功效同样也就实现了。

---

① 见湘潭大学写作教研室等编著:《现代写作学教程》,湖南大学出版社 1988 年版,第 3 页。

② 《习近平在党的新闻舆论工作座谈会上强调　坚持正确方向　创新方法手段　提高新闻舆论传播力引导力》,新华网 2016 年 2 月 19 日。

③ 《毛泽东选集》(第 3 卷),人民出版社 1991 年版,第 840 页

④ 《马克思恩格斯文集》(第 1 卷),人民出版社 2009 年版,第 163 页。

（四）娱乐作用

人是喜欢游戏的。在一定程度上，许多文章的写作为的是娱人娱己。戏曲话本、武侠言情、影视剧作、幽默小品、童话寓言等，固然也有其认识、教育和审美的作用在，但同时也给人们提供了一种休闲娱乐的方式，甚至可以说作者与读者主要是从休闲娱乐的角度来对待这一类文章和作品的生产和消费的。因此，这种社会功用也不应被忽视。

第三节　写作的学习

总有一种误解，认为写文章凭的是灵气和才情，尤其是文学创作，似乎全凭直觉与灵气，没什么章法可循，没什么技术可言。其实不然，世上没有不可学的东西，人的任何素养和技能无不靠学习和训练得来，哪怕是文学创作。作家韩少功就这样认为："天才或英才总是少的，大部分作家写一般的作品，作为一种合法职业，就得有起码的职业技术。天才或说英才也总是从庸才成长起来的，在成长的初始阶段，技术教育和训练恐怕不可免。这就像一个优秀的球员在竞赛场上踢球如神，怎么踢都是妙，但基本功得靠训练场上一招一式地练出来，须按部就班和循规蹈矩，没有什么捷径可走。"[①] 这才是正确的认识，说得还很委婉。而普通文章的写作，则更是要有"法"有"体"，有规矩有劝诫，即有较强的技术性和操作性要求。因此，一招一式的训练就必不可少。至于如何训练，方法和途径应该是多种多样的，但掌握原理、明确规则则是起码的要求。

学习写作的根本途径有两条，即提高素养与掌握方法。

一、提高素养

提高素养需要从养成高尚品性、拓展知识空间、积蓄远见卓识以及注重理论与实践相结合等方面着手。

（一）文品有赖于人品

邵飘萍是中国传播马列主义、介绍俄国十月革命的先驱者之一，杰出的无产阶级新闻战士，中国新闻理论的开拓者、奠基人，有"铁肩担道义，辣手著文章"之誉。他认为对于作者来说，"品性为第一要素"[②]。这里所说的品性，一指人品，二指文德。

人品是指一个人的品行、人格。优秀的作品出自优秀的人品，我们经常说的"文如其人""文品即人品"，说的就是这个道理。鲁迅"横眉冷对千夫指，俯首

---

① 韩少功:《技术》,《小说选刊》2004 年第 3 期。

② 邵振青(邵飘萍):《实际应用新闻学》,《民国丛书》(第 1 编第 45 卷),上海书店 1989 年版,第 6 页。

甘为孺子牛"的人品,促成其弃医从文,为唤醒麻木的国民而写作,奠定了其在中国文坛的不朽地位。这一如他所认识到的:"美术家固然须有精熟的技工,但尤须有进步的思想与高尚的人格。他的制作,表面上是一张画或一个雕像,其实是他的思想与人格的表现。令我们看了,不但欢喜赏玩,尤能发生感动,造成精神上的影响。"①

文德是指写作者的道德修养,它是评价写作者的重要标准,也是评价一篇文章的重要标准。它往往表现为尊重事实、坚持原则、追求真理。唐宋八大家之首的韩愈一生命途多舛,但即便在雪拥蓝关、马尚不前的情况下,仍然能坚持正义,坚守理想,终于"文起八代之衰"! 文天祥有诗云"在齐太史简,在晋董狐笔",吟诵的是春秋时期两个能坚持原则、坚持说真话的史官。齐国的史官因为大臣崔杼把国君齐庄公给杀了,在史书上写"崔杼弑其君"。"弑"者,臣杀君也,属大逆不道。崔杼说不能用"弑"字,史官坚持用,被崔杼杀了。死后史官的弟弟接手史官的职位,也坚持用弑字,结果也被杀了。另一个弟弟再接替这个工作,仍然坚持用"弑"字,崔杼终于不敢再杀史官。"大史书曰:'崔杼弑其君。'崔子杀之。其弟嗣书而死者二人。其弟又书,乃舍之。"(《左传·襄公二十五年》)三兄弟前仆后继,就为了坚持写这一个字,其实为的是事实和真相,甚至把坚持他们认定的真理看得比性命还重。但当下有一种很不好的倾向,就是在网络提供海量信息的今天,一些人写文章不是自己动脑动笔,而是靠复制与粘贴,实际上这就是抄袭与剽窃。这已经不是作文的问题,而是做人的品性问题了。

(二) 知识空间决定文章格局

司马迁"二十而南游江、淮,上会稽,探禹穴。窥九疑,浮于沅、湘。北涉汶、泗,讲业齐、鲁之都,观孔子之遗风;乡射邹、峄。戹困鄱、薛、彭城。过梁、楚以归",在出任郎中以后,又"西征巴蜀以南,南略邛、笮、昆明"。②还在二十多岁的时候,司马迁的行迹就遍布大江南北。正是有了这种深入实地的调查和广泛的、亲身的经历,司马迁才写出了被誉为"史家之绝唱、无韵之离骚"的《史记》,且为整个二十四史立下了写作体例与标杆。推而广之,无论哪种类型的文章,从本质上来说都是社会需求的反映,也都是现实生活在作者头脑中的直接或间接的反映。因此,作者头脑中的"知识空间",首先就是指人生阅历与生活积累,即实践性知识的丰富与厚实。黑格尔也曾强调生活阅历的丰富对人的理解能力所具有的重要意义:"同一句格言,在完全正确理解了它的青年人口中,总没有阅世很深的成年人的精神中那样的意义和范围,要在成年人那里,这句格言所包含的内容的全

① 《鲁迅全集》(第1卷),人民文学出版社2005年版,第346页。
② 《史记》卷一百三十,岳麓书社1988年版,第943页。

部力量才会表达出来。"① 黑格尔在这里所说的"阅世",即通常所说的经历和经历所得的社会经验。

"知识空间"的另一个含义指的是来自书本的知识,是一种间接经验,更是通过书本知识的学习所形成的学养和知识结构。写作的题材可能涉及多个方面,尤其是公共性写作,这就要求写作者的知识空间越广阔越好,学养越深厚越好,知识结构越合理越好。作家徐迟曾经写出了《哥德巴赫猜想》《地质之光》等一系列以科学和科学家为题材的长篇报告文学,轰动一时甚至领一代文风。为此他感到作为一个作家必须懂点自然科学。现代著名女作家冰心也曾经指出:"文学家要多研究哲学社会学。我们现在承认文学是可以立身的,然而此外至少要专攻一两种的学问,作他文学的辅助,——按理说,文学家要会描写各种人的生活,他自己也是要'三教九流,无所不通'的……文学是要取材于人生的;要描写人生,就必须深知人的生活,也必须研究人的生活的意义,做他著作的标准。"② 事实上,不仅仅是文学,公文、论文等各类文体的写作也要求作者具有相当丰富的学养。

(三) 文才尤重见识

写文章要有才学,更要有见识。清代著名史学家章学诚说:"夫才须学也,学贵识也;才而不学,是为小慧,小慧无识,是为不才。"③ 所谓写文章的"见识",即是对事物的认知能力,这种能力表现为分析与综合,判断与推理,通过这些具体方法的运用,达到对事物本质的认识,因此,见识也是表现在文章中的思想。

某个省会城市有主干道路五十余条,某年,该市城市管理部门亮出新招,将这五十余条马路的清扫权拿出来竞标,谁中标谁就能清扫马路,此举施行后,该市的城市道路清扫费据估算每年可节约数十万元。对此,该省省报以"城市管理改革出成效"为题进行了报道。后有识者将这样的报道称为"媒体的堕落"。为什么是"堕落"? 想一想,谁来竞标? 怎样才能中标? 这数十万元是怎样"节约"出来的? 因为只有尽量压低马路清扫费才能中标! 而参与竞标的是这个城市的环卫工人,是工资收入不高的群体。这是"改革"吗? 改革是要使大家都富裕起来,社会更公平、更和谐! 这是打着改革旗号的"损不足以奉有余"。写这样稿子的记者,登这样报道的媒体只见事不见人,缺失的是人文精神,缺失的是对事物本质清晰的认识和正确的把握,缺失的是"见识",是"思想"。

新闻学者陈力丹谈新闻采访与写作时曾这样说道:"在平常的新闻工作中,我们看重的是记者的写作能力,其实,写作的前提——采访更为重要。而对采访,

---

① 〔德〕黑格尔:《逻辑学》(上卷),商务印书馆1982年版,第41页。
② 《冰心全集》(第1卷),海峡文艺出版社1994年版,第150页。
③ 〔清〕章学诚:《文史通义·卷五·妇学》,上海古籍出版社2015年版,第184页。

我们看重的是采访技巧,较为忽略了指导采访过程的'思想',即对事实性质的判断,这才是考验记者真实水平的要点。一个事实发生了,若我们对它的性质判断出现失误,于是接下来的采访便会依着这个错误的判断进行下去,最后写出来的东西肯定好不了。"①此观点说的虽然是新闻写作,但对一切体裁和种类的写作都是有指导意义的。

(四) 理论与实践结合

写文章,理论素养必不可少,包括政治理论、专业理论等。写作者必须具备政治素养,政治素养包括政治立场、政治鉴别力、政治敏锐性、政治远见等,因为写作毕竟属于一项意识形态工作,而意识形态工作是党的一项极端重要的工作,是治国理政、安邦定国的大事,是影响人们的思维与行为的,尤其是具有很强的舆论导向的文章,如新闻报道、公文等,会产生广泛的社会影响。"舆论导向正确,……利党利国利民;舆论导向错误,……误党误国误民。"②若要正确引导舆论,没有一定的政治素养是肯定做不到的。又如专业理论包括写作理论,只有掌握了,才知道写什么和怎么写。即以学术论文而言,不掌握相关的理论,就不知道基本的学术规范,甚至不知道如何下笔。这个层面说的是懂得了理论就是懂得了规矩,就是要尊重规范。

但掌握理论也只是基础,只是前提。任何理论都是为指导实践乃至创造实践服务的。"纸上得来终觉浅,绝知此事要躬行。"(陆游《冬夜读书示子聿》)写作尤须勤于实践、敢于实践,在实践中开拓创新。"文章合为时而著,歌诗合为事而作"(白居易《与元九书》),时移世易,写作大到文体文风,小到章法语言也应与时俱进,合事合时,大胆创新。纵观整个中国文学史,所谓唐诗宋词、汉赋元曲、明清小说,一个时代有一个时代的主流文学,而这个主流文学又是在打破前人传统的基础上创立的。这其实是说,我们的老祖宗早就为我们树立了开拓创新的榜样。但"李杜诗篇万口传,至今已觉不新鲜。江山代有才人出,各领风骚数百年"(赵翼《论诗五首·其二》),又有"我劝天公重抖擞,不拘一格降人才"(龚自珍《己亥杂诗·其二百二十》),人才须不拘一格,文章也应不拘一格。美国著名写作学教授卡罗尔·里奇也说:"不要怕冒险。尝试新风格。不愿意冒险的作者其实要冒最大的风险,那就是平庸。"③

尊重规范和开拓创新是相辅相成的——这里蕴含着写作的真谛,也都应落实到实践之中。

---

① 陈力丹:《检讨记者对事实性质的判断失误》,《新闻与写作》2008 年第 5 期。
② 胡锦涛:《在人民日报社考察工作时的讲话》,《人民日报》2008 年 6 月 21 日。
③〔美〕卡罗尔·里奇:《新闻写作与报道训练教程》(第 3 版),钟新主译,中国人民大学出版社 2004 年版,第 7 页。

■ 二、掌握方法

学习写作需要不断地向自然学习、向民间学习、向前辈学习，同时根据自身的禀赋发展个性，勤于练习，方能事半功倍，有所成就。

（一）师法自然

大自然是人类永恒的老师，人们常用"鬼斧神工"来形容它的神奇，为"万物有灵"而对它钦慕不已。潮起潮落、云卷云舒，大自然永远给人以智慧和启迪。刘勰云："登山则情满于山，观海则意溢于海。"（《文心雕龙·神思》）苏轼说："吾文如万斛泉源，不择地皆可出。"（《文说》）"大略如行云流水，初无定质，但常行于所当行，常止于所不可止，文理自然，姿态横生。"（《答谢民师书》）观察、感受、联想与想象、构思与表达，这些与写作有关的能力的生成，无不与自然的声、光、色、态相勾连，尤其是作为写作的材料，"自然"是取之不尽用之不竭的。一条绵延千里的酉水与沅水以及它们系着的人和事成就了沈从文；湖南小县汨罗僻远的山村八景峒，是韩少功"词典"的条目和"暗示"的具象[①]；山东高密东北乡的红高粱，伴随莫言的"我爷爷我奶奶"让世人皆知[②]；江南水乡的深巷、古井和老宅，是苏童作品常用的背景……"行万里路"是写作的传统经验，须知是因为行了万里路，你才有了万里路上的万般印象、万种素材。

（二）走向民间

不可思议的想象、大胆的构思、生动活泼的语言等，这一切都包含在民间和民间文本中。从妖怪到王子，从贫儿的磨难到公主的奇遇，形形色色，一应俱全。孟姜女哭长城，三百里为之倾倒；梁山伯与祝英台生死相恋，双双化蝶……俄罗斯学者普罗普的《民间故事形态学》表明，所有的叙事功能和模式都可以在民间故事中获得。中国作家莫言谈写作时说："我的知识基本上是用耳朵听来的。就像诸多作家都有一个会讲故事的老祖母一样，就像诸多作家都从老祖母讲述的故事里汲取了最初的文学灵感一样，我也有一个很会讲故事的祖母，我也从我的祖母的故事里汲取了文学的营养。"[③]从某种角度说，莫言的"老祖母"其实就是民间，还是"世俗"。阿城说过："世俗里的'世'，实在是大；世俗之大里的'俗'，又是花样百出。"他又说，"世俗经验最容易转为人文的视角"[④]。因之，他的写作经验就是请教世俗，这与"走向民间"是一个意思。沈从文在《鸭窠围的夜》中

---

① 韩少功著有长篇小说《马桥词典》和《暗示》。

② "我爷爷我奶奶"是莫言"红高粱系列"小说中的主要人物，也是据"红高粱系列"小说改编的电影《红高粱》中的男女主角。

③ 莫言：《用耳朵阅读》，作家出版社 2012 年版，第 56 页。

④ 阿城：《闲话闲说——中国世俗与中国小说》，作家出版社 1997 年版，第 1 页。

写道"把鞋脱了还不即睡,便镶到水手身边去看牌,一直看到半夜"①,"镶"字的运用,神形毕肖,历来为人所称道,其实就是沅澧一带人人会说的土话;"要个说法"本是陕甘农村的家常口语,电影《秋菊打官司》上映后,居然成了使用频率很高的公共用语。网络出现之后,像"淘宝体""咆哮体"等曾风靡一时,"亲""有木有"不仅出现在网络聊天中,更出现在手机短信、日常问候乃至街头标语上。民间的语言,具有很强的生命力和表现力,毛泽东曾教导我们,要从人民大众的口头语言中去汲取"活的语言"。请看一首湖南邵阳民歌:

> 赤脚双双来插田,
>
> 低头看见水中天,
>
> 行行插得齐齐整,
>
> 退步原来是向前。

有禅机,有哲理。平叙开头,叠音上口,而又都是大白话。

(三) 学会阅读

传统观念认为"阅读是写作的基础",强调从读入手学习写作,所以就有"读书破万卷,下笔如有神","熟读唐诗三百首,不会作诗也会吟",但这个观点似乎引起了越来越多的怀疑,以至有人提出"生活是写作的基础",即从生活入手学习写作。其实都不错,写作的基础是多元的,读书、生活两方面并行不悖,无需强调一方而否定另一方。阅读对于写作是重要的,还不仅仅是阅读,进一步的文本分析与研究——从知其然到知其所以然对写作的促进作用更大。中国现代文学史上的大家多数是学者,鲁迅、沈从文、朱自清、闻一多、梁实秋、施蛰存等,都是大学的教授;当代一批著名作家也越来越学者化,能写非常漂亮的作品分析,能作非常漂亮的学术报告,如王蒙、张承志、南帆、韩少功、余华、格非、马原、李佗、王安忆、毕飞宇,还有旅居海外的木心、阿城……说这些,无非还是说,阅读对写作的确是重要的。问题是读什么和怎么读。

在传媒高速发展的今天,印刷品还有电子读物越来越多。据统计,全世界一天的出版物,一个人穷尽一生之力也不可能读完,因此,所有的阅读都是有选择的。那么,如何选择? 首先,鲁迅的告诫是有帮助的。他认为,读书至少有两种,"一是职业的读书,一是嗜好的读书",而"职业的读书"是"和木匠的磨斧头、裁缝的理针线并没有什么分别,并不见得高尚,有时还很苦痛,很可怜",但还是得读,原因是"为了饭碗"。对于写作而言,"为了饭碗"之类的相关的专业书籍是要看一看的。尤其是"写作谈",即"我是怎么写的"一类的书,多是经验和体会,看一看终究是有好处的。同时,我们还倡导鲁迅提出的"偏看看"理论:"譬如学

---

① 《沈从文散文选》,人民文学出版社 1982 年版,第 141 页。

理科的,偏看看文学书,学文学的,偏看看科学书,看看别个在那里研究的,究竟是怎么一回事。这样子,对于别人、别事,可以有更深的了解。"① 而哲学、历史(包括文化史和科学史)等人文科学基础的书籍更是要"偏看看"。这样读,就有了一个相对宏大的知识背景,这对于任何一种专业写作、对于写什么都是有用的。

再一种选择就是读名著和经典。名著和经典经历了时间的沉淀,是人类共同的选择,是大浪淘沙留下的真金。在西方教育史上,美国著名教育学家赫钦斯曾提出过"名著阅读"理论。这种理论强调的是大学的人文通识教育,强调的是大学生的精神成人。无论是对于写作所必需的思想品格修养、知识结构,还是基本技能,都可从名著和经典的阅读中获取,而且是举一反三的获取。

还有一类就是读前沿的书。这类书是精神文化领域内的新成果,是"鲜货"。读这类书,可以使人了解学科前沿、创作领域的最新动态和发展方向,既了解新思维,也了解新方法,使人的精神思想比较新锐、敏感,富有生气,与时代"不隔"。

关于怎么读,方法也很多。"囫囵吞枣"是一种读法,"不求甚解"也是一种读法,就是说很多书泛泛浏览就可以了。但有不少的书,是需要精心地研读的。作家张炜就说过,他每年都要读一遍托尔斯泰的《复活》。因为,作为专业的作家,他要通过阅读《复活》经常提醒自己"好作品的标准是什么"。陈果安将为写作服务的阅读分为三类:一是积累性阅读,这是以打基础为目的的;二是专题性阅读,这是以一定课题为中心,多部或多篇作品相互参照的综合性阅读;三是为查找某方面资料进行的搜寻性阅读。总之,"阅读是对文本的'瓦解和再构':在解读过程中,文本所展现的,是作者的视野;读者所持的,是自己的文化视野;解读的结果,是两种视野交叉融合,构成了一种新的视野;另外,阅读的情感体验,一方面依附文本,一方面超出文本,形成了客观经验与主观经验的交互融合。由此可见,阅读不仅是消极的吸收,而且是积极的创造"②。

(四) 因性练才

刘勰在《文心雕龙·体性》中提出了"摹体以定习,因性而练才",其意为写作者要根据个性特征,明确写作的方向,锻炼写作的才能,由模仿入手而臻创造之境。当然,作为写作主体,作者的个性特征主要是后天养成的,正如鲁迅所言,无论怎样伟大的天才,其生下来的第一声啼哭"也决不是一首好诗"。世上没有两片相同的树叶,也同样没有完全相同的人。写作主体的差异性是客观的存在,人的禀赋、气质、才能、思想、情感等,随着后天的教育、习染会各自不同。根据自身

① 《鲁迅全集》(第3卷),人民文学出版社2005年版,第458页。
② 陈果安:《现代写作学引论》,中南大学出版社2002年版,第243页。

的特点明确写作方向尤其是文体重点就是必需的，即走适合自己走的路。但这有一个过程，因为写作主体也存在变易性和可塑性，这是一个不断学习、不断实践、不断积累，不断寻找、挖掘、发现和建构的过程。别林斯基最初喜欢写诗，可写不好；他爱好戏剧，想当演员，却也缺乏这样的才气。后来，他发现自己擅长抽象思维，于是开始评普希金，评果戈理，他成了俄罗斯伟大的文艺理论家。

天性只是一个前提，关键是练，是写，这才是学习写作、学会写作的根本。很多人学写作，道理懂了，如何聚材，如何构思，如何运用语言，"谈兵"的道道也说得出子丑寅卯，可就是不愿意动笔，或者动起笔来心手不应，这是没有认识到练的重要性而缺少练习之故。任何的理论都是为了指导实践和创造实践，而知识转化为技能也必经实践一途。不写，肯定是永远不会写，这是颠扑不破的真理。至于如何练习，自可因人而异，"摹体定习""因性练才"不失为一种原则，而明确训练途径和训练内容是必须的。无论怎样练，首先是把技术方面的东西练到手、练过硬，以此为基础再去发挥、去创新、去个性化，这也算是由近及远、由简入难之一途。于此，韩少功的《技术》是很有启发的：

> 有些小说在第一页就出现七八个人物，这叫读者如何记得住？这是不太注意把握节奏的技术。有些小说里的每个人物开口都贫嘴，俏皮话密植，搞笑术地毯轰炸，其实过了头不怕互相雷同和抵消？就不怕真到要紧处反而使不上劲？这是不太注意把握反差对比的技术。还有些小说的煽情是硬煽，比如总是让英雄得胃病，让美女淋冷雨，搞得读者欲悲反笑，情绪短路，感觉串味，颇受折磨。其实煽情不是什么难事。亚里士多德早就说过，作品旨在唤取"恐惧"与"怜悯"，具体做法是：坏人做坏事，不会让观众惊奇，所以应该让坏人做好事；好人做好事，也不会让观众惊奇，所以应该让好人做错事。最好的悲剧，一般是在亲人关系中产生怨恨，或在仇人关系中产生友爱。显然，《奥赛罗》和《雷雨》这一类作品，深得亚氏艺术（或技术？）的精髓，果真搅起了一代代受众的心潮起伏。我们完全可以瞧不起这些套路，但慎用技术不等于不懂技术，自创技术更不等于不要技术。倘若我们这些低能儿多读几本老祖宗的技术操作手册，我们不一定能写出最好的作品，但至少可以不写最糟的作品……①

说的虽然是写小说，但推而广之，一切的写作，都可以按各自的"技术操作手册"去练的。记住，重要的是练。

关于写作，阿城在其小说《孩子王》中说了一句大实话："脑袋在肩上，文章靠自己！"

---

① 韩少功：《技术》，《小说选刊》2004 年第 3 期。

【阅读推荐书目】

1. 周振甫:《文章例话》,中国青年出版社 1983 年版。
2. 汪曾祺:《晚翠文谈新编》,生活·读书·新知三联书店 2002 年版。
3. 阿城:《闲话闲说——中国世俗与中国小说》,作家出版社 1997 年版。
4. 吴晓东:《从卡夫卡到昆德拉》,生活·读书·新知三联书店 2003 年版。

【思考与练习题】

1. 试述写作行为系统的构成要素及各要素之间的关系。
2. 用"写作工具论""文章功用论"阐述写作的意义。
3. 简论"知识空间"的含义及与写作的关系。
4. "书"与"术"对写作有何作用?
5. 读一部名著,写一篇读书笔记。

第二章　聚材论

让我们怀着新的希望来观察大自然是怎样通过一种更高尚的冲动,也就是通过事物的美,来保证诗人忠于他的宣告和证实这一职守的。那种事物的美一经表现出来,就成为一种新的、更为高尚的美。

——爱默生《爱默生随笔·诗人》[①]

在爱默生看来,自然之所以值得仔细观察是因为其中蕴含“高尚的美”,因而怀着“新的希望”观察自然、了解外部世界乃是一种“更高尚的冲动”,是诗人们忠于自己职守的表现。其实,不仅诗人当忠于观察的职守,即使是普通作者,也应该拥有这种品质。人们常说:“巧妇难为无米之炊。”日常生活中的观察等工作之所以对写作很重要,其中一个重要原因就是文章同样不能是无源之水、无本之木。作者必须在平时多为写作做准备,多储备一些见闻、材料。作者如果对自己所生活的世界没有广泛的认识和丰富的体验,如果对自己所要表达的事物没有细致的了解和深刻的认识,就难以写出内容丰满、思想独到、语言生动的文章。作者不仅需要平时在生活中处处留心,时时注意积累写作所需的各种经验与知识,还需要相对集中地为了写作某一个主题、某一对象的文章而专门收集相关的信息。在写作中,人们习惯将作者这种为写作而积累、收集各种信息材料的工作称为“聚材”,即聚集写作材料。

运用于写作中的这些材料不同于一般生产活动中的物质材料,它是作者在生活与学习中对外部世界和自身心灵进行体察与认知的成果,是作者对写作对象各方面情况进行观察与了解的成果,它是一种服务于写作活动的信息形态的材料,为区别起见,可以将其称为“写作材料”。关于材料还有两个相关概念应作简略介绍:素材,指的是作者从现实生活中搜集到的、未经整理加工的、感性的、分散的原始材料,它是供选择、加工的材料,是写作的基础。题材,指的是文艺作品中经过选择取舍、辨别加工而进入作品的生活事件或生活现象,比如小说中的人物形象、社会背景、故事情节、生活细节、心理体验等,诗歌中的意象、情感等。题材有时候也指文艺作品所反映的社会生活所属的领域,比如爱情题材、商业题材、战争题材等。写作中的聚材,主要是指写作具体文章之前对素材的积累、

① [美]爱默生:《爱默生随笔》,蒲隆译,上海译文出版社 2010 年版,第 190 页。

收集工作。

在整个写作活动中，作者所要运用到的写作材料按照来源不同划分，有作者亲身体验、了解到的材料，称为第一手材料，或者叫直接材料，也有作者从别人那里获得的材料，即所谓第二手材料，或者叫间接材料。按照形态不同划分，可分为以具体事件、现象、数字等形态呈现出来的材料，即事实性材料，和以比较抽象的概念、判断等形态呈现出来的材料，即观念性材料。为了写作的需要，作者的聚材，既需要收集、积累第一手的直接材料，也需要二手的间接材料；既需要事实性材料，也需要观念性材料。相对而言，在众多的聚材方式与途径中，观察与体验偏重于获取第一手的直接材料；阅读与检索偏重于掌握第二手的间接材料。采访与调查则介于两类方式之间，对两类材料的收集、积累都有重要的帮助。

第一节　观察与体验

观察与体验是人们亲身了解外部世界、确认自身存在环境的主要方式，生活中的思想与行动往往以观察和体验获取的信息与感受为依据。它们不一定专为写作而进行，但对写作不可或缺，意义重大。

□■ 一、观察

夏天七月里的早晨！除了猎人之外，有谁曾经体会到黎明时候在灌木丛中散步的乐趣呢？你的脚印在白露沾湿的草上留下绿色的痕迹。你用手拨开濡湿的树枝，夜里蕴蓄着的一股暖气立刻向你袭来；空气中到处充满着苦艾的新鲜苦味、荞麦和三叶草的甘香；远处有一片茂密的橡树林，在阳光底下发出闪闪的红光；天气还凉爽，但是已经觉得炎热逼近了。过多的芬芳之气使得你头晕目眩。灌木丛没有尽头。……只是远处某些地方有一片黄澄澄的成熟了的黑麦，一条条狭长的粉红色的荞麦田。这时候一辆马车轧轧地响出；一个农人缓步走来，把他的马预先牵到荫凉的地方去。……你同他打个招呼，就走开了；你后面传来镰刀的响亮的铿锵声。太阳越升越高。草立刻干燥了。天气炎热起来。过了一个钟头，又一个钟头，……天边上黑暗起来；静止的空气中发散出火辣辣的热气。

——屠格涅夫《猎人笔记·森林与草原》①

---

① ［俄］屠格涅夫：《猎人笔记》，丰子恺译，人民文学出版社 1962 年版，第 415 页。

在一个地方,人们用推土机把成百具尸体推进一个巨大的墓穴;在另一个地方,匈牙利士兵们把尸体填入一个 60 英尺见方、30 英尺深的大坑。这个大坑几乎被填满了一半。

人们还在挖一些同样大的坑。自从我们进驻集中营以来,已有 5 000 人死亡。许多人就在我眼前死去,死前几乎成了只会呻吟的活骷髅,其中不少人精神失常。死尸体越堆越高。许多尸体上伤痕、弹洞累累,腐烂之处遍体。一个原住奥斯坦德的英国人在垂死的状况下被抢救出来。经检查,发现他背部有一个弹洞。不过,他还能说话。他说,他想不起来在哪里挨了一枪,很可能是在他半昏迷下爬行时遭过党卫军的枪击。类似的事情还有不少。我走遍了整个集中营,到处是死尸的腐臭味。不过,几个小时后你就习惯这种臭味了,对它不介意。人们都患有斑疹伤寒和痢疾。

在我去的一个营区里,我看见妇女们都几乎光着身子站在那里给自己擦洗。她们的身边就堆着尸体。另外一些妇女患了痢疾,她们就在空地上便溲,然后踉跄、半死不活地挣扎着回到自己住的地方。有的人就躺在院子里呻吟。这儿的人已完全恢复到了原始状态。

　　　　　　　　——帕特里克·戈登·沃克尔《贝尔森集中营目击记》[①]

　　在屠格涅夫的笔下,七月黎明时分的森林充满了生机和乐趣:白色的露水、绿色的脚印,茂密的橡树林、耀人眼目的阳光、湿漉漉的露水、树丛里隔夜的热气、阳光蒸腾的热浪,苦艾味、三叶草味和荞麦味,马车的隆隆声和农夫的招呼声。在这里,作者既观察了天上的阳光,又观察了地上的森林;既观察了成片的橡树,也观察了些小的露水和脚印;在森林中,他既闻到了苦艾的苦味,也闻到了三叶草、荞麦的香味;他既体察到了湿漉漉的感觉,也体察到了湿热和灼热等不同感觉;他还听到了颇具人世温情的马车声和问候声。没有作者深入、细致、直接的观察,没有开放各种感官多角度的观察,七月早晨里的俄国森林就不会如此鲜活、丰满地展现在我们面前。

　　1945 年 4 月 20 日,位于匈牙利的纳粹贝尔森集中营 5 天前刚被盟军解放。英国广播公司(BBC)的评论员帕特里克·戈登·沃克尔 5 天后来到该集中营采访。他亲眼看见了纳粹在那里制造的惨象:尸横遍野,瘟疫流行,饥寒交迫。文章除了叙述别人告诉他的集中营刚解放时的情况之外,他更多运用亲眼所见、亲耳所闻的材料:从推土机推出的巨大尸坑到随时都可能倒下的只会呻吟的骷髅般的活人,从弹洞累累的腐尸到随地大小便的妇女,从行将死去者的呻吟到充溢于空

----

① 转引自颜雄:《百年新闻经典》,湖南大学出版社 2000 年版,第 727~728 页,收录时略有修改。

气中的尸臭。从眼睛看到的，到耳朵听到的，再到鼻子闻到的构造了一个立体的人间地狱图，仿佛历史已经复活，读者已亲临现场。要是文中没有这些运用各种感官直接观察到的鲜活情景，那么，文章的现场感和感染力肯定会大打折扣。

观察，原意是指仔细地看，在写作活动中则不仅仅指用眼睛看，还指的是作者运用感觉器官直接获得写作对象信息的知觉活动。观察是认识写作对象的起点，是获取写作材料不可缺少的方式，也是形成文章主题，并使其真实反映写作对象情况的前提。

写作究其本质乃是形成并表现作者创造性思维的书面表达活动。在思维的形成过程中，作者必须对写作对象的各种属性有深入细致的了解，诸如颜色、形态、重量、声音、滋味、功能、变化、各部分之间的关系以及与其他事物的关系，等等。没有这种具体、细致的了解，主体对写作对象就只能凭空想象，任意杜撰，信口胡诌；若了解不深不细，则可能挂一漏万，也可能差之毫厘，失之千里。观察就是获得对外部事物的这种深入细致了解的起点和基本途径。观察所获得的最直接的信息还是作者进一步感知、思考、形成文章主题的基础。文章主题所反映的思想认识，只有建立在全面、细致的观察的前提之上，才可能真实、深入地反映外部事物的特征和属性。所以鲁迅在《致董永舒》信中说："此后如要创作，第一须观察。"①

（一）观察的特征

相对于体验、采访、调查、阅读、检索等其他一些获取写作对象信息的方法来说，观察是它们的基础。作者自身的体验需要其对外部事物的观察来激活；采访与调查需要与观察相配合，做到"听其言观其行"，从而更可靠地掌握对象的真情、真相；阅读和检索一般来说是获取他人的观察、思考成果，是将很多他人获取的一手材料、直接材料变成自己的写作中的二手材料、间接材料。相对于它们来说，观察有自己的一些特征：

首先，观察是直接面对写作对象的认识活动，具有直观性。王夫之在《姜斋诗话》中说："身之所历，目之所见，是铁门限。"在写作中，直接地接触、面对真实可感的写作客体，获得来自现实、现场的直观而丰富的第一手信息是观察的最重要的任务。只有直面客观对象，才能了解事物的真相，才会有写作的欲望，才会写得准确、真实、可靠，直观可感，读者才会有置身于现场的感觉，才能唤起读者的阅读兴趣，使其紧紧抓住文字的线索，不忍释卷。曹禺所说："我想写作要有对生活的真实感受，逼得你非写不可，不吐不快，然后写出来的东西才是浑然一体的。"②

---

① 《鲁迅全集》（第 12 卷），人民文学出版社 2005 年版，第 434 页。
② 曹禺：《和剧作家们谈读书和写作》，《剧本》1982 年第 10 期。

这种强烈的非写不可、不吐不快的写作动力、激情,往往来自对写作对象真实、真切的感受,而这种感受又来自直面生活的、触动心灵的观察。沃克尔对贝尔森集中营的描述就很能说明这一点,他所观察到的事实,已超出人们的想象。如果不是亲眼所见,只是满足于口耳相传、道听途说,绝难写出这种触目惊心的真实感,这就是"铁门限"。

其次,观察是客观地对待写作对象的认识活动,具有客观性。刘勰在《文心雕龙·物色》中说:"写气图貌,既随物以宛转";"体物为妙,功在密附"。也就是说,若要写出事物的神态与形状,就必须跟随客观事物曲折回旋;要想对客观事物进行绝妙的描绘,关键在于紧贴客观对象。而要想做到这一点,就必须尽可能地详尽深入地把握客观事物的真实面貌,进行客观的观察。观察以尊重客观对象的实际为出发点,以获得写作客体的真实信息为目的。

(二) 观察的功能

在具体的写作活动中,观察具有如下一些功能:

首先,观察可以激活作者的思想,是触发写作活动的直接动力。由于观察是直接面对客观事物的认识活动,它获得的是来自事物最为直观可感的信息,也正是因为这种第一手信息的直观和丰富,才能激活作者的思维,触发作者切身的生活感受,使其处于一种难以抑制的兴奋之中,作者会接着产生不吐不快的、强烈的写作欲望。所以陆机说:"遵四时以叹逝,瞻万物而思纷。"(《文赋》)刘勰也说:"物色之动,心亦摇焉。""物色相召,人谁获安?""情以物迁,辞以情发。"(《文心雕龙·物色》)这里所说的"物色",也就是观察得来的事物外在表象。这种直观可感的表象,它们感召着作者的心灵,使作者的心灵随之而摇荡,不得安宁。作者因此而产生了独特而强烈的感情,也就有了倾诉感情的需要。

雨果的一个故事很能说明问题。1818 年夏天的一个中午,雨果在巴黎法院门前的广场上看到这样的一幕:一大群人围观着一个拴在木柱上的年轻姑娘。姑娘脖子上还锁着铁链,披头散发,汗流满面。旁边一个告示说这个姑娘犯了"仆役盗窃"罪。她脚边放着一炉烧红的炭,一把烙铁插在火里。中午十二点,行刑的时刻到了,一个壮汉走上前来,扯去她的上衣,抄起烙铁就往她裸露的肩头烫去。"啊",姑娘痛得一声惨叫。这一幕对雨果的刺激太深了。1862 年雨果在给朋友的信中还谈到这一情景:"在我的耳朵里,虽然隔了四十年之久,仍然响着那被暴行折磨的女人的惨痛的呼喊。这是在我心灵上永远不能磨灭的呼喊。……我从那广场走出来,下决心——那时我十六岁——要永远和法律的恶劣行为作斗争。"[①] 在他的《巴黎圣母院》和《悲惨世界》中,我们都可以从某些人

---

① 龙协涛:《艺苑趣谈录》,北京大学出版社 1984 年版,第 103 页。

物身上看到那个被虐姑娘的影子。

其次,观察是深入、全面把握写作对象的前提和基础,是判断与推理的起点,也是联想和想象的起点。观察的过程就是一个贴近客观事物,认识事物本来面目的过程。它能提供丰富而具体的写作对象信息。这些信息也许一开始只是片段的、枝节的,但当它们积累到一定程度,作者就可能在此基础上,由浅入深,由表及里,不断发现各孤立现象之间的客观联系,不断接近事实的真相和本质。如果缺乏深入细致的观察,就难以发现那些隐藏在事物表面现象之下的本质。比如刘禹锡的《乌衣巷》写道:"朱雀桥边野草花,乌衣巷口夕阳斜。旧时王谢堂前燕,飞入寻常百姓家。"当刘禹锡观察到朱雀桥边的野花、乌衣巷口的夕阳和上下翻飞的燕子时,这些表象也许并没有深意,但刘禹锡由这些具体可感的事物进而联想到朱雀桥和乌衣巷当年的繁华、燕子筑巢人家当年的富贵时,人世变幻的历史滋味就被输入到这些表象之中。如果没有这些由观察得到的直观形象,作者的联想和想象就难以产生,思考就无法进行,读者的共鸣也不会产生,写作活动也就失去了坚实的基础。

最后,观察有助于作者客观地表现意图和态度,是获取主体情感的"客观关联物"的必要途径。写作除了反映客观事物的本来面貌,还需要宣泄、表现作者的主观意图和情感态度。对读者而言,作者的情感态度往往显得间接、抽象,难以直观了解,更难以体察其中蕴含的个性化特色。这中间必须要有一些中介来承载和传递。观察得来的直观的客观物象正好可以担当这个角色。这些观察得来的物象犹如 T.S. 艾略特所说的"客观关联物"(objective correlative),可以形象而客观地表现和反映作者的情感态度。他说:"在艺术形式里表现感情的唯一方式,就是通过找出一种'客观关联物';换言之,就是找出构成那种特定情感的一组形象、一种情境、一系列事件。"[①] 王国维也说:"昔人论诗词,有景语、情语之别,不知一切景语皆情语也。"[②] 通过具体、仔细、独到观察而描写出来的各种景物,在文章中往往都蕴含了作者的情感态度和意图。明代归有光的散文《项脊轩志》写道:"庭有枇杷树,吾妻死之年所手植也,今已亭亭如盖矣。"那棵长成大伞一样的"枇杷树",可以说就是这种"客观关联物",在对树的质朴叙述中,关联着感人至深的思念之情。相反,如果作者对事物的观察不细致、具体,记忆中客观事物的物象不够丰富、丰满,感受不深刻、真实,就难以找到恰当的情感"客观关联物",难以准确地表现自己的情感。即便写出来了,也可能比较枯燥干瘪、了无生机,激发不了读者的共鸣。

---

① 转引自郭宏安等:《二十世纪西方文论研究》,中国社会科学出版社 1997 年版,第 355 页。

②《王国维文学美学论著集》,北岳文艺出版社 1987 年版,第 385 页。

(三) 观察的要求

观察的方法与态度有多种。在具体的观察活动中,作者需要灵活、综合、因地制宜运用各种观察方法,以期对写作对象有丰富、细致、准确的了解。总的说来,观察有如下一些要求:

第一,宏观观察与微观观察结合,既看清事物的全貌,又关注富有个性特征的细节。宏观观察就是主要观察对象的整体形态,把握其全貌;微观观察就是细致入微地烛照对象,把握其富有个性特征的细节。对写作有益、能真实可靠地了解客观事物的观察应该是两者互相结合的观察,是全貌和细节并重的观察,是既见森林,又见树木的观察。对于不同的对象,这种结合又可能有所侧重:对常见的事物来说,人们看到轮廓容易,看到大家都熟悉的地方容易,看到细节难,看到具有个性特征的细节尤其难。而对写作来说,要写得形象、具体和生动,必不可少的就是细节,特别是典型的、能反映事物个性特征的关键细节,正所谓"于细微处见精神"。写作者如果对焦裕禄的观察没有把握住典型的细节,那么焦裕禄的精神品质就难以表现出来,所以特别强调观察要细致,要多运用微观观察。而对于体积、规模数量巨大的事物,人们则往往容易"只见树木,不见森林",把握其细节可能容易,把握其全貌则可能很难,比如全球经济、气候变化等,所以强调要多运用宏观观察,多运用统计数字,多采取跨地域、跨年代的宏观对比才能反映。

第二,孤立观察与关联观察结合,既能入乎其内,又能出乎其外。暂时忽视某一事物与其他事物的联系,只专注地审视其自在形态为孤立观察;将一事物与其相近或相反的事物进行关联观照,在事物的联系中考察事物的特征为关联观察。孤立观察将观察对象置于注意的中心,可以全面而深入地了解其外部形态和内部构造,是一种沉浸到事物内部的观察。关联观察是在物与物的比较中把握事物的区别,是出乎其外的观察。一般人的观察多容易运用孤立观察,而比较忽视运用关联观察。所以要特别强调多运用关联观察,要注意将该事物与其他事物相关联、对照,在关联、比较中发现有特色的细节,发现事物的个性特征。罗丹说:"所谓大师,就是这样的人:他们用自己的眼睛去看别人见过的东西,在别人司空见惯的东西上能够发现出美来。"[①] 要想有所发现,就是要多将此事物与他事物加以关联、比较,将自己的观察结果与他人的观察结果加以比较,特别注意捕捉事物本身具有的他人忽视的独特标志、独特细节、独特的美及其之间的关系。古诗《陌上桑》中,写罗敷"头上倭堕髻,耳中明月珠"时,可谓孤立观察,写"行者见罗敷,下担捋髭须。少年见罗敷,脱帽着帩头。耕者忘其犁,锄者忘其锄。来归相怨怒,但坐观罗敷"等句时,就是关联观察,在关联、比照中凸显罗敷特别

---

① [法]罗丹口述:《罗丹艺术论》,葛尔赛记,沈琪译,吴作人校,人民美术出版社 1978 年版,第 5 页。

的、难以言表的美丽。

第三，有意观察与无意观察结合，预设目的和随机瞥视并举。有意观察就是明确观察对象，预设观察目的的观察；无意观察则是预先没有明确观察对象，也没有明确观察目的，在日常生活中随机、随意地观察外在事物的观察。一种是定向的观察，有时甚至采取一些方式努力接近、干预观察对象，以达到观察目的；一种是随机的观察，尽可能让事物停留在自在自为的本真状态，于偶遇中获得观察的结果。新闻、公文等实用文体的写作多运用有意观察，文学写作中运用更多的是无意观察。有意观察目标明确、注意集中、时间短、见效快，但难以深入，容易浮光掠影，甚至可能因先预设目标而歪曲事实；无意观察目标散漫、注意分散，费时多，需长期积累、厚积薄发，但印象深刻，感受丰富，更能接近事物的真实自然状态。理想的观察应是有意中多点平常心、随机性，无意中多点方向性、目的性，注意力停留在有意无意之间，将有意观察和无意观察结合起来。初学写作应多有意观察，培养观察的习惯，锻炼观察的技巧，磨砺观察的敏感，习惯成自然以后，有意观察也就成了无意观察。

第四，视觉观察和其他感觉器官观察结合，尽可能运用多种感觉器官。观察究其本义来说，主要是指运用眼睛仔细地看，眼睛是观察的主要感觉器官。有研究表明，人脑从外部获取的信息大部分来自视觉。写作中，大量的观察活动也的确多运用视觉。比如：

> 我住在彭德怀设在预旺堡的司令部的院子里，因此我在前线常常看到他。附带说一句，司令部——当时指挥三万多军队——不过是一间简单的屋子，内设一张桌子和一条板凳，两只铁制的文件箱，红军自绘的地图，一台野战电话，一条毛巾，一只脸盆，和铺了他的毯子的炕。他同部下一样，只有两套制服，他们都不佩军衔领章。他有一件个人衣服，孩子气地感到很得意，那是在长征途上击下敌机后用缴获的降落伞做的背心。
>
> ——埃德加·斯诺《西行漫记》[1]

这短短的几句话，就将彭德怀穿、住等方面的生活状况客观地介绍出来了，刻画了彭德怀作风朴实、平易近人的形象。作者几乎全部是通过自己静观默察到的大量片段、细节，从正面、侧面几个方面，形神兼备地反映了描写对象的情况。可见，视觉的确有很强的信息捕捉能力。也许这也是把写作中获取外部信息的活动称为观察的一个很重要的原因。但正因为如此，也使得我们在观察中往往只运用视觉，而忽视运用其他感觉器官，比如听觉、味觉、触觉、嗅觉，等等。

---

[1] ［美］埃德加·斯诺：《西行漫记》，董乐山译，生活·读书·新知三联书店 1979 年版，第 237 页。

在现实生活中,客观事物是立体多维存在的,视觉虽然是非常重要的感觉通道,能够帮助我们获得大量客观信息,但它终究只是单一的感觉通道,仅凭此,难以全方位地了解客观事物多侧面的信息。因此有必要在观察活动中尽可能开放多种感觉器官,多角度地了解观察对象。而且,如前面所引用的屠格涅夫和沃克尔的段落来看,综合运用多种感觉器官,更能形象、生动地再现客观事物。

第五,长期观察和短期观察结合,厚积薄发和突击开掘并重。观察事物的过程,即认识事物的过程,不是一蹴而就的,需要多次反复,长期积累。要真实可靠,深入细致地了解外部事物,不能仅仅满足于走马观花。持之以恒的长期观察必不可少,可以说,对事物深入了解,更多地建立在长期观察的基础之上。宋代沈括的《梦溪笔谈》里记载的一个故事大致可以让我们明了长期观察的重要性。文学家欧阳修家有一幅牡丹丛古画,人们难以判断它是否画得精妙。他的亲家丞相吴育看了之后断定画的是"正午牡丹",因为他看到画面上的牡丹除了颜色干燥、形态披哆之外,花下那只猫还"黑睛如线"。试想,如果没有较长时间的生活观察作基础,画家怎能准确了解和表现,观众怎能知晓"猫眼早暮则睛圆,日渐中狭长"的生活知识。

另外,短时间的、突击式的,在事物的某一个侧面进行开掘和了解的短期观察是长期观察的一个重要补充。一个瞬间的偶然发现,一次短暂的有意验证都是短期观察。任何短期观察都需要调动自己或他人长期观察的积累,缺少长期观察,短期观察就是孤立的、无法呈现意义的、难以真正有所发现的;同时短期观察构成了长期观察,没有高质量的短期观察,即便与事物长期相守也可能漠不关心、视而不见。学习写作者,应当有志于从深入细致、收获丰富的短期观察入手,一步一个脚印,持之以恒,不断积累、不断修正短期观察的结论,以期达到对事物、对生活真正有所发现,有所创造。

■ 二、体验

　　我先是住在监狱旁边一个客店里的,初冬已经颇冷,蚊子却还多,后来用被盖了全身,用衣服包了头脸,只留两个鼻孔出气。在这呼吸不息的地方,蚊子竟无从插嘴,居然睡安稳了。饭食也不坏。但一位先生却以为这客店也包办囚人的饭食,我住在那里不相宜,几次三番,几次三番地说。我虽然觉得客店兼办囚人的饭食和我不相干,然而好意难却,也只得别寻相宜的住处了。于是搬到别一家,离监狱也很远,可惜每天总要喝难以下咽的芋梗汤。

　　　　　　　　　　　　　　　　　　　　——鲁迅《藤野先生》①

---

① 《鲁迅全集》(第2卷),人民文学出版社2005年版,第314页。

在北平即使不出门去罢,就是在皇城人海之中,租人家一椽破屋来住着,早晨起来,泡一碗浓茶,向院子一坐,你也能看得到很高很高的碧绿的天色,听得到青天下驯鸽的飞声。从槐树叶底,朝东细数着一丝一丝漏下来的日光,或在破壁腰中,静对着像喇叭似的牵牛花(朝荣)的蓝朵,自然而然地也能够感觉到十分的秋意。说到了牵牛花,我以为以蓝色或白色者为佳,紫黑色次之,淡红色最下。最好,还要在牵牛花底,教长着几根疏疏落落的尖细且长的秋草,使作陪衬。

——郁达夫《故都的秋》①

[**路透社发自哥伦比亚阿梅罗镇**]至少有1.5万人死亡,还有数百人在死亡线上挣扎。我极力想在哥伦比亚火山爆发灾难中的幸存者中入睡,我恍如置身鬼蜮甚至感到我自己也是死人!

我蜷缩在当地一座寒冷光秃的山顶上。每当我抬起头来看看那些奄奄一息的人们——老人、妇女和儿童,只见他们浑身沾满了灰色白胶泥,毛发僵直,只是眨动的眼珠在夜色下还隐约可见,才知道他们还活着。

烛光,唯一的光源,使这儿的气氛变得更加可怕。在附近的山顶上,闪烁着更多的烛光和几支火炬,那里蜷缩着数千名幸存者,他们没有饭吃,也没有水喝,正在等待营救。

——戴维森《在遇难者和垂死者当中的一夜》②

日本仙台初冬时节的蚊子之多,居然需要鲁迅"用被盖了全身,用衣服包了头脸,只留两个鼻孔出气",才可以睡得安稳。客店在供给旅客伙食时,还同时包办囚人的饭食,鲁迅只好搬家;然而搬了家之后,却只能"喝难以下咽的芋梗汤"。这些事情之所以奇怪有趣,是因为它们已经不是纯粹的关于叙述对象冷静客观的介绍描述,而是既反映叙述对象的特征,又掺和进了作者亲身经历之后的体会和理解。这些独具作者个人特征的体会和理解使得叙述对象具有了独特的趣味。

北京的秋天,不仅仅是景色,还是一种需要用全部身心去感受的况味。你得置身"皇城人海之中",还得"租人家一椽破屋来住着,早晨起来,泡一碗浓茶,向院子一坐"。然后再去细心体察"很高很高的碧绿的天色""青天下驯鸽的飞声","细数着一丝一丝漏下来的日光",然后从中去"感觉到十分的秋意"。"秋意"不

① 《郁达夫散文全编》,浙江文艺出版社1990年版,第179~180页。

② 转引自杜荣进:《中外新闻采写借鉴集成》,浙江教育出版社1997年版,第212页。

在他处、远处,不在"天色""飞声"和"日光"中,而在你对周遭一切细致的体察之中,"秋意"在你心里。作者郁达夫不仅自己沉浸其中,同时也诱导读者设身处地,唤起类似的人生经验、感觉和想象。

1985年11月13日晚9时多一点,休眠了近400年的南美洲哥伦比亚鲁伊斯火山突然大喷发,转眼间把位于火山口以南的阿梅罗镇完全湮没,埋葬了近5万所房子和2万多生灵。西方学者说这次惨剧是公元79年意大利庞贝城被火山灰埋葬的惨剧在20世纪80年代的重演。路透社记者菲尔·戴维森第二天就搭乘一架私人小型直升机赶赴灾区。这一次,他运用了第一人称,用直观、贴近的笔触将读者带到了被死亡阴影笼罩的阿梅罗镇,读者看到的不仅仅是冷冰的事实,还有记者自己切身体会到的死亡的恐惧和灾民生活的困窘。

(一) 体验的特征

体验一般指亲身接触事物、经历事件或者情景,或者通过唤起类似记忆来获得对事物、情景、事件或思想感情的领会和理解。所谓"纸上得来终觉浅,绝知此事要躬行",体验主要要求亲身经验、躬行。鲁迅亲身体验过仙台冬天的蚊子和芋梗汤,才能在短短数笔之间,就同时将仙台的情景和他自己的心情展现在我们面前;郁达夫如果没有领略过北京秋天的意蕴,便不会那么清晰地记得故都秋天的天色与鸽声,并将读者带到很远之外、很久之前秋天的北京;戴维森也是身处遇难者和垂死者当中之后,方能将灾难和不幸的情绪送进所有读者的心中。

与观察相比较,如果说观察只是从旁观察,事不关己,与对象保持相当的距离,静观默察,那么体验则是投身其中,与对象融为一体,密不可分,与外物拥抱在一起,神与物游;如果说观察要求客观冷静地对待外物,那么体验则既要深入了解外物,也要体认自我的思想情感;如果说观察目的主要在于获取有关外物自身的情况(它怎么样),即有关外物的客观知识,那么体验目的可以说主要在于获取外物依体验者看来是什么情况(我感觉到它怎么样),即有关外物的主观知识,以及体验者自身的情况(我自己怎样),即有关自我的客观知识。观察是体验的基础,体验中含有观察,离不开观察,深入地观察可以使体验更深入。体验有助于观察,它使观察更真切细致,使观察能更好地把握事物的真实面貌;而且视觉之外的、其他感觉器官的观察本身就难以与体验截然分开。在具体写作中,有些特殊的情景,由于自身条件的限制,作者无法亲身体验,只能在从旁观察的基础上,充分调动自身类似经验来达到设身处地式的类似体验,比如男性作者写女性的心理,没有犯罪的作者写犯罪经历等。在这种情况下,则不必迂腐地强调亲身体验,甚至不惜违法犯罪、危害自身与社会。设身处地式的体验也是必要的,尤其在工作中的应用写作、被动写作中会经常用到。

（二）体验的功能

首先，亲身体察外物的属性和本质，达到对外在事物的个性化了解。由于在观察中，观察者总是与观察对象保持着相当的距离，虽然细致、认真的观察者也能够做到全方位的观察，但终究是徘徊在对象的外部。这虽然不见得是观察的短处，因其客观性往往也来自这里，却总是无法潜入对象的深处。体验强调亲身接触对象，与对象亲密无间，与对象利害相关。它利用主体内在心理的移情作用，推己及人、推己及物，将心比心，以物为己。它将对象置于自我的多重感觉之中，将对象置身于自己的内在想象之中，同时又将自己置身于对象的核心，与体验对象不离不弃，我即是物，物即是我。它通过在想象中以我包物、物居我心来体察对象的整体形态、面貌；它通过以物包我、我居物心来窥探对象的内在秘密、规律。此时，体验所认识到的外部事物，既是外部事物，又不仅仅是外部事物，而是体验者眼中、心中的外部事物，是反映了体验者个性化理解的外部事物。鲁迅笔下的仙台客栈，郁达夫笔下的北京的秋天，戴维森在火山爆发后与灾民共度的夜晚，都是这种经过作者体验、渲染之后的外在对象，成了作品中个性化的事物。

其次，通过外物体验内在思想和情感，达到对自我的明确体认。"我是谁"，这是一个萦绕在人类心中上千年的哲学问题。如何确认自己，如何了解自己，可以说是所有思考者、写作者挥之不去的疑问。然而，人们从哲学、心理学等几个方面都得出了相同的结论：仅仅从人类自身内部是无法证明自己的存在的，自我不是不证自明的。因此哲学家告诉我们，人是社会关系的总和。人只有在与外部事物的联系当中才能发现自己、证明自己。纷纭复杂的外在事物，犹如树立在我们周围的无数面镜子，人们需要依赖这些镜子才能确认自己，认识自己。犹如第一个原始人在水里看到了自己的倒影并认出自己，又如儿童第一次在母亲的镜子前发现里面那个模仿自己者就是自己。外部事物是认识自我的必由路径。体物不仅仅是体物，同时也是体我、证我，甚至是我在物中，物即是我。也正是通过对自己在仙台驻地的描述，一个对外在的物质生活要求不高，生活简朴、适应性强的鲁迅就呈现在人们面前；而能够如此细致地品味故都北京秋天声色趣味的郁达夫，其时的心情可见是闲适、轻松的；虽然新闻要求记者客观地报道新闻事实，但是戴维森不顾危险，千方百计深入新闻现场后传递出来的灾区见闻让人们不得不钦佩他的职业精神和专业态度。

最后，将读者召唤进入文本空间，带来强烈的认同感和真实感。《周易》中有"修辞立其诚"（《乾卦·文言》），说的是在说话、写作时，作者要建立起自身的诚信。如何才能在文字中建立起自己的诚信呢？那就是要在文字中融入自己的真情实感，让读者感受到作者的真知、真情。白居易在《与元九书》中说："诗者，根情，苗言，华声，实义。""根情"者，即诗人真实、独特的情感是诗歌写作的根本。其实，不仅诗人该如此，所有文章的作者也应当这样，作者必须要有对外在事物的实在的、切身的理解和认知，要有体验，然后才能发言为诗、提笔作文。有了切身的体验并真切地在文字中表现出来，即移去了与读者之间的情感隔阂，与读者订立了友好条约，即可以在很短的时间内与读者"酒逢知己千杯少"。相反，如果没有体验，没有很好地消化、理解写作对象，硬要装腔作势，强不知以为知，以己之昏昏使人昭昭，那么立即就会与读者"话不投机半句多"。正因为如此，体验可以使作者如当年商鞅徙木赏金一样，很快和读者建立起信任。饱含作者切身体验的叙述，由于已建立威信，它也因此具有比较强烈的召唤性。它仿佛能够从文字中伸出许多的手来，把一个个读者拉进文本提供的想象空间，让他们身临其境，促使读者展开想象，唤起读者同样的情感体验，给读者带来认同感和真实感。在实际的阅读中，我们可以发现那些饱含作者体验的文字基本上都有这种功效。

（三）体验的要求

带着作者体验的文字，往往感人至深，令人印象深刻，要想达到这种境界，体验需要注意如下一些要求：

首先，最好亲临现场，至少设身处地。严格地说起来，体验都要求作者亲临现场，直接接触体验对象，亲身感知对象的大小、颜色、重量、温度、气味、质地等一系列尽可能详细的、或表面、或内在的各种信息，以便在内心建立起这个事物的全息形象记忆，直接在自己的心灵深处植入这个事物的可以随时被唤起的印象。鲁迅在仙台监狱旁的客店里遭遇日本蚊子的无可奈何的绝招，郁达夫眼中碧绿的故都之秋，戴维森笔下火山喷发后光秃秃山顶的寒冷之夜，这些体验基本都是这样，当时的体验像梦幻一样，深深地镌刻在记忆之中，只要偶尔提到其中一星半点，它的全部记忆就会立即复活在想象中，历历在目。

但是由于种种条件的限制，并不是所有的现场我们都能亲临。要想获得对这些现场的体认，就只有设身处地、移情入物了。比如李白的绝句《玉阶怨》："玉阶生白露，夜久侵罗袜。却下水晶帘，玲珑望秋月。"《玉阶怨》为乐府曲调，多吟咏女性幽怨。男性诗人李白虽无法直接体验女性主人公秋夜幽怨的情感，但能设身处地，调动生活经验，唤起感觉记忆，代人立言，也收到了惟妙惟肖的效果。在诗中李白像一个演技高超的演员那样，将自己设想为一个正在苦苦思念、彷徨无计的女性，细细地揣摩她如何在玉阶上来回漫步，如何让秋夜的露水打湿了罗袜，又如何放下珠帘惆怅地遥望着玲珑的月亮。只有在这种投入的角色扮演之中，李白才可能近似地获得他心中那个女性抒情主人公的人生体验。这种体验方式对一些小说家来说，几乎是家常便饭。据说，托尔斯泰当年写作《复活》的时候，为了能够准确地把握主人公聂赫留朵夫的心理变化，为了能够将他写得血肉丰满,他坚持了很长一段时间以聂赫留朵夫的身份记日记,体察他面对日常生活的各种细腻感觉;而福楼拜写《包法利夫人》中爱玛服毒自杀的情节时,自己心里竟然也体会到了中毒的感觉。可见,这种设身处地、将自己的类似体验移植到另一情境的办法也是体验的一种替代方式,不过它终究不若直接面对对象的体验那样来得真切可靠。

其次,既要虚以待物,又要真情投入。体验是获得一种主客观交融的认识的重要手段,它既要观照客观事物,也要呈现主观思想情感,这时作者进入体验的态度就是影响体验结果的重要因素。要想获得相对客观的认识,要获得对客观对象真实面貌的可靠记忆,作者在观照、体察客观对象时,应该尽量在事先排除先入之见,内心要像一面拂拭得一尘不染的镜子,能够平静、公正地将外物的真实形象纤毫毕现地映照出来。同时,要想观照自我,获得对内心世界的深刻体认,作者在体验时又不得不投入感情,放松心情,任由自己的心灵之弦为客观事物拨动,自己在收获对外在事物的了解的同时,也获取对自己内心的需求、理想、感情、欲望的体认。它是一种既主动观察,又被动移情,以便能够获取外物和自我信息的姿态。

要达到这种状态,仿佛很难,其实容易。只要我们真诚地面对生活,实事求是地看待外部事物,不一味强求物为我用,也不刻意与世界保持距离,我们就能在具体真实的生活实践中,深入地认识世界和自我。让自我拥抱外物,让心灵与外物相互接触,面向世界敞开心扉,恭迎外物走进认识。既有客观对外在事物面貌、特征的体认,也有主观对自己的心理、情感的呈现,主客观两个方面都得到了照顾,这样就获得了对世界、对自我的全方位的、立体的认识。这样的认识往往能够给人更多的真实感、具体感。体会一下《诗经》里《采薇》中的诗句,我们可以感受到这种状态:"昔我往矣,杨柳依依。今我来思,雨雪霏霏。""依依""霏霏"既质朴、准确地描写了杨柳、雨雪的形状,同时也是自我内心情感的真切描摹和表达,外在事物和内心情感几乎同时得到了呈现,水乳交融。这就是体验、感受的妙处。

最后,既要再现客观对象,也要唤起主观情感。体验用于写作,就是要在文章中准确地反映体验所获得的对外部世界、对自我的认知。面对体验这种既包含着有关外部世界的客观信息,又体现着个体内在的主观情感的认知成果,对体验的表现也必须既要再现客观对象,也要唤起主观情感。

再现客观对象,要求准确描摹再现对象自身的形貌、状态,更重要的是还要再现对象所存在的现场、情境,尽可能地让对象以本真的状态展现在读者面前。这种由体验所带来的现场感、真实感,具有强烈的召唤读者想象的魅力。它不在于作者写了多少文字,描写得有多仔细,而在于传达一种情境,在于用文字开辟一条通向特定情境的道路,让人不知不觉地全身心投入这种情境,为之着迷,也就是用笔和自己切身的体验营造文本中的想象空间。

所谓唤起主观情感,则要求在表现体验的文字中,将作者自己的情感真实、真诚地融入其中,让人在了解作者经历的情境的同时,也能够了解作者个人的精神世界。戴维森除营造了那天夜晚阿梅罗镇的已经奄奄一息,浑身沾满了灰色白胶泥,毛发僵直的老人、妇女和儿童们,只是眨动的眼珠在夜色下还隐约可见,才知道他们还活着等悲惨的情境外,同时也描写了他自己"蜷缩在当地一座寒冷光秃的山顶上","烛光,唯一的光源,使这儿的气氛变得更加可怕",将自己的寒冷、恐惧、孤寂等情绪也很鲜明地凸显出来。这看来只有一星半点描述,却既展现了戴维森本人的处境和精神活动,同时这种真实的情绪也强化了文字的感染力,增加了读者身临其境的感觉。

第二节　采访与调查

■ 一、采访

按照《辞海》的解释,采访包含两方面的含义。一是采集访问。干宝的《搜神记序》中就有记载,"若使采访近世之事,苟有虚错,欲与先贤前儒分其讥谤"。二是新闻工作术语。为搜集新闻事实和新闻背景等新闻报道材料而进行的观察、访问、调查、录音、录像等活动。[①] 在写作这一系统工程中,采访解决的是写什么的问题,写作解决的是怎么写的问题,采访是写作的前提和基础。"七分采访,三分写作",两者可谓相辅相成。

(一) 采访的基本环节

在了解采访的基本环节之前,我们先来看一则报纸上的报道:

"全忠,2月14日,咱们一家三口站台上见。"这是一本普通家庭日记本上的留言。这样的日记一写就是23年,用掉了12本日记本,留下6 820多条只言片语,长达24万余字。

写下这段留言的妻子叫任亚娟,是兰州铁路局兰州客运段武威南车队队长。丈夫李全忠,是兰州客运段宁波车队副队长。虽然同在一个单位上班,但因为从事不同车次的客运管理工作,夫妻两人在家碰面的机会少之又少。1995年,两人步入婚姻殿堂不久,甜蜜的家庭生活就被忙碌的工作带走了——夫妻二人一个值乘北京列车,一个值乘乌鲁木齐列车,每隔3周

---

① 辞海编辑委员会:《辞海》(第6版),上海辞书出版社2009年版,第213页。

才能相聚一次。

"那时候哪有手机、微信这么方便的沟通平台？我们就把家里需要办的事情都记在日记本上交代给对方，一来二去，日记本就成了我们两人之间最主要的沟通纽带。"任亚娟回忆说，他们出乘回家后的第一件事，就是看看日记本有没有留言。"看到了熟悉的文字，就像见到了本人一样。"丈夫李全忠这样形容。

翻开一本本泛黄的日记本，上面密密麻麻记录着夫妻二人23年来的点点滴滴。如今，这些留在家庭日记上的"微记录"，被同事们翻出来，赞为"最美留言"。

"亚娟，昨晚在列车上没合眼吧？一回来就趴在沙发上睡着了，看着好心疼。你最喜欢的冬果梨汤熬好了，在茶几上，醒来记得喝，我先出乘去了。"

"亲爱的，这两天武威温度下降得厉害，你的毛衣毛裤我洗好放在卧室第一个衣柜里了。记得穿上，保重！"

"全忠，女儿说什么时候咱们一家三口能坐在一起吃上你做的臊子面？我都不知道哪一天，心凉！"

"亚娟，你荣获全局十大'最美贤内助'，真替你高兴。但我觉得这个奖，颁给我也合适呢，哈哈！"

…………

"现在翻一下，23年的心酸与牵挂历历在目。"李全忠说。

23年，经历了传呼机、手机短信、微博微信等不同的通信工具，但是所有的一切似乎都比不上"见字如面"的纯情与质朴。随手写下的留言，笔笔写出的爱意，期待与牵挂，相知与守候，与子偕老的"家庭心灵史"尽在其中。

每到春运、暑运和黄金周，正是家家团圆或是休闲度假的时候，但对于这对夫妻来说，却是最繁忙的时候。女儿李卓蔚，已经21岁了，在她的记忆里，一家人却没有一起过过一次春节。

任亚娟的父母去世得早，公婆也在客运段上班，李卓蔚很小就没人带，平时只能将女儿寄放在邻居家，到了春节就送到陕西姨姥姥家。"别人家的小姑娘都是捧在手心里养，我们却是'散养'，真是觉得对不住她。"一提到女儿，任亚娟的眼里总是泛起泪花。

懂事的女儿不仅没有埋怨过父母，还做起了他们情感的"联络员"。她在家庭日记本上识字、认字、写字，渐渐地也开始留字。

高三那年，学校开家长会，夫妻俩都在列车上值乘检查。李卓蔚既没打电话也没发短信,在家庭日记本上写下了一条留言:"爸妈,后天要开家长会,我英语竞赛考了全校第2名,想着让你们看看我的成绩!"

3天后,出乘回家的妻子任亚娟一进家门就发现这条留言。"觉得自己这父母当得太失职,孩子都长这么大了,可我们参加家长会的次数却屈指可数。"任亚娟低头抚摸着家庭日记本,心里泛上一阵酸楚。

忙碌的工作依旧,但今年新年以来,家庭日记本上的内容更多了。

"爸,我跟着电视学,做了一盘您喜欢吃的红烧肉!您回来尝尝!"

"爸妈,我在网上给你们定了一款对戒,样子暂时保密,不过保证你们喜欢!"

…………

2月14日,李全忠乘坐K1040从宁波返回兰州,妻子却要乘坐T6601次列车前往武威。女儿带上精心挑选的对戒,一家三口相聚在了兰州火车站站台上,而这次相聚只有短短的37分钟……

在聚少离多的日子里,一家三口仍旧在用"见字如面"的方式守护着纯情家风。浸润在字里行间的牵肠挂肚,还将在家庭日记本上延续。

　　　　　　　　　　　——康劲、黄贵彬、马勇强《"见字如面"23年》①

《"见字如面"23年》在《工人日报》刊发后,《工人日报》微信、微博和客户端几天内的阅读量突破百万人次,此后数月的时间里,网络上的阅读、转发、评论持续不断,读者的留言超千条,被点赞为是最能代表普通中国人的爱情故事、展现平凡职工情感的"最美留言"。2018年初,中宣部、网信办、中国铁路总公司等又以《24万字,写就"最美情书"》为题,将这个故事推荐为"新春走基层"采访活动的重点选题,全国超百家主流媒体和网络媒体、20多家卫视频道、广播电台和地方电视台在重要版面、重点时段追踪报道,让这个"见字如面"的新闻故事家喻户晓。《"见字如面"23年》也正是因为作品本身的魅力以及上述多方面的原因,荣获第二十八届中国新闻奖一等奖。

由中国新闻奖参评作品推荐表的介绍,我们可以发现,这则通讯的采访缘于一次巧遇。2017年2月14日,记者康劲等人在兰州火车站采访时获知兰州铁路局兰州客运段的一对双职工——李全忠、任亚娟夫妇和自己的女儿,刚刚在站台短暂团圆了37分钟。而一家人筹划相见的方式居然不是通过手机或者微信,而是用家中的留言本断断续续写下的几条留言。记者进一步了解后得知,这种见字如面的情感交流,一家人已经坚持了23年。巧遇得来的线索,引发记者兴趣,

---

① 康劲、黄贵彬、马勇强:《"见字如面"23年》,《工人日报》2017年3月18日。

记者进行深入了解后确定新闻选题,进行采访前准备,开展相关的采访活动。

从这则通讯的出炉,我们可以发现采访的过程大致包括获得线索、确定选题、访前准备、开展采访活动等环节,而这也正是采访活动的大致过程。

1. 获得线索

线索是事情的头绪或发展脉络,大多较为简略,可能确有其事,也可能只是一种假象,但有效的线索往往能够给采访者指明到哪里去采访,明了采访的大致方向和范围,从茫然无绪过渡到有的放矢。

"除了睡眠,随时随地都在留心各种各样的事情,随时随地都在发现新闻线索和新闻素材,也可以说,一个合格的新闻记者随时随地都在自觉或不自觉地进行着采访活动。"[①] 也正因为如此,一次采访中的巧遇,成为采访的前提,成就了康劲、黄贵彬、马勇强写出《"见字如面"23 年》这篇获得中国新闻奖一等奖的通讯。

2. 确定选题

选题就是写作的主要内容。写什么不写什么既取决于采访者的价值观和对生活的理解能力,也取决于刊发载体的定位。在现实生活中,选题具有极大的灵活性。如新闻记者报道一场灾难事故,既可以选择报道灾难给当事人造成的痛苦,也可以报道灾难留下的深刻教训,还可以报道灾难背后的原因,当然,救灾者的英勇行为也应纳入报道的范畴。

一般来说,好的选题大都具备题材重要、内容独家、公众关注度高、可操作性强等特征。因此,在现实生活中,采访者们大多热衷于选择重大社会事件和舆论热点进行采访,如重大突发性事件、社会活动、网络和社会的舆论热点、重大政策变动等。如果没有能够在第一时间抢发重大新闻,则千方百计挖掘第二落点,力求在新的角度、新的层次上做出新文章,后来居上。

3. 访前准备

采访前的准备,除了"养兵千日,用在一时"的日常积累外,采访者在正式采访前尽可能多地占有和采访相关的书面材料,熟悉相关的专业知识,了解采访对象的大致情况,对采访也特别重要。"采写一个东西,采访前的准备工作非常重要。就和打仗一样,要先制订作战方案,而要把方案订得好,就要做反复细致的调查研究,掌握所有情况,哪怕是很小的一点点也要了解,有时有些好像根本没有用的东西,可是到时说不定对采写会有很大的帮助。特别是基层送来的那些报告,虽然文字上写得不太好,但里边有许多很好的素材,可以启发你的思路,扩大采访眼界。"[②]

---

① 南振中:《我怎样学习当记者》,新华出版社 1985 年版,第 26 页。
② 转引自丁文轩:《采访学艺随笔》,《新闻业务》1963 年第 10 期。

如采访"杂交水稻之父"袁隆平,事前了解杂交水稻的培育原理和种植情况,熟悉和研究袁隆平这一特殊的采访对象,分析已有的相关报道,制订切实可行的采访计划,不仅能够让采访者明确采访的目的和重点,还能够缩短和采访对象之间的距离,提高工作效率。

采访前的准备还包括思想、物质等方面的临时准备。思想上的准备一般包括两个方面:一是采访者要学习与采访有关的政治理论和方针政策,如围绕采访任务,学习党和政府的有关政策,学习上级领导机关和领导同志的有关指示、讲话,掌握其精神实质,在采访与写作中站得更高,看得更远。二是采访者要有吃苦耐劳的思想准备。蜜蜂要酿出 1 000 克蜜,必须在 1 200 多万朵花上采集花蜜,在蜂房和花丛之间往返飞行 15 万次,采访就好比蜜蜂采花酿蜜,采访者要酿出好的蜜来,往往需要付出艰辛的劳动,在采访中遇到挫折时具有坚强的意志和百折不挠的精神。物质上的准备则主要是指采访前对相关采访设备,如采访本、笔、录音录像等设备的检查和准备。

4. 开展采访活动

这是采访活动中最为重要的一环,也是最核心的一环。在这一环节中,采访者要能够在第一时间到达事件发生的现场,迅速地接近采访对象,灵活地运用提问、观察、记录等多种采访手段,采集写作的素材。

在采访过程中,经常会遇到各种各样的困难,这就要求采访者不但具有克服困难的决心和信心并落实到行动上,而且要主动研究被采访对象的心理,灵活应对。在现实生活中,从对待采访的态度方面去衡量,采访对象大致可以分为积极协作型、一般配合型、消极对抗型三种。[①]针对不同的采访对象,宜采用不同的方法。积极协作型的采访对象,由于采访内容对其有利而可能成为主动的素材提供者,但有可能出现夸大事实、歪曲事实的现象,采访者的重点宜更多地放在对写作素材的调查与核实上;而对于一般配合型的采访对象,由于与采访者、采访内容之间大多不存在利害关系,一般能够以较为客观、公正的态度对待采访,采访能否成功更多地取决于采访者的水平;消极对抗型的采访对象,要么是采写内容对其不利,要么是对采访者持不信任、抗拒的态度,回避事实、拒绝采访,甚至采用暴力手段对抗采访是最为常见的表现形式,对此,采访者可以通过阐明采访目的、"迂回包抄"(采访其家人、朋友、同事等知情人)、隐性采访等方式来达到预期的采访目的。

5. 考虑采写安排

采访的目的是写作,因此,"采访过程中就要想着如何写作、如何表现,而且

① 张骏德、刘海贵:《新闻心理学》,复旦大学出版社 1997 年版,第 2 页。

随着采访的展开和进行,如何表现的问题,应该越来越占重要位置。最好是采访完了,稿子也写出来了,最少'腹稿'已经完成"①。不单新闻采访是这样,其他类型的采访也是如此。

采访的过程是一个不断搜集写作素材的过程,有经验的作者不是碰到什么就采访什么,等到采访完了再来决定写作的体裁,而是在采访之前就已经开始考虑写作的体裁,采访之中则不断思考根据现有材料大概可以写一个什么体裁的作品,再按照相关体裁的要求有针对性地展开采访活动。假如作者根据手头掌握的材料,准备写一篇消息,那么在采访活动中,就要着重弄清楚新闻的六个要素(时间、地点、人物、起因、经过、结果)等概括性材料。如果决定写一篇有关人物的散文,采访时除了要掌握概括性材料外,还要挖掘大量的细节,观察人物的外貌、行为,记录有个性的语言。

在采访过程中,除了要根据不同体裁的要求进行采访以外,也要对写作的主题进行思考,并尽可能围绕主题进行采访。主题是一篇文章的灵魂和统帅,在文章中的重要性不言而喻。主题的提炼和深化往往在写作阶段完成,但由于采访与写作两者密不可分,而且主题是从采访的事实中提炼出来的,而事实需要作者去发现、认识和选择,因此,在采访的阶段作者就必须在对所掌握材料进行初步消化的基础上,不断思考、提炼主题。在提炼出主题后,则应着力挖掘能够表现、深化主题的材料。如果在采访时不考虑主题,"眉毛胡子一把抓",没有重点,不分主次,到写作的时候就很容易捉襟见肘。

(二) 采访的方法

采访是一项需要全身心投入的工作,脑要想、眼要看、口要问、耳要听、手要记、脚要走……其中,最常用的采访的一般方法是口问、耳听、眼看、手记,即提问、倾听、观察和记录。

1. 提问

提问是采访活动中最常用的一种方法,也是作者与采访对象进行沟通、获取写作素材的主要手段。作为一种社会交往活动,采访者根据不同的情况,采用不同的提问方法,代表受众提出具体、简洁、自然的问题非常重要。

问题一般可以分为开放式和闭合式两种。其中,开放式提问所提的问题相对较为宽泛、笼统,能够给被采访者比较大的回答空间和发挥余地,像"第一次来湖南印象怎么样?""请问你对日本首相直接或者变相参拜靖国神社有什么看法?""假期突发舆情应该如何应对?"等问题都属于此类。开放式问题一般用在采访的开头以形成融洽的采访气氛,或者在采访过程中作为一种过渡和

---

① 田流:《我这样做记者》,人民日报出版社 1984 年版,第 143 页。

调节的手段,提问的对象一般文化层次比较高,比较健谈。但是,这种问题虽然有的时候能够起到意想不到的效果,但由于是泛泛而问,采访对象可能泛泛而答,采访者得不到太多实质性的材料。闭合式提问与开放式提问正好相反,所提的问题比较具体,被采访者的回答范围相对狭窄、指向性强,像"你看见是他撞倒老太太了吗?""你幸福吗?""你看春节联欢晚会吗?"等问题均属于此类。闭合式问题特别适合不善言谈的采访对象、比较忙碌的采访对象,或者在采访中需要突破、证实的时候使用。但是这种提问的方式往往容易造成严肃、紧张的气氛,而且需要采访者在访问前归纳提炼出具体的问题。在现实生活中,有经验的采访者往往交替使用这两种问题,即在开始采访时,提开放式问题,形成比较融洽的气氛后再过渡到闭合式问题。当气氛相对紧张的时候,则通过开放式问题调节气氛或者过渡到其他问题上去。

根据采访对象的不同,采访者提问的方法也不同。当采访对象是熟悉的人,是领导干部或公众人物,或者采访对象十分忙碌时,采访者一般开门见山地提出问题,即采用正问法。当采访对象有顾虑不愿谈,或者想谈却暂时谈不出来时,采访者则可以采用侧问法,即通过旁敲侧击、循循善诱,不动声色地过渡到采访正题上来。当从正面或者侧面提问都难以得到答案时,可以考虑从反面提问。反问法从相反的角度提出问题,经常能够使得采访对象从"要我说"变成"我要说"。最常用的两招是激将法和错问法,前者是通过提刺激性问题让采访对象无法回避,后者则是从事实的反面设问,"明知故犯"地提出一个明显错误的问题,促使采访对象澄清。当采访者要彻底弄清楚某一事件的来龙去脉,或者要挖掘典型的事例和生动的细节,要弄清楚访问中的疑点时,可以采用追问法,即沿着谈话线索"打破砂锅问到底"。此外,设问法、诱问法等在采访中也经常被使用。

2. 倾听

倾听既是采访中的重要一环,也是采访得以顺利进行的重要前提条件。采访者在采访过程中认真倾听不但能够给采访对象以反馈,营造气氛,而且能够在不断接近事实真相的过程中,逐渐形成写作思路。

优秀的倾听者在访问的过程中会逐步地接收事实、探索意义、回顾总结、发现新问题;笨拙的倾听者则可能完全是被动的,他们被动地记住事实,记录事实,缺乏对事实的理解和思考,缺乏对新苗头的观察。[①]一般来说,倾听的时候,采访者要保持注意力高度集中,全面、耐心地倾听,既要听清楚字面上的意思,又要听出弦外之音、言外之意。

在采访的过程中,和所采访内容相关的事实的关键词、主干的要素、反面的

---

① 张征:《新闻采访教程》,中国人民大学出版社 2008 年版,第 326 页。

观点、隐性的问题以及前后不一致的地方都需特别关注,认真倾听,适当记录。

3. 观察

观察,就是用眼睛进行采访。通过眼睛进行采访,采访者往往能够通过观察所得更好地与采访对象进行交流,同时观察所获得的第一手材料、典型细节能够加深记者对新闻事件和新闻人物的理解,让文章更为准确和生动。

观察的对象无外乎人和物两个方面。不管是对人的观察还是对物的观察,都必须围绕主题进行,凡是能够表现或者反映主题的,采访者都应该花大力气进行观察,而与主题无关的内容则可以选择性忽视。具体来说,采访者在现场需要观察人物的外貌、神情、语言、动作,观察事件的完整过程,观察现场的典型环境,捕捉生动的、有特点的细节。

为了达到好的观察效果,采访者既要选好观察的位置和角度,尽量贴近观察对象,又要把粗看和细察相结合,并注意在观察的同时进行思考。

4. 记录

记录的目的是避免遗忘,在采访时应将所见、所闻、所感的素材,真实、准确地记录下来,为写作提供原始材料。采访中的记录不是有闻必录,而是有选择、有重点地进行记录。一般来说,采访对象所提供的事实信息、采访者收集到的资料性信息、容易忘记和混淆的相关信息、人物生动的个性化的语言,甚至采访过程中的所思、所感等都有必要记录下来。

根据采访对象、采访任务和采访环境的不同,记录的方式也要有所不同。当前,最为常见的记录方式有心记、笔记、录音记录、录像记录、画记等,可以根据实际情况灵活选用。

除了提问、倾听、观察、记录这些常见的一般采访方法之外,采访者有时还需要运用到网络采访、隐性采访等相对特殊的采访方法,才能获得所需的素材。

(三)采访的特殊方法

1. 网络采访

网络采访是指采访者通过互联网,利用计算机技术对采访对象和事件背景进行材料搜集、分析、处理的采访方式。当前最常见的网络采访方式有:使用电子邮件进行采访,使用微信、微博、QQ 等社交软件进行采访,使用搜索引擎进行采访,使用网上调查系统进行采访等。

近年来,随着互联网的普及,网络用户的增多,网络采访已经成为一种越来越便捷和高效的采访手段。相比一般的采访方法而言,它不但快速、便捷,突破了空间限制,而且资源丰富,极大地开拓了素材来源,但是由于采访者难以到现场进行采访,其所搜集的素材的客观性、真实性、准确性难以保证,这些弊端也严重制约了网络采访的进一步普及。当前,网络采访大多作为一种资料搜集手段,作为传统采访方法的一种有效补充。

2. 隐性采访

隐性采访是采访者为了完成某一特定的任务,而隐瞒自己的真实身份和采访意图的一种比较特殊的采访方式,其最为常见的方式就是偷拍偷录。隐性采访虽然要冒一定的风险,但其真实、鲜活、能够吸引受众眼球的特点使其广受媒体和采访者的青睐。

隐性采访大体可以分为体验式、伪装式两种。前者是采访者以社会普通一员的身份进行某一行业或者某一方面的体验,如采访者以普通患者的身份去医院体验看病难;在《南方周末》所载《实习生卧底富士康 28 天　揭八连跳之谜》中,实习生刘志毅以打工者身份到富士康体验、感受打工者的生活也属于此类。后者则是采访者隐去真实身份和采访目的,伪装成某一身份而进行的采访活动,如《中国青年报》记者经过长达 7 个月的暗访调查,刊发了《一团伙涉嫌制造高考"枪手"跨省替考》一文。

隐性采访虽然能够在开展舆论监督、匡扶社会正义等方面起到积极作用,但是稍有不慎就有可能触犯法律和道德的底线。因此,如何把握隐性采访的界限以及如何避免采访者侵权成为社会共同关注的一个话题。在隐性采访中,采访者"不要将自己的角色等同于一个警察",采访者和普通公民一样没有特权。隐性采访这一特殊的采访方式,一则要尽量少用、慎用;二则在万不得已的情况下使用时,度的把握非常重要,禁止涉及国家秘密、禁止涉及受法律保护的商业秘密、禁止涉及未成年人犯罪等相关内容。在进行隐性采访时,最好把显性采访与隐性采访结合起来。对一些有争议的敏感问题或事件进行采访时,可在条件允许的情况下记笔记或用微型摄录系统进行记录。

■■ 二、调查

本书所指的调查为社会调查。所谓社会调查,是指人们运用特定的方法和手段,从社会现实中收集有关社会事实的信息资料,并对其作出描述和解释的一种自觉的社会认识活动。[①] 作为一种搜集和处理社会信息的基本方法,调查在当代社会发挥着越来越重要的作用。具体到写作而言,调查既是人们正确认识社会的基本途径,也是提高写作者思想水平和认识能力的有效手段,还是端正学风、文风的重要法宝。

要完成一项调查任务,一般需要经历选题、准备、调查、分析、总结 5 个阶段。其中,选择调查问题是社会调查活动的起点,是整个调查工作的第一步。在准备

① 参见吴增基、吴鹏森、苏振芳主编:《现代社会调查方法》(第 3 版),上海人民出版社 2009 年版,第 2 页。

阶段,调查者须明了调查任务,选定调查对象,设计调查方案,确定调查方法,组织调查队伍。调查阶段作为执行阶段,必须按照调查设计中所确定的方式、方法和技术进行资料的收集工作。分析阶段则是在调查结束后,对搜集到的原始资料进行系统的审核、整理、统计、分析。总结阶段的任务主要是撰写调查报告、评估调查质量、应用调查成果。[1]

当前,进行社会调查的方法很多,最常用的有以下几种:

(一) 访谈法

访谈法,也被称作访问法,是指调查员通过有计划地与被调查对象进行口头交谈,以了解有关社会实际情况的一种方法。[2] 作为一种面对面的交流方式,不但调查员在访谈过程中能够占据主导地位,而且访谈双方能够进行双向沟通,访谈的成功率相对较高。根据访谈对象数量的不同,访谈法可以分为个别访谈和集体访谈两种。

其中,个别访谈是对单个的调查对象进行访谈。在现实生活中,调查员要了解全面的情况或者弄清有关政策方面的问题,可以找相关的主管领导进行了解;要了解事情的来龙去脉及相关细节可以直接访问当事人;要从侧面了解问题,寻求解决问题的方案,可以听听相关知情人的看法……对于个别访谈而言,不但选对访问的对象很重要,访问前的准备、访问中的融洽气氛也很重要。

集体访谈也被称为开座谈会,是通过集体座谈的方式来搜集相关资料的方法。在现实生活中,无论是了解全面情况,还是重点搞清一两个问题,都可以采用这种形式。开调查会之前,确定参会的人员特别重要,一般情况下,参会的人员不宜过多,三五个人或者六七个人均可,但必须注意其代表性,通常可以选择三类人参加:一是具有代表性的人物和知情者,二是持不同意见的人员,三是那些不仅了解情况而且支持采访工作的人。召开调查会之前,调查者一方面要事先通知,将调查的题目、目的及要求等告诉与会人员,并预留一定的时间供其准备,另一方面要明了调查的目的、要求,列出详细的调查提纲。会上,则不但要求调查员要与参会的人员打成一片,展开讨论,而且要求调查员牢牢把握讨论的主动权,把讨论不断引向深入,切忌把调查会开成一问一答的访谈会或者走过场式的轮流发言。

(二) 问卷调查法

问卷调查法是指调查者通过统一设计的问卷来向被调查者了解情况、征询意见的一种资料收集方法。[3] 相比访谈法而言,问卷调查法不但可以突破时间

---

[1] 参见风笑天:《社会调查中的问卷设计》(第3版),中国人民大学出版社2014年版,第4~6页。

[2] 参见吴增基、吴鹏森、苏振芳主编:《现代社会调查方法》(第3版),上海人民出版社2009年版,第123页。

[3] 参见吴增基、吴鹏森、苏振芳主编:《现代社会调查方法》(第3版),上海人民出版社2009年版,第140页。

和空间的限制,而且有利于调查者对调查所获得的资料进行定量分析与研究。开展问卷调查的主要工具是问卷。问卷的结构大致包括封面信、指导语、问题、答案等。

　　封面信因为常常放在问卷的封面或者封二,而被称为封面信或者卷首语。其在问卷调查中并不是可有可无的。我们来看全国 12 城市"青年发展状况"课题组做的《青年发展状况调查问卷》的封面信。

　　亲爱的青年朋友:你好!

　　　　为了解青年的工作和生活状况,探索青年成长和发展的有效途径,我们在全国 12 个城市开展了这项调查。本调查不用填写单位和姓名,大约只会耽误你 15 分钟的时间。请你根据自己的实际情况填写。你的回答将代表众多与你一样的青年朋友,相信你会认真完成。

　　　　送给你一件小小的礼物,以感谢你的支持与合作!

全国 12 城市"青年发展状况"课题组

2007 年 9 月 1 日

　　总负责人:南京大学社会学系　风笑天教授

　　联系电话:025-83595711

　　E-mail:xtfeng54@163.com

——风笑天《社会调查中的问卷设计》(第 3 版)[①]

　　由《青年发展状况调查问卷》的封面信,我们可以发现,封面信主要有以下几个方面的作用:一是介绍调查者的身份,落款中的署名全国 12 城市"青年发展状况"课题组、总负责人、联系电话、E-mail 等既介绍了调查组织者的情况,也充分体现了调查者的诚意。除了这种方式以外,也有调查者在封面信中直接介绍,如"我们是 ×× 大学 ×× 专业的研究生,正在进行……的调查"。二是说明调查的内容与目的。调查内容与目的的写作非常重要,一般用简洁而明确的语言进行概括说明,不具体展开,如"为了解青年的工作和生活状况,探索青年成长和发展的有效途径"。三是介绍调查对象的选取方法和对调查结果的保密措施。上述案例中,"本调查不用填写单位和姓名""你的回答将代表众多与你一样的青年朋友"等相关语句的写作,既能够消除被调查者的戒备心理,又能让其明了调查的意义与价值。此外,在封面信的结尾,还需要对被调查者的支持与合作表示真诚的感谢。

　　指导语也被称为填表说明,类似于机器的使用说明书。问卷中的指导语主

---

① 风笑天:《社会调查中的问卷设计》(第 3 版),中国人民大学出版社 2014 年版,第 216 页。

要有以下几个方面的作用：一是限定回答的范围，如"限选一项""限选一个答案"；二是指导回答方法，如"请在符合您情况的答案后的□中打√""请在每一种看法后选择一格打√"；三是指导回答过程，如"若回答'是'，则跳转至第5题。若回答'否'，则跳转至第6题"；四是对问卷中涉及的被调查者可能不太理解的问题进行解释。

问题和答案是问卷的核心部分，是调查能否完成预定任务的关键之所在。调查者在设计问卷时应胸有成竹，脑海中有一个总体的框架，确保每一个问题都是有的放矢。具体而言，问题的内容一般涉及被调查者的特征、行为和态度三个方面，与此相对应，问题也可以分为特征问题、行为问题、态度问题三类。其中，特征问题一般指被调查者性别、年龄、职业、文化程度、婚姻状况等基本情况的问题，这些能够反映一个人的社会特征，在调查问卷中必不可少。行为问题即那些用来测量被调查者过去发生的或现在进行的某些实际行为和有关事件的问题。[1] 如"空闲的时候，你最喜欢干什么？""你每周上网（包括电脑上网和手机上网）_____次？每次约上_____分钟？""你大约多长时间回父母家一次？""您浏览网络新闻时关注高校教师的新闻吗？"态度问题即那些测量被调查者对某一事物的看法、意愿、态度、情感、认识等主观因素的问题。[2] 如"您认为幸福美满的家庭最好有几个孩子？""您觉得看病贵吗？""以下说法，你的同意程度如何？"无论是哪种问题，答案的设计除了符合实际情况、按照一个标准分类以外，还应具有穷尽性和互斥性。其中，穷尽性是指答案包括了所有可能的情况，不能有遗漏。互斥性则是指答案不能相互重叠或相互包容，即对于被调查者来说，最多只能有一个答案适合他的情况。[3]

问卷调查的质量不仅取决于问题的设计是否科学合理，也取决于问卷的发放与回收。当前，送发问卷和通过媒体发放问卷是问卷调查中最为常见的形式。其中，送发问卷既可以由调查者到调查现场发放问卷，也可以委托组织或者他人发放问卷。通过媒体发放问卷既有通过报纸、杂志等发放的问卷调查，也有通过问卷星、我要调查网等进行的在线调查。

（三）观察法

此处所说的观察法，又被称为实地观察法，是指调查者带有明确目的，凭借自己的感觉器官及其辅助工具，直接从社会生活的现场收集资料的调查研究方法。[4] 作为一种自觉的、有目的的观察活动，在调查中使用观察法，往往能够获

---

① 风笑天：《社会调查中的问卷设计》（第3版），中国人民大学出版社2014年版，第69页。

② 风笑天：《社会调查中的问卷设计》（第3版），中国人民大学出版社2014年版，第69页。

③ 参见吴增基、吴鹏森、苏振芳主编：《现代社会调查方法》（第3版），上海人民出版社2009年版，第155页。

④ 参见吴增基、吴鹏森、苏振芳主编：《现代社会调查方法》（第3版），上海人民出版社2009年版，第159页。

得具体、生动的感性认识和真实可靠的第一手材料。

根据调查者是否参与被观察者的活动,我们可以将观察法分为参与式观察法和非参与式观察法两大类。其中,参与式观察法是调查者主动加入被观察群体,在与被观察对象的共同活动中进行观察的一种方法。调查者采用参与式观察法时,会有计划地深入到被观察者的生活环境中,真正参与被观察群体的共同活动,既能够快速熟悉调查对象,又能够在观察中获取第一手材料。比如要了解一个高校学风的好坏,调查者就可以直接到调查的高校去,以学生的身份,深入课堂、寝室、自习室和大学生们一起生活学习,由此不但能够获得更多可见、可感、可触的材料,而且写出来的文章也更具有说服力。非参与式观察法则是调查者自始至终置身事外,以旁观者的身份对调查对象进行观察。

(四) 文献法

文献法是根据一定的调查目的进行的搜集和分析资料的方法。文献法中的文献是对人们各项社会活动的记录。根据文献的加工程度,我们可以将文献资料分为原始资料和次级资料两种。其中,原始资料既包括作者根据所见所闻撰写的材料,也包括那些完全没有经过加工的或者仅在描述性水平上整理加工的资料,如个人日记、信件、档案、笔记、会议记录、观察记录等。次级资料则是综述、述评、文摘、动态、年鉴、词典等研究者根据研究目的整理过的资料。

当前,查找文献资料的方法主要有检索工具查找法和追溯查找法两种。在使用文献法时,调查者不但要围绕调查目的收集文献资料,而且要尽量注意多收集原始的文献资料,同时还要注意文献资料的鉴别、筛选与保存工作。

第三节　阅读与检索

陶渊明有"奇文共欣赏,疑义相与析"的诗句,那是一些"素心人"的乐事,"素心人"当然是雅人,也就是士大夫。这两句诗后来凝结成"赏奇析疑"一个成语,"赏奇析疑"是一种雅事,俗人的小市民和农家子弟是没有份儿的。然而又出现了"雅俗共赏"这一个成语,"共赏"显然是"共欣赏"的简化,可是这是雅人和俗人或俗人跟雅人一同在欣赏,那欣赏的大概不会还是"奇文"罢。这句成语不知道起于什么时代,从语气看来,似乎雅人多少得理会到甚至迁就着俗人的样子,这大概是在宋朝或者更后罢。

原来唐朝的安史之乱可以说是我们社会变迁的一条分水岭。在这之后,门第迅速地垮了台,社会的等级不像先前那样固定了,"士"和"民"这两个等级的分界不像先前的严格和清楚了,彼此的分子在流通着,上下着。而上去的比下来的多,士人流落民间的究竟少,老百姓加入士流的却渐渐多起来。王侯将相早就没有种了,读书人到了这时候也没有种了;只要家里能够勉强供给一些,自己有些天分,又肯用功,就是个"读书种子";去参加那些公开的考试,考中了就有官做,至少也落个绅士。这种进展经过唐末跟五代的长期的变乱加了速度,到宋朝又加上印刷术的发达,学校多起来了,士人也多起来了,士人的地位加强,责任也加重了。这些士人多数是来自民间的新的分子,他们多少保留着民间的生活方式和生活态度。他们一面学习和享受那些雅的,一面却还不能摆脱或蜕变那些俗的。人既然很多,大家是这样,也就不觉其寒尘;不但不觉其寒尘,还要重新估定价值,至少也得调整那旧来的标准与尺度。"雅俗共赏"似乎就是新提出的尺度或标准,这里并非打倒旧标准,只是要求那些雅士理会到或迁就些俗士的趣味,好让大家打成一片。当然,所谓"提出"和"要求",都只是不自觉的看来是自然而然的趋势。

…………

十九世纪二十世纪之交是个新时代,新时代给我们带来了新文化,产生了我们的知识阶级。这知识阶级跟从前的读书人不大一样,包括了更多的从民间来的分子,他们渐渐跟统治者拆伙而走向民间。于是乎有了白话正宗的新文学,词曲和小说戏剧都有了正经的地位。还有种种欧化的新艺术。这种文学和艺术却并不能让小市民来"共赏",不用说农工大众。于是乎有人指出这是新绅士也就是新雅人的欧化,不管一般人能够了解欣赏与否。他们提倡"大众语"运动。但是时机还没有成熟,结果不显著。抗战以来又有"通俗化"运动,这个运动并已经在开始转向大众化。"通俗化"还分别雅俗,还是"雅俗共赏"的路,大众化却更进一步要达到那没有雅俗之分,只有"共赏"的局面。这大概也会是所谓由量变到质变罢。

——朱自清《论雅俗共赏》[1]

朱自清的《论雅俗共赏》一文充分体现了作者重视读者在阅读活动中的接受和创造能力的审美追求。同时,它本身就是一篇雅俗共赏的文章,既具严谨的学术性,又有很强的可读性,不同层次("雅人""俗人"),带着不同阅读目的的读者,都可从阅读中各取所需。当然,读者读什么、如何读,是要受到诸如阅读的目的、能否获得文本、如何获得文本等多种因素制约的。从基础写作学的角度来讲,读什么、如何读的问题涉及的是阅读文本(材料)的搜集、分析、利用等问题,也就是阅读与检索的问题。这些问题是写作聚材不能回避、必须面对的问题,因

---

[1] 朱自清:《论雅俗共赏》,生活·读书·新知三联书店 1983 年版,第 1~2、9 页。

而,阅读与检索也就成为写作聚材不可或缺的重要途径。

一、阅读

阅读是读者通过对读物的整体认知,进而接受和加工知识和信息,并产生情感效应的一种活动。根据读物的不同,阅读有狭义和广义之分。狭义的阅读指从书面材料中获取知识和信息的活动,而广义的阅读则是指从书面材料及非书面材料(如器物、视听文献等)中获取知识和信息的活动。狭义的阅读是基础写作学讲述的重点。

阅读是一种个性化的精神活动,人们在阅读时必定采取一定的方法,不同的读者根据阅读目的、读物性质、阅读环境等情况来选择自己的阅读方式和策略。对不同类型的阅读作分门别类的研究,有利于对阅读规律的全面把握与深入理解。古今中外对阅读有过五花八门的分类,而不同的分类又有各自的视角,但基本上都是从阅读类型、阅读方式、阅读技巧以及阅读功能等方面进行分类的:

第一,按阅读类型分,根据阅读目的的不同,阅读包括四种类型:理解性阅读,主要指各种以获取新知为目的的阅读;评鉴性阅读,指以鉴赏或评析为目的的阅读(读文艺作品、看消遣性读物等也在此列);猎获性阅读,指带着某种目的对某一篇或某一类文章作专题研究,或作写作范文模仿,或做某项报告或考证;泛览性阅读,指对读物的选择没有明确目的的阅读,属于随便翻翻,如看报纸。

第二,按阅读方式分,根据阅读状态的差异,阅读可分为精读、略读、浏览、跳读四种,这些方式都是大家比较熟悉的,故不再赘述。

第三,按阅读技巧分,指根据阅读过程中所运用的技巧进行分类。诸如作为"阅读过了"的标志的圈点勾画(圈词语、点关键、勾重点、画大意)、阅读过程中在文章上作符号文字以帮助理解的评点加注、读书笔记、读书卡片等[1]。这一分类对阅读方法进行归纳,简单明晰,与一般读者的直接经验较为贴近,有利于对阅读方法的总体了解。

第四,按"阅读功能"分,可将阅读分为七类:思想教育性阅读,是指以思想教育为目的,由有关部门发动而规模较大的阅读活动。积累性阅读,指以积累知识为主要目标,需大量接触读物并长期坚持的阅读。搜集性阅读,指为搜集某类材料而进行的阅读。这种阅读是进行某项科学研究的前奏。鉴赏性阅读,指对文学作品进行鉴别、欣赏的阅读。评论性阅读,指对理论性读物进行鉴定、评论的阅读。一般有两种目的,一是对所读材料做出鉴定,指出其优劣所在或其在理

---

[1] 参见唐建新、刘有培、郝小江:《阅读与检测》,四川文艺出版社 1987 年版,第 82~86 页。

论领域的建树,引起有关方面的注意或引导别的读者阅读、使用它。二是对所读材料做出评定取舍,也就是决定它对自己的使用价值。在做研究工作时,读者对每种参考材料都需要进行评论性阅读。创造性阅读,指在理解读物内容的基础上提出创见的阅读。消遣性阅读,指利用闲余时间进行的怡情养性、轻松自如、不受约束的阅读。[①]

此外,还有从构建阅读学理论体系的高度,对阅读主客体及其本体的规律作的较为完整、严密的理论阐述,分别从阅读对象、阅读目的、阅读方式、阅读素质四个角度,对阅读类型进行了全面细致的论述。这种理论阐述不仅告诉人们阅读是什么,而且告诉人们应该怎么读,旨在指导人们的阅读实践,提高其阅读能力和水平。[②]

以上关于阅读的不同视角的论述,足以说明人们对阅读的认识具有多样性,也反映了阅读本身的复杂性。了解这些阅读类型,有助于认识、掌握阅读规律,更好地安排我们的阅读活动。

对一般读者而言,上述各类阅读并不陌生,只是根据不同读物、目的、环境等,选择不同的阅读方法罢了。著名教育学家叶圣陶曾说:"阅读程度不够的原因,阅读太少是一个,阅读不得法尤其是重要的一个。"[③]"惟有特注重方法,才会收到事半功倍的效果。多读多作固属重要,但是尤其重要的是怎样读、怎样写。对于这个'怎样'如果不能切实解答,就算不得注重了方法。"[④]从知识积累和创新的角度讲,学会怎么读比读什么显得更为重要。

在阅读过程中,选择怎样的阅读途径、手段、方式来达到阅读目标,是因人而异的,但对某一类型的读本,阅读方法又存在着共通之处,是个性与共性的统一。例如,当你拿到一篇学术论文后,你该如何选择阅读策略和阅读方法呢?学术论文是学科性、学术性很强的对学术问题进行研究的文章,一般分为人文社会科学的学术论文和自然科学的学术论文两类。无论哪种类型的学术论文,阅读目标都应是"考察学术论文的学科性、学术性及其社会意义"。阅读思路则要以阅读目标为指向,包括"察新、究论、辨义"三个要项,"察新"即看文章的观点和材料中是否有前沿的新东西;"究论"即研究论文的理论性和逻辑性;"辨义"即辨认论文的学术价值和社会意义。而阅读学术论文的方法要根据读物的特点加以选择,例如"要素阅读法""结构阅读法""过程阅读法"等。所谓"要素阅读法",就是针对论文的论点、论据、论证三要素采取的读法,只要读懂了、搞清了论

① 参见洪材章、钱道源、黄沧海主编:《阅读学》,广东教育出版社1992年版,第121~135页。

② 参见曾祥芹、韩雪屏主编:《阅读学原理》,大象出版社1992年版,第342~365页。

③ 杜草甬编:《叶圣陶语文教育》,河南教育出版社1986年版,第56页。

④ 杜草甬编:《叶圣陶语文教育》,河南教育出版社1986年版,第55页。

文的三要素,也就掌握了论文的全貌及其主旨;所谓"结构阅读法",就是把论文的绪论、本论、结论等各部分内容搞清楚的读法;所谓"过程阅读法",基于世界是"过程的集合体"的认识观,认为论文在表述作者对世界的研究成果、认识成果时,要阐述世界(事物)的过程,其要领在于三注意,注意给出展现的矛盾、注意过程演变的历史、注意过程昭示的真理。[①] 当然,这三种阅读法各有偏重,并且阅读学术论文的方法也不止这三种,应根据个人的阅读目的、阅读习惯而加以选择。

阅读是人类重要的精神活动之一,其作用主要表现在以下四个方面:第一,阅读是获取信息、占有知识的重要手段。第二,阅读是开发人类智力潜能的有力工具。第三,阅读是拓宽思维空间、培育远见卓识的有效途径。第四,阅读是陶冶性情、培养高尚情操的良师益友。[②]

正因为如此,阅读越来越受到人们的重视,并成为一门专门的学问。通过对阅读学的学习,了解、掌握相关的阅读知识,在阅读实践中培养阅读能力和技能,是很有必要的。

二、检索

阅读针对的是已获得的文本,而检索针对的则是尚未获得的文本,指的是为了获得某一文本而从信息集合中找出所需信息的过程。

(一) 检索的含义、方式与意义

检索有狭义和广义之分:狭义的检索指依据一定的方法,从系统化、有序化的相关文献集合中,查找并获取特定文献的过程。这里所谓的"文献集合",不是我们通常所说的文献自身,而是关于文献的信息、线索,如各种数据库、检索系统等。广义的检索包括文献的储存和检索两个方面。文献的储存是将大量无序的文献汇集起来,根据文献的外部特征和内容特征,经过分类、浓缩、标引等整理工作,使其系统化、有序化,并按一定的技术要求,建成一个具有检索功能的数据库或检索系统,供人们检索和利用;而检索的过程就是运用编制好的检索工具或检索系统,找到满足人们需求的特定文献。

检索有手工检索和计算机检索两种方式。手工检索指通过人工动手去查找、对比检索标识(如关键词、主题词等)与书本式检索工具(如各种书本式目录、索引、文摘等)中的存储标识的相符性,即通过"人书对话"实现检索。计算机检索指通过计算机模拟手工检索过程,由计算机来处理检索者的检索标识,将检索者输入检索系统的检索标识按检索者预先制定的检索策略与机读数据库中的存

---

① 参见曾祥芹、张复琮主编:《文体阅读法》,大象出版社,第229~242页。
② 参见胡继武:《现代阅读学》,中山大学出版社1991年版,第26~43页。

储标识进行类比、匹配运算,通过"人机对话"实现检索。从检索原理上来讲,手工检索和计算机检索并没有什么差别,最主要的是首先要明确检索的目的,要知道自己需要什么、不需要什么。在检索前都需要检索者选择切实的检索词,根据检索对象的要求制定检索策略,选择检索工具、检索途径和检索方法,然后再进行检索操作。

文献检索的意义,主要表现在借助文献的相关信息或线索以获取所需文献上,这在科学研究中显得尤为突出,因为在科学研究中获取文献资料是不可或缺的手段和环节,并贯穿于确定研究课题、设计研究方案、分析研究资料、解释研究结果、撰写研究论文等整个科学研究过程之中。文献检索的意义,具体而言主要表现在以下三个方面:

(1)文献检索有助于研究者对相关领域的研究现状有一个系统、全面的把握。文献的系统查阅,有助于研究者从整体上把握本研究领域的发展历史,现有的主要研究成果及其水平,研究的新方向、新领域以及被忽视的领域等。

(2)文献检索有助于研究者通过分析、归纳,从众多可能选择的课题中确定更适合研究者兴趣和专长、更有价值、更具可持续性的研究课题。

(3)文献检索有助于研究者在确定研究课题时,避免选题上的重复,从而最大限度地降低时间和经济上的浪费。

(二)文献检索的应用

我们所检索的文献,包括传统文献与现代电子文献。传统文献以纸质文献为主。随着现代科技的发展、传播方式的变革,尤其是数字化技术的迅猛发展和应用,文献的类型也发生了质的飞跃,由纸质文本逐渐转向电子文本。相应地,检索方式也从以手工检索为主逐渐转向以计算机检索为主。手工检索是计算机检索的基础,计算机检索是手工检索的发展。由于计算机检索的效率、便捷性远远高于手工检索,所以现在一般是首选计算机检索,再辅以手工检索。

1. 手工检索

手工检索是一种传统的利用工具书来检索信息的检索方法,使用方法比较简单、灵活,但费时、费力。因此,在手工检索时须注意:(1)在技术上,要阅读索引、引得、目录、文摘、辞典等工具书的前言或凡例,弄清其检索范围、编排体例和所据版本。(2)在方法上,则要综合使用各种相关工具书和检索策略。如研究一位宋代词人,可先查《宋人传记资料索引》及其补编,再查《宋会要辑稿》《续资治通鉴长编》等人名索引,以广泛搜集其生平及相关评论资料。这样多角度的检索,可以较全面、充分地查找到相关资料。(3)在态度上,不要以为把相关工具书中的资料全部查到,就等于把所有的资料都搜集到了。因为这些工具书只是原始文献的浓缩、集中与再编辑,而非原文献的全部,所以它可能不够全面,甚至有错误,因而我们利用它,又不能迷信它。

2. 计算机检索

计算机是目前检索文献资料的最好工具,它打破时空界线,使我们有可能在瞬间获取、共享人类创造的文明成果。

计算机检索的对象是电子文献。电子文献是继纸质出版物之后出现的一种全新文献类型,它以二进制数字化形式对图书文献进行处理,以光磁等介质为载体,以文献的生产、传播和再现的形式代替传统文献的制作、发行和阅读,是一种新型的媒介工具。它具有存取迅速、不受时空限制、存储密度大、占用物理空间少、检索方便、可供多用户同时使用、节约购置成本等优势。

电子文献依据不同的标准可以划分为不同的类型。

(1) 按存储的文献格式划分

① 图像格式:指把传统印刷型图书扫描到计算机中,以图像格式存储。目前国内的中文电子图书大多是以图像格式制作和存储的,如超星数字图书馆、中国数字图书馆的电子图书等。

② 超文本格式:是指将书的内容作为文本存储,并有相应的应用程序的文献格式。

③ 便携文档格式:是一种用独立于应用程序、硬件、操作系统的方式呈现文档的文件格式。该类格式的电子文献无论在何种机器、何种操作系统上都能以制作者希望的形式显示和打印出来,表现出跨平台的一致性。如 PDF 格式中可包含文本、图形、声音等多媒体信息。EXE 格式是目前比较流行且被许多人青睐的一种电子读物文件格式,这种格式的制作工具也是最多的,其最大特点就是阅读方便,制作简单,无须专门的阅读器支持就可以阅读。还有 CHM 格式、HLP格式、WDL 格式、SWB 格式、LIT 格式、EBX 格式、PDG 格式等。此外,手机可读的电子书格式还包括 UMD 文件格式、JAR 文件格式等。

(2) 按出版形式划分

电子文献主要有电子期刊、电子报纸、电子图书三种。

① 电子期刊:作为一种当前人们不可忽视的电子信息媒体,电子期刊的数量及覆盖面越来越大,且具有纸质期刊无法具备的功能优势,具体表现为:价格低廉;出版周期短,内容新;容量大;利用率高,共享性强;检索功能强,使用方便、灵活;具有超文本链接功能;交互性强等。

现在可以获取与利用的电子期刊资源有很多,例如中国知网、万方数据库、《复印报刊资料》全文数据库等。我们以中国知网为例,说明如何获取与使用电子期刊。

中国知网即中国知识基础设施工程(China National Knowledge Infrastructure,

简称 CNKI），"CNKI 数据库"是 CNKI 工程主体之一，依托 CNKI 知识网络服务平台系统为用户提供网上信息检索服务，其中 90% 以上的文献均采用由期刊、图书、报纸等出版单位和博士、硕士培养单位直接提供的纯文本数据，涵盖了自然科学、人文与社会科学、工程技术等各类期刊、博硕士论文、报纸、图书、会议论文等知识信息资源。

"CNKI 数据库"检索方便，其步骤一般分为：A. 选择查询范围；B. 选择检索项，可逻辑组配，输入检索词；C. 进行词频控制；D. 进行词扩展；E. 选择检索年限；F. 选择范围；G. 选择匹配方式；H. 选择排序；I. 选择每页记录条数。还可以利用高级检索进行快速有效的组合查询，减少冗余的查询结果，提高命中率。

例如你想了解现代有关李白的研究成果，可以根据需要，选择数据库单库（如期刊检索），也可以选择跨库（如期刊、博硕士学位论文等同时检索），然后在全文、主题、篇名、关键词等检索条件中填入"李白"这一检索词，其检索结果涵盖了数据库中所有涉及"李白"的论文。其优点是检索的结果内容广、数量多，对全面了解李白研究有所助益。然而这类检索结果对于某一方面的李白研究显得过于冗杂，其中包含了许多无关的文献。比如在李白现存的 1 044 首诗歌中，有不少直接或间接写月的作品，如果要查阅有关李白诗歌中月意象的论文，可以选择高级检索，检索篇名中包含"李白"，关键词包含"月"，并且作者包含"某某"的文章。这样可以快速、准确地找到所需的文献。

② 电子报纸：报纸是一种快速传递各类信息的大众媒体，它满足了人们及时、快速地了解事件的需求。传统的纸质报纸在网络中的传播，很快解决了报纸发行中的地域和时间上的限制，使信息的传播速度更快，效用更高。网络报纸可以提供对某一特定信息的检索，并具有信息全面的特点。现在的电子报纸资源很丰富，例如：人民网、新华网、光明网。

③ 电子图书：电子图书作为一种新形式的书籍，正在逐渐改变人们获取知识和阅读的习惯。它拥有许多传统纸质书籍不具备的特点：必须通过电子计算机设备读取并通过屏幕显示出来；具备图文声像结合的优点，如可检索、可复制；有更大的信息含量；有更多样的发行渠道，等等。目前国内主要的数字图书馆有：中国数字图书馆、超星数字图书馆等。

（3）电子数据库资源

除了以上介绍的电子图书馆和网站外，光盘、网络数据库也是经常要用到的。

①《文渊阁四库全书》电子版：全文版具有全文检索功能，使用者通过输入任何关键词，可在数秒至数十秒时间内检索所有《四库全书》3 461 种著作 79 309 卷里与关键词匹配之资料，检索结果可随意拷贝、进行文档编辑或打印。

②《四部丛刊》电子版：《四部丛刊》收书 504 种，原分装 3 134 册。多据珍

藏善本、稿本影印,其版本价值胜于《四库全书》。其电子版由北京书同文数字化技术有限公司、万方数据电子出版社合作出版,检索功能与《四库全书》基本相同。

③《国学宝典》V8.0 版:由北京国学时代文化传播有限公司研制,收录典籍3 800 多种,计 8 亿多字。除可全文检索、复制、打印,还可自动生成卡片,统计任意字词的出现次数和频率。

④ 中国国家图书馆公共检索服务系统中的"联机公共目录馆藏查询"数据库,可查询该馆所藏古籍目录。从国家图书馆网站主页"馆藏资源"进入"馆藏目录检索",下分"普通古籍""善本古籍""方志家谱"三个子库。

⑤ 北京大学中文系网站有《全唐诗》电子检索系统和《全宋诗》检索系统。

尽管电子文献以其强大的检索优势而日益受到读者的重视,但在使用电子文献的时候尚需注意以下几点:

第一,电子文献检索一般只能检索与所输入的字词完全匹配的资料。如输入"李白",只能检索含有"李白"二字的资料,而不能检索到与李白相关但没有"李白"二字的资料。为尽可能全面检索所需资料,应注意从多种角度、以多种方式、用不同字词进行反复检索。

第二,检索人物资料,可输入人名检索,也可输入字、号、别称或并称等进行检索。如在《四库全书》中,输入"李白"可检索到 7 024 条匹配资料,分布于4 172 卷资料中;再输入"谪仙",可检索到 3 621 条匹配资料;再输入"李杜",可检索到 2 509 条匹配资料。这样一来,使用者通过多个相关的关键词,就可比较全面地搜罗到《四库全书》中关于李白的资料。

第三,检索作品资料,要注意从文题(诗题)和作品正文等不同角度进行多次检索。因作品题目常因版本不同而有差异,版本不同也会造成正文文字差异。检索时既要尽量避免漏检,又要尽量降低重复率,准确查找所需资料。要不断摸索总结,提高效率。

第四,不论检索光盘还是网络资料,要正式引用,必须校核书籍原文。电子文献录入时往往存在一定错误,还存在排版问题、字形差异导致的电脑无法按照原序排列甚至无法识别等问题。因此,引用电子文献一定要核对原文。

【阅读推荐书目】

1. 郭绍虞主编:《中国历代文论选》(选读其中陆机《文赋》等篇),上海古籍出版社 1979 年版。

2. 周振甫:《文心雕龙今译》(选读其中《物色》等篇),中华书局 1986 年版。

3. 蓝鸿文主编:《专业采访报道学》(第 2 版),中国人民大学出版社 2003 年版。

【思考与练习题】

1. 观察、体验有何区别与联系?
2. 选择自己感兴趣的一个对象进行观察、体验,然后写一篇短文。
3. 怎样确定采访对象? 怎样营造良好的采访氛围?
4. 请在校园内选择你认为有价值的事或人进行采访并撰写一篇文章。
5. 自定选题,从纸质文献和电子文献上查找资料并分析整理。

第三章 构思论

古人云：形在江海之上，心存魏阙之下；神思之谓也。文之思也，其神远矣。故寂然凝虑，思接千载，悄焉动容，视通万里；吟咏之间，吐纳珠玉之声；眉睫之前，卷舒风云之色；其思理之致乎。故思理为妙，神与物游。神居胸臆，而志气统其关键；物沿耳目，而辞令管其枢机。枢机方通，则物无隐貌；关键将塞，则神有遁心。是以陶钧文思，贵在虚静，疏瀹五藏，澡雪精神，积学以储宝，酌理以富才，研阅以穷照，驯致以怿辞，然后使玄解之宰，寻声律而定墨；独照之匠，窥意象而运斤；此盖驭文之首术，谋篇之大端。

夫神思方运，万涂竞萌，规矩虚位，刻镂无形，登山则情满于山，观海则意溢于海，我才之多少，将与风云而并驱矣。方其搦翰，气倍辞前，暨乎篇成，半折心始。何则？意翻空而易奇，言征实而难巧也。是以意授于思，言授于意，密则无际，疏则千里，或理在方寸而求之域表，或义在咫尺而思隔山河。是以秉心养术，无务苦虑，含章司契，不必劳情也。

——〔南朝·梁〕刘勰《文心雕龙·神思》

以上是我国古代著名文艺理论家刘勰对"神思"论述的一部分。"神思"相当于今天写作学中说的"构思""运思"，或更通俗的"打腹稿"，就是对文章写什么、怎么写进行酝酿。刘勰此处主要讲了这么几个意思，一是通过构思，世界万物可以进入作者的头脑，"形在江海，心存魏阙""思接千载""视通万里""神与物游""万涂竞萌""情满于山""意溢于海"，这实际是对于写作内容、写作对象的思维活动；二是构思的境界要"虚静"，"疏瀹五藏，澡雪精神"，排除内心杂念，全神贯注于构思；三是构思的艰难，"暨乎篇成，半折心始""言征实而难巧""或理在方寸而求之域表，或义在咫尺而思隔山河"，要将大千世界纳入头脑、诉诸笔端，确乎不易。刘勰的时代，人们已经开始关注写作构思，进行了一些深入的探讨，并取得了富有启发的见解。今天，随着人们对写作心理、写作思维的深入理解，对构思的认识更加明确。我们希望借鉴古今积累的经验和理论，打开写作奥秘的"黑匣子"，指导初学者，帮助他们提高写作能力。

第一节 构思的内涵

> 余每观才士之所作,窃有以得其用心。夫放言遣辞,良多变矣。妍蚩好恶,可得而言。每自属文,尤见其情,恒患意不称物,文不逮意。盖非知之难,能之难也。
>
> ——〔西晋〕陆机《文赋》

正如陆机所说,"意"称"物","文"逮"意","物""意""文"之间的递转,是写作构思的全部内容。对于写作,很多人可能有一个肤浅的认识,即写作是"写",是文字游戏,尤其认为写作水平高就是有文采,而不会把它和认识理解世界并表达出来相联系。因此,陆机就难能可贵,他认识到,写作与认识理解世界密切相关,"恒患意不称物,文不逮意"。写作之难,难在两个环节,"意"称"物"和"文"逮"意",也就是思维与世界事物相称,语言文字准确表达思想。

这也许有点玄虚抽象,我们用一个游戏来直观地呈现:画一个鸡蛋。任何人不管有没有学过绘画,至少都能画一个看起来像鸡蛋的圆圈。

接下来,请想一想画鸡蛋的思维过程。它是不是包含这么两步?

第一步,想鸡蛋:通过回忆,想象出鸡蛋是什么样子,平日生活中见到的鸡蛋,进入到脑海中来。

第二步,画鸡蛋,把脑海中的鸡蛋画出来。

请再想一想,画鸡蛋的两步,哪一步更难?

多数人可能认为难的是第二步,把头脑中浮现的鸡蛋画出来。尽管十分清楚鸡蛋是什么样子,但是画鸡蛋并不是每个人都做得到或做得好。如果没有经过训练,不能熟练掌握线条、色彩等的运用,简单的鸡蛋就不是轻易能画出的,或者画出来的鸡蛋也许不像鸡蛋,而是像土豆、乒乓球,或者像别的。

而第一步,想鸡蛋,是非常简单、非常容易的,每个人都做得到。由于太简单、太容易,可以说是不假思索,不经提醒,人们甚至察觉不到这一步。这是因为鸡蛋我们太熟悉了,鸡蛋的模样太简单了。

但是,如果要画一个不太熟悉或模样复杂的物件呢? 比如,画一只鸡,画高山大川,画高楼大厦等,在画之前或画的过程中,是不是得仔细思索它的模样,它的大致形状乃至它的局部细节? 可见,想鸡蛋如果做得不到位,画鸡蛋就无从进行,想鸡蛋和画鸡蛋同样重要,甚至想比画更重要。

第一步,想鸡蛋,就是"意"称"物"的过程。第二步,画鸡蛋,就是"文"逮"意"的过程。当然,这里不是以"文"逮"意",而是用线条、色彩等绘画媒介逮"意"。

换一个游戏,用一段文字把鸡蛋的模样写下来。

如,鸡蛋看起来是一个非标准的橄榄或椭圆状物体,一头略大,一头略小,土褐色或白中泛黄,表面稍涩。

再想一想,画鸡蛋和写鸡蛋有什么共同之处吗?

细加思索,不难发现,它们的思维过程是一致的,所用媒介工具不同而已,画鸡蛋用的是线条、色彩,写鸡蛋用的是文字。

画鸡蛋和写鸡蛋都要经过以下环节,那就是:

事物(鸡蛋)—意识(头脑中的鸡蛋)—作品(图画/文字)

这正是陆机揭示的写作活动的思维过程,"物""意""文"的转化。

下面,我们对这一过程稍加详细分析。

首先是"物"到"意"的转化。这里的"物",就是写作对象。"物"大致可分为两类,具象之物和抽象之物,不管哪一类,它们都是客观存在的。具象之物不必说,抽象之物,如情感、意念、事理、规律等,存在于运行不息的世界中。这一"物",只有进入作者的头脑,转化为"意",才能使"写"它成为可能。"成竹在胸"的典故,讲的就是这个道理,自然界的竹子,进入了文同的脑海,他才能把它画出来。某地发生某事,只有经历、听闻,或经过其他途径了解掌握,进入作者的头脑,写作才能开展。关于时空和引力的"相对论",只有被爱因斯坦领悟到了,才能写成论文。"物"不转化成"意",写作就无法进行,就像没见过鸡蛋的人画不出鸡蛋一样。

所以,我们只能写自己熟悉的事物。由于社会有分工,出现了不同的职业,医生、司机、厨师、官员等,不同职业的人熟悉的领域不一样,如果要写所从事专业以外内容的文章,我们可能感到无从措手。不仅如此,医生有中医、西医之分,有不同科类之分,术业有专攻,不同科类的医生,对其他科类的问题,也可能知之不多,要一个内科医生写外科方面的文章,只怕他也会为难。所以,我们要尽量开阔眼界,扩大知识面。在《红楼梦》中,除了常见的人情世故,曹雪芹还写到不少专业性强的内容,比如建筑、服饰、烹饪等。知识面越广阔,写作就越从容自如,得心应手。

必须指出的一个问题是,我们要谨防"熟悉的陌生",有些事物,我们经常接触,看似熟悉,但是缺少深入了解,实则陌生。笔者曾经在写作课上布置了一个作业,让学生们写一篇文章,介绍自己写作的困惑。大学生都有十来年写作经历了,对写作可谓熟悉,不管写得好还是写得差,对写作肯定都有困惑。可是,那次作业很多学生写得不好,自己的困惑是什么,并没有具体、清晰地写出来。这么一个熟悉的事物,为什么写不好呢?原因就在于学生们没有深入地思考它。深入了解,明察洞悉,超越一知半解、似懂非懂,才能防止出现"熟悉的陌生"。

其次是"意"到"文"的转化。"意"到"文"的转化就是把脑海中的对事物的认识用文字表达出来。这也是一项艰苦的工作。人人都知道鸡蛋是什么样子，但是没有绘画技巧的人，画出来就不像了。写文章也是这样，经常听同学说，心里有个想法，可写完后发现不是那么回事，没有把心中所想淋漓尽致、丝丝入扣地表达出来，好像隔了一层。为什么会这样呢？原因就在于写作技巧不够高明、熟练，导致表达失真。而写作技巧，实则也属于思维层面。写作技法包括哪些呢？这是个复杂的问题，一言难尽，最基本的包括主题的提炼和表现、材料的使用、结构的安排、语言的表达等。而这几大块又包含很多具体细致的问题。只有在日复一日的漫长写作实践中不断摸索，在日复一日的阅读中细心体会、学习，才能慢慢提高。

有些作者，思维懒惰，没有深入思考写作对象，没有认真追求写作技法，信手写来，空洞轻滑，如同喃喃梦呓，比如下面一段文字：

> 走过了十余载人生的旅程，昨日的记忆一幕幕在眼前浮现。从蹒跚学步、满口咿呀的小孩子，到朝气蓬勃、意气风发的大学生，我们无时无刻不在成长着。年复一年，日复一日，生活中的点点滴滴，现实中的人情冷暖都在潜移默化地影响着我们，让我们从幼稚走向成熟，同时也改变着我们的人生观、世界观。就像一棵小树苗，贪婪地享受着太阳地光辉和雨水地滋润，以缓慢而又不明显地方式默默成长，直到数十载后，成长为参天大树。（摘自某学生习作。原文照录。）

这是一种非常有害的文风，在学生中还不少见。要改变这种情况，作者必须首先学会思考，明确心中之"意"，再以准确之"文"表达出来。

第二节　主题的形成

> 无论诗歌与长行文字，俱以意为主。意犹帅也。无帅之兵，谓之乌合。李、杜所以称大家者，无意之诗十不得一二也。烟云泉石，花鸟苔林，金铺锦帐，寓意则灵。若齐、梁绮语，宋人抟合成句之出处，役心向彼搜索，而不恤己情之所自发，此之谓小家数，总在圈缋中求活计也。
>
> ——〔清〕王夫之《姜斋诗话》[1]

王夫之的意思是说，诗文创作都应该有好的主题，没有好的主题，就是"小家数"。诚如其所言，主题是各类写作中的第一要务。本节所论，包括主题的含

---

[1]〔清〕王夫之：《姜斋诗话笺注》，戴鸿森笺注，上海古籍出版社 2012 年版，第 45 页。

义和地位、生成提炼主题的方法和规律、主题的要求、表现主题的方法等。

■■ 一、主题的含义和地位

　　主题即文章所表达的主要意思。请假条需要写明请假的诉求和理由；政府工作报告需要写明某一时段内政府工作的成败得失；学术论文需要写明科研中的新发现；小说需要表达出作者对社会生活某一方面的认识和感悟……这些需要表明的主要意思，就是文章的主题。写作是一种自觉的、有意识的行为，具有明确、具体的目的，如传达愿望、发布信息、抒写感悟等，将这些目的表达出来，就形成了主题。

　　主题有时又被称为"主旨""立意"等。在不同的文体中，它还有我们熟知的其他不同名称，也具有不同的内涵。如在叙事性文体（诗歌、散文、小说、戏剧等）中，主题往往被称作主旨或主题思想、中心思想等，它实际是作者通过人物形象、事件、生活图景等表现出来的对人情世态的认识、感悟；在议论性文体（政论、时评、杂感、学术论文等）中，主题往往被称作论点、观点等，它的实质是作者对某一问题的看法、主张；在应用性文体（公文、规章制度等）中，它往往就是为达到某一管理目的而采取的行为、措施。不论何种文体，作者总是要说明一个什么问题，宣传一个什么观点，表示自己提倡什么、反对什么、赞成什么、批判什么，总是要表达一个鲜明的倾向，这也就是主题。

　　主题具有重要地位。首先，一次写作活动的成败，最主要的评价尺度就是写成的文章主题如何，主题质量好，文章才可能好，写作才能称得上成功；相反，主题质量差，文章便差，写作活动便是失败的。其次，在写作活动中，主题处于支配地位，这正是王夫之说的："意犹帅也。无帅之兵，谓之乌合"。主题是写作活动的统帅，是组织各方面内容、要素使之成为一个有机整体的核心。写作时，材料的取舍、结构的运用取决于表现主题的需要，能表现主题的材料则用，不能表现主题的则舍，能用于表现主题的材料又有优劣等差，在使用时要注意轻重缓急，重要的、关键的材料要详写，力度稍逊的材料应该次写、略写。表达方式等也要应表现主题的需要而恰当运用。比如在叙事性文章中，在人物描写或事件叙述之后，可以继之以抒情或议论，揭示其精神境界或哲理意蕴，主题的表现就深刻、明晰了。在议论性文章中，在分析、演绎、推理之间，也可以辅之以叙述说明，使抽象的主题得到更具体、生动的表达。

■■ 二、主题的生成

　　总的说来，主题的生成，离不开社会生活。作者作为社会存在，必然会形成自己的思想，写作时思想就会流露出来，形成主题。一般说来，主题的形成不外乎以下两种情形。

一种情形是,作者在生活中有某一方面的思想或情感积累,当这种积累达到一定程度时,它可能会抑制不住地流溢出来。古人说的"饥者歌其食,劳者歌其事""发愤著书""不平则鸣",往往就是这种情况。朱光潜把这种生成主题的方式归为"偶成"类,"本来无意要为文,适逢心中偶然有所感触,一种情境或思致,觉得值得写一写,于是就援笔把它写下来"。"'偶成'的作品全凭作者自己高兴,迫他写作的只有情思需要表现的一个内心冲动,不假外力。"①古往今来的抒情性作品,多是这样写成的。

另一种情形,就是朱光潜所谓的"赋得"类,即主题是在一种外因刺激下产生的。"另一种是预定题目,立意要做一篇文章,于是抱着那题目想,想成熟了然后把它写下。""'赋得'的作品大半起于外力的催促,或是要满足一种实用的需要,如宣传、应酬、求名谋利、练习技巧之类。"②领受了任务而起的写作,基本属于这种情况。

主题的产生不外乎以上两种情形,在实际生活中,"赋得"可能远比"偶成"多,因为人们的写作出于现实需要、起于外力促使的更多。然而,"赋得"的主题往往并非从天而降,并非凭空得来,它多半也是早已存在于作者思想中,一个写作任务的刺激,促成了它的产生、外化。

当面临一个写作任务时,我们应该调动头脑中的一切信息,运用发散思维,全面考虑,尽量多地生成主题。然后仔细审视,挑选一个最恰当的主题展开写作。

三、主题的要求

主题是文章的灵魂,并不是所有生成的主题都可以用来写作,我们必须仔细筛选出最好的主题展开写作活动。怎样才能算得上是好的主题呢? 好的主题应该符合以下要求:

(一) 正确

正确是对主题思想性、科学性及审美价值的基本要求。思想性正确是指文章主题在政治、道德、价值观等方面要给读者提供正确的影响或导向,能够在社会上传播正能量。议论性文章、含有寓意的叙事性文章都应如此。科学性正确是指文章要能反映事物的基本面貌和本质特征,做到客观真实,实事求是,不歪曲,不欺骗,学术论文、说明性文体尤应如此。审美价值正确是指作品应该提供健康的、积极向上的审美导向,文艺作品大多应如此。

有一些主题是永恒价值的体现,如人性的勇敢、智慧、善良等,算得上是绝对

①《朱光潜美学文学论文选集》,湖南人民出版社 1980 年版,第 268 页。
②《朱光潜美学文学论文选集》,湖南人民出版社 1980 年版,第 268 页。

正确的。但也有一些主题是相对正确的,所谓"横看成岭侧成峰"。之所以存在主题的相对正确,是因为看问题角度不同,结论也就不一样。南朝朝野多崇佛,范缜力不从俗,作《神灭论》申无神论。以宗教观点来看,崇佛自然是对的,以唯物观点来看,无神论更无不妥。主题相对正确也表现在受一定时空限制,此一时间此一空间如火如荼成为潮流的观点,到了彼一时间彼一空间却被视为谬论蛊言的情形比比皆是,比如封建时代的君权天授,今天看来,是何等的荒谬。主题相对正确还表现在认同度上,多数人认同的往往是正确的。但有时真理又可能掌握在少数人手中,因为在认同真理的多数人中,也可能有随声附和者,而敢于发出与大众不一样声音的,往往是经过了自己头脑的思考,或许更为可靠。

(二) 深刻

主题深刻就是文章的主题能够做到透过现象看到本质,揭示事物之间的内在联系,反映某种规律性的东西,而不是满足于表面现象的罗列或就事论事。

深刻的主题往往来自对生活的独到观察和领悟。"其实地上本没有路,走的人多了,也便成了路。""墨写的谎言,决掩不住血写的事实。""不在沉默中爆发,就在沉默中灭亡。""在要求天才的产生之前,应该先要求可以使天才生长的民众。"作为伟大的思想家的鲁迅正是通过深入思考和领悟,才能写出这样饱含哲理的话语。

选材要严,立意要深。立意深就是要对材料的意蕴进行深入发掘,这样的文章在内容上就算得上完美了。无论练笔还是其他实用写作,主题深刻都是作品成功的一个重要衡量标准,所以我们一定要重视立意的高度和深度。而现实的情况是,不少作者对这一工作没有足够的重视,因而文章思想浮浅,泛泛而谈,缺少撼动人心的力度。

人们也许有一种误会,以为深刻的主题一定是堂皇正大、义正词严的。诚然,"亦余心之所善兮,虽九死其犹未悔""穷年忧黎元,叹息肠内热""人生自古谁无死、留取丹心照汗青"等,心系家国社稷,自是深刻的主题,而"邻曲时时来,抗言谈在昔""弄儿床前戏,看妇机中织""日啖荔枝三百颗,不辞长作岭南人",表现了平常生活和平常心态,却也不失精警深刻。

深刻的主题来自作者的修养。知识渊博、眼界宽广、胸襟阔达的人,看问题必然会具有独到的高度和角度,写文章必能切中肯綮,主题自然深刻。因此,"汝果欲学诗,功夫在诗外"——拓广知识、增强修养、提高"诗外功夫"是达到主题深刻的必由之路。

当然,在具体写作过程中,不论平时修养如何,每位作者都应认真对待,多加思考,力图深入开掘。写人的文章,要着力于对人物思想的发掘,尽量寻找支配人物言行举止的思想出发点,寻找到人物活动的内部根据和推动力。记事的文章,要着力于探求事件的意义,要在事件所显示的多方面意义中找出最主要、最动人、最深刻的那些,因为它们揭示出事件的主要性质。说理的文章,要着力于对事物矛盾的剖析,抓住事物的内部规律,并据此作出判断,阐明观点。只有认真开掘,文章才能拥有深刻的主题。而现实的情况是,多数人既缺乏深厚的修养,在具体写作中又缺少深入的思考,所写文章就难免浮光掠影,缺少深度。

(三) 新颖

主题新颖,即跳出固有的框架,更换思维方式、寻找新的角度等,道人所未道,写人所未写。主题之所以要求新,主要源于读者的阅读期待,老生常谈的材料、主题容易使人们审美疲劳,失去吸引力,新颖的内容一出现,会使人眼前一亮、过目难忘。

要写出新颖的主题,作者必须具有总揽全局的眼光,明了所写问题有哪些主题可供开掘、哪些又是人之常情所容易想到的,从而另辟蹊径,避开流俗所习用的。因此,求异思维、逆向思维在主题求新上显得尤为重要。中国古代文人对于秋天多有"悲秋"传统,宋玉《九辨》之"悲哉,秋之为气也",曹丕《燕歌行》之"秋风萧瑟天气凉,草木摇落露为霜",杜甫《登高》之"万里悲秋常作客,百年多病独登台",等等,而刘禹锡的《秋词》一反传统观念:"自古逢秋悲寂寥,我言秋日胜春朝。晴空一鹤排云上,便引诗情到碧霄。"颂秋、赞秋,表现了诗人对自由境界的无限向往,满纸欢欣鼓舞,让人一见难忘。

要做到主题新颖,应善于从不同角度看问题,发现事物的个性特征。同是中国历史,鲁迅读来是一部"吃人史",因此创作出《狂人日记》。主题出新还可以从把握时代特征、善于发现社会生活中暗含的某种趋势和苗头着手。当科举制度还方兴未艾时,吴敬梓就洞察到了它的不合理性,在《儒林外史》中进行了辛辣的讽刺;当封建制度渐渐走向末日,曹雪芹感觉到了它无可挽救的灭亡命运,在《红楼梦》中对封建社会的政治、经济、文化制度,以及伦理道德、宗法观念等的腐朽性进行了深刻的揭露。这些作品的主题无疑是新颖的,今天读来还觉得耳目一新。

(四) 集中

集中就是主题要简明、单一,一篇文章只写一个主题,不枝不蔓。古人所谓"立片言而居要",散文、诗歌最好能以一个文眼、诗眼升华全篇。之所以能片言概括全篇,乃是因为全篇只有一个中心,可以一言以概之。当今动态新闻的一事一报,公文的一文一事,实质也是要求主题集中、单一。这种写法便于集中笔力,把事情或问题说深、说透。对初学者来说,主题集中是一个基础而又重要的原则。曾有一篇关于大学生活的习作,首先写专业学习、社团活动、同学情谊等(这些内容尚有指向的一致性),接着写自己精神的倦怠、大学生活的空虚,最后又写到大学毕业生就业困难,要扎实学习、打好基础才能面对挑战,自己应该振作起来……不到千字的文章,主要内容有五六项,其内在关联不大,斑驳杂乱,毫无重点可言,这就是主题不集中。出现这种现象的原因就在于作者事先没想好一个主题或者没有紧紧围绕一个主题展开,行文信马由缰,支离散漫。这样的写作自然是失败的。

有些优秀的文学作品意蕴丰富,主题可做多种解读,这和主题杂乱不是一回事。《诗经·蒹葭》既可以当爱情诗读,也可以当一首哲理诗读(人生追求,目标若即若离,因此有无穷意味);《阿Q正传》既可以视为对国民劣根性的剖析,又可以看成对辛亥革命不彻底的批判;等等。意蕴丰富的作品仿佛一颗钻石,从不同的角度都能折射光芒。初学者习作时,应注意主题的集中,避免堆砌材料,造成主题散漫、支离破碎。

■ 四、主题的表现

提炼恰切的主题固然重要,但将主题巧妙地表达出来同样重要,甚至更加重要。一般而言,想到点子并不难,难的是将点子完美地呈现,这需要技巧和经验,需要更大的智慧、技巧和耐心。

主题表达的方式方法多种多样,它受作者写作意图、写作背景、接受对象、文体乃至主题类型等因素制约。这些方式方法大体可分为两类,一类是直白表达,另一类是含蓄表达。直白表达就是将主题直接说出,实用性文体、学术文体等多用此类,它的优点在于明白清晰、不含糊,便于读者理解。含蓄表达是通过寓意、象征、营造意境等方法将主题折射、渲染出来,它多用于文艺性写作,其优点是蕴藉丰富,能增加美感,耐人寻味。同是写送别的情谊,"孤帆远影碧空尽,唯见长江天际流"较之"桃花潭水深千尺,不及汪伦送我情"更打动读者,其原因就在此。

常见的主题表达方式有以下几种:

(一) 对比法

对比法是将今昔、盛衰、爱恨等各式材料同时使用,两相对照,在对照中凸显品质、境界、变化的表达主题的方法。这种方法在新闻报道中常可以见到,某一个地区面貌有了发展、某一个领域工作取得了成绩等,往往用过去和现在的情形对比,在对比中凸显变化。议论性文章中的正反论证,实质也是以对比法表明观点。诗歌、散文写作中常用的抑扬手法也同样属于对比法,典型的例子如臧克家的《有的人》,将鲁迅和旧时代的黑暗势力进行对比,深刻地表现了以不同的态度对待人民会得到不同回报这一主题。

（二）文眼法

文眼是作品中最能表现思想情感、具有点睛传神之功的关键性词句。它多用于诗歌、散文中，诗歌中叫诗眼，散文中叫文眼。它能使作品形象鲜活，神情飞动，意味深长，引人深思，富于艺术魅力。这也就是陆机所谓的"立片言而居要，乃一篇之警策"（《文赋》）。文眼的使用，需要凝练意旨、锤炼字句，务必要使提炼的词句，最能表现特定的生活情景，能最充分、最真切地表达作者对这些事物的思想和情感。使用时还需注意前文要先进行渲染、铺垫，打下基础，营造氛围，时机成熟之际再将主要意旨说出，水到渠成，画龙点睛。和对比法一样，它也具有表意明朗、强烈有力的优点。请看海子的《日光》：

> 梨花，
> 在土墙上滑动。
> 牛铎声声。
>
> 大婶拉过两位小堂弟，
> 站在我面前，
> 像两截黑炭。
>
> 日光其实很强，
> 一种万物生长的鞭子和血。[①]

诗歌的第一节写日光和日光下的农村场景，第二节通过生命来写日光："像两截黑炭"，没有强日光暴晒，不会成黑炭，晒成黑炭一样的农村孩子，那是一种怎样顽强和充沛的生命。在此基础上，第三节点明主题，即日光是"万物生长的鞭子和血"：驱策生命，为生命提供养分。

（三）寓言法

寓言是带有讽刺、教育等寄托意味的比喻性故事。它往往假托故事来说明某个道理，对某一个现实问题或劝谕或讽刺。寓言的主人公有时为人，更多时候是其他生物或非生物，常用拟人、夸张、反讽等手法。寓言篇幅短小，语言简洁洗练，通常能在简单的故事中寄寓深刻的道理，借此喻彼，借远喻近，借古喻今，借小喻大，具有鲜明的哲理性和讽刺性。由于它能将深刻、抽象的道理借助生动有趣的故事说出来，或者以反讽等委婉的手法抨击不合理现象，嬉笑怒骂，避免金刚怒目式的直接冲突，因而为人喜闻乐见，如《伊索寓言》中的龟兔赛跑、狼来了、乌鸦喝水等，《韩非子》中的守株待兔、郑人买履、自相矛盾等。今天，网上

[①]《海子诗全编》，生活·读书·新知上海三联书店1997年版，第61页。

仍经常可以看到各种现代寓言,如这么一则:在一个小镇中,一位商人开了一个加油站,生意特别好;第二位商人来了,开了一个餐厅;第三位商人开了一个超市,这片很快就繁华了。另一个小镇,一位商人开了一个加油站,生意特别好;第二位商人来了,开了第二个加油站;第三位商人来了,开了第三个加油站,……这样恶性竞争之下,小镇的生意越来越难做,不久人们开始搬离小镇。这个小故事说明了在经济生活日益多元化的今天,要发挥智慧,互利共赢,恶性竞争会让人们走进死胡同。

(四) 戏谑法

戏谑法是以戏谑、夸张、正话反说等方式对社会生活中的某一活动进行嘲讽。这种方法多用于小品文或短论中。比如以下在网络上广泛流传的几个例子:

沁园春·城市堵车

城市风光,千里车流,万里人潮。望道里道外,车行如蚁;中山路上,汽笛啸啸。司机烦躁,膀胱欲破无处尿。看日落月升,尚未过桥。

交通如此糟糕,引无数车友赴公交。叹奔驰宝马,插翅难逃,路虎猛禽,无处发飙。一代天骄,兰博基尼,泪看电摩把车超。俱往矣,数风流潇洒,还是公交。

随着人口增长和私家车保有量的提高,城市交通拥堵问题日益突出,甚至成了大城市居民生活的一块心病。此作写实和夸张兼具,将堵车这一无奈的话题以轻松的方式说出。

以戏谑的方式表现主题,古往今来都为人们喜好,运用时要注意庄谐适度,不能过分,以免堕入油滑的歧路。

(五) 象征法

有些写作,作者表面上是在写此,但实际在写彼,读者也能理解作者在写彼,这种手法即是象征。它往往是根据事物之间的某种联系,借助一种具体形象(象征体),以表现某种抽象的概念、思想和情感。这一方法的使用也由来已久,比如屈原的《离骚》中,就有象征美好的"香草美人"和象征丑恶的"恶禽臭物"。《论语》中有"岁寒,然后知松柏之后凋也",以松柏后凋喻人品德的坚贞。后世,这种手法常在诗歌、散文中运用。如顾城的《一代人》中:

黑夜给了我黑色的眼睛,

我却用它来寻找光明。

生活中有些事情,无法直接言说,逻辑性阐说可能费力不讨好,或者作者觉得不便明说,或者一些事理一旦径直明说便毫无趣味,等等,此时运用象征的手法,通过某一形象表现深远的含义,就能让人轻松体会到事物的意义,且有一种领悟的欣悦。象征一般用来赞颂美好的事物,体现作者对理想境界的追求,但有时也可用来讽刺丑恶的事物,抨击不合理的现象。在源远流长的文化中,往往可能形成具有固定意义的象征体,比如在我国古代,梅兰竹菊就成了高洁人格的象征。象征的使用可以使文章立意高远,含蓄深刻,耐人回味,给读者留下深刻的印象。

第三节　材料的运用

　　我在九十年代写过一篇文章叫《超越故乡》,里面明确提出来,故乡应该是开放的,不是封闭的,我们必须把故乡的概念拓展开。也就是说从技术上来讲,发生在天南海北、古今中外的事情,都可以纳入到高密东北乡这个盘子里来。以后的创作实践中确实就是这样做的,……,比如说最近《蛙》里面"滔滔的大河",我实际上是把长江挪到了高密东北乡,高密东北乡我家门口的那条小河已经干枯了三十多年了,现在河下面一滴水都没有,但是在我小说里边,这条河可以行船,浊浪滚滚。故乡的概念就是开放的,它已经没有界限了,某种意义上我觉得它就是一种符号,把它改成中国可不可以,我觉得没准也是可以的,改成河北的一个地区,也是可以的。当然里面我使用了很多高密的方言土语,这是没办法改变的,但是故事和人物实际上来自天南海北。

——刘慧《总在和自己决裂的人——莫言谈人生和创作》①

　　莫言这段话的意思就是,写入作品的材料并不全是从生活中照搬而来的,它们可以进行各种加工。当然,不同的文体,对材料的要求不一样,有些允许也需要较大的加工,有的则只能按生活中本来的样子去写。本节将主要阐述如何加工和使用材料。

一、材料的含义

　　材料本来是一个物理学名词,指可以用来制造有用的构件、器件或物品等的物质。这一概念借用到写作学中,其含义是指写作活动中用来提炼和表现主题的事物和观念。从这一含义看,材料从性质上可以分为两类,一类是事物,即现实世界中有具象性的自然物、人造物及各种事情等。通常的写作,尤其是叙事性写作,都离不开这类材料。另一类是观念,即看不见摸不着,但是人们通过心智可以感受、领悟得到的东西,比如情感、哲理、科学规律等。这类材料也是写作

---

① 刘慧:《总在和自己决裂的人——莫言谈人生和创作》,《文学报》2012年10月18日。

的重要源泉,如抒情性诗文离不开情感、哲理,学术论文离不开科学规律。值得注意的是,材料不仅指写进作品中去的内容,也包括写作准备、构思阶段用到,但是行文时被舍弃,没用到文中去的事物和观念。

人们常打比方说,写作活动中,主题是灵魂,材料是血肉。固然,灵魂是重要的。没有它,生命就是行尸走肉;没有主题,写作就是梦呓。但是,材料也同样是重要的。没有血肉,灵魂将无处托付;没有材料,主题就是空中楼阁。"巧媳妇难为无米之炊",没有足够的材料,写作便难免东拼西凑、捉襟见肘,所以材料的积累和储备是写作顺利进行的必要前提。关于聚材的重要性和方法等,前文已有介绍。下面将探讨如何加工和使用材料。

二、材料的熟悉

陆机《文赋》有云"恒患意不称物,文不逮意"。"意不称物"就是思维不能和事物相称,也即作者没有很好地认识写作对象。认识、把握写作对象是写好文章的必要前提,对写作对象不熟悉,自然写不好文章。比如作为普通学生,可能写不出诸如国民经济宏观规划或复杂的国际关系等方面的文章,也写不出科技方面高端技术的文章,为什么?原因就在于对这些问题缺少必要的认识,因不了解而无从下笔。大千世界的缤纷事物,如果不进入我们的头脑,不为我们理解、认识,我们就无法把它写到文章中去。

人们只能写自己熟悉的、了解的事物。现实的情况是,很多的写作,确乎也是写自己熟悉的内容,如写一篇日记,给亲人、朋友写一封信,就自己的工作写一份总结,等等。这种写作并不难,因为内容已经了然于心,即材料已经熟悉了,"意""物"已经契合了,所要做的工作只是将内心化了的材料以"文"逮"意"即可。可是有时候也会遇到要写不熟悉的事物的情况,比如记者报道并不熟悉的新闻人物或事件,学者要研究新课题并撰写论文,等等。那么,在这种情形下,首要的工作就是熟悉材料,弄懂、吃透材料,争取做到"意"能称"物"。要写报道,就要研究采访得来的素材,理解人物的精神,把握事件的来龙去脉,做到仿佛就是自己所亲历一样;要就某一问题写学术论文,就必须对问题有深入了解,如问题的背景、性质、难点、数据、解决方案等。只有把不熟的材料变成熟悉的材料,才能通盘考虑,用活材料,写出坚实有力的文章。材料不熟,生吞活剥,文章就难以一针见血,也无法融入作者的真情实感、真知灼见,这样的文章就如隔靴搔痒,难以说服或打动读者。以己之昏昏,怎能使人昭昭?

三、材料的选择

材料要丰富,如果材料不够,文章就会瘠薄。初学写作者常常会为材料不够、写作时无话可说而苦恼。这就要求我们平时加强积累，充实写作的"武器库"，以便写作时左右逢源，写出厚实的文章。与此相对的一个问题是，有些作者积累丰富，材料准备充足，但写作时不善取舍或不忍舍弃，不管良莠，堆砌材料，使得文章泥沙俱下，冗繁臃肿。这也违背了写作的基本法门。因此，写作时要注意材料的选择和使用。那么，如何选择材料呢？我们可以从以下几方面训练。

(一) 围绕主题选材

围绕主题选材就是根据表现主题的需要来选用材料，与主题有关、能表现主题的用，与主题无关、不能表现主题的则舍。围绕主题选材，是写作活动最基本的原则，因为如果不对材料进行选择取舍，必然导致文章堆垛杂集，枝蔓丛生，杂乱无章。但是一些初学者很容易违背这一原则，他们或因为思维懒惰，或因为不能割爱，导致材料和主题脱钩。朱光潜对此有过论述：

> 第一步是选择，斯蒂芬生说：文学是"剪裁的艺术"。剪裁就是选择的消极方面。有选择就必有排弃，有割爱。在兴酣采烈时，我们往往觉得自己所想到的意思样样都好，尤其是费过苦心得来的，要把它一笔勾销，似未免可惜。所以割爱是大难事，它需要客观的冷静，尤其需要谨严的自我批评。不知选择大半由于思想的懒惰和虚荣心所生的错觉。遇到一个题目来，不肯朝深一层处想，只浮光掠影地凑合一些实在是肤浅陈腐而自以为新奇的意思，就把它们和盘托出。我常看大学生的论文，把一个题目所有的话都一五一十地说出来，每一点都约略提及，可是没有一点说得透彻，甚至前后重复或自相矛盾。如果有几个人同做一个题目，说的话和那话说出来的形式都大半彼此相同，看起来只觉得"天下老鸦一般黑"。这种文章如何能说服读者或感动读者？[①]

还有比如某个典故，某则名言警句，作者以为不写进文中不足以显示自己的学识渊博，所以便硬塞进去；在学术文章中，写到某一观点的支撑材料时，不是恰如其分地介绍该材料，而是对这一材料进行背景、性质、优劣等的全面介绍，仿佛这个材料就是全文的中心。以上种种，都是未得写作门径的表现。

"与主题有关、能表现主题"并不等于支持主题。有些书上说，"能支持、说明、烘托主题的就用，反之不用"。这一观点值得商榷。因为事情往往有多面性，如果只用能支持、说明、烘托主题的材料，有意回避、不用不能支持、说明、烘托主题的材料或者甚至是击倒主题的材料，文章也可以写得出，并且表面看起来也能够言之成理，但是这种文章经不住事实的考验，只要提出反证的材料，它就应声而倒。现在媒体上常常可以见到对某一事件的争论，双方往往是公说公有理，婆

[①]《朱光潜美学文学论文选集》，湖南人民出版社 1980 年版，第 271~272 页。

说婆有理,其实他们的理都是片面的,都只用了能够支持、说明、烘托自己主题的材料,没有从对立的角度去看问题。有些学术文章,有意隐去与自己观点对立的材料,也属同样的情形。"能支持、说明、烘托主题的就用,反之不用",这是一种功利主义的写作观,在现实生活中容易导致欺骗行径,应予反对。"有关"并不局限于支持、说明、烘托,反对、诘难等也是"有关",这种材料也应该被写进去,这样,文章才堪称严密、站得住脚。

(二) 材料要真实

选材的另一个原则是材料要真实。真实是指材料要符合客观实际,不能弄虚作假。这是文章有说服力的保证。有些文章需要材料绝对真实,不仅不能无中生有,而且不能有任何夸大、缩小等改造,比如新闻、公文、学术论文等。只有证据确凿的真实材料,才能有力地说明问题、阐发观点,使文章内容立于无可争辩的牢固基础之上;如果用虚假的、站不住脚的材料来蒙混过关,只会是掩耳盗铃。近年来媒体曝光的一些学术造假、虚假新闻等,多是有人捏造数据、虚构事实,造成恶劣的社会影响。有些文章的材料可以是虚构的,比如小说、戏剧中的人物、故事,但是这种虚构的材料必须符合生活逻辑,给人实有的感觉,这叫"艺术真实"。

材料真实不仅指材料大体上真实,而且必须落实到每一个环节、细节上。往往由于一个貌似无关紧要的细节失真,而使作品造成严重败笔,直接影响表达效果。报道一位勇斗歹徒而英勇牺牲的人民警察,说他"想到自己刚荣立二等功,可不能辜负了大家的期望"。既然人已经去世了,记者是怎么知道他的想法的?[①] 写一位科学家不顾身体,忘我工作,"准备项目验收会的时间很紧,……作为项目负责人,连着熬了三个晚上,查遗补漏。直至开会前,胸口仍很憋闷。他习惯性地打开随身带的黑书包,拿出速效救心丸的小瓶子往手里一倒,一仰头扔在嘴里使劲嚼着,走进会场……""靠近他的人嗅到他身上一丝丝冰片的清凉味道——黄教授吃了速效救心丸。"连着熬了三个晚上,具体熬到几点,深夜还是通宵? 这样写是不是有点故意闪烁其词,不够真实、确切? 而吃速效救心丸的描写,服用的方法,以及吃后"身上一丝丝冰片的清凉味道",也同样难以叫人信服。这些意在展现人物精神风貌的材料,由于写法上不成熟,可能引起读者对新闻真实性的质疑。

真实也包含着全面的意思。古人说"兼听则明,偏听则暗",如果只掌握一方面的信息,往往难于得出稳健的结论。瞎子摸象,对象各有不同的认识,因为他们所摸到的都只是象的某一部分,所以象就成了扇子、柱子、绳子等。看待一

---

① 参见周立:《论细节描写在人物通讯中的"正确打开方式"》,《新闻研究导刊》2017 年第 4 期。

个人或一件事，如果从片面出发，就犹如瞎子摸象。事物都有形成和发展的过程，有品格性质的多个方面，全面使用材料就是要注重事物发展的全过程和多方面，系统地、历史地、客观地看待问题，避免断章取义、割裂事实。在报道先进人物、先进经验时，也要注意人物或工作的不足，这样才客观真实。《史记·李将军列传》中，司马迁以高度的热情颂扬了李广的英勇善战、体恤兵士等优点，但是对他的缺点也不放过，如他复出为右北平太守后，立即杀了自己被谪为庶人时受过其辱的霸陵尉，表现出他性格褊狭。

（三）材料要精当

写文章应该要言不烦，以尽量少的文字、材料表达尽量丰富的思想，避免文繁义寡。这就要求选材精当，即选用具有广泛代表性和强大说服力的典型材料。鲁迅认为刻画人物应该"画眼睛"："忘记是谁说的了，总之是，要极省俭的画出一个人的特点，最好是画他的眼睛。我以为这话是极对的，倘若画了全副的头发，即使细得逼真，也毫无意思。"[①]画人要画眼睛，是因为眼能传神，画好了眼睛，人的内心、精神就跃然纸上了。"眼睛"就是精当的材料，而"头发"是"含金量"不高的"水分"，写作时，要注重"眼睛"。

一篇写人的文章，如何从纷纷纭纭的人物经历中选取最精当的材料，是作者写作能力高低的体现。优秀的作家，通常都能沙里淘金，选用最精彩的材料来表现人物。再以"飞将军"李广为例，他有勇有谋，身经百战，《史记·李将军列传》在刻画他时，并没堆砌铺陈，而是只运用了最能反映其性格的事例，如表现他的勇猛，只写了他射虎、被俘后夺马逃脱等例；表现他的胆识智谋，只用了他被大军围困时近敌解鞍，假装诱军，吓退匈奴的事。这些材料，既有共性——军人所应该具备的勇猛谋略的特点，又有个性——它们是天才的李广所独有的，其他军人难以企及，因而是精当的典型材料。司马迁的这种选材技巧在人物写作和刻画时值得我们借鉴。

（四）材料要新颖

新颖就是用材时要避免俗套，避免老生常谈，尽量使用新鲜的、更有吸引力的材料。材料千篇一律，会使读者审美疲劳，文章的效果就会受到影响。作文学生腔的一个表现就是材料老套，一写议论文，翻来覆去就是屈原、司马迁、李白、文天祥和居里夫人、爱迪生等典型，将这些典型玩变形金刚一样改头换面后塞进不同主题的文章中去。这种写法也许确实是写作练习的一个途径，但是，一旦掌握了写作的初步技法后，这一写法必须尽快摒弃，因为它妨碍真正的思想表达。真正的思想表达，不允许材料有任何牵强附会，它必须以最恰当的例子做出切中

---

① 《鲁迅全集》（第4卷），人民文学出版社2005年版，第527页。

肯綮的佐证。所以,新颖首先是要避免老套和牵强。

对大多数写作而言,材料新颖并不等于猎奇。我们所需的材料就在日常生活中,关键是需要我们敏锐地发现并捕捉它们。有个学生写他的老师,说这老师很幽默,一次在中医处做针灸,他的老师自嘲道:"这是活演了草船借箭啊!"写邻家有个小孩名叫李伯兮,他说:"你叫我叔叔,我叫你伯伯,我们到底谁大些啊?"如此材料,并不稀奇,但是写进文章中,就很贴切地反映了人物个性,也很新颖喜人。

四、材料的加工

我们先看一个例子:莫言的《卖白菜》中,"老太太搬着白菜站起来,让母亲给她过秤。母亲用秤钩子挂住白菜根,将白菜提起来"。凭生活的经验,白菜根紧实细小,秤钩子是不易钩进去的,如何挂得住呢?但是,如果照实写将白菜上秤称重,势必细碎啰唆,远不如一个"挂"字简洁爽利。这一与生活实际有些不符的写法,可以算是材料的加工。材料的加工是写作活动的重要内容。一块木料,要经过长短方圆的加工,才能满足成器的需要。写作不是把原始素材编排成文字,素材要经过增扩、删削、变形、移植等加工,方能满足属文的需要。材料加工的方法千千万万,难以穷尽。对初学者来说,既要在阅读中用心体会,学习别人高明的做法,又要在写作实践过程中积极探索,寻找窍门,久而久之,才能做到处理材料灵活自然,写作准确达意而不露痕迹。下面介绍几种常见的材料加工方法。

(一)材料的详略处理

写进文章中的材料,其详略应该是不一致的。根据表现主题的需要,有些材料需要详写,有些材料需要略写,详写的地方浓墨重彩,大力铺陈渲染,将形象、场景、感受、意义等寸寸写足,淋漓尽致,略写的地方惜墨如金,简省疏阔,告诉读者有此一环节,但又不啰唆繁复。如果所有的材料都是同样轻重详略,就会造成文章重点不突出。同时,详略不同地使用材料,还可以让文章张弛有度,富有节奏感,增强文章的形式美,阅读起来更加吸引人。这正如一幅图画,中心部分的人或物应该具体细致,而背景性的内容则宜疏淡概括,形成层次感。

契诃夫说过,"要知道在大理石上刻出人脸来,无非是把这块石头上不是脸的地方都剔掉罢了"[1]。在写作中一定要知道,哪些材料该"剔掉"。在叙事性的文章中,"脸"就是能够体现人物精神、事件性质的材料,它们应该详写。如鲁

---

[1]《契诃夫论文学》,汝龙译,人民文学出版社1958年版,第243页。

迅的《药》,其主题是揭示在封建黑暗势力精神奴役下人民对革命的麻木,所以华老栓买人血馒头、在刑场当看客,华小栓吃人血馒头,茶客们的无知争吵等就详写了,而华小栓为什么得了痨病,华老栓夫妇从何打听到人血馒头可以治痨病,华小栓最后是怎么死的,等等,这些材料是"石头上不是脸的地方",所以被"剔掉"了。有些材料,巧用叙述视角,可以突出事件的不同环节,甚至可以表达不同的倾向。如《史记·李将军列传》中的一节:

> 其后四岁,广以卫尉为将军,出雁门击匈奴。匈奴兵多,破败广军,生得广。单于素闻广贤,令曰:"得李广必生致之。"胡骑得广,广时伤病,置广两马间,络而盛卧广。行十余里,广佯死,睨其旁有一胡儿骑善马,广暂腾而上胡儿马,因推堕儿,取其弓,鞭马南驰数十里,复得其余军,因引而入塞。匈奴捕者骑数百追之,广行取胡儿弓,射杀追骑,以故得脱,于是至汉。汉下广吏。吏当广所失亡多,为虏所生得,当斩,赎为庶人。

这一段写李广被俘获和逃脱,司马迁略写李广如何被俘,详写李广如何逃脱。人们读后,自会倍觉李广的冷静、勇武、智慧,而不会留意事件本身是被俘。由于对材料的巧妙运用,一件本不光彩的事,反倒为主人公增加了亮色。看似简单的详略处理,机妙无穷。

议论性文章中,论证过程应该详写。《人民日报》评论员在《一把手是标杆》中论"一把手"应该起模范带头作用时写道:"以令率人、不若身先,在政德建设上,一把手要做好'样子'。看一个地方一个单位的党风政风,首先是看领导班子尤其是一把手的形象。主要领导己身不净,如何号召别人讲卫生?身教胜于言传,表态不能代替表率。做'好样子'绝非摆'花架子',形象好不好,不是包装出来的,而是踏踏实实一点一滴积累起来的。军长与士兵同甘共苦,'朱德扁担,不准乱拿'传为佳话。一把手必须杜绝以'声'作则,变'给我上'为'跟我上','以一当十'积极示范,领导集体就能成为群众的定盘星。"[1] 文章论述了"一把手"做好"样子"的重要性,有分析、有推理、有例证,例证的文字简明扼要,并未再详细讲述朱德的扁担的故事。

(二)典型化

典型化是一个在文艺理论界讨论得很充分的概念,它是指为达到准确、鲜明、深刻地反映社会生活本质和规律的目的而通过选择、集中、概括、虚构、想象、生发、改造等手段,将现实材料转化为艺术的手段。

鲁迅说过:"作家的取人为模特儿,有两法。一是专用一个人,言谈举动,不必说了,连微细的癖性,衣服的式样,也不加改变。……二是杂取种种人,合成一

---

①《人民日报》2013 年 8 月 5 日。

个……况且这方法也和中国人的习惯相合，例如画家的画人物，也是静观默察，烂熟于心，然后凝神结想，一挥而就，向来不用一个单独的模特儿的。"① 他的第一种方法是指创作时以现实生活中的某一个具体的人为原型，以他的事迹、特征为生发点，加以想象、改造来创作。不过他说的对这个原型的"言谈举动"，甚至"微细的癖性，衣服的式样，也不加改变"，似乎有点理想化，因为现实生活中有的人物确实比艺术还艺术，但多数情况下，艺术毕竟高于生活，将身边具体的人写进作品，可能还是需要一些加工改造的。鲁迅自己在另一个地方就说过，"所写的事迹，大抵有一点见过或听到过的缘由，但决不全用这事实，只是采取一端，加以改造，或生发开去，到足以几乎完全发表我的意思为止"②。《狂人日记》里"狂人"的形象，原型是鲁迅的姨表弟阮久孙。阮久孙因生活不顺，患了"迫害狂"型精神病，终日惶恐不安，夜里听到脚步声，就以为是来提他，看见荷枪的士兵，就说他要被处决了，这和《狂人日记》中的内容有神似之处，但具体情形又非完全一致。《故乡》中闰土的原型，则是鲁迅幼年时的好友，是在周家做"忙月"的章运水。小说、戏剧中的人物形象可以是从生活中某一原型的基础上经过虚构、改造而来，情节、事件也如此。果戈理的著名短篇小说《外套》，原型是他听到的故事，一个穷苦的小官吏酷爱打鸟，他节衣缩食，买了一支很好的猎枪，可在他第一次坐船出去打猎时，猎枪就掉进了湖里，小官吏十分痛心，回家便病倒了，后来同僚们凑钱买了一支猎枪送给他。果戈理把猎枪改为外套这一生活必需品，把猎枪掉入水中改为外套被抢，把同事凑钱买枪送给小官吏改为小官吏因诉说外套被抢事件遭到大人物斥责而悲惨去世。这种改变，使得小说具有深刻的现实批判性。

第二种方法是将不同人物的事迹、特征集中到一个人身上去。在《我怎么做起小说来》中，鲁迅说过类似的意思，小说中的人物"往往嘴在浙江，脸在北京，衣服在山西，是一个拼凑起来的脚色"③。艺术源于生活并且高于生活，一些典型形象，由于内涵非常丰富，要高于现实生活中原型。比如阿Q这一形象，是封建时代落后农民的典型，尽管他有一个原型，是鲁迅早年熟悉的一个叫阿贵或阿桂的雇农，但阿Q形象不仅仅是阿贵或阿桂的直接移植，他的言行举止、身份地位、性格气质，应该是综合了其他一些农民的特征而成的。

（三）以我观物

"以我观物"是王国维《人间词话》中提到的一种审美境界，"有我之境，以

---

① 《鲁迅全集》(第6卷)，人民文学出版社2005年版，第537~538页。
② 《鲁迅全集》(第4卷)，人民文学出版社2005年版，第527页。
③ 《鲁迅全集》(第4卷)，人民文学出版社2005年版，第527页。

我观物,故物皆着我之色彩"①,大致的意思是说,"我"是主体,以主体的我的眼光和感情看客观事物,则所有的客观事物都沾染着我的感情色彩。就写作而言,"以我观物"实际上是抒情诗歌常用的一种手法。诗歌的抒情,虽然也有直抒胸臆,但是古今中外,更多见的是借景(物)抒情,依托一定景将情感表达出来。这时,景就有可能打上作者情感的烙印,眼中景和心中情互动,景便不再是客观自然之物,而是主客观相融的文学意象。"砌下落梅如雪乱,拂了一身还满",梅花是不会如桃花、樱花一样,一阵风雨,便落英缤纷的,但是如果不这样写,无以表现作者的满怀愁绪;"看万山红遍,层林尽染",岳麓山地处湘江中游平原,孤零零一座山,何来"万山",然而不作此语,不足以表达作者的万斛胸襟;"在黑暗的尽头,太阳,扶着我站起来",这是一种怎样狂妄的气魄,太阳都要"扶着我站起来"……以我观物,客观景物被改造而失真,但只有这样才足以表达作者的情感和胸怀。

第四节　结构的安排

选择之外,第二件要事就是安排,就是摆阵势。兵家有所谓"常山蛇阵",它的特点是"击首则尾应,击尾则首应,击腹则首尾俱应。"亚里士多德在《诗学》里论戏剧结构说它要完整,于是替"完整"一词下了一个貌似平凡而实精深的定义:"我所谓完整是指一件事物有头,有中段,有尾。头无须有任何事物在前面笼盖着,而后面却必须有事物承接着。中段要是前面既有事物笼盖着,后面又有事物承接着。尾须有事物在前面笼盖着,却不须有事物在后面承接着。"这与"常山蛇阵"的定义其实是一样。用近代语言来说,一个艺术品必须为完整的有机体,必须是一件有生命的东西。有生命的东西第一须有头有尾有中段,第二是头尾和中段各在必然的地位,第三是有一股生气贯注于全体,某一部分受影响,其余各部分不能麻木不仁。一个好的阵形应如此,一篇好的文章布局也应如此……一篇完美的作品,如果细细分析,在结构上必具备下面的两个要件:

第一是层次清楚。文学像德国学者莱森所说的因为用在时间上承续的语文为媒介,是沿着一条线绵延下去。如果同时有许多事态线索,我们不能把它们同时摆在一个平面上,如同图画上许多事物平列并存,我们必须把它们在时间上分先后,说完一点,再接着说另一点,如此生发下去……

第二是轻重分明。文章不仅要分层次,尤其要分轻重。轻重犹如图

---

① 王国维:《人间词话》(卷上),徐调孚校注,中华书局 2015 年版,第 2 页。

画的阴阳光影,一则可以避免单调,起抑扬顿挫之致;二则轻重相形,重者愈显得重,可以产生较强烈的效果……轻重倒置在任何艺术作品中都是毛病。不过这也不能一概而论,名手立论或叙事,往往在四面渲染烘托,到了主旨所在,有如画龙点睛反而轻描淡写地掠过去,不多着笔墨。

——朱光潜《朱光潜美学文学论文选集·选择与安排》①

在以上引文中,朱光潜主要讲述了安排结构的三个要求:完整、层次清楚、轻重分明。这些要求对初学写作者而言尤为重要,如果每次写作练习都努力做到,久之,写作就自有章法。本节主要讲解结构的内容,理解并掌握安排结构的技巧,对提高写作能力大有裨益。

■■ 一、结构的含义

结构是指文章内部的组织、构造。安排结构就是写文章时对材料的组织形式进行设计和预想。有了正确、深刻的观点或思想,有了恰当的材料,并不见得就能写好文章,只有对这些材料进行合理的调遣、组织,使它们构成严密、有序的整体,文章才会取得良好的表达效果。这好比有了好的针线和布料,如果剪裁、缝纫不当,可能做不好衣服;有了水泥、钢筋、砖瓦,如果没有设计蓝图和精心施工,可能建不好房子。因此,合理的结构对文章成功具有重大意义。如果说主题是文章的灵魂,材料是文章的血肉,那么,结构就是文章的骨骼。只有具备了坚强、匀称的骨骼,血肉和灵魂才能有所依附和寄托。只有找到了恰当、完美的结构形式,才能对材料进行巧妙运用,按部就班,使观点、思想、情感得到充分表现。

安排结构是构思的一项重要内容,一般来说,应该在动笔行文之前先行完成。也就是说,动笔之前,我们头脑中应该有大致的框架,动笔之后,只需往这框架里填充内容。李渔在《闲情偶寄》中说:

> 至于结构二字,则在引商刻羽之先,拈韵抽毫之始,如造物之赋形,当其精血初凝,胞胎未就,先为制定全形,使点血而具五官百骸之势。倘先无定局,而由顶及踵,逐段滋生,则人之一身,当有无数断续之痕,而血气为之中阻矣。②

精血初凝,即有五官百骸之势,动笔之初,对文章大局须胸有成竹。否则,"由顶及踵,逐段滋生",想一句写一句,想一段写一段,文章就会生拼硬凑,缺少整体感和系统性。这种事先不做谋篇布局之虑,信马由缰写到哪算哪的情形,并不少见。希望引起重视,每临写作任务,务必先勾勒蓝图,做好整体构思。

---

① 《朱光潜美学文学论文选集》,湖南人民出版社 1980 年版,第 273~277 页。
② 〔清〕李渔:《闲情偶寄》(卷1),单锦珩校点,浙江古籍出版社 1985 年版,第 4 页。

　　结构的安排受事物客观逻辑性和作者主观思路的制约。现实世界之物，不是铁板一块的整体，而是可以分解的，比如一年可以分为四季或十二个月，一周可以分为七天，一个事件往往会包含起因、发端、发展、高潮、结局等环节，这就是事物的客观逻辑性，即事物的层次性、阶段性等。这种逻辑性是制约文章结构安排的关键因素，如写年度计划，我们也许要按季度或按月来写，写一周工作安排，我们也许要一天天落实。以情节冲突为文体特色的戏剧，其结构通常可分为故事的发生、发展、高潮、结局这么几个部分，实质也是依照事物的客观逻辑性而定的。事物的逻辑性，有些较为显豁明朗，容易为人们把握，如上举这些例子；有些却隐藏得较深，不易为人所认识，比如我们不熟悉而又较为深奥复杂的事物。对于不能轻易把握其结构逻辑性的事物，我们尤其需要认真对待，反复斟酌思考，弄清其逻辑关系，做到"意""物"相称。上文提到的要熟悉材料，自然也包含了弄清事物的客观逻辑性。安排文章结构还受作者主观思路的影响。如果文章结构都只是事物客观逻辑性的机械反映，那么关于同一事物的写作就会千篇一律，毫无个性可言。现实的情形是，同一事物让不同的人来写，往往会呈现不同的面貌，其原因就是不同的作者有不同的思路，在尊重事物客观逻辑性的基础上，作者可以灵活变通。比如，记叙一件事情，可以按事物发生、发展、高潮、结局的顺序写，也可以将高潮或结局提前写出，然后再以倒叙的手法展现事物的来龙去脉。这后一种写法便有作者主观思路对事物客观逻辑性的有意调整，它往往可使叙事更有吸引力。在新闻写作中，这种结构方法常被用到。又如，在一些短篇小说中，作者有意将发生在前的一个"因"按下不表，而叙写与之相关的其他环节因素，待到要结尾时再将此"因"点破，让读者豁然开朗，明白事情原委，收到跌宕起伏的艺术效果，如《最后一课》《我的叔叔于勒》《项链》《麦琪的礼物》《最后一片树叶》等。在多头绪的叙事中，巧妙地选择先写什么、后写什么，便是作者在思路上对事物客观逻辑性的调整，它有时能够起到点铁成金、化腐朽为神奇的作用。

■■ 二、结构的内容

　　结构是事物的客观逻辑性和作者主观思路的反映，可是在写作中，安排结构的技巧却体现在一些具体内容上，如层次、段落、线索、过渡、照应等。这些内容在每一篇文章中的重要性并不一样，使用的巧妙也各有不同，但都是写作时应该重视、留心的环节。

（一）开头和结尾

　　开头和结尾是文章结构中两个尤为重要的内容，对文章的优劣成败有着极为关键的作用。它们是在广阔复杂的客观事物或事理观念体系中截取的两个有特殊作用的片段,用以切入或缩结全文。明人谢榛说过:"起句当如爆竹,骤响易彻;结句当如撞钟,清音有余。"① 在他看来,文章开头应该快捷有力,结尾应该言已尽而意无穷,令人回味。这当然是很好的开头和结尾,但是文无定法,开头和结尾的方式方法多种多样,各有各的艺术魅力,远非"爆竹"和"撞钟"所能局限。下面略作阐述。

1. 开头

万事开头难,文章开头之难,可能是所有写作者都遇到过的。有时,一篇文章起了几次头,都感觉写不下去,屡屡推倒重来。为什么会出现这种情况呢? 原因也许就是作者没能找到一个恰当的切入口。这个切入口应该是所有材料的头绪,作者必须理清各材料之间的内在联系,找到这个头绪,从而如抽丝一样,有条不紊地娓娓道来。所以,找这个切入口,表面看只是寻找头绪,实际则要对文章全部内容、材料乃至框架结构都有通盘考虑,在通盘考虑的基础上,斟酌权衡,找到适宜用来打头阵的内容。举例来说,写一篇叙事性文章,开头可以较虚较远,也可以较实较近。较虚较远的开头就是从背景、环境、相关事物等写起,慢慢导引到中心事件上去。《孔乙己》的开头不是直接写孔乙己的行止事迹,而是从鲁镇酒店的格局入手,由酒店写到在酒店做伙计的"我",再由"我"的所见所闻写到孔乙己。通过"我"的角度叙事,亲切自然而且故事可信;同时,通过描绘鲁镇风土人情的画卷,揭示社会环境,使得后文所刻画的孔乙己的性格、命运和遭遇有足以依托的背景。《〈呐喊〉自序》《风波》等作品,都是这种较虚较远的开头。它的好处是可以使作品有深邃的意蕴和更高的美感。而《为了忘却的记念》《一件小事》等作品的开头则较实较近,直接入题,开门见山,简洁明了。一般说来,篇幅不太长的文章,适合用较实较近的开头法。一些学生写考上大学后报到,有从高考写起的,有从收到录取通知书写起的,或者从离家赴校写起的,都离题太远,疲软无力,殊为不得法门。议论性文章,可以从现象、论题入手,也可以从观点入手,原无定法,但是在选择从何入手时,一定要顾及下文的承接展开。从现象、论题切入的,要考虑到怎样才能把笔触收回,聚拢于观点之上;开头直接亮出观点的,则要考虑下文还有话可说,不能意短辞穷,草率结篇。总之,开头的要点之一,即要利于下文的展开。

开头的要点之二是,要有吸引力,引起读者的阅读兴趣。诗词名言、深刻的故事、精彩的场面、传统的比兴手法以及悬念等,都是有吸引力的开头。同样有学生写大学入校感受,在开头写道:"躺在从没见过的凉席上,全身酸痛。终于可以好好休息了,我的眼泪却止不住地涌了出来。"报到手续办完,成为大学中的

---

① 〔明〕谢榛撰:《四溟诗话》,中华书局 1985 年版,第 16 页。

一员，"我的眼泪却止不住地涌了出来"，简单的叙事，却含蕴丰富，为什么眼泪会涌出来呢？作者在这设置了一个悬念，吸引读者往下看。

另外，开头应该为全文定调。文章的笔调是轻松活泼还是严肃庄重，是高唱入云还是低缓平易，是朴素自然还是华美雕琢，第一句话所体现出来的风格应该与全文的基调契合一致，与作者的才情、性格暗合。李白的《与韩荆州书》开篇"白闻天下谈士相聚而言曰'生不愿封万户侯，但愿一识韩荆州'"，气势非凡，正合谢榛所谓"起句当如爆竹"，与李白高迈的才情、俊逸的性格及先声夺人的文章风格相合。

2. 结尾

在欧·亨利的《警察和赞美诗》的结尾，流浪汉苏比无端被捕，判监 3 个月，这与他之前想去监狱躲寒冬而 6 次故意滋事犯法却未能如愿形成戏剧性的对比，情节出现大逆转，出人意料而又在情理之中，引人入胜。很多著名的短篇小说，都以此法而成功。结尾的重要作用，于此可见一斑。"编筐编篓，重在收口"，一个好的结尾，可以使文章锦上添花，不好的结尾却可能使文章功亏一篑。那么，怎样才算是好的结尾呢？一般认为，好的结尾应该具备以下两点：一是在内容上写足文意后自然打结，做到"意尽言止"。二是在形式上结尾是主体的自然延伸，文章到此结构圆满，不致有残缺感。

结尾的形式有很多，有些文章使用格式化的结尾，比如公文，一般在结尾处提出希望、要求等；有些文章以总结做结尾，比如议论文，作者可能在结尾处总结、强调观点；有些文章卒章显志，比如写景或叙事的散文，多在结尾处发表感慨，深化文意；有些文章以叙事的终结作结，如小说和戏剧，结尾一般是故事的结局。

对初学者来说，有两种情形要注意避免：一是草草了事，内容未写充分，未到瓜熟蒂落而匆匆作结，使得文章虎头蛇尾；二是画蛇添足，絮絮叨叨，拖泥带水，意思本已说完，却不能爽快作结，徒劳废话以拉长篇幅。

（二）层次和段落

层次有时候被称为"意义段""结构段"或"部分"，是材料在文章中的次序和地位，是文章思想内容相对完整的一个单位。它是事物客观逻辑性在文章中的反映。一个层次往往对应事物发展的一个阶段，对应矛盾的一个方面，或体现思维进程的一个环节。事物发展的阶段是相对的，一个大的阶段可以包括几个小的阶段，一个侧面可以包括几个小的组成部分，一个步骤可以包括几个更小的步骤，因此层次也是相对的，大的层次包含小的层次，几个小的层次组成一个大的层次，大大小小不同层次的组合，便构成了文章的全部内容。组成文章的各层次之间有先后关系，也有主从关系。这种关系实际上就是文章结构的逻辑类型。

段落是层次的外在表现。它以换行、退格为标志，将思想内容的层次性诉诸人们的视觉,便于作者、读者更好地把握。段落有时又称为"自然段"。由于层次的大小是相对的,所以段落的划分也是较为自由的,没有固定不变的法则,但是写作时一定要做到不能把一个完整、独立的意思切分为几段,也不宜把几个互不相干的意思强合成一段。有人写作时几乎不分段,拖拖拉拉从开头直到结尾,整篇文章就是一段,这是思维懒惰的表现,说明作者对写作对象的客观逻辑性、阶段性领会不到位。在这种情况下要写好文章是不大可能的。所以,分段虽然看起来是一件简单的工作,但是如果认真对待,不仅能使文章层次清楚,有条不紊,而且有利于培养严密、清晰的思维能力。

层次是就思想内容而言的,段落是就形式而言的,层次是主,段落是从。一般而言,段落的设置,只能体现出层次,似无更大的价值。然而有时段落也会具有超越体现层次的简单作用,如果巧妙得法,段落本身也能表意。例如鲁迅的《为了忘却的记念》一文中,柔石等人被捕后,曾来信要带"洋铁饭碗",鲁迅托人带去了,却不见回信,后来天气渐渐冷了,鲁迅惦记着他们的安全,想着洋铁饭碗是否收到,想着他们"可曾有被褥不",正在这时,传来的消息却是他们早在半年前,已经被反动派杀害,柔石身上中了十弹。此时,文章另立一段:

　　　原来如此!……①

前文的叙说到此戛然而止,然而这种戛然而止真正做到了无声胜有声:所有的爱恨抒发,所有的是非评议,都不言自明,读者自可领会。千言万语,不如无语。

(三) 线索

线索是将各材料串联起来组成一篇文章的脉络。文章都有线索,只是有些文章的线索比较显豁,有的文章的线索较为隐晦。如果没有线索,各材料就会是一盘散沙。线索贯穿文章首尾,一通到底。可以作为线索的事物有很多,比如时间、空间、物件,甚至情感、事理等。叙事性文章的线索一般比较多样化,议论性文章的线索一般是某种事理。

线索往往与文章的结构形式密切相关,不同的线索,决定了文章不同的结构形式。比如,以时间、空间为线索的叙事文章,往往会形成逐层敷写的线性结构;以情感变化为线索的记人文章,往往会形成二元对比结构;以事理为线索的议论性文章,往往会形成一种提出问题、分析问题、解决问题三段式结构。有一类散文,以某一物为线索,围绕该物展开,则是一种辐辏式结构。如铁凝的散文《车轮滚滚》,文章运用了与车有关的很多材料:同事对车的兴致、自己在乡下当知青赶驴车、有人新买了自行车舍不得骑而把它挂在墙上、自己第一次开车、汽车进入日常生活后对人们的影响……一大堆生活琐细,为车所系,被写进文章,

---

① 《鲁迅全集》(第4卷),人民文学出版社2005年版,第500页。

好比车辐条指向轮毂,形成辐辏式结构。余秋雨的一些文化散文也常以物为线索,如写敦煌、天一阁或都江堰,都是将这一景点的历史掌故、现实景致和作者的感慨情绪结合,于是历史、自然、情感都辐辏于敦煌、天一阁或都江堰了。"形散神聚"的特点,在这类散文上能得到最充分的体现。

线索有单线、复线之分。单线就是一篇文章只有一条线索,复线是一篇文章有两条线索,往往一明一暗。多数文章只用一条线索,但使用复线的文章也并不少见。比如鲁迅的《药》,明线是华老栓为儿子买人血馒头治病,暗线则是写夏瑜的革命。这种复线结构是同时叙述两件事,还有一种复线结构,并不用两起材料,而是用相同材料,沿两种头绪展开。如鲁迅的《藤野先生》,交织了怀念藤野先生和总结作者人生道路两条线索,舒婷的《斗酒不过三杯》,行文实以时间推移和对酒的态度变化为线索。

(四) 过渡

过渡是上下文之间为了不出现文意断裂而使用的衔接转换手段。事物的发展本是连贯的,但是写入文章时,人们并不会一丝不落地将全过程照录,而是只挑选一些适当的片段,为了使这些片段之间不出现断裂感,就有必要使用勾连承接的手法。有时,文章是由一些不同性质的材料组成的,这些不同性质的材料之间也需要黏合。这种勾连承接或黏合就是文章的"过渡"。

一般而言,上下文内容出现较大跳跃性的地方,需要使用过渡。比如,由叙述事件转向发表议论见解或抒发感情时,需要过渡,"由此可见""让人不由想到"等简洁的字句,可以引导读者顺利接受下一部分内容;在要分析问题时,人们常常会用"这个问题,可以从如下几方面着眼"等语句引起下文;分析完问题后要做总结时,"综上所述"可以让读者做好接受总结的心理准备。上述这些过渡,形式意味较强,没有太多独创性,但是如果掉以轻心不用,文章就会有瑕疵。行文中时间或空间发生较大变化时,也必须使用过渡,并且这时的过渡和上述例证不同,它们本身要有更多的含义。比如,《孔乙己》一文中,作者在描写了孔乙己在酒店遭人奚落等场景后,写了一句这样的话:"孔乙己是这样的使人快活,可是没有他,别人也便这么过。"这句话一面深刻地揭示了孔乙己可有可无、毫不重要的悲惨地位,另一面,"别人也便这么过",给了读者时间流逝的暗示,果然,下文接着写道:

> 有一天,大约是中秋前的两三天,掌柜正在慢慢的结账,取下粉板,忽然说,"孔乙己长久没有来了。还欠十九个钱呢!"我才也觉得他的确长久没有来了。[①]

[①]《鲁迅全集》(第1卷),人民文学出版社2005年版,第460页。

如果没有"孔乙己是这样的使人快活，可是没有他，别人也便这么过"的过渡，从孔乙己分给小孩茴香豆吃直接跳到中秋前掌柜结账，文章便脱节了。再如《藤野先生》，文章开头几段其实是按作者到日本后的行程来写的，先是到东京，再去的仙台。从东京到仙台，作者就用了过渡：东京的留学生"乌烟瘴气"，鲁迅不喜欢，"到别的地方去看看，如何呢？"于是顺理成章地写到仙台。

过渡往往是作者在行文中即兴发挥而成，一般不需要在构思时预设，这就要求作者在行文时认真细致，心思灵巧，笔随意使，保证材料和文气的通顺流畅。

（五）照应

照应是指文章中某些内容在不同位置上的前后关照和呼应。它的运用方法是，在行文的前面稍作提示或交代，后文再响应性地写到此事物。照应与段落、层次、过渡等不同，它是一种积极的、能够大大增强文章艺术性的结构技法。它能使文章结构严谨、针脚绵密。同时，前有伏笔，后有呼应，环合、反复的信息刺激能使读者保持旺盛的阅读兴奋度。还有，对某一事物的再三叙写，能起到强调、突出主题的作用。只不过，与段落、层次、过渡的安排可以在行文中随意处置不同，照应一般都要事先精心设计，何处伏笔，如何呼应，都应在动笔之先做好筹划。有作家说过，如果前一章里写到墙上挂着枪，那么后一章里就必须开枪，如果不开枪，那杆枪就根本不需要挂在那儿。这是一个非常形象的比喻。何处挂枪，如何开枪，必须事先考虑周全。不要前文提到墙上挂着枪，在读者心里形成一种阅读期待，到了后文却忘了照应，忘了开枪，使得期待落空。

照应的方式方法较多，有题文照应、首尾照应、文中的前后照应等。《为了忘却的记念》在开头处写道：

> 我早已想写一点文字，来记念几个青年的作家。这并非为了别的，只因为两年以来，悲愤总时时袭击我的心，至今没有停止，我很想借此算是摆身一摇，将悲哀摆脱，给自己轻松一下，照直说，就是我倒要将他们忘却了。

结尾处写道：

> 不是年青的为年老的写记念，而在这三十年中，却使我目睹许多青年的血，层层淤积起来，将我埋得不能呼吸，我只能用这样的笔墨，写几句文章，算是从泥土中挖一个小孔，自己延口残喘，这是怎样的世界呢。夜正长，路也正长，我不如忘却，不说的好罢。但我知道，即使不是我，将来总会有记起他们，再说他们的时候的。……①

首尾处都照应了题目，解释了题目的含义，深刻地表达了作者的悲愤。同时，文章首尾照应，结构圆合。

---

① 《鲁迅全集》(第4卷)，人民文学出版社2005年版，第493、502页。

　　小说中的前后照应有时可以起到设置悬念、推动情节的作用。《水浒传》"景阳冈武松打虎"一节，多次写到武松的"梢棒"：进酒店时，"把梢棒倚了"；喝了十八碗酒后，"手提梢棒便走"；上冈时，"提了梢棒""横拖着梢棒"；看到官府文告后，"将梢棒绾在肋下"；到酒力发作，先是"一只手提梢棒，一只手把胸膛前袒开"；待看到大青石，"把那梢棒倚在一边"，翻身想睡，……读到此处，读者自然会想到，武松打虎，定是赖此梢棒。可是，到打虎时，文中写道：

　　　　武松见那大虫复翻身回来，双手抡起梢棒，尽平生气力，只一棒，从半空劈将下来。只听得一声响，簌簌地将那树连枝带叶劈脸打将下来。定睛看时，一棒劈不着大虫。原来慌了，正打在枯树上，把那条梢棒折做两截，只拿得一半在手里。[①]

梢棒打折，赤手空拳如何对付得了凶狠的大虫？读者不由得绷紧了神经。而这，正是作者所要引导的。

■ 三、结构的要求和技法

　　金代王若虚的《文辨》说文章"定体则无，大体须有"。对结构而言，这句话的意思是，文章结构没有固定的模式，但应该遵循一定的原则或要求。本节开头处所引朱光潜的《选择与安排》对结构提出了完整匀称、逻辑严密、节奏鲜明等要求。这是非常中肯的见解。

　　完整匀称就是文章的开头、主干、结尾要完整，并且这三要素所占的篇幅比例要恰当。有些初学者作文，开头拖沓啰唆，入题不够快捷，所占篇幅过长，而主体部分又草率仓促，没能充分展开，一看字数已差不多了，就匆匆结尾。虽然三部分内容齐全，但没能做到匀称。要做到匀称，最好在先列提纲，把每部分要写的内容思考成熟后再动笔。逻辑严密是文章各部分之间要衔接紧密，内容符合事物的事理逻辑。事物间的逻辑性有顺承、因果、并列、转折等关系，文章结构要能体现出这些关系。节奏鲜明就是行文详略得当，有张有弛。

　　下面，通过一些例子，介绍结构安排方面的两种技法。

（一）以类相从

　　以类相从就是把材料、内容合理分类，同类的材料放在一块写，写完一类再写另一类，这样，文章才会条理清晰，便于读者的接受和理解。

　　芭芭拉·明托的《金字塔原理》中有一个有名的案例。

　　　　假设你决定离开温暖、舒适的客厅，出去买一份报纸，你对你的妻子说："我想出去买份报纸，你有什么要我带的吗？"

---

① 〔明〕施耐庵：《水浒传》，人民文学出版社1997年版，第285页。

　　"太好了,看到电视上那么多葡萄广告,我现在特想吃葡萄,"妻子在你走向衣柜拿外衣时说,"也许你还可以再买点牛奶。"

　　你从衣柜中拿出外衣,妻子走进厨房。"我看看碗橱里的土豆够不够。对了,我想起来了,我们已经没有鸡蛋。我看看,对,我们是该买一些土豆了。"

　　你穿上外衣向门口走去。"再买些胡萝卜,也可以买些橘子。"

　　你打开房门。"还有黄油。"

　　你开始下楼梯。"苹果。"

　　你坐进汽车。"再买点酸奶油。"

　　"还有没有?"

　　"没有了,谢谢你,亲爱的。"

你能记住这些商品吗?也许行,但是一定不是那么轻松、随意。整理一下,可以将商品归结为图 3-1:

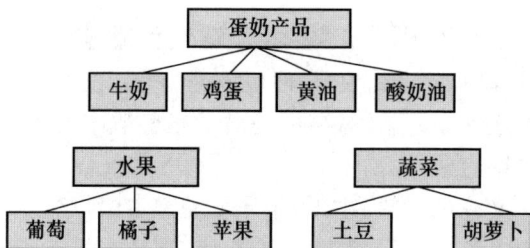

图 3-1　代购物品

把要购买的商品分成蛋奶产品、水果、蔬菜三类,每一类下面只有不多的几种商品,这样就容易记了。

　　写文章要注意分类,做到以类相从。有些初学者的文章条理不清,层次混乱,让人读后难以把握他的思路和要表达的内容,原因就在于材料安排没做到以类相从。我们看一个例子:

　　《世说新语》是我国古代文学史上著名的经典作品之一,自问世以来备受关注和喜爱。引起了古今一大批学者的兴趣。对《世说新语》的研究自其问世不久就开始了,敬胤为其作注可以说是《世说新语》研究的开端。自此以后,古今的大批学者做了大量的研究工作,取得了相当的成果。《世说新语》流传至今已有一千五百余年的历史,此部文学作品仅用不足十万字的篇幅,却描写了多达一千五百个人物,吉光片羽间对人物栩栩如生地描摹、个性的标榜,如亲眼看见般形象、生动。《世说新语》是一部记录魏晋南北朝时期人物逸闻琐事的小说,而魏晋是一个崇尚个性"为文学而文学的时代",因此这也注定了《世说新语》的叙事具有很强的文学性。学界对《世说新语》的研究已经相当的深入细致,专著、论文汗牛充栋,各个视角、侧面均有涉及。可是我们也应该注意到,《世说新语》并不是单行的,《隋书·经籍志》中著录《世说新语》时说:《世说》八卷,宋临川王刘义庆撰;《世说》十卷,刘孝标注。由此可见,此书最初有注本与非注本两种版本,在流传过程中,非注本已慢慢消失,因此刘孝标的《世说新语注》与正文已密不可分。

这是某同学一篇小论文的开头。它读起来比较费劲。细读可以发现,文字的内容包含两大块,一块是介绍《世说新语》的主要内容,一块介绍它的一些研究情况。理清这个思路,把材料归结为两大块,一块内容,一块研究情况,二者互不混淆,先写主要内容,再写研究情况,文章就条理清晰了,读者也就不难理解、把握了。按此思路,文字可以改写成下面这个样子:

《世说新语》是我国古代文学史上著名的经典作品之一,是一部记录魏晋南北朝时期人物逸闻琐事的小说,它用不足十万字的篇幅,描写了多达一千五百个人物。《世说新语》自问世以来备受关注和喜爱,引起了古今一大批学者的兴趣,学界对《世说新语》的研究已经相当的深入细致,专著、论文汗牛充栋,各个视角、侧面均有涉及。对《世说新语》的研究自其问世不久就开始了,敬胤为其作注可以说是《世说新语》研究的开端。刘孝标的注影响尤其深远,《隋书·经籍志》在著录《世说新语》时说:《世说》八卷,宋临川王刘义庆撰;《世说》十卷,刘孝标注。但在后世流传中,非注本渐渐亡佚,刘注本传世留存。

当然,这篇习作在表达上也存在较多问题,这里就不评析了。

言之有序是写作的基本要求。言之有序就是文章的结构安排要符合事理逻辑。人们习惯于按惯常的事理逻辑去理解、接受事物,符合事理逻辑的结构才便于读者理解和接受。这一规律已经潜移默化地深入人心,以至于催生了一些固定的结构模式。比如,戏剧的结构,往往可以分为开端、发展、高潮和结局。为什么会形成这样大致固定的结构呢?因为戏剧所模仿的现实生活中的事件,都会有前因后果,都离不开发生、发展、高潮、结局的进程。戏剧的结构,实际是事理逻辑的典型体现。在前面《世说新语》的例子中,先介绍《世说新语》的大致内容,再讲研究概况,这样才是由本到枝,由源到流,如果倒过来,就不符合人们理解问题的习惯了。

再举一个例子:《党政机关公文处理工作条例》,正文主干内容首先是"公文种类""公文格式",由内容到形式地介绍公文工作的先决要素;接下来是"行文规则",在进入具体处理工作之前讲清规矩;然后是"公文拟制""公文办理",按工作先后介绍公文处理的具体方法。整个文件，由工作外围先备到具体操作，步步深入，严密有序。这样的文章，不仅符合人们认识事物的心理，而且，照章办理，公文处理工作就能有条不紊。

（二）虚实相生

虚实相生其实就是材料的详略处理。它虽然不是高深莫测的技法，但做得好，有助于文章的节奏鲜明，生动活泼，对写作成功有重要的影响。

我们先看一个例子，莫言的《卖白菜》。《卖白菜》情节简单，"母亲"被迫卖原本打算用来过年的三棵白菜，母子来到市场，一个精明的老太太买下白菜，"我"出于对老太的厌恶，多算了一角钱，事情被识破，买卖没成。作品开头和结尾处对材料的详略处理非常高明，高明而不露痕迹，不细细体会，完全感觉不到作者的匠心独运。开头处是这样的：

> 1967年冬天，我12岁那年，临近春节的一个早晨，母亲苦着脸，心事重重地在屋子里走来走去，时而揭开炕席的一角，掀动几下铺炕的麦草，时而拉开那张老桌子的抽屉，扒拉几下破布头烂线团。母亲叹息着，并不时把目光抬高，瞥一眼那三棵吊在墙上的白菜。最后，母亲的目光锁定在白菜上，端详着，终于下了决心似的，叫着我的乳名，说：
>
> "社斗，去找个篓子来吧……"

这段文字是写母亲抱着侥幸的心理，明知不可能却希望有意外惊喜地在破烂的家当中找钱。它的妙处何在呢？妙处就在它只写找钱的场景，而不写急需钱的原因。为什么？因为急需的原因一旦写明，就具体而"有限"了。比如人病了，比如还债，这些都是有力的理由，可是，在贫困的农村，多数病人不是拖好的吗？中国虽然有年关清债的传统，可是实在还不上，那还不是只能拖到新年？只有不写原因，这个原因才是"无限"的，才是不可拒和万不得已的，"卖白菜"也就是被迫无奈的最后选择。还有，小说是社会生活的呈现，这段文字，将几十年前中国农村生活的一个场景呈现在读者面前，如电影镜头般栩栩如生。它不仅描写了母亲的行动、神态，构成一个生动鲜活的画面，而且通过铺麦草的炕、老桌子、破布头烂线团等，再现了那个年代中国老百姓贫穷窘迫的生活，为作品营造出一个合适的语境。换作我们来写，多半会要讲清前因后果，比如写成"1967年冬天，我12岁那年，临近春节，我的爷爷病了，急需钱来抓药，不得不卖掉打算留着过年的三棵白菜。"叙事也算清晰了，可是，干巴巴的毫无趣味。两相比较，高下优劣不是很分明吗？

小说的结尾处是这样的：

> 等我放了学回家后，一进屋就看到母亲正坐在灶前发呆。那个蜡条篓子摆在她的身边，三棵白菜都在篓子里，那棵最小的因为被老太太剥去了

干帮子,已经受了严重的冻伤。我的心猛地往下一沉,知道最坏的事情已经发生了。母亲抬起头,眼睛红红地看着我,过了许久,用一种让我终生难忘的声音说:

"孩子,你怎么能这样呢? 你怎么能多算人家一毛钱呢? "

"娘,"我哭着说,"我……"

"你今天让娘丢了脸……"母亲说着,两行眼泪就挂在了腮上。

这是我看到坚强的母亲第一次流泪,至今想起,心中依然沉痛。

"我"算完菜钱后,就去上学了,放学回家,发现白菜没卖成,多算人家一毛钱被识破了。读到这里,我们心里很可能会有一个阅读期待:这多算一毛钱是怎么被识破的? 被识破后,本分、坚强的母亲会是多么羞愧窘迫啊! 如果换作我们来写,为了故事的完整、严密,多半会把这些内容写进去。可是,高明的作者不写这些,留下来让读者去想,而每一个沉浸在作品中的读者,肯定会止不住思绪,带着惯性冲进识破场景的联想,作者留下的这个艺术空白,自然会被补足。所以不写被识破,并不会影响作品的完整性。而这一情节与小说的主题,表现生活的苦难和母亲的坚强,关联并不是很直接、很紧密,写下它,可以增加一个揪心的故事情节,满足读者猎奇的心理;不写它,不仅更有利于突出主要材料,突出主题,而且使得作品有留白,有想象空间,结构上张弛有度,艺术性更强。

幼稚的叙事,倾向于平均用力,把事情的每个环节都做滴水不漏的交代,这样写,往往会导致严密有余,跳跃性不足,读来呆板僵硬,不够生动有趣。高明的做法是首先确定写哪几个环节,然后每一个环节选一两个精彩的场景、事件来写,其他地方一笔带过或者跳过,做到详略搭配。详写的地方生动细致,富有现场感、画面感,读来使人身临其境;简写或略去不写的地方留白,读者可以通过想象、联想自动补足。这样不仅不会影响叙事的完整性,而且可以形成虚实结合、一张一弛的效果。较之面面俱到、平均用力,详略得当、虚实相生确乎高明得多。

【阅读推荐书目】

1. 〔晋〕陆机:《文赋集释》,张少康集释,人民文学出版社 2002 年版。

2. 朱光潜:《谈文学》,北京大学出版社 2013 年版。

3. 金长民:《写作运思学引论》,陕西人民教育出版社 1989 年版。

4. 〔美〕芭芭拉·明托:《金字塔原理:思考、表达和解决问题的逻辑》,汪洱、高愉译,南海出版社 2010 年版。

【思考与练习题】

1. 主题的内涵是什么？它在写作中处于怎样的地位？

2. 举例说明表现主题的方法有哪些？

3. 材料与主题有什么关系？

4. 什么是典型化？

5. 怎样理解"结构的安排受事物客观逻辑性和作者主观思路的制约"？

6. 组织三五个同学，就最近某一热点新闻事件的报道或有共同兴趣的文学作品，讨论其主题及表现方式。

7. 反思一下，自己在写作时是如何加工材料的。

8. 阅读一部短篇小说，体会作者在人物塑造、情节设置、场景刻画等方面是如何构思的。

第四章 表达论

　　然而悲迓将不再唱起。然而所有的顾惜已归尘土。在这个世界上，还存活着多少人会唱悲迓？在我看来，它早已不是把玩的戏曲。当我在广东流浪，当我历经人生的大喜或者大悲，我会无意识地唱起悲迓，自编唱词，独自高蹈，在无人应和的孤独里，我保持着楚人最古老的抒情。我从来没有想过要刻意保留它，但我知道它永不消失。不论我是农民，还是工人，抑或成为一个作家，对悲迓的理解不会改变。当我开始写作，我的血，我文字的性格，我的气脉在汉语里逐渐还原成我最初的模样。如果在异乡，我碰到了这种真性情的人，或者我在一本书里读到了类似充满血性而激越的文字，那么，请允许我把你划成自己的同类，并深情地喊你，亲爱的老乡。

——塞壬《悲迓》①

　　"悲迓"是主要流传于湖北的楚剧中一种类似哭一般的唱腔。楚人心中的喜悦与哀愁往往喜欢用这种独具地方色彩的悲腔来表达。年轻的湖北女作家塞壬以该唱腔为题，以文字为媒，唱一曲悲迓，带领人们重新打量自己生命的来路。该文在网络面世后，好评如潮，旋即在《人民文学》发表，后又被《新华文摘》转载。这里所选的段落，只是片段，但在真诚质朴的文字中，或叙事、或抒情、或议论，或整齐急迫、或随意散淡，仍能一吐从悲迓的歌声中体验到的真性情和同类感，一句"亲爱的老乡"，足以令人热泪盈眶。这就是语言表达的迷人魅力。写作就是这种运用书面语言符号交流信息、传播知识、抒发情感、反映生活的表达手段和技能。人类的任何精神创造活动，必须通过表达才能付诸现实，否则就只能停留于自己的精神世界。

第一节 表 达 方 式

　　表达方式是写作中的重要内容。常用的表达方式有叙述、描写、议论、抒情和说明五种。

---

① 塞壬:《悲迓》,《人民文学》2013 年第 2 期。

□■ 一、叙述

（一）叙述的含义

叙述是把人物的经历、事物变化发展的过程或事件的原委用语言文字按照一定的顺序表达出来的一种方式。叙述在记叙类文体中是最主要的表达方式，在议论类文体和说明类文体中也有广泛的应用。记叙性文章中人物出身、经历和事件发生、发展经过的介绍，议论性文章中提供的事实论据，说明性文章介绍对象发生、发展演变的过程等都少不了使用叙述。完整的叙述一般应具备人物、时间、地点、事件、原因以及结果六个基本要素。其中人物、时间、地点、事件是必不可少的，有时在表达过程中，原因或结果这两个基本要素可否省略则要视具体情况而定。

（二）叙述的视角和人称

要把人物或事件叙述清楚，还要注意叙述的视角和人称问题。视角和人称，就是由于观察点的不同，叙述者从什么角度，用什么口气来叙述的问题。在叙事中，一般来说，第三人称和第一人称是最常见的叙述人称视角，其中第三人称使用的范围最广，第一人称次之。在文章叙事中，叙述的人称必须统一。如果转换人称，应当交代清楚，否则很容易引起混乱，导致文气涩滞。试比较下面几段文字：

  （1）杨幺乘舟湖中，兵在楼上发矢石，（2）官军仰面攻之，见舟而不见人，因而失败。岳飞下令伐君山的树为巨筏，塞满港汊，又用腐木乱草由上流放下，布置稳当，才和杨幺开战。（3）杨幺船遇了草木，轮不能鼓动，贼奔走港中，又被木筏所拒，因被牛皋捉着，诸贼皆降，（4）果然八日就打平了。

以上这段文字本是以旁观者的身份来叙述的，但是立足的观察点在不断地变化：(1) 从杨幺方面，(2) 从岳飞方面，(3) 再从杨幺方面，(4) 又从岳飞方面。这段错乱的文字给人以繁杂不堪的感觉。如果以杨幺方面为主作为立足的观察点，上段文字可改成：

  杨幺乘舟湖中，兵在楼上发矢石，使官军仰面来攻，见舟不见人，因而制胜。后来又和岳飞打仗，战船遇了岳飞从上流放下来的腐木乱草，轮不能鼓动；奔走港中，又被岳飞伐君山的树所做的巨筏所拒，就被牛皋捉着，部下皆降。

如果以岳飞方面为主作为立足的观察点，上段文字就可以改成：

  官军因杨幺乘舟湖中，兵在楼上发矢石，仰面攻之，见舟而不见人，乃失败。岳飞下令伐君山的树为巨筏，塞满港汊，又用腐木乱草由上流放下，布置妥当,才和杨幺开战。草木既遇杨幺的船,使轮不能鼓动,逼之奔港中。而木筏又拒不令进。牛皋就将杨幺捉着,并招降诸贼。果然八日就打平了。①

这样,由于注意到叙述的视角和人称,文气就顺畅多了。

(三) 叙述的方式

叙述的方式多种多样,写作中普遍使用的有顺叙、倒叙、插叙、补叙和平叙五种。

1. 顺叙

顺叙是按照时间的先后次序、空间的自然序列对客观事物的发展进程进行的叙述。这种叙述方式遵循事物发展的内在逻辑,符合人们的接受心理和阅读习惯,便于将事物的来龙去脉表述清楚。这是一种最基本的、最常用的叙述方式,但在运用中要处理好主次、详略、轻重的关系,做到主次分明、详略得当、重点突出,切忌平铺直叙。

2. 倒叙

倒叙是先把事件的结局或事件发生、发展过程中的某个突出的片段提到前面的一种叙述方式。倒叙最大的优点是能制造悬念,引人入胜。运用这种叙述方式一定要根据表达的需要,不应故弄玄虚、人为强制。

3. 插叙

插叙是指在主要事件的叙述过程中,根据表达内容的需要,插进另外与之有关事件的叙述方式。恰当地运用插叙,可以使叙述有张有弛,生出波澜。

4. 补叙

补叙是指在叙述过程中对前文涉及的情况或事件作某些必要的补充交代的叙述方式。请看小小说《亲爱的》:

> 那天,我在丈母娘家吃饭,一家人有说有笑的,气氛很融洽。这时候我放在客厅充电的手机突然响了,收到一条短信息。
>
> "是谁啊?"妻子问。刚上一年级的女儿立即放下碗筷,跑过去说:"我去看看。"
>
> 于是大家都鼓励我女儿:"小贝念一下,看认不认得!"
>
> 小贝拿着我的手机,看了一会,磕磕巴巴地念道:"亲……爱……的……"这三个字就像定身法一样一下子把大家都定住了,岳父岳母的笑容消失了,他们的筷子停在半空,表情严肃地望着小贝,等着她念下文,妻子也狠狠地瞪着我。
>
> 我心里一阵发虚,一刹那我脑子里闪出了所有很有可能发这条短信的人。

---

① 夏丏尊、刘薰宇:《文章作法》,中华书局 2007 年版,第 28 页。

有可能是单位的小茹,我早就看出来她对我有意思;还有可能是前女友,前段时间上街的时候碰到她,她还用那种幽怨的眼神瞅我;当然,也有可能是我那些死党的恶作剧……

但不管是谁,这个短信在这个时候出现是多么不合时宜。刚才其乐融融的气氛一下子变得紧张起来。

"小贝,把手机给我……"我站起来说。

"不行!"妻子把筷子重重往碗上一放,"小贝,继续念!"我的心怦怦跳得厉害。

"亲爱的……"小贝不急不慢的语调都快把人急死了。

"快念啊!"

"嗯……亲爱的……"小贝清清嗓子,又喘了一口气,咽了一口唾沫,继续念道:"移动用户,您的余额不足……"

顿时,紧张的气氛又一下子变得融洽起来。岳父呵呵地笑着:"吃饭吃饭! 大家吃饭!"[1]

文中"有可能是单位的小茹,我早就看出来她对我有意思;还有可能是前女友,前段时间上街的时候碰到她,她还用那种幽怨的眼神瞅我;当然,也有可能是我那些死党的恶作剧……"就是补叙。

补叙可以使内容充实,情节结构完整,使原叙述更为严谨细密。

5. 平叙

平叙又叫分叙,是对在同一时间内发生在不同地点的几件事情所作的平行叙述或交叉叙述。传统小说中常见的"花开两朵,各表一枝"就是这种叙述方式的具体运用。这种分头叙述的方式可以使文章中那些头绪纷繁的人物和事件表现得有条不紊,从而使表达的效果得以增强。

(四) 叙述的要求

叙述的基本要求表现在以下几点:记叙的要素、线索要交代清楚;叙述的重点要突出,详略要得当,主次要分明;叙述要生动曲折,尽可能波澜起伏。在由多个简单事件构成的比较复杂事件的叙述中,要突出起始的事件、转折性的事件、有代表性的事件、有特色的事件、最后的结束事件。

二、描写

(一) 描写的含义

描写,就是把人物或事物的状貌情态、性质特征等用生动而富有表现力的

---

[1] 张攀:《亲爱的》,《喜剧世界》2011 年第 12 期。

语言文字,具体形象地展示给读者的一种表达方式。这种表达方式可以使被描写对象的轮廓和细部都得以刻画和再现,给人以身临其境的感受和印象。在写作过程中,描写这种表达方式常常与叙述结合起来使用。叙述与描写的主要区别在于:描写是对客观事物进行具体细致的描绘,而叙述则是对事件的发展进程作概括阐述。

（二）描写的类别和要求

依据不同的分类标准,可以把描写分成多种不同的类别。以描写的风格手法划分,可以分成白描和细描。从描写的角度划分,可以分成直接描写和间接描写。从描写的对象划分,一般分为人物描写、环境描写、场面描写和细节描写等。

1. 人物描写

人物描写一般可分为肖像描写、行动描写、心理描写和语言描写。写作中作为表现人物手法的肖像、行动、心理、语言等的描写,往往是综合进行的,目的是刻画人物的性格。

（1）肖像描写。肖像描写又叫外貌描写,是对文章中人物的容貌体态、衣着装扮、生理特征等外部形态的描写。成功的肖像描写,可以通过人物的外在形态,展示其内在的精神气质和性格特点,起到以形传神、形神兼备的效果。肖像描写的基本要求是:一要抓住特点,不要面面俱到。二要突出重点,不要泛泛而谈。肖像描写不只是介绍人物的外在的"形",更重要的是要写出能揭示人物身份、性格、遭遇、命运的"神"。三要真实自然,不要凭空想象,不能脸谱化、模式化。

（2）行动描写。行动描写又叫动作描写,是对特定场合中最能反映人物的性格特征和精神气质,揭示人物内心世界的行为、举止、动作的描绘。人物的性格特征和精神气质,往往通过人物的动作等行为举止清楚而又深刻地展现出来。行动描写是刻画人物的最有力的手段。行动描写的基本要求是:一要抓住典型特征。人物的动作多种多样,纷繁复杂,在写作过程中不是任何动作都可以拿来描写的。行动描写要精选那些最有意义、最能表现人物的性格、思想、精神的有特征的典型动作。二要把行动放在尖锐的矛盾冲突中来写。把人物的行动放在"人和自然界的矛盾、人与人之间的矛盾、人物自己思想上的矛盾"[1]三种矛盾冲突中,能够更鲜明地突出人物的个性特征和精神风貌。

（3）心理描写。心理描写是对人物内心世界和思想活动的描写。它是打开人物心灵奥秘、深入细致地刻画人物性格、表达主题思想不可或缺的重要手段。常见的心理描写方法有直接描写、内心独白和通过对话、梦境、幻觉、意识流等来描写。心理描写的基本要求是:一要符合人物的心理特征,不能任意虚构,切忌

---

[1] 穆青:《谈谈人物通讯采写中的几个问题》,《新闻战线》1979 年第 4 期。

失真失实;二要根据表现人物和故事情节发展的需要,真正有利于反映人物的内心情感。

(4)语言描写。语言描写是对人物对话、独白及语气声态进行的描写。"言为心声",语言是人物内心世界的真实流露,是思想性格的外在表现。恰如其分的语言描写,不仅可以交代故事情节,渲染环境气氛,还能再现人物活动,揭示人物的思想性格。语言描写的基本要求是:一要真实自然,符合人物身份。二要从人物口语中提炼富有生活气息的个性化的语言,很好地表现人物的精神境界。

2. 环境描写

环境描写是对与文章中人物活动有关的自然环境和社会环境的描写。环境描写在展示人物生活的时代背景、烘托人物心理、渲染气氛、增强感染力等方面起到必不可少的重要作用。

(1)自然环境描写。自然环境描写是对自然界存在的自然景物以及人物活动场所、陈设布置的描写。文章中描写的自然景物常常融入作者的审美感受,暗含某种寓意,用来象征某种事物;自然环境可以为人物活动提供场所,还能点明事件发生和发展的时间、地点,暗示人物心境,推动情节的发展。

(2)社会环境描写。社会环境描写是指对文章中人物活动和事件展开的、由人的社会活动和社会关系组成的"一定历史时间的社会制度、政治结构、经济形态、文化状态、风俗礼仪及在此基础上产生的时代氛围"[1]的描写。社会环境描写能够为人物活动提供历史背景和社会舞台。

环境描写的基本要求是:无论是自然环境描写还是社会环境描写,都应该成为文章的有机组成部分,"景物应蕴含情感,环境应烘托气氛"[2]。

3. 场面描写

场面描写是对一定时间和空间条件下,众多人物活动的情景的描写。场面既可以是千军万马厮杀战斗的宏大场面,也可以是朋友月下吟诗、推杯换盏的微观场面。场面描写对表现文章主题、展开故事情节、刻画人物形象起积极作用。

场面描写的基本要求是:一要将记事、写人、写景、状物等多种表达方式紧密结合。二要有中心,有层次,既要突出重点,又要顾及全面,做到有点有面,点面结合。

4. 细节描写

细节描写是对生活中事物最具典型性的细枝末节加以着意的描写。细节描写在记事、写人、写景、状物中都有应用。阿Q在临死前画押时唯一担心的是圈

---

[1] 陈果安、何纯、王定主编:《写作学基础》,湖南师范大学出版社 2008 年版,第 218 页。
[2] 董小玉主编:《现代写作教程》,高等教育出版社 2000 年版,第 96 页。

没画圆,葛朗台拼命抓住牧师的金十字架就是这类典型的细节。细节描写在写作中是一种重要的表达方式,对刻画人物心理、揭示人物生活环境、推动故事情节发展、表现文章主旨等方面有重要的意义。

细节描写的基本要求是:一要真实,二要生动,三要具体。

值得注意的是,在行文过程中,往往同时运用多种描写方法。请看尤今的小说《嫌疑犯》[①]:

> 家里请了个新的清洁女工阿英,每天来工作两个小时,帮我洗烫衣服、打扫屋子。
>
> 阿英十九岁,皮肤白皙,鹅蛋形的脸,像个发酵得很好的白面馒头。眉毛安静,眸子却会说话。看到我满室书籍,双眼便绽放亮光。我问她:"阿英,你怎么没有继续升学啊?"她眼里的亮光瞬间消失,敛容正色地说:"家里穷,中学读完后,我妈便叫我出来打工,帮补家用。"我又问:"你喜欢看书吗?"她点头如捣蒜。那天,我挑了一本刘墉的散文借她,她千恩万谢,步履轻快地离去,阳光下的影子,有着像蝴蝶般的快乐气息。我心里想:下回她来,我要鼓励她利用闲暇时间去读一些进修课程。
>
> 然而,当天晚上,我赫然发现,搁在梳妆台上的手表竟然不翼而飞了。
>
> "嫌疑犯"呼之欲出。
>
> 以前那个清洁女工,为我工作了整整十年,家里的东西,从来不曾失窃。有一回,好几百元钞票放在桌上忘了收好,她分文不取。可是,阿英才做了一天,我的手表居然遁走无踪。
>
> 我想起了她眸子中那一层看到书籍而闪出的亮光,文字对于道德有一定的约束力,一个喜欢阅读的年轻人,应该不会是小偷吧?可转瞬间却又想:知人知面不知心啊,她告诉我她喜欢阅读,可能只是一种换取信任的伪装手段罢了。然而,再转念一想,没有确凿证据啊,我又怎么可以认定贼就是她呢?我的思潮就如此反复起伏着……也罢,就静观其变吧!
>
> 第二天,她来时,把刘墉的书还给我。我说:"这么快就读完了吗?"她笑眯眯地说:"非常好读呀,我昨天读到凌晨两点呢!每个故事,都有深意,我很受启迪呢!"这时,我忽然想起书中有一篇小偷的故事,于是,一语双关地问道:"书里有篇短文,篇名是《九根手指》……"没有想到,我话还没说完,她便飞快地应道:"啊,那篇文章,我读了几乎流泪呢!"我不动声色地问道:"你还记得内容吗?"她猛地点头,如数家珍地说道:"有个人,屡屡偷窃,多次被警察抓到,但是,由于他还没有成年,所以,一回回都被放了。

---

① 尤今:《嫌疑犯》,《小小说选刊》2019 年第 15 期。

最后一次，警察当着失主的面，要狠狠地切掉他的一截手指，一方面是要惩罚他，另一方面，是希望以后别人提防着他。就在他凄厉地哭喊的当儿，失主忽然开口说他的东西是不小心掉在地上被捡走的。警察假装相信，当场释放了他。"我又问："这不是姑息养奸吗？"她把头摇得好像拨浪鼓一样，说："不对，就是因为失主有着包容他人错误的宽恕精神，那个小偷才没有自暴自弃，后来，还成了一家公司的主管耶！"我看着侃侃而谈的她，不由得想道："她是不是在暗示我不要追究呢？"所以，冷冷地说道："事发前的自律，比事发后的侥幸来得重要。你要明白，国有国法、家有家规，不是每个人都有临阵逃脱的运气！"她没有出声，把一桶脏衣物提到露天的庭院去洗，才一忽儿，她又跑进屋内，手里拿着我的手表，说："我在后园找到的。"我心中窃喜，没有想到刚才"别有深意"的一番对话居然奏效了，我也算是"拯救"了一个"迷途的羔羊"了。

当天晚上，我发现梳妆台上一瓶刚买不久的香水又无故失踪了。这女子，真是积重难返啊！接下来，一盒价昂的保湿面膜又不翼而飞。我心灰意冷。

解雇了她，也没刻意说明原因，反正她心里有数，只是她那一脸的错愕让我觉得她演技已臻于炉火纯青了。

然而，万万没有想到的是，她离开后，我的东西还是陆续失窃，护发霜、面霜、防晒霜……我立即觉得毛骨悚然。

一天，听到楼上卧房传来异响，冲上去一看，差点昏厥。

猴子！胆大包天的猴子，居然沿着屋外的水管爬进我的卧房，在靠窗的梳妆台上大肆掠夺，手里抓着一瓶洁面霜，看到我，飞快地跳出窗口，遁逃无踪。最近，猴患猖獗，我早已把厨房的门窗关得死紧，万万没有想到，它竟然转而偷窃我的美容品！

我匆匆跑到后园查看，果不其然，香水、面膜、护发霜、面霜、防晒霜，全被弃在那儿。也许，我"封锁"了它的"粮库"，富于灵性的它，就转而侵袭我的"美容院"，借此报复。

我想起了阿英，哎呀，这可真是"疑邻盗斧"的新版本啊！一股难过而又愧疚的感觉蓦然袭上了心头。

次日，我拨电话给阿英，语调恳切地说："阿英，我需要帮手，你几时有空来？"

电话里传来了她喜出望外的声音："我明天下午两点来，好吗？"

"好好好！"我高兴地说。

我已经选择了一袋子的书，准备送给她。

这篇小说运用了肖像、心理、语言、行动、环境、场面、细节等多种描写方法。

如文章开始对阿英的"皮肤白皙,鹅蛋形的脸,像个发酵得很好的白面馒头。眉毛安静,眸子却会说话。看到我满室书籍,双眼便绽放亮光"的肖像描写,从皮肤、脸蛋、眉毛、眸子等方面来刻画她的青春靓丽、文静善言、渴望读书的性格特点。在丢失手表后的心理描写,刻画了雇主对阿英的怀疑。接下来,在阿英还书给雇主的过程中,语言描写、行动描写、场面描写等多种细节,把雇主对阿英的嫌疑又推进了一大步。最后胆大包天的猴子的出现,后园环境的描写,为事件的水落石出作了很好的铺垫和暗示。总之,多种细节描写的综合运用,不仅可以突出人物的形象,使其形象更加丰满,还有力地推动了故事情节一步步向前发展。

三、议论

(一) 议论的含义

所谓议论,就是对客观事物进行评论,表明自己的主张,批评或修正他人的意见的表达方式。议论这种表达方式在抒情、记叙、说明、议论等类文章中都有不同的表现。

(二) 议论的要素及其基本要求

在议论文中,一段完整的议论一般由论点、论据和论证三部分组成,这就是"议论三要素"。

1. 论点

论点是文章中作者围绕论题要阐明或论证的基本观点、看法、见解或主张。在比较复杂的议论文中,往往有好几个论点。其中总领全文,起决定作用的论点被称为中心论点。围绕中心论点,对中心论点起支撑作用的论点叫做分论点。论点是议论的归结,是议论文章的价值所在。论点的基本要求是:一要正确,防止主观性、片面化、走极端。二要鲜明,不能模棱两可,含混不清。三要深刻,抓住问题的关键,揭示事物的本质。四要新颖别致,有创见性,以启迪读者。

2. 论据

论据是用来阐述或论证论点的依据,是论点建立的柱石或基础。论据有事实论据和理论论据之分。发生在古今中外人们身上的典型事例、史实材料、统计数据等就是事实论据。事实论据最有说服力,因为"事实胜于雄辩"。经典著作的引文、名人名言、民间富有哲理的俗语、谚语、成语、科学的定义、原理等属于理论论据。理论论据都是经过人们长期实践得到检验的、被人们公认的道理,让人坚信不疑,因而同样具有很强的说服力。论据的基本要求是:一要真实,经得起检验。二要充分,恰到好处。三要典型,有代表性。四要新鲜,令人耐读。

3. 论证

论证是利用论据来阐释、证明论点的过程和方法。论证就是通过分析事理,揭示论据与论点之间存在的内在联系,使论点得以确立,从而说服别人,让人信从论者的主张、观点、看法的过程。论证是连接和融贯论据与论点的桥梁。要想达到使人同意你的观点之目的,在论证方面应当符合以下基本要求:要合乎逻辑,正确地使用各种推理形式和多种论证方法。

(三)议论的方式

议论通常可以分为立论和驳论两大类。立论是作者直接从正面来阐释或证明自己的观点、看法的一种议论形式,其重点在"立"。驳论是一种间接的、侧面的证明,它往往通过作者批驳别人与己方对立的论点,证明它是错误的,从而建立自己的论点,其重点在"驳"。立论的目的是阐述事理,求得己方观点的真;驳论的目的是批评谬误,驳斥对方的假,其最终目的是一样的。立论和驳论是从正反两方面来论述问题,相反相成,既对立又统一。

在议论文写作中,演绎法、归纳法、类比法、例证法、引证法等都是立论和驳论最常用的论证方法。

演绎法。演绎法是在论证过程中,从普遍性的一般规律,推论出个别性结论的论证方法。演绎法要求大前提正确,推理形式正确。在演绎法运用过程中,要防止偷换概念。

归纳法。归纳法与演绎法相反,是由个别事例推出一般性或普遍性结论的论证方法。归纳法要求论据必须真实、典型,归纳要尽可能全面,不要以偏概全、轻率概括。

类比法。类比法就是利用事物间的相同属性或相似点,通过比较、对照,由个别推出个别的论证方法。拿来被比较事物的类似点,必须是事物的本质属性。在具体运用类比法时,不要盲目机械类比。

例证法。例证法是指列举事例来作论据以证明论点的论证方法。例证法有很强的说服力,但所举的事例要确凿、充分、典型。

引证法。引证法就是引用相关权威性论述或科学上的公理、定理以及名言警句来证明文章的论点的论证方法。引证要准确、适宜、适量。

□■ 四、抒情

(一)抒情的含义

抒情,是指表现和抒发作者或作品中人物的主观感受和思想感情的一种表达方式。它在不同的文章体裁中有不同的表现。在抒情类文体中,抒情是主要的表达方式。根据表达的需要,议论类文章为了表现作者的爱憎之情,往往融情于理。其他如叙事类、描写类、说明类文章,为了表现作者对所要表达事物的感情,常常借助事、景、物,把作者的情感渗透其中,留下作者抒发主观感受的痕迹。

（二）抒情的方式

不同因素可能会影响情感的抒发。时代风尚、民族心理、作者个性、文章体裁等都对情感的抒发产生一定的影响。一般把抒情分为直接抒情和间接抒情两大类。

1. 直接抒情

直接抒情即直抒胸臆，指作者或作品中的人物直接地、公开地抒发感情。这种将内心强烈的感情不加掩饰、直截了当地倾泻出来的抒情方式，显得诚挚真切。

> 上邪！我欲与君相知，长命无绝衰。山无陵，江水为竭；冬雷震震，夏雨雪；天地合，乃敢与君绝。（《汉乐府·上邪》）

这是一首距今两千多年仍脍炙人口的爱情诗，直抒男女间的生死恋情，感天动地，震撼人心。

直接抒情不是矫情呼喊，而是在真正需要抒情时的自然流露。

2. 间接抒情

间接抒情即托物咏怀，是指作者借助一定的外物，把内心激发的所要表达的情感，融入写人、叙事、摹景、状物、说理中。间接抒情往往显得含蓄蕴藉，耐人寻味。间接抒情因媒介物的不同，大致可以分为即事抒情、寓情于景、托物言志和寄情于理四类。

即事抒情，就是借助叙事抒发感情，在叙述中渗透作者的感情。社会生活中发生的某些特别的事情容易触发人们的感情，因此，这种带有感情色彩的叙述在回忆往事、陈述经历时很是常见。这种抒情，往往情由事生，叙事不求完整详尽，注重作者内心情感与发生之事的应和。

寓情于景，也叫借景抒情，就是通过描写景物，委婉含蓄地抒发自己的感情。这种感情是受景物激发的，它的妙处在于情景交融、情景相生。

托物言志，就是作者把所要抒发的思想感情寄寓在某一具有独特的内在品质的事物中，通过对这一事物的描写来抒发感情。它常常运用象征、比喻、拟人等手法，将内心的感情表达得委婉含蓄、曲折动人。周敦颐在《爱莲说》中通过借助人格化的具有"出淤泥而不染，濯清涟而不妖"独特品性的"莲"来赞美为人高洁的思想品质，"物"和"志"联系紧密，贴切自然，寓意深刻。

寄情于理，也叫论理抒情，就是通过议论来抒发思想感情。这种寄情于理要求情理相生，理中含情，以情感人，而不必"以理服人"。

（三）抒情的基本要求

抒情的基本要求有以下几点。感情的抒发，一要有真情实感。抒情贵在真诚，只有你所抒发的思想感情是真实、积极、健康的，才容易引起读者的共鸣，才能感人,不致令人生厌。二要服从主旨表现的需要,把握时机,在该抒发的地方抒发,在该抒发的时候抒发,不能乱,也不可滥。

■ 五、说明

(一)说明的含义

说明,是指用简明、准确的文字对事物的形状、构造、性质、特征、成因、原理、关系、功用等进行客观的解说,以阐明事物的内容、形式、本质和规律,使读者获得相关知识的一种表达方式。说明具有解说性、知识性和客观性等基本特点。说明是说明类文章的主要表达方式,也常常与记叙、描写、议论、抒情等表达方式结合起来被广泛应用于记叙文、议论文等文体中。

(二)说明的类别

根据不同的标准或角度,可以把说明分成多种不同的类别。从形式上看,说明可以分为简单说明和复杂说明。① 从写作方法上看,说明可以分为平实性说明和文艺性说明。平实性说明就是一般性说明,以平实的语言,客观介绍事物或事理的相关知识。文艺性说明大多运用文艺的笔调和生动、优美的语言来说明事物或事理,这类说明在科学小品中比较常见。从说明的对象上看,说明可以分为事物说明和事理说明。事物说明是对具体事物的形态、结构、性质、特征等的说明。事理说明是对事物抽象的道理、本质、关系、规律的说明,如《花儿为什么这样红》就属于事理说明。

(三)说明的方法

说明的方法很多,常见的有定义说明法、举例说明法、分类说明法、比喻说明法、比较说明法、数字说明法、图表说明法等。

1. 定义说明法

定义说明法就是用简明扼要的语言对某一概念的本质特征作概括性的解释,它通过层层限制,既要为被说明事物划定一个范围和界限(外延),又要指明事物的本质特点(内涵)。定义要正确,定义者与被定义者的外延必须相等。定义说明法能准确地揭示事物的本质特征,因此它在科技说明文中最为常见。

2. 举例说明法

举例说明法就是选用典型的、有代表性的实际事例来说明事物特征、解释抽象事理或深奥的科学知识,使需要说明的事物具体化,以便读者更容易理解的一种说明方法。举例说明能使抽象、深奥、复杂的事物或事理变得具体形象,通俗易懂。

---

① 参见董小玉主编:《现代写作教程》,高等教育出版社 2000 年版,第 100 页。

3. 分类说明法

分类说明法就是把比较复杂的说明对象,按照一定的标准分成不同的类别,然后逐类加以分解说明的一种说明方法。分类说明能把复杂的事物解说得更加清楚。在运用分类说明法的过程中,要注意分类的标准应一致;另外,被说明的对象必须是同属不同类或同类不同种的事物。

4. 比喻说明法

比喻说明法就是打比方,是利用两种不同事物之间的相似之处作比较,利用人们常见的、熟悉的事物来解说人们不太常见、比较陌生的事物,以突出事物的性状特点的说明方法。打比方能把比较复杂的事物或抽象的事理解说得简单明了,增强说明的形象性和生动性。

5. 比较说明法

比较说明法就是把某些比较抽象或比较陌生的事物或事理与比较具体或人们已经熟悉的事物或事理相比较进行说明的一种说明方法。用于比较的内容,既可以同类比,也可以异类比;同一事物可以前后相比;两种性质完全不同的事物也可以对比说明。事物的特征往往在比较中更容易显现出来。比较说明能让读者对被说明的对象获得具体而又鲜明的印象。

6. 数字说明法

数字说明法就是运用准确可靠的具体数字对事物或事理的本质特征进行解释,以便读者理解的一种说明方法。数字说明法能有效地增强说明的精确性、可信性。需要注意的是,引用的数字必须准确无误,没有把握的数字绝对不能用,即使是估计的数字,也要有可靠的依据,并力求近似。

7. 图表说明法

图表说明法就是借助插图、表格、照片来解释说明事物,以便达到更好的表达效果的说明方法。图表说明法可使包含多种要素的复杂事物、事理在形式上得以简化,更易被解释清楚,使人一目了然。图表说明法一般要和文字解说结合使用,做到图文和谐、一致。

除了以上下定义、举例子、分类别、打比方、作比较、列数字、画图表等常见的传统说明方法外,有些新出现的说明方法也值得注意。随着计算机、手机等多媒体、互联网科技的普及应用,一种新的说明方法——视频说明法已在社会上被广泛使用。视频,泛指将一系列静态影像以电信号的方式加以捕捉、记录、处理、储存、传送与重现的各种技术。视频说明法就是利用视频作为说明事物的方法。视频展示的事物如同在现场,给人以身临其境的感觉。这种利用视频来说明事物的方法,方便、快捷、形象、具体,表达效果好,老少皆宜,受到普遍的欢迎,已成为日常生活中使用频率极高的说明方法。

（四）说明的基本要求

说明的基本要求是：一要注意说明的内容应科学、准确、客观。二要注意说明的语言应简洁、明确、通俗。三要注意说明的顺序，时间顺序、空间顺序和逻辑顺序应根据说明对象的不同而灵活运用。四要注意说明的方法，对多种说明方法，在写作时应根据说明的内容和写作目的有选择地使用，以达到最佳的说明效果。

第二节　语言运用

语言是音义结合的符号系统，是以语音为物质外壳，以词汇为建筑材料，以语法为结构规律的人类最重要的认知、思维和交际的工具，是一种为全民服务的、随着社会发展而发展的特殊社会现象，具有符号属性、工具属性和信息属性。语言是人类进化过程中的产物，不仅是用来交换对外部世界事实和现象认识的一种媒介，而且可以用来交流经验，表达思想、感情和期望等。写作是运用语言进行的一种可以"传于异地，留于异时"的带有记录性、应用性甚至创新性的书面表达活动，与语言的关系可以说是密不可分。譬如一篇文章，在确立主题、选好材料、谋篇布局之后，就需要通过语言完整有序地书写出来。没有语言，写作就会无法进行，无从实现。

一、写作与语言

一般而言，写作的内容不外乎两个方面：一是对客观事物的反映，二是对主观思想情感的表述，因此，写作的过程就是运用书面语言进行这种反映和表述的过程。具体到文章的写作，就是根据体裁和主题等的要求，去遣词造句。而所有这一切，都必须在运用书面语言的基础上进行。正如清代文学家姚鼐所言："文章之精妙，不出字句声色之间，舍此便无可窥寻矣。"（《与石甫侄孙》）这里的"字句声色"，就是指写作时所运用的书面语言。

（一）语言的类型

语言根据不同标准可划分为以下几种类型：

1. 按使用形式的不同划分

语言按使用形式的不同可分为口头语言和书面语言。口头语言是人们以说和听为传播方式的有声语言；口语表达往往需要交际双方当场迅速的反应，并可借助表情、手势、姿态来配合，具有生动、灵活、直观的特点。书面语言是在口语的基础上产生的，是用文字记载下来供看的语言，是书面交际中使用的以写和读为传播方式的语言。两者的功能基本相同，都是用于交流思想，但也有区别。口语较为生活化,书面语言更加正式,也更严谨、精练和规范。当然,书面语言也失去了口头语言表达的表情性、直观性以及现场的反馈性。不过,只有书面语言才是文章写作的物质媒介,经过历代传承和反复的提炼加工,为人们在写作时广泛使用。

2. 按使用领域的不同划分

语言按使用领域的不同可分为文学语言和非文学语言。文学语言尚有三种不同的理解:其一,如上一点分类谈到的,把它视为书面语言,即指在民族共同语基础上加工而成的涵盖哲学、自然科学和社会科学等领域中所用的书面语言,与口头语言相对;其二,专指民族共同语的加工形式,以其口头和书面的形式服务于民族和国家的文化生活,服务于民族和国家的社会活动的一切方面,与地域方言相对;其三,把它看作各类文学作品如小说、散文、戏剧、影视和诗歌中所使用的语言(包括口头文学创作的语言),与科学语言、新闻语言、公文语言、法律语言、军事语言等相对。教材正是在这个意义上使用"文学语言"这个概念的。非文学语言,是指在民族共同语基础上加工而成的为非文学作品的一般文章所采用的书面语言。

一般认为,写作可分为学术论文、新闻、应用文写作和文学创作四类,而不同的写作类别对语言有不同的要求,故此语言大体上又可以分为三种:科学语言、实务语言和文学语言。

3. 按使用阶段的不同划分

语言按使用阶段的不同可分为内语言和外语言。文章是作者思维的产物,文章写作过程同时就是作者思维运行和表述的过程。而思维的主要工具就是语言。心理学研究表明,思维的进行和表达均借助于内语言和外语言的共同作用,这在运用中往往不易察觉。构思阶段的语言被称为内语言。它是流动的、朦胧的,没有固定的形态。其特点是:第一,不出声;第二,以自己的思想活动作为思考对象;第三,高度简化,有时很复杂的构思进程只通过片断的词和词组来实现。[①]表述阶段的语言则称为外语言,是以口头或书面的形式将内语言固定下来。它是有顺序的、明晰的、定型的。当构思初具雏形并形成较为明确的文章框架时,就开始转入用外部语言进行思维,这时,构思就不能仅用词和词组进行表达,而是需要通过一个个完整的句子来完成。最后整个思维都可以用外部语言准确地体现出来,这时,语言就成为马克思、恩格斯所说的思想(包括思维)的"直接现实"(《德意志意识形态》)。

(二) 写作与语言的关系

写作的本质是以书面语言将构思外化,以书面语言来反映客观事物,表述

---

① 参见朱智贤等:《思维发展心理学》,北京师范大学出版社 1986 年版,第 346 页。

主观思想。因此,写作是在运用书面语言的基础上进行的。写作作为动态的思维活动过程,其语言的书面性质表现在两个方面:第一,写作活动物化之前的思维过程始终离不开语言,而且这种思维成果最终须以书面形式表现出来,因此写作者其实始终是以具有书面性质的"写作语言"在思维;第二,也是最显而易见的,写作活动的最终完成是以物化产品如文章、作品及其他文字资料等出现为标志的,这些物化产品的语言当然就是书面语言。实际上,在一个写作过程中,两者是相互联系、共同体现的。

(三)写作语言

有必要强调的是,现代语言学理论有一个很重要的观点,就是把人交际活动中的语言行为分析出语言和言语这两类相互联系而又性质有别的系统。语言"是从一代人传到另一代人的语言系统,包括语法、句法和词汇",而言语是"说话者可能说或理解的全部内容"。"语言是指语言的社会的约定俗成方面,言语则是个人的说话。换言之,它们之间的不同在于:语言是代码,而言语则是信息。"① 因此两者之间的关系是:语言是法则、规范,从无限的言语中归纳、抽象出来,用以指导言语的运用,但又存在于言语之中。文章语言(我们这里仍称之为"语言",是由于约定俗成的原因)就其实质来说是书面化的言语。

因此,写作语言是以文字符号为载体构成的规范化的书面语言,形成写作的话语系统。写作语言构成的话语系统极具个性色彩,往往展示作者特殊的话语方式和独特才情,甚至代表着作者特定的精神生活方式。

从宏观方面讲,写作语言具有民族性、社会性、历史性和时代特征,是写作形式的基本要素之一,与写作内容是不可分割的"文质合一"的关系。因此才有这样一种说法:主题是写作的"灵魂",材料是写作的"血肉",结构是写作的"骨骼",而语言则是写作的"细胞"。它不仅和文体有密切关系,而且可以有多种语体形式与多样风格。

■ 二、语言运用的要求

(一)准确

所谓准确,就是在认识深刻、观点正确、材料真实的前提下,使用贴切的词语,表达明确的概念;选用恰当的句子,恰如其分地再现事物状貌和事件进程,实事求是地反映现实生活;或者作出正确的判断和推理,不夸大,不缩小,科学严谨地揭示客观事物的本质和规律;或者周密准确地表达思想感情和事理;或者大方得体地言志抒情,表现作者的思想境界。只有语言表达准确,才能达到形象描绘

---

① [英]哈特曼、斯托克:《语言和语言学词典》,黄长著、林书武等译,上海辞书出版社1981年版,第192页。

事物、清晰阐明道理、正确传递信息、生动展示情感的目的。如果话还未说准确，就要花样翻新，那必然会弄巧成拙。

语言准确的标准是符合客观实际及其本质。具体是指遣词造句贴切，传情达意准确无误，合乎现代汉语的语法规范。要做到语言准确，其要领有三：

第一，对客观事物认识准确，思维清晰，从而具有严密的逻辑性，做到概念明确，判断恰当，推理合乎逻辑，符合思维规律。首先，概念明确，才能确认词语的概括范围。任何一个词语的意义都具有概括性。如"改革"便包括经济改革、政治改革、文字改革等各种各样的改革。又如："港人治港有个界限和标准，就是必须由以爱国者为主体的港人来治理香港。""爱国者的标准是，尊重自己民族，诚心诚意拥护祖国恢复行使对香港的主权，不损害香港的繁荣和稳定。"[①] 这就十分准确地揭示了"港人治港"和"爱国者"的内涵和外延。其次，判断恰当，才能传递正确的信息和观念。例如，有一篇通报写着："某市于昨天烧毁了价值四万多元的假药。"既然是假药，有什么价值可言？这是错误的判断。要做到概念明确，判断恰当，就须对客观事物、现象进行认真细致的观察，做出科学公正的思考，使语言合乎事实，不悖情理，并且在丰富各种知识的基础上，运用恰当的语言来表达。例如，1951 年 6 月 6 日《人民日报》发表《正确地使用祖国语言，为语言的纯洁和健康而斗争》的社论，其初稿中有一句："我们的语言经过几千年的演变和考验，一般地说来，是丰富的、精练的。"这句话的问题在于"几千"两字。语言由来已久，有人类就有语言，何止几千年？这种表述反映了原作者认识不到位，且与事实不相符。毛泽东定稿时就将"几千"改为"多少"，虽然都是模糊表达，但"多少"一词不仅准确达意，而且还勾画出汉语源远流长的神韵。

第二，炼字选词准确。即要寻找到一个最能表现"这一思想认识"的词，用莫泊桑的话来说就是："无论你想说明哪件事，只有一个名词能将它表达清楚，只有一个动词能使它活灵活现，只有一个形容词可以将它修饰。因此，必须寻找这个名词、这个动词、这个形容词，直到找到为止。"[②] 小说创作如此，一般写作亦照此办理。如有一份材料中称，"国境口岸卫生监督员，经卫生检疫机关推荐，省、市、自治区卫生行政主管部门审核"。这里的"审核"显然使用不当。"审核"用于对书面材料或数字材料的审查核定，如"审核预算""审核报表"等，"卫生监督员"是人，对人的鉴别只能用"审查"或"考核"。

汉语词汇的丰富性决定了语意的细微的差异，需要作者准确掌握，恰当选词，使其新颖别致，就可使文章增添光彩，独具魅力。具体来说，词语准确使用主

---

① 《邓小平文选》(第 3 卷)，人民出版社 1993 年版，第 61 页。
② 《莫泊桑文集》(第 3 卷)，张英伦译，人民文学出版社 2014 年版，第 242 页。

要是注意辨析词义。

词是语言的建筑材料。每个词代表着不同的概念,反映着不同的情感。只有准确地了解词的意义和感情色彩,词的应用场合和适用语体,词与词的搭配规律和习惯,作者才能准确用词。

同义词的意义基本相同,又有细微的差别,表现为同中有异,或大同小异,即在意义、情味、程度、用法上存在着各种差别。比如,"领略"与"领会",都有体会、理解的意思,但"领略"着重指感情上的体验,"领会"则着重指理性上的认识,二者的侧重点不同;"优异"与"优秀",均具有"很好"的意思,都是对事物的褒扬,但前者更为突出,二者在轻重程度上存在着差异;"侦察"与"侦查",都有暗中调查、察看的意思,但前者多用于军事方面,后者多用于公安、法律方面,二者的适用对象不同。

在汉语词汇中,除了中性词之外,还有一些词语是能够通过其特定的含义体现出鲜明、精妙的感情色彩的。这就是通常所说的褒贬色彩。使用这些词语时,必须正确理解词义,分辨它们所体现的感情色彩,才能更准确地表情达意。例如"后果""结果""成果"这几个词,感情色彩逐渐由贬义趋向褒义,在表述某人的错误行为所带来的损失及不良影响时选用"后果"一词,就比用"结果"更恰当,因为"后果"具有贬义色彩,能表现撰写者的观点、立场和情感倾向。

第三,选炼句子准确。就是文章中的句子能准确地画景状物或表情达意。书面语言所选的句子既要合乎语法规范,又要完整清晰地表述意思,还要与上下文之间建立正确的意序联系。例如,关于"赤字"有以下三种说法:

(1) 经济活动中,支出多于收入的数字。簿记上登记这种数目时,用红笔书写。

(2) 预算的支出大于预算的收入,就是赤字。

(3) 赤字是指政府的经常性支出大于经常性收入的差额。经常性收入不包括债务收入,相应地经常性支出也不包括债务的还本支出,但包括利息的支付。[①]

很显然,第一种说法比较模糊,没有限定;其第二句似乎解释了"赤字"一词的源出,但对赤字的解读无补,因而不够准确。第二种说法完全与赤字的性质无关,根本谈不上什么准确不准确的问题。第三种说法对赤字的本质属性就概括得很准确。

句子可以根据不同的标准分类,从而构成多种多样的形式。在语法中,根据句子的语气划分为句类,主要有陈述句、疑问句、祈使句和感叹句等;根据句子的

[①] 参见姜维壮主编:《为人民作贡献——庆祝中央财政金融学院建校四十周年论文集》,中国财政经济出版社 1989 年版,第 301 页。

结构划分为句型,主要有单句、复句,单句还可以分为主谓句和非主谓句,它们还可以继续分为名词(谓语)句、动词(谓语)句、形容词(谓语)句及叹词句等;根据句子局部结构特点划分为句式,如主谓谓语句、兼语句、连谓句、把字句、被字句、存现句、比较句、对字句、是字句等;根据构成方式还可以分为常式句和变式句、省略句和隐含句等。同时还有修辞同义句式,如主动句和被动句、肯定句和否定句、整句和散句、松句和紧句、口语句式和书面语句式等。写作过程中,运用什么句式,要根据表达意图、题旨情境乃至衔接连贯等方面的需要予以确定,力求准确。譬如常式句和变式句,都能使文意通畅。特别是在文艺作品中,常常出现一些次序特殊的变式句,可以表现强烈的思想感情和取得振聋发聩的表达效果。例如:

(1) 风在吼,马在叫,黄河在咆哮。(光未然《黄河大合唱·保卫黄河》)

(2) 鼓动吧,风! 咆哮吧,雷! 闪耀吧,电! 把一切沉睡在黑暗怀里的东西,毁灭,毁灭,毁灭呀! (郭沫若《屈原》)

上两例,都合乎表达要求,并都能产生相应的表达效果。例(1)重在摹写风、马、黄河的情状,为下文歌颂抗日英雄和游击健儿保卫黄河、保卫家乡、保卫全中国的壮举烘托气氛,所以用常式句顺理成章。例(2)突出了"鼓动""咆哮""闪耀"这三个谓语,以抒发屈原当时不可遏制的激愤,用变式句更加切情应景。

当然,语言的准确性要求对于科学语言和文学语言是不一样的。科学语言的准确主要是指符合客观实际,文学语言的准确主要是指能贴切地、恰如其分地表达主观思想感情或主观思想感情与客观事物相融合而生成的"意"中之"象"。

(二) 通顺

通顺和准确一样,是对写作语言的起码要求。所谓通顺,就是指语言符合语法规范和合乎逻辑事理。一般而言,通顺偏重于语法要求。

语法是在语言交际过程中约定俗成、大家共同遵守的规律。如一般句子都应具备主语和谓语两种主要成分,如果是及物动词作谓语的,后面还应带宾语。句子中还有定语、状语、补语等修饰或限制成分。在一个具体的语句里,这些句子成分都有其固定的位置,各司其职,各尽其能。如果颠倒了某一部分的位置,就可能造成语序混乱;缺少某种成分,便会造成句子成分残缺;如果使用两种以上的句式,就会造成结构杂糅。例如:

这篇教育实习总结在老师和同学们经过反复地讨论修改,终于脱稿了。

此例可以有两种说法,一种是:"经过老师和同学们反复讨论修改,这篇教育实习总结终于脱稿了。"另一种是:"在老师和同学们反复讨论修改之后,这篇教育实习总结终于脱稿了。"但原句由于把这两种不同的语法结构纠缠在一起,就把句式弄得眉目不清了。所以,在一个语句中,句子成分不能残缺不全,也不能随意搭配;否则,句子就不合语法,也就不通顺了。

合乎逻辑事理,是指符合人们思维的规律,符合事物的情理,做到概念明确,判断恰当,推理有据。就是说语言前后要连贯一致,不要互相冲突、前后矛盾,要符合逻辑规律。如 1993 年,北京市决定在其部分地区禁止燃放烟花爆竹,这是一件移风易俗、利国利民的大好事,但北京市十届人大常委会第六次会议通过的《北京市关于禁止燃放烟花爆竹的规定》在表述禁放范围上却有令人费解处。其第四条规定:

> 本市东城区、西城区、崇文区、宣武区、朝阳区、海淀区、丰台区、石景山区为禁止燃放烟花爆竹地区。

> 朝阳区、海淀区、丰台区、石景山区远离市区的农村地区,经区人民政府报请市人民政府批准,可以暂不列为禁止燃放烟花爆竹地区。

此条第一款已经规定北京市四个市区和四个近郊区为禁放烟花爆竹地区,也就是说这八个区的全部地域为禁放区域,无一处例外;但第二款又规定了四个近郊区在"远离市区的农村地区"如何就可以暂不列为禁放地区,对前款的规定,紧接着予以推翻,属于自相矛盾。如果在第一款中将宣武区的顿号改为逗号,在石景山区后加上"的部分地区",以为第二款的行文造成顺理成章之势,就不会产生上述矛盾了。

(三) 简练

简练,即简洁、精练。就是用较少的文字来表达较丰富的内容。如古人所说的那样,"文约而意丰"[1],"意则期多,字惟求少"[2]。语言简洁,与作者的修养、识见有关,清人刘大櫆说:"凡文笔老则简,意真则简,辞切则简,理当则简,味淡则简,气蕴则简,品贵则简,神运而含藏不尽则简,故简为文章尽境。"[3]文章简练的关键是辞约和达意。那么,怎样才能做到文辞简练呢?

1. 洞察事物

有些文章写得拖泥带水,文字絮繁,往往是作者对事物的认识模糊,只有对事物有深刻了解,抓住了问题的关键,才能写得简略。老舍先生是语言大师,《济南的冬天》是其散文名作,文章开头表现济南的冬天没有大风,用这样一句话:"济南的冬天是没风声的。"一个"声"字附于"风"后,准确、简洁地说明济南的冬天不是没有风,只是没有那令人战栗的呼啸的北风。如果没有深入的观察,深刻的体验,怎么会有这画龙点睛的神来之笔?

---

[1] 〔唐〕刘知幾:《史通·叙事》,《史通通释》,上海古籍出版社 1978 年版,第 168 页。

[2] 〔清〕李渔:《闲情偶寄》,中国戏曲研究院编:《中国古典戏曲论著集成》(第 7 集),中国戏曲出版社 1959 年版,第 26 页。

[3] 〔清〕刘大櫆:《论文偶记》,人民文学出版社 1959 年版,第 8 页。

2. 精心锤炼

要从众多的词汇中选出描述最贴切、内涵最丰富、概括力最强的词语来,不说不言而喻的和重复的话。说话要含蓄一些,意思要藏而不露,用委婉一点的话表达。这也能使说话简洁。这必须经过一番锤炼的工夫。

例如,有人对古代的一首"制鼓歌"作了多次修改。原歌词有 16 个字:"紧蒙鼓皮,密钉钉子,天晴落雨,一样声音。"先改成 12 个字:"紧蒙皮,密钉钉,晴落雨,一样音。"最后改为 8 个字,既好记又含义俱全:"紧蒙,密钉,晴雨,同音。"其实,简练并不导致内容单薄,相反它会使意态丰润而意蕴充盈。

3. 剪裁浮词

为使文辞简洁精练,还须剪裁浮词,即从实际出发,突出中心,不说同中心无关的话,把多余的词语删去。鲁迅最讲究行文的简洁,他在《答北斗杂志社问——创作要怎样才会好?》中说:"写完后至少看两遍,竭力将可有可无的字、句、段删去,毫不可惜。"[①] 杨朔的《雪浪花》原稿为"老渔民长得高大结实……嘴巴下留着一把花白胡子"[②],改稿则删去"嘴巴下",因为这是多余的字眼,从而行文更加干净利落了。

(四)生动

文章的语言不但要准确、通顺、简练,还要生动活泼。因为文章是写给人家看的,如果语言呆板、枯燥,尽是陈词滥调,就会令读者兴味索然,传播的效果就会大受影响。

语言怎样才能生动呢?

1. 选用含义具体、富有形象感的词语

作文要做到写人如见其人,记事、写景如临其境。要达到这个要求,语言必须具体形象,绘声绘色。语言文字具有间接性,读者必须在想象中进行填充。

请看下例:

> 一把雪再也撑不住了,噗嗤的一声,将冷脸笑成花面,一首渐渐然的歌便从云端唱到山麓,从山麓唱到低低的荒村,唱入篱落,唱入一只小鸭的黄蹼,唱入软溶溶的春泥——软如一床新翻的棉被的春泥——鸟又可以开始丈量天空了。有的负责丈量天的蓝度,有的负责丈量天的透明度,有的负责用那双翼丈量天的高度和深度。(张晓风《春之怀谷》)

这段描写春来雪消融、鸟儿翱翔蓝天的文字非常形象,作者运用拟人、比喻等修辞手法,给读者展示了一幅生机勃勃、自由美好的春天图画。

---

① 《鲁迅全集》(第 4 卷),人民文学出版社 1981 年版,第 363 页。
② 《杨朔散文选》,人民文学出版社 1978 年版,第 216 页。

2. 运用多种修辞手法

写作时,应根据文体特点和行文需要,运用比喻、夸张、对比、排比、拟人等修辞手法,来增强语言的表现力。如《济南的冬天》这篇写景散文中,修辞格的运用不仅数量多,而且质量高,质与量达到完美的统一。全文共八百来字,六个自然段,仅二十多个句子,却运用了比拟、比喻、错综、双关等近二十种修辞格,还大量使用转品、示现、迭现等不常用的辞格。例如,"看吧,由澄清的河水慢慢往上看吧,空中,半空中,天上,自上而下全是那么清亮,那么蓝汪汪的,整个的是块空灵的蓝水晶"一句中,用"是"这一喻词将本体"从天上到水面整个空间的清亮"和喻体"空灵的蓝水晶"连接起来,以"空灵的蓝水晶"比喻"空间的清亮",化抽象为具体,给人以形象之感。此句还用了摹绘辞格。运用摹绘,可以增强叙述的鲜明性和形象性,使读者仿佛身临其境,如闻其声,如见其形。如"蓝汪汪"就把济南冬天河水的清澈、天空的蔚蓝摹绘出来,使人如见其形,感觉水光天色如在眼前——从水面到空中,从河水的清亮、水藻的绿到整个空间的清亮。这一句还用了迭现辞格。迭现是一种描绘性的文学修辞方式。运用迭现,令人遐想无限,增添视觉形象。"空中""半空中""天上"迭现出一幅独特的画面,使人品读起来产生身临其境之感。

3. 注意音韵和谐,使语言富有节奏感

语言的节奏感可以通过声调的高低、句式的长短、语气的缓急变化来达到。适当的交错搭配使用,能有力地传达情感,渲染气氛,增添文采。如在《红楼梦》(甲戌本、庚辰本)第八回描写"冷香丸"的香气时,有这样一句:"只闻一阵阵凉森森甜丝丝的幽香。"几个叠字的连用,生动地描绘出了宝玉独特的心理感受,而且音韵和谐、朗朗上口。而后来刊行的程甲本删成"只闻一阵阵香气",顿时逊色不少。

4. 语言要有幽默感

幽默既是茅塞顿开、视通万里的智慧表现,又是知识积累、切境应用的结果。写文章时,可以在关键的地方,借助想象,机智而巧妙地运用双关、讽喻、象征等手法,让读者在笑声中领悟。老舍就说过:"文字要生动有趣,必须利用幽默。"[①] 小说《围城》中充满着学者式的幽默,例如:"方鸿渐看唐小姐不笑的时候,脸上还依恋着笑意,像音乐停止后袅袅空中的余音。许多女人会笑得这样甜,但她们的笑容只是面部肌肉柔软操,仿佛有教练在喊口令:'一!'忽然满脸堆笑,'二!'忽然笑不知去向,只余个空脸,像电影开映前的布幕。"这段话中的比喻别出心裁,极俏皮地描写了许多女人的"笑",以此来衬托唐小姐的"笑"。操练

---

① 老舍:《老牛破车》,上海晨光出版公司 1948 年版,第 77 页。

出来的"笑"与自然且令人惬意的"笑"形成鲜明的对比,表现出方鸿渐对心仪之人的欣赏、赞美之情。"脸上依恋着的笑意"与"袅袅空中的余音"还是通感,即将视觉形象化作听觉意象,给人以无尽的回味。这样独具作者才、学、识、趣的比喻,小说中比比皆是,展现了钱锺书式充满智慧和书卷气的幽默风格。

三、写作语言的体式

在语言运用上还有一个语言的体式(语体)和文章的体式(文体)相适应的问题。这既是文章表达的需要,又是使文章行文语言既富有变化,又能和文体相一致的需要。这就要求写作者不但要具有文体意识,而且还要具有语体意识。

语体是言语风格的一种,是为适应一定的交际内容、目的、对象而形成的语言运用的体系。人们在语言手段的使用上有所选择,因而,言语便出现一系列特点。这些特点中,那些具有一般性、稳定性、反复性的特点的总合,便构成一种具有统一性和规范性的言语体式。其中,交际的内容、目的、对象和场合是语体形成的外部因素,语言运用的各种成分与技巧是语体形成的内部因素。需要示人以事,就产生了事务语体;需要喻人以理,就产生了政论语体;需要动人以情,就产生了艺术语体;需要揭示规律,就产生了科技语体。因此,语体的产生和存在,是以人们运用语言进行交流的多方面的需要和不同的目的为基础的,并有赖于语言材料在功能上的分化,体现的是语言运用的不同特点。

(一)语体的类型

根据语言运用的表现、交际环境和条件以及非语言手段的运用等因素的不同,语体可分为口头语体和书面语体两大类。口头语体与书面语体在使用上各有其特点。口头语体是以口头语言为媒介进行交际的表达形式。它平易、自然、朴素、生动活泼,带有强烈的生活气息。就词汇而言,口头语体多用俗语、儿化词、生活用语等。就句法而言,它具有句子短、停顿多、语气词多、句子成分省略多、语序较自由、句子格式独特和随机性强、容易转移话题等特点。

书面语体是在口头语体的基础上产生、发展起来的,但跟口头语体有明显的不同。鲁迅说:"讲话的时候,可以夹许多'这个这个''那个那个'之类,其实并无意义。到写作时,为了时间、纸张的经济,意思的分明,就要分别删去的,所以文章一定应该比口语简洁,然而明了,有些不同,并非文章的坏处。"[①] 书面语体比口头语体有更多的加工和提炼,有的还十分讲究修辞艺术,因其语言特点和交际的需要,书面语体比口头语体更规范、准确、精练,有的还十分讲究修辞艺术,因而生动、形象。这些也就是书面语体在运用上的总体要求。

---

① 《鲁迅全集》(第6卷),人民文学出版社2005年版,第79页。

在运用语言时,与具体的语体相适应的就是正确的、得体的,反之,就是不正确的、不得体的。语言的运用应该而且必须是各得其"体"。

就书面语体而言,根据语言特点和交际领域的不同,可以进一步分为事务语体、科技语体、政论语体和艺术语体四类。

1. 事务语体

事务语体适用于社会生活的各个方面,包括法令、布告、通告、命令、通知、报告、条例、章程、计划、总结、公约、合同、信函、启事等,用于沟通、处理国家机关、社会团体、企事业单位和个人之间的各种事务关系,在行政事务中起联系、传达、告知的作用。

事务语体以实用为目的,有较强的时效性,其突出的特点是程式性、准确性、简要性。

程式性是指有固定的形式,惯用一套程式化的套语、文言词,如"审核""查办""呈报""批示""任命""酌定""值此""是荷""欣悉""希即执行"等。这些词语表义专一而稳定,表达十分明确。用词要符合规范,不生造词语,在行文中尽量用全称。此外,对模糊词语的运用要慎重,有些模糊表达如"酌情处理""达到一定限度"等,需要切合具体的语境条件,以期收到理想的表达效果。

准确性和简要性指语句周密严谨,确切而明了。多用文言句式、完全句、常式句、陈述句、使令句,做到语言简明、准确、平实、庄重。不需太讲究文采,只需将事情交代清楚即可,不需要进行形象描写,更不宜使用比喻、夸张、双关等积极修辞方式。

2. 科技语体

科技语体用来记载、传递各种科学技术和科研成果,是阐明科学原理和规律的言语体式。科技语体的功能是对自然现象、社会现象进行记述、分析、论证,揭示其规律,服务于生产和科技领域。科技语体的表达方式以说明为主,兼用叙述、议论,可分为专门科技语体和通俗科技语体两种。前者包括专著、学术论文、科学报告、实验报告等,后者指通俗的科学普及读物。

专门科技语体语言运用的特点包括以下几方面:

第一,大量运用科学术语,要求词语具有严格的精确性和单义性。除了通用词外,大量使用专业术语、抽象词语和外来词语。每一个科学术语,单一而明确,排斥多义性和各种附加意义,如"光子""黑洞""超声波""液晶""安卓系统""DNA"等,这样的科学术语才有助于精确地阐述科学原理,揭示事物规律和本质特征。

第二,结构严密,概括准确,表述严整而少变化。句类上以陈述句为主,便于直接对科学内容的叙述、分析、论证。句型上多用主谓句、完全句、复合句;句法结构复杂,常用限制性定语等,使语义表达更明确、严密。句式上多用常式句,一般不随意省略,极少使用倒装句;多用由各种限制性附加成分扩展而成的长句,以及表示事物之间各种复杂关系的复句,因而关联词语的使用频率比较高。

第三,修辞上具有平实、准确、简洁、严密的特点,不追求语言艺术化。它主要服务于科学内容的论述,因此,即使运用一些修辞方式,如比喻、对比等,也多为冷静、客观、直接的阐述或分析,这是与运用概念、判断、推理说明事物或论述事理相适应的。

第四,不断吸收外来词和国际通用词,有时还借助非语言形式如公式、图表等来帮助表述。

通俗科技语体是向非专门人员和不太熟悉某一科学领域的受众深入浅出地介绍某门科学知识的语体。在词语选用上,用常用词和通俗的表达方式来替代科学术语或作必要的解释、说明。在句类、句型、句式的选择上也较灵活,有时使用如比喻、比拟、夸张、对偶、引用等修辞方式,以增强生动性和趣味性来吸引读者。

专门科技语体和通俗科技语体由于交际对象和交际目的不同,在语言材料和修辞方式等方面的选用上存在着明显的差别,表现出不同的言语风格。专门科技语体具有精确、平实的风格,通俗科技语体具有通俗、明快的风格,而庄重、严谨是它们共有的。

3. 政论语体

政论语体是一种宣传鼓动语体,其体式较多,主要有社论、时事评论、思想评论、文艺评论、宣言、声明等。主要用于人们的政治、社会生活领域,具有理论性和概括性,通过阐述的方式来说理,去影响或动员受众。它既能以理服人,也能以情动人。表达方式以议论为主,兼用叙述、说明,有时也用描写、抒情。要求语言准确、周密,具有鲜明的倾向性、观点的鼓动性、严密的逻辑性和浓郁的形象色彩等语体特征,而语言运用的特点主要有以下几点:

(1) 搭配使用专业词汇和通用词汇。它在严格的术语意义上使用大量的政治性词语,也往往辅以口语词、谚语、俗语、成语等。如在根除"四风"的时评中,就有"文山会海""空对空""走过场""潜规则""轻车熟路"等说法。

(2) 句类、句型、句式的选择丰富多样,多用判断句、完全句、复合句等。为了加以引导,常用祈使句;为了激起共鸣,往往用设问、反问句;为了增强说服力,又常用排比、对偶句;为了使语义表达更严密、明确,多用繁复的偏正结构、多项限定修饰成分和关联词语等。

(3) 论述既有严密的逻辑性,又兼用形象描绘的手法。如毛泽东在《反对党八股》中就将党八股的文章比喻为"又臭又长的裹脚布",鲜明、深刻,对论证起辅助作用。

政论语体在某种程度上是科技和艺术两种语体的交融。一方面,为了阐明各类社会政治问题,政论语体需要广泛地运用各种科学术语,需要进行透辟的分析、严谨的论证,从而获取受众的共识,因此接近科学语体。另一方面,为了增强宣传效果,鼓动群众,它也常使用描绘手段,从而使语言生动、活泼,这又与艺术语体相似。在这个意义上说,它的特点是准确性、严密性和生动性、形象性的结合。

4. 艺术语体

艺术语体是文学作品长期地、反复地使用某些语言材料、表达方式而形成的。文学作品要求运用形象思维,对生活进行艺术概括和形象反映,在准确的基础上着意追求艺术美,以感染读者。所以,艺术语体的主要特征是语言的形象性和情意性,即运用语言形象生动,具体可感,并直接或间接地表现作者的情意。艺术语体的表达方式以叙述和描写为主,兼用说明、议论、抒情。它在运用语言材料上的特点如下:

(1) 在语音上,艺术语体可以运用一切语音手段。散文讲究句子的连贯和流畅,韵文讲究押韵,其他如平仄、双声、叠韵、谐音、双关、仿词等语音手段,还有双音词、四字格等都可以在艺术语体中形成音乐美,有效地提高表达效果。

(2) 在词汇上,除了通用的词语外,还选用方言词、古语词、外来词,甚至有些时候也会用到政治术语和专门术语,几乎所有的词汇都能进入艺术语体,一些带有表情色彩、描绘色彩的词语更是艺术语体所特有的。其词语的主要特点是富于形象性、描绘性和感情色彩,如"蔚蓝""灿烂""明丽""翠绿""逶迤""暮霭""酷毙"等;更讲究动词、形容词、叹词的运用。《水浒传》将鲁提辖三拳打死镇关西这个情节写得十分具体、细腻、形象:第一掌打得"鼻子歪在半边,却便是开了个油酱铺,咸的、酸的、辣的,一发都滚出来";第二拳"打得眼棱缝裂,乌珠迸出,也似开了个彩帛铺,红的、黑的、绛的,都流了出来";第三拳打在太阳穴上,"却似做了一个全堂水陆的道场,磬儿、钹儿、铙儿,一齐响"。这三拳运用通感的修辞手法,分别突显味觉的感受、视觉的色彩和听觉的意蕴,的确能让人身临其境而印象深刻,从而使文章形象生动。

(3) 在句式上,艺术语体可以运用各种各样的句式,如不同句式的描写句、感叹句、倒装句,各种形式的省略句、非主谓句等,避免平铺直叙。

(4) 大量运用各种修辞手法,是艺术语体的另一大特点。各种辞格在艺术语体中的适应性也远远高于其他语体。如常用的比喻、夸张、双关、仿词、示现、婉曲、拟人、借代、通感等,可以增强语言的感染力。

在一篇文章中也往往有以一种语体为主,同时采用其他几种语体的情况,如小说主要用艺术语体,但其中也有政论语体,甚至事务语体等。

（二）文体与语体的关系

文体不同于语体,文体是文章的体式,指由于用途、内容和形式的不同而产生的文章功能类别,是从文章的总体构成来说的;语体则是不同文体对语言材料运用特点的综合形态,是以交际功能为依据确立的言语风格类型,是一种语言表达体系。两者的区别有三点:第一,文体是文章的表现形式的分类,属于文体学的范畴,语体是话语依赖语言环境的功能分类,属于语言学的范畴;第二,文体的范围一般只包括书面语言的运用,而语体研究的范围还包括口头语言的运用;第三,文体与语体并不是一一对应的关系,一种文体不一定能成为一种语体,然而,一种语体则往往能包容多种文体的语言特点。但是,语体和文体又有极为密切的联系。一定的文体,往往使用一定的语体。如应用文体,一般用事务语体;说明文体,一般用科技语体;议论文体,一般用政论语体;描写、抒情文体,一般用艺术语体。当然,文体与语体的对应关系也不是一成不变的。如科普文章属于说明文体,一般用科技语体,但经常也要用到艺术语体来增强形象性和生动性。

因此,读文章需要辨文体、明语体,而写文章就更要做到既懂得根据不同的交际领域、交际目的、交际方式去选择和组织语言材料,又了解各种文体的写作方法,这才能恰切得体,取得最佳的表达效果,从而适应现代社会生活的需要。

■■ 四、写作语感的培养

（一）写作语感

叶圣陶在谈到加强语言修养的问题时,强调"文字语言的训练,最要紧的是训练语感"[①]。什么是语感呢?

语言学家认为语感就是一种语文感觉:"所谓语文感觉,本质上是一种语言的结构的'模型'直觉。"[②]从宏观上讲,它是一个民族的语言的精神格局、心理现实、心理认知格局。"汉民族的语言认知心理的一个基本特征是'散点透视';汉语的句子组织不以某个动词为核心,而是以句读段的散点铺排追随逻辑事理的发展,从而完成特定的表达功能。只有着眼于句子的内容和表达功能才能把握句子建构的过程及组织形态……汉民族的有机整体的思维方式在文化形态上表现为一种心理视点的动态延展的时间流,而非西方文化形态那种个体充实、物理视点静态固定的空间体。因而,汉语的句子组织是流块建构的。"[③]这种汉语语感观,是从汉语生成的民族文化、民族心理的层面来讲的。我们则主要从语言运用的心理和既成语言作品的层面来讲语感,语感是人们在长期的语言实践中形

---

① 叶圣陶:《叶圣陶论创作》,上海文艺出版社 1982 年版,第 163 页。

② 申小龙:《汉语语法学:一种文化的结构分析》,江苏教育出版社 2001 年版,第 127~128 页。

③ 申小龙:《汉语语法学:一种文化的结构分析》,江苏教育出版社 2001 年版,第 128 页。

成的对语言文字的比较直接、敏锐的感知和迅速、准确的领悟的能力,是对语言文字直觉的整体的把握,是构成一个人语文素质的核心因素,是语文水平的重要组成部分。它是对语言文字分析、理解、体会乃至表述全过程的高度浓缩。语感是一种经验色彩很浓的能力,其中牵涉到生活经验、学习经验、心理经验、情感经验,包含着理解能力、判断能力、想象和联想能力等诸多因素。人们在长期的言语活动中,日积月累的语言经验提升到一定程度、达到一定境界后,就会对语言的感知形成一种纯粹自然的反应,其特征是"只以神遇而不以目视",随情应景地导出一种可以把握和运用的心灵感应,从而挥洒自如地感知语言和驾驭语言。如果具备了高水平的语感能力,在实际应用中表现为一接触语言文字,就产生正确的多侧面、多向度的丰富直感:在阅读时,不仅能快速、敏锐地抓住语言文字所表达的真实有效之信息,感知语义,体味感情,领会意境,而且能捕捉到言外之意、弦外之音。相对地,语感能力差的,往往在运用惯常的分析理解手段之前,仅能领略语言文字所承载内涵的一鳞半爪,难得言辞要义,甚至可能误解其意。

就写作学习而言,语感也可以分为两个层面:一是评判赏鉴语感,二是抒写表达语感。前者在阅读中表现出来,后者在写作中表现出来。

所谓评判赏鉴语感,就是对书面语言的感受力、品评力,是指不必通过理论分析,凭直接的感受就能敏锐地判别自己或别人语言的正误优劣。

所谓抒写表达语感,就是当某种客观事物出现在眼前,或某种思想、情绪产生于脑海时,我们能否敏锐地找到恰当的语言把它反映出来。"一般说来,语感就是具备这种一说就清、一说就顺、一说就通、一说就懂的功能。正是凭借着这种功能,人们的言语交际才能进行得顺当、迅捷。"①

语感的培养,是一个艰辛的过程。我们要在平时的阅读和写作中用心体会、仔细揣摩,争取阅读时能读出言外之意、味外之旨,写作时能做到无须字斟句酌就能运笔自如。没有一种"语不惊人死不休"的精神,不经过"为伊消得人憔悴"的过程,是很难达到驾轻就熟的境界的。具体而言,语感表现在以下几个方面:

1. 语言的精确感

语言的精确感即善于评判文章中所用词语、句式的恰当、精美与否,从写作的角度讲,即善于从词汇、概念的汪洋大海中择取唯一恰当的字眼来表达,做到"下笔如铸",不可移易。相传唐朝和尚齐己写了一首诗《早梅》,其中有两句是"前村深雪里,昨夜数枝开"。他请朋友郑谷指点,郑谷说:"'数枝'不足以点明'早',不如改为'一枝'。"一字之易,可谓顿生精神,准确独到。

---

① 王尚文:《为"语感中心说"申辩》,《语文学习》1995 年第 7 期。

2. 语言的形象感

语言的形象感即语言绘声绘色，使读者如临其境、如见其人、如闻其声。看到一个景象，脑中就立刻形成生动活泼的立体画面，能用形象化的语言艺术地再现出来，具体、生动、丰富、完整。

3. 语言的情趣感

语言的情趣感即语言富有情味、神理、气韵，能叫人体会到语言背后丰富的内涵和无穷的情趣。正如我国现代著名文学家、语文学家夏丏尊所指明的那样："见了'新绿'二字，就会感到希望，自然的化工、少年的气概等说不尽的旨趣。见了'落叶'二字，就会感到无常、寂寥等等说不尽的意味……"①

语感是作者思想情感、文字功底、体验功夫和生存策略等综合因素织成的感觉之"网"。这张"网"布满了语言触角之"须"。掌握了这种语言触角之"须"，可以不靠字斟句酌就能体察微言大义，不用过分推敲、分析就能品味弦外之音，不靠苦心孤诣就能吟咏绝妙好辞。许多习作者在语言表达上的种种不足，都是综合之"网"残缺、语感触"须"钝化的结果。这就需要我们强化写作语感的培养。

（二）写作语感的培养

语感对写作者来说极为重要。为什么有的人能意到笔随？有的人却如同茶壶里装饺子，有嘴却倒不出？原因就在语感能力上。这就需要进行语感能力训练和培养。

1. 强化生活积累

文章写作的源泉是生活，写作运用的语言也来自生活，我们只有在广阔的生活中才能积累丰富的词汇。

生活经验与语感积累的关系是非常紧密的。在生活中积累语言的最主要的途径，就是向人民群众学习。毛泽东说过："人民的语汇是很丰富的，生动活泼的，表现实际生活的。我们很多人没有学好语言，所以我们在写文章做演说时没有几句生动活泼切实有力的话，只有死板板的几条筋，像瘪三一样，瘦得难看，不像一个健康的人。"② 人民群众的语言是现实生活和人们真实思想情感的反映，是最大的语言宝库。它最具有时代性，随着社会生活的不断发展演进而不断改变。这些年活跃在人们口头上的大量新词新语，如"托儿""酷""搞定""作秀""网恋""给力""香蕉人""杧果人""明言明语"等，说人胖为"丰满"，安慰矮个的人要说"浓缩了人生的精华"，认为自己生活压力大，先是说"压力山大"，最新则说"我太难 / 南了"。这些口语生动活泼，能够很好地反映时代和社会的特色，可

---

① 转引自《叶圣陶语文教育论集》，教育科学出版社 1980 年版，第 267 页。
②《毛泽东选集》（第 3 卷），人民出版社 1991 年版，第 837 页。

以丰富写作语言的表现力,当然,对这些社会流行语需要加以选择和提炼。

2. 激发阅读感悟

古今中外优秀作品的语言都是经过精心加工、磨砺而成的,因此阅读经典作品,总结语言规律,也是培养写作语感能力的一种有效手段。灵敏的语感是在生活经验的积累与阅读学习的过程中训练出来的。培养语感,仅仅靠生活的积累是不够的,还需要从阅读中获得点拨与感悟。古今中外的名作佳篇是艺术精华,构成我们学习语言的宝库。鲁迅说:"凡是有定评的大作家,他的作品,全部就说明着'应该怎样写'。"[1] 美学家朱光潜则指出:把数量不多的好诗文熟读成诵,反复吟咏,仔细揣摩,不但要弄懂每字每句的确切意义,还要推敲出全篇的气势脉络和声音节奏,使它沉浸到自己的心胸和筋肉里,等到自己动笔行文时,于无意中支配自己的思路和气势。[2] 这说明熟读、细读、精读具有潜移默化的语感形成功能。

阅读,其实就是在模范作品当中去寻找具体的法度规则。精选各种体裁的若干作品,读熟读透,仔细揣摩其中的遣词造句,乃至声音节奏,可以唤起灵敏的语感。叶圣陶就说:语感"就是对于语文的灵敏的感觉"[3]。当然,对这种语感的强化还可以借鉴夏丏尊先生提倡过的一种读书方法,即把精读的文章或书籍作为出发点,然后向四面八方发展开去,由精读一篇文章带读许多书,有效地扩大自己的知识面。如读陶渊明的《桃花源记》,可以去浏览一下中国文学史,了解晋朝文学及该文在其中的地位等情况;该文体现了一种乌托邦思想,就可以与英国莫尔的《乌托邦》对照起来读;该文属于记叙文,还可以去翻看有关记叙文写法的书;另外,如果想知道作者陶渊明的为人,就去查阅《晋书·陶潜传》。如此这般,可以由读一本书引出一大串来。这种扩展式阅读,不仅从不同方面扩大了知识面,还使语言的敏感直觉性大大增强。

毛泽东在《反对党八股》中谈到,要从外国语言中吸收我们所需要的东西和学习古人语言中有生命的东西,这也主要靠阅读来实现。历史发展进程中,特别是在地球村时代,不同民族、不同国家的社会交往,都会推动语言的接触和相互吸收。汉语中有大量的外来词,像"图腾""沙拉""秀""基因""嘉年华""保龄球""榻榻米"等,已为人们所熟悉和普遍运用。我们要善于学习和吸收,进一步增强写作语感,提高语言运用能力。

3. 提升练笔效能

阅读积累只是知识的储存,而语言表达能力的培养和提高,在很大程度上

①《鲁迅经典全集》(下卷),百花洲文艺出版社 2011 年版,第 719 页。
② 参见朱光潜:《谈美书简》,中华书局 2012 年版,第 90 页。
③《叶圣陶论创作》,上海文艺出版社 1982 年版,第 164 页。

依赖于写作实践。清人唐彪曾说："谚云:'读十篇不如做一篇',盖常做则机关熟,题虽甚难,为之亦易;不常做,则理路生,题虽甚易,为之则难。"沈虹野云:"'文章硬涩由于不熟,不熟由于不多做。'信哉言乎。"(《读书作文谱》卷五)因此学习语言,仅仅多看、多读是不够的,还必须多用、多写、多练。不仅要写成篇的文章,更要练习用语言材料构造各种词组、短语、句子,从整体到细节都一丝不苟,也就是平常所说的锤炼语言。古人有诗云:"为求一字稳,耐得半宵寒。"就是对诗歌语言不懈锤炼的明证。同时,还要注意练习写不同体裁的文章,把握不同的语体色彩。老舍就主张语言练习不只专写某一种文体,而是需要全面学习。他说:"我不是为学诗而学诗,我把学诗看成文字练习的一种基本功夫。习写散文,文字须在我脑中转一个圈儿或几个圈儿;习写诗歌,每个字都须转十个圈儿或几十个圈儿……习惯了脑子多转圈儿,笔下便会精致一些。"[1] 老舍不是诗人,他写诗更多的是为了锤炼语言,锻炼自己的语言能力,以诗歌精细入微的语言要求去对待小说写作。把所学的知识转化为写作技巧,才算是真正地学会了写作。

可见,语言训练是写文章的基础。这样长期练下去,就会形成积累,厚积薄发,渐渐地把握好语言分寸感、语言畅达感、语言情味感和语言形象感,就会使我们具有得心应手的笔力:叙述,生动活泼;描写,惟妙惟肖;说明,分毫不差;议论,入木三分;抒情,淋漓尽致。"意到而笔随""言简而意丰",达到驾轻就熟、妙笔生花的境界。

第三节　文 章 修 改

俗话说,好花靠栽,好文章靠改。文章写得好不好,除了天赋、技巧等一些因素之外,也与写完后的修改有很大关系。文章修改,在写作过程中是一个必不可少的重要环节,也是提高文章质量的重要手段。从广义方面理解,文章修改包括肯定和否定两方面的含义,即肯定和保留原稿正确的部分,否定和改动原文中不正确或不完善的部分;从狭义方面理解,文章修改是指改掉原文中的错误和不完善之处。我们这里所谈的只是狭义的文章修改。

古今中外的名人大家对文章修改都十分重视,刘勰在《文心雕龙·熔裁》中说:"权衡损益,斟酌浓淡;芟繁剪秽,弛于负担。"南宋词学理论家张炎在《词源》中也提到:"词既成,试思前后之意不相应,或有重叠句意,又恐字面粗疏,即为修改;改毕净写一遍,展之几案间,或贴之壁,少顷再观,必有未稳处,又须修改;至来日再观,恐又有未尽善者;如此改之又改,方成无瑕之玉。"[2] 而清代李渔在《闲

---

[1]《老舍文集》(第16卷),人民文学出版社1999年版,第329页。
[2]〔南宋〕张炎:《词源注》,夏承焘校注,人民文学出版社1998年版,第13页。

情偶寄》中也说:"凡作传奇,当于开笔之初,以至脱稿之后,隔日一删,逾月一改,始能淘沙得金,无瑕瑜互见之失矣。"[1] 名家们是这样说的,而我们也可以从一些他们写作的手迹中看出,在具体写作实践中,他们也是这样做的:对于自己的作品,常常从字词到篇章反复斟酌,反复修改。李时珍的《本草纲目》修改了 360 多次才定稿。曹雪芹的《红楼梦》,"披阅十载,增删五次"。鲁迅的《藤野先生》不足 4 000 字,修改了 160 多处。徐迟把《在湍流的涡漩中》的手稿改得看不清楚了,在发表前的校样上又改了 110 多处。马克思的《资本论》从起草到定稿经过多次修改,第二卷前一部分原稿现在保存下来的就有 8 种之多。海明威的《老人与海》反复修改了 200 多遍后才定稿付印。一部 100 多万字的鸿篇巨制《战争与和平》,托尔斯泰在 6 年里重写了 8 次,誊抄了 7 遍。而他的小说《为克莱塞尔乐章而作》的手稿有 800 多页,发表时被他删得只剩 5 页,名著《复活》也被他修改了 20 多次。可见,文章千古事,名家也得严格对待,认真修改。

一、文章修改的原则

对于文章修改,首先应该知道它的基本原则,这样在写作实践时才不会乱套,才不会无所适从。归纳起来,文章修改的基本原则有以下几点:

(一)着眼全局,把握整体

老舍在《和工人同志们谈写作》一文中说:"文章正像一个活东西,全体都匀称调谐就美,孤零仃的只有一处美,可是跟全体不调谐,就不美。"[2] 为了证明这一观点,老舍还打比方说:"一个人长得并不俊,服装也不整齐,可是戴了一顶极漂亮的帽子,那能教他变成美人吗?"[3] 实际上,每篇文章都是由相互联系的许多局部构成的有机统一体。整体包含局部,局部组成整体,整体统帅局部,局部表现整体。因此,文章修改应该有全局的眼光和整体的观点。胸有全局,统筹安排,做到从整体出发,同时又以整体为归宿,注意局部修改的联动效应和对整体的影响,这样才能优化局部,顾及全篇,达到最佳整体效果。杨慎在《升庵诗话》中评点杜牧的《江南春》诗首句"千里莺啼绿映红"时说:"千里莺啼,谁人听得?千里绿映红,谁人见得?若作十里,则莺啼绿红之景,村郭、楼台、僧寺、酒旗皆在其中矣。"首先,杨慎评改的错误在于局部的修改脱离了诗意的整体格局,他一味求实、求真,却不知文学作品是可以夸张、变形和虚拟的。其次,杜牧的初衷是要宏观地再现整个江南的大好春色,故而用"千里"之语夸写,杨慎改为"十里",就损害了诗歌的原初之旨和阔大意境,使江南的春光秀色局限于一隅狭小的范

---

① 转引自南京大学等编:《古人论写作》,吉林人民出版社 1981 年版,第 73 页。

② 老舍:《和工人同志们谈写作》,工人出版社 1954 年版,第 3 页。

③ 老舍:《和工人同志们谈写作》,工人出版社 1954 年版,第 3 页。

围之中了。所以,修改当立足整体,"出乎其外",才能站得高些,看得远些,想得全些,才能不被表面现象、局部观感、狭隘经验所束缚,才能使修改更加有意义。

如果局部修改不能顾及整体需要,只是拘泥于细节,"头痛医头,脚痛医脚",小修小补,那么局部即使雕琢得精妙绝伦,也会因为与整体的不协调而难以发挥效应,甚至影响整体效果。因而在文章修改中,只要是多余的局部,即便它是美的,也要坚决去掉。在这一点上,法国著名雕塑家罗丹为我们做了很好的示范。罗丹一生创作了一系列著名文学家、艺术家的雕像,《巴尔扎克像》就是其中杰出的作品之一。罗丹耗时 7 年,终于完成了巴尔扎克身披睡袍、昂首仰视前方的塑像。塑像将这位文学大师睿智、深邃而又富于激情的气质表现得非常到位。但是这座雕像没有手,这是什么原因呢?原来,罗丹在完成了巴尔扎克雕像后,非常兴奋,找来他的学生兼助手布尔德尔欣赏,布尔德尔看完雕像后也十分兴奋,对老师的作品赞不绝口。后来他将目光停留在雕像的手上,大声地喝彩说:"先生,这是我看到过的最精美的一双手啊!"不料罗丹听了这话,脸上的笑容立刻消失了。他再次审视自己的作品,仿佛看出了问题的所在,然后决然地抄起斧头砍去了巴尔扎克雕像的手。罗丹认为:巴尔扎克雕像的手太突出,它有了自己的生命,已不属于这座雕像的整体,所以必须被砍掉。被卸去双手的巴尔扎克雕像却因此而更具艺术感染力,成为罗丹雕塑作品的传世之作。

当然,从整篇着眼,文章修改还需要摆正内容修改和形式修改的关系,任何形式修改都是为了更恰当地反映客观事物,都是出于内容需要的修改。如果脱离表达内容的修改,只是在技巧修饰上下功夫,势必越改越坏。

(二)实事求是,表达准确

修改是为了提高文章的质量,使之更加完美。因此在统观全局的前提下,还要本着实事求是的原则,准确表达,既不夸大,也不缩小。

要做到实事求是,首要的是得斟酌内容是否真实。关于"真实",早在 1931 年,毛泽东在《时事简报》的小册子中就告诫大家:"严禁扯谎,例如,红军缴枪一千说有一万,白军本有一万说只一千。这种离事实太远的说法,是有害的。《时事简报》不靠扯谎吃饭。"[①]1945 年在党的七大作报告时他又强调"要讲真话,不偷、不装、不吹"[②]。可见,真实,本质的真实,是实事求是的基础,也是美的灵魂。

除了内容要真实之外,还要确保考据材料的真实性。对自己直接掌握的一手材料,要反复核对,看看是否准确;对引用自别人的二手材料,更要认真考察,看看是否有讹误、遗漏之处;修改、评论别人的文章时,也要遇疑难必考据、校勘,

①《毛泽东新闻工作文选》,新华出版社 1983 年版,第 29 页。
②《毛泽东新闻工作文选》,新华出版社 1983 年版,第 125 页。

然后再下言定论。唐代张继的《枫桥夜泊》一诗，曾引起过关于"夜半钟声"的争论。连宋代著名文学家欧阳修也在点评此诗时认为诗中所说的"夜半钟声"与事实不符，他在其著作《六一诗话》中评论说："诗人贪求好句而理有不通，亦语病也。"意思是说半夜不是寺院鸣钟的时候，是张继弄错了。其实，真正错的是他自己。夜半钟的风习，最早在《南史》中就有记载。到了唐代，诗中写到半夜鸣钟的更是数不胜数了。如，"夜半隔山钟"（皇甫冉《秋夜宿严维宅》），"半夜钟声后"（白居易《宿蓝溪对月》）等。宋代人陈正敏在过苏州时，住在一寺中，夜半听到敲钟，陈问和尚，和尚说："这是分夜钟，有何奇怪。"后又听说其他寺院也都一样。由此可见，寺院夜半鸣钟宋代亦有之。欧阳修并没有亲自考证，就随便评点，显然是有违事实求是的原则的。

（三）反复推敲，精益求精

毛泽东曾指出："文章是客观事物的反映，而事物是曲折复杂的，必须反复研究，才能反映恰当。"[①]一篇好文章，绝不是一蹴而就的，它需要认真推敲、反复琢磨，不断地修改，精益求精。

为什么写文章不能"笔到功成"，而必须屡改呢？从根本上讲，这是由精神生产的特殊性决定的，即由写作的本质决定的。文章是客观事物与主观认识的统一，作者在写作过程中必然会受到这一特点的制约。首先，人们的认识过程具有反复性。客观事物总是处在不断变化与复杂的联系之中，要正确认识一个事物，往往需要不断观察，不断研究，才能由表及里，由浅入深，不可能一眼看穿。认识过程的这种反复性，决定了写作过程难以一次完成，因而多一次修改，就多一次再认识。清代唐彪在《读书作文谱》卷三中就提到："盖作文如攻玉然，今日攻去石一层，而玉微见；明日又攻去石一层，而玉便见；再攻不已，石尽而玉全出矣。"[②]其次，表现形式具有多样性。要表现一个事物，可以有许多表现方法和语言材料，即同一内容有着多种不同的表现形式。表现形式的多样性，决定了写作难以一挥而就。因而多一次修改，就多一次再选择，才能从中挑选出那唯一的、最佳的表现形式。凡是接触过名家手迹的人，看到他们在修改上所付出的心血，莫不为之折服。苏联文学研究家、作家魏列萨耶夫，在他的《果戈理是怎样写作的》一书中写道："当你熟悉了大艺术家已经完成的作品之后，再回过头来研究这部作品未经修改的初稿时，你往往会产生一种激动而困惑的奇异感觉：真的吗，你所熟悉的如此优美和严整的作品，当初怎么会写得这样苍白和拙劣呢？甚至会产生这样的想法：'原来就这样啊，谁都能写得出来。不错，谁都……但为什

---

① 《毛泽东选集》(第3卷)，人民出版社1991年版，第844页。
② 转引自南京大学等编：《古人论写作》，吉林人民出版社1981年版，第68页。

么又不是谁都能把苍白拙劣的作品变成卓越严整的作品呢？'"①这个问题用果戈理自己的话来回答便是名家们更善于修改。果戈理非常重视修改作品，总是不厌其烦地改动和充实仿佛已经写好的作品，可谓是反复推敲、精益求精的典范。他在 1840 年致阿克萨科夫的信中写道："我现在准备把《死魂灵》第一卷彻底修改一遍。我更动、修改，很多地方完全重新写过。"②由此可见，写作过程中的不断修改，实质上就是对客观事物的反复认识，对表现形式的反复抉择。只有这样，写出的文章，才能以准确、生动、鲜明的语言和最佳的表现形式与方法，正确地反映客观事物，才能做到美的内容与美的形式的统一。

二、文章修改的对象

修改既然是写作过程中一个必不可少的重要步骤，那么应该从哪些方面来着手修改文章呢？换句话来说，文章修改的对象有哪些呢？自古以来，不少文章学家都在探索修改的具体对象。明人吴讷在《文章辨体序说》中提出"篇中不可有冗章，章中不可有冗句，句中不可有冗字，亦不可有龃龉处"③之说，这指出了修改的两个对象，但不全面。清人刘熙载指出："文有七戒，曰：旨戒杂，气戒破，局戒乱，语戒习，字戒僻，详略戒失宜，是非戒失实。"④这个可以看作是从另一个侧面提出了文章修改的对象：主题、观点、材料、结构、语言文字等。

（一）主题

主题是文章的灵魂，是作者写作的旨意所在，关系到观点、材料等多方面的取舍。修改主题是修改文章时首先要着眼的目标，如果要变动主题，那就要重写文章。只有在保留主题的情况下，才能考虑其他的修改问题。主题改好了，其他方面的修改才会有所依靠。一般来说，修改主题主要应达到三个目标：正确、集中和深刻。通常情况下，只要作者的世界观和价值观正确，主题正确是不难做到的，但是要做到主题集中和深刻，就还要求作者不但具有深刻认识事物、分析问题的能力，还要掌握语言表达、材料剪裁等方面的良好的表达技巧，比如鲁迅的杂文集《坟》的《题记》中，初稿说到《坟》的出版缘由是"其次，是因为有人厌恶我的文章"，后来修改稿改为"其次，自然因为还有人要看，但尤其是因为又有人憎恶着我的文章"⑤。这一修改，不但将两部分人都提到了，还强调了"又有人憎恶"，虽然只是文句表达方式的小小修改，却因此而加深了主题。

---

① [苏联]魏列萨耶夫：《果戈理是怎样写作的》，蓝英年译，辽宁教育出版社 1998 年版，第 44 页。
② 转引自[苏联]魏列萨耶夫：《果戈理是怎样写作的》，蓝英年译，辽宁教育出版社 1998 年版，第 24 页。
③ 转引自许久刚编：《写作名言一千条》，山西高校联合出版社 1993 年版，第 147 页。
④ 转引自孙耀煜主编：《历代文论选释》，江苏教育出版社 1989 年版，第 327 页。
⑤《鲁迅全集》（第 1 卷），人民文学出版社 2005 年版，第 3 页。

（二）观点

纠正和修改有偏颇甚至有错误的观点，也是修改文章另一个不可忽视的方面。观点是表明文章提倡什么，反对什么，主张怎么办等涉及文章灵魂的东西，因此文章观点必须鲜明、准确。我们在修改文章时一定要对文章观点精心考虑，仔细推敲，以无懈可击。1926 年 10 月 20 日，鲁迅在厦门给许广平的信里有这样一段话："研究系比狐狸还坏，而国民党则太老实，你看将来实力一大，他们转过来来拉拢，民国便会觉得他们也并不坏。……国民党有力时，对于异党宽容大量，而他们一有力，则对于民党之压迫陷害，无所不至，但民党复起时，却又忘却了，这时他们自然也将故态隐藏起来。"① 这段话明显地流露出对国民党的同情和好感，说明这个时候鲁迅对国民党和蒋介石是信任、支持的，而且贯彻其"费厄泼赖"应该缓行的主张，希望国民党要看清反对派的本质，不要轻易宽容反对派。等到 1927 年 7 月 15 日，国民大革命失败之后，鲁迅的思路则彻底"轰毁"，鲁迅的世界观发生了质的飞跃，他对国民党和蒋介石再无一丝一毫的好感，因而，当《两地书》正式出版时，他决然删削了这段文字，纠正了原先的看法。这种观点的变化和修改，正是由于作者思想观念发生了变化。

（三）材料

修改文章，不仅要注意深化主题、明确观点，还要注意精心组织用来表现主题和观点的材料。在修改中，只有对材料进行适当的增删，使文章的材料真实、典型、新颖，才能使文章的主题或观点得到更有力的表述。

文章修改时，如果行文缺乏具体材料，就要予以增补，使之避免抽象空洞；反之，如果材料冗繁堆砌，就要删掉累赘冗余的部分，使文章更精练，观点更突出。茅盾在《试谈短篇小说》中说："园艺家常常把太多的蓓蕾摘去，只留下二三个，这样就得到了特别大的花朵，这个比喻，大致可以说明创作过程中剪裁的必要。"② 魏巍在谈到《谁是最可爱的人》的创作体会时说："在朝鲜时，我曾写了一篇《自豪吧，亲爱的祖国》的通讯，里面写了二十多个我认为最生动的例子。带回来给同志们看了看，感觉不好，就没有拿出去发表。因为例子堆得太多了，好像记账，哪一个也说得不清楚，不充分。以后写《谁是最可爱的人》，就只选择了几个例子，在写完后又删掉了两个。事实告诉我：用最能代表一般的典型例子，来说明本质的东西，给人的印象是清楚明白的，也会是突出的。"③ 而如果材料不够翔实、准确，就要进行补充、订正，以使之更加充分、科学、有说服力。鲁迅在《中国小说史略》1923 年的初版讲到《花月痕》一文的作者魏子安时，有"子安名

① 鲁迅、许广平：《两地书真迹》，上海古籍出版社 1996 年版，第 199 页。
② 茅盾：《鼓吹集》，作家出版社 1959 年版，第 258 页。
③ 魏巍：《我怎样写〈谁是最可爱的人〉》，《人民日报》1951 年 8 月 19 日。

未详"的空白处,其介绍是概略的。到 1930 年再版修订时,鲁迅不仅补充了作者的名字和简历,还修订了成书的过程,使这一史书的空缺得到了补充,科学性加强了。

(四) 结构

一篇文章的内容再好,也需要有一个与之相适应的结构形式,形式不好,会影响到内容的表达。修改文章结构就要尽量使文章结构严谨、完整。具体来说,文章结构的修改就是要考虑全文结构是否合理,比如段落层次的衔接、各段落的详略、结构层次的逻辑性等。

文章结构的修改经常从文章的构思阶段就要开始。写文章,尤其是写一些比较长的文章,动笔前必须要拟写一个提纲,而提纲正是文章结构的展现。如果在构思阶段,结构就已经修改、调整得比较合理了,那么成文后就不需要做太大的调整。当然,由于写作过程也是认识不断深化的过程,因此边写边改结构或写完后再修改结构的情况也是常有的。曹禺在谈到《雷雨》的写作经验时说:"写戏应该有个大纲。我搞了五年,就是反复地在想这些人物,想各种各样的人物性格,想他们的历史,要把这样一些人物凑拢在一起,使他们发生关系,让他们在一种规定情景下碰见,而时间又不能超过二十四小时,这都使我费了好大好大的劲。因为不把这一切想好,更容易返工。写作当中常常发生非推翻你原来结构不可的事情。什么道理呢? 因为写着写着把当初没想到的地方想清楚了,把人物心灵深处的东西挖出来了,情节再这么搞不行了,就不像那个人了,于是结构非改不可。所以事先要尽量想好,有个大纲,把一切想深想透。然后是不是一定要从头写起呢? 那倒不一定。……这可能和打仗一样,指挥员把一切都部署好,知己知彼,稳操胜算,就可去抽烟了。剩下的不过是人物性格有时要改一改,结构多少变一变,大架子不会再动了。"[1]

(五) 语言文字

语言是文章用以表情达意的工具。修改语言,是修改文章的一个重要方面,它是指根据文章表达的需要,对文中的遣词造句、表达方式进行加工润色,使文章文从字顺,流畅生动、富于表现力。具体来说,文章语言文字的修改就是要把文章中错字错词、错误的标点符号改正确,把重复啰唆的字句删掉,把晦涩拗口、不通顺的句子改通顺,把抽象呆板、表现力不强的词句改得形象生动。海明威曾说:"《永别了,武器》的结尾处最后一页,我改写了 39 遍才感到满意。"目的是"想怎样把字眼儿弄得准确一些"。[2] 那到底怎样才能把字眼弄准确一些呢? 最基

---

① 转引自王育生:《曹禺谈〈雷雨〉》,《人民戏剧》1979 年第 3 期。

② 转引自董衡巽编选:《海明威谈创作》,生活·读书·新知三联书店 1985 年版,第 28、29 页。

本的一点是要保证语言文字运用的正确性。从语言文字运用的正确性角度来说，常见的语病有以下几种情况：

1. 用词不当，包括一般性词语错用、感情色彩不当、关联词误用、虚词误用等，如：

> 这条让无数市民期期艾艾的地铁线的动工时间终于确定。（"期期艾艾"是形容口吃的人说话不流利，用在这里不合适，应该改为"期盼"。）

> 通过不断突破稀贵金属再生回收和深加工关键技术，目前，永兴县可从"三废"中提炼金、银、铋、钯、硒、碲等 20 多种稀贵金属。（"硒"和"碲"属于非金属元素，应该去掉。）

> 1914 年春，毛泽东考入湘乡驻省中学读书，尔后又入湖南第四师范深造。（"尔后"是"从此以后"的意思，应该改为"然后"。）

> 父亲是个老实木讷笨嘴笨舌的人，被我饿得说不出话来，脸色难看地立在那儿。（"笨嘴笨舌"带有贬义，不应该用它来形容自己的父亲，应该改为"不善言辞"。）

> 沈先生说，无缘无故车子被砸，心里真窝火，至少还影响了一天的生意。（"至少"表示最小限度，本句中"无缘无故车子被砸"造成了"心里真窝火"和"影响了一天的生意"两种情况，两者是并列关系，不存在限度的比较，所以"至少"应该改为"而且"。）

2. 成分残缺，包括主语残缺、谓语残缺、宾语残缺等，如：

> 经过科学和艰苦的训练，最终使她们在天安门广场的表演获得了巨大成功。（本句中"训练"和"她们"都不是主语，因为"经过科学和艰苦的训练"只是一个状语，"使"的前面缺少一个主语。可以去掉"经过"，把"科学和艰苦的训练"变成主语，或者去掉"使"，把"她们"变成主语。）

> 中国电信在公共场所为客户建立的无线网络，例如在校园、车站、机场、酒店、咖啡厅等。（本句缺少谓语，"的"的使用，取消了"建立"作为谓语的特性，变成了"无线网络"的定语，因此应该把"建立的"改成"建立了"。）

> 公安机关公布了对尼尔·伍德死亡案依法复查结果。（句中"公布"后缺少宾语，应该把"复查结果"改为"复查的结果"。）

3. 成分多余，如：

> 冲突双方在民族仇恨的驱使下，虽然经过国际社会多次调解，紧张的局势不但没有得到缓和，反而愈演愈烈。（"冲突双方"多余，全句的主语应该是"紧张局势"，应去掉"冲突双方"。）

> 大家纷纷回忆到当年他们俩都被赞誉为金童玉女。（状语"都"多余。

"金童玉女"本身就是形容两个人的，如果在"被赞誉"前加上个副词"都"作状语，就表示他们俩分别被赞誉为金童玉女，那么意思就不对了。）

4. 语义重复，如：

随着通信日渐发达，手机几乎成为大家不可缺少的必需品，但使用量增加之后，对手机质量的投诉也越来越多。（"不可缺少"与"必需"语义重复，"不可缺少"就是"必需"的意思。）

由于北海区域的油气开发较早，容易开采区域的资源几乎殆尽。（"殆尽"本身就是"几乎罄尽"的意思，如果再在前面加上"几乎"一词就意义重复了，应去掉"几乎"。）

吴静说她还会搭配使用天然维生素 E，觉得这样就可以很好地照顾到自己护肤需要的方方面面的需要啦。（去掉"需要的"或"的需要"。）

5. 表意不明，包括费解、歧义、指代不明等，如：

买苹果的时候，小个儿的孩子都不要。（可以理解为"小个儿的苹果"和"小个儿的孩子"两种意思。）

男装的运动也不会陷入死板，帽子和图案都表现了男模运动装的活力。（"运动"如何"陷入死板"？令人费解。）

可以说，环保部面临的压力前所未有，公众对其格外关注，因为这是与人民的幸福指数息息相关的事情。（"其"就近应指代"环保部面临的压力"，但语义不通，具体指代什么不清楚。）

记者昨日从省招考院获悉，暂定将于本月 14 日邀请部分考生及家长代表实地参观高考阅卷现场，今年高考分数线将于 6 月 23 日公布，全省考生24 日可通过登录"云南省招考频道"网站等多渠道查询高考成绩。（句中短语"部分考生及家长代表"有两种理解：联合短语，定语"部分"修饰"考生"；定中短语，定语"部分"修饰"考生及家长代表"。究竟定语"部分"的中心语是什么，不清楚，造成语义不明。）

6. 搭配不当，包括主谓搭配不当、动宾搭配不当、主宾搭配不当、修饰语与中心语搭配不当等，如：

这位建筑师的出色工作和独特设计，已被有关单位采用并受到国外的关注。（本句主语"出色工作和独特设计"是一个联合短语，谓语"采用并受到国外的关注"也是一个联合短语，但是"采用和关注""独特设计"可以，"采用和关注""出色工作"是不当搭配。）

医学研究还证实，喝牛奶还有助于减少冠心病和治疗高血压。（"减少冠心病"属于动宾不当，只能说"减少冠心病的发病率"。）

"油门当刹车"已成为近年来夺走许多鲜活生命的常见车祸，其中，约三分之二犯错者为女性。(句中主语"油门当刹车"与宾语"常见车祸"搭配不当,因为"油门当刹车"不是"常见车祸",只是造成车祸的原因,所以本句应改为"近年来,'油门当刹车'已是造成夺走许多鲜活生命的车祸的常见原因"。)

他做事认真,待人诚挚,在生活和工作中,确实用自己的行动塑造了巨大的人格力量,感动和引导着周围的人们。("塑造"与"人格力量"不能搭配,在"人格力量"后加上"的人物形象",且在"塑造了"后加上"具有"。)

遗憾之下,李玉凤决定把满满的情愫写封信,于是一封足足九页纸的信完成了。("把满满的情愫写封信"属于状中不当,应改为"把满满的情愫写进信里"。)

7. 语序不当,如:

作为一种助学贷款的消费信贷,市场需求的潜力很大。大力发展这项贷款业务,为商业银行开拓信贷市场,培育业务增长点提供了契机。("助学贷款"是属于"消费信贷"的一种,定语与中心语错位。应改为"助学贷款作为一种消费信贷"。)

他有自己特殊的地方:既有深刻的对人世的看法,又有现实的对待生活的态度。(可将"深刻的""现实的"两词分别置于"看法"和"态度"前。)

夜深人静,想起今天一连串发生的事情,我怎么也睡不着。(可将"今天一连串发生的事情"改为"一连串今天发生的事情")

王力是中国文字改革委员会原副主任。(可将"中国文字改革委员会原副主任"改为"原中国文字改革委员会副主任"。)

8. 不合逻辑,包括前后矛盾、主客颠倒、强加因果、不合事理等,如:

柳岸扑在了妻子的尸体上,竟被打得血肉横飞,只剩下一线残喘,没有断气。("尸体"与"剩下一线残喘,没有断气"矛盾。)

会议指出,我国是老年人口最多的国家,达到近两亿人,老年化发展迅速。("达到近两亿人"是一个病句,"达到"和"近"自相矛盾,"达到"是已经够上,"近"是接近,到底是已经有两亿人,还是将近两亿人,应根据实际情况选择用词。)

企业将在2014年创造了数个消费时点,从而形成显著成效。(句中"将"与"了"属于时态矛盾,应根据实际去掉其中一个。)

谁知祸从天降,一泡鸽子稀屎从头浇下,两人全身上下顿时变得湿漉漉。("一泡鸽子稀屎"把人浇得全身"湿漉漉",这显然过于夸张,不合事理。)

童小辉脸红了,他一定是做了亏心事。("脸红"与"做了亏心事"之间不存在必然联系,本句显然是强加因果。)

十年前,电脑"上网"对人们可能是陌生的。(主客颠倒,应该是"人们"对"上网"觉得陌生。)

9. 结构混乱,包括句式杂糅、层次不清等,如:

侵入我国的寒潮的路径,不是每一次都一样的,这要看北极地带和西伯利亚的冷空气哪一部分气压最高,我国哪一部分气压最低所决定的。(画线部分是两个句子的糅合,一句是"这要看北极地带和西伯利亚的冷空气哪一部分气压最高,我国哪一部分气压最低",一句是"这是由北极地带和西伯利亚的冷空气哪一部分气压最高,我国哪一部分气压最低所决定的"。)

"民生项目绩效目标书"从项目立项的必要性、保证项目实施的制度、资金的构成,以及资金拨付的进度等组成。(句中糅合了"从……角度"和"由……组成"两种格式,应只选其一。)

10. 标点符号使用不当,如:

然而他是从四叔家出去就成了乞丐的呢?还是先到卫老婆子家然后再成乞丐的呢?(选择关系的复句,一般只在最后一个分句的末尾用问号,中间用逗号。因此"成了乞丐的呢"后面的问号改为逗号。)

多壮观呀!贵州的黄果树瀑布!(感叹句、祈使句的谓语前置时,叹号要放在末尾,因此"多壮观呀"后的感叹号应该为逗号。)

这部影片之所以能够成功都归功于集体的力量,电影局艺术的领导,舞台剧原作者的协助,全体演员全心全意地投入工作,都是我从未经历过的新体验。("集体的力量"后边用逗号,读者自然把后面连接的"领导""协助"等都当作"归功于"的宾语,但作者的本意是把后边的内容用作"都是"的主语,"力量"之后必须用句号。)

当然在保证语言文字运用正确性的基础上,为了使文章的思想内容更好、更恰切地表现出来,我们还应该对所用的语言文字进行反复推敲,做到锤字炼句。古今中外的作家在写作中都十分重视语言文字的锤炼。在我国唐代,皮日休就提出了"百炼成字,千炼成句"的主张,各名家也产生了"吟安一个字,捻断数茎须"(卢延让《苦吟》),"两句三年得,一吟双泪流"(贾岛《题诗后》),"为人性僻耽佳句,语不惊人死不休"(杜甫《江上值水如海势聊短述》)的创作感叹。清代袁枚在《随园诗话》中说:"作诗兴会所至,容易成篇;改诗则兴会已过,大局已定。有一二字于心不安,千力万气,求易不得……刘彦和所谓富于万篇,窘于一字,真甘苦之言。"[1]而马克思在《致恩格斯》中也说:"除了对已经写好的东西

---

[1] 转引自张秉成、萧哲庵主编:《清诗鉴赏辞典》,重庆出版社1992年版,第650页。

作修辞上的润色外,我没有什么东西好写了,但是有时为了推敲几个句子,仍然一坐就是几个小时。"[1]

三、文章修改的方法

关于文章修改的方法,常用的主要有以下三种:

(一)读改法

读改法是文章修改的传统方法,它是一种通过诵读或默读,边读边思考,遇有存在语意不畅或语句不通等问题的地方,立即随手改正的方法,也是一种简单易行而又行之有效的文章修改的方法。文章中存在的一些错误,比如声调不和谐、缺字漏字、语句不通顺、衔接不紧密、情感不合适等语言表述方面的问题,大多能够在读的过程中,尤其是在诵读中,凭借语感来发现。一般来说,诵读比默读效果要好。不少名家常用诵读的方法来修改自己的作品。杜甫早就说过:"新诗改罢自长吟。"孙麟趾在《词迳》中也说过,词成后,抄起粘于壁,隔一二日就读一次,改一次,数次后,词才能录呈。清人何绍基在《与汪菊士论诗》中也说过:"自家作诗,必须高声读之","理不足读不下去,气不盛读不下去,情不真读不下去,词不雅读不下去,起处无用意读不起来,篇终不混茫读不了结"。[2]老舍曾把多念自己的文章作为自己写作中的一个窍门,一个成功的经验,并把它郑重地推荐给写作爱好者。他认为:"为多修改就须多念自己的文章","一个东西写完了,一定要再念,再念,再念","一个好的句子念起来嘴舒服,耳朵舒服,心里也舒服","我们拉胡琴必须先定定弦,我们读文章,正好像拉胡琴,试试弦,声音不对就马上调整"。[3]鲁迅也坚持写完之后亲口朗读,边读边改。他住北京砖塔胡同时,深夜里朗读修改他刚写完的小说《幸福的家庭》,致使他的小邻居误以为他家"到了半夜里还有客人,谈得很响"。可谓是文坛趣事。

(二)冷却法

冷却法是指写作时先一气呵成,完成初稿,过一段时间再复看,再做修改的方法。文章写作时,从立意、布局、选材到初稿形成,耗费了一定的脑力,这时,常常会有思维迟钝、头昏脑涨之感。初稿写出来后,对时间性不太强的文章,可以不要急于修改,搁笔休息一下,等脑力恢复、头脑清醒后再进行修改。这样做对提升文章质量很有好处。清人唐彪在《读书作文谱》卷五中说:"当其甫做就时,疵病亦不能自见,惟过数月,始能知之。若使当时即知,则亦不下笔矣。故当时确能见,当改则改之,不然且置之,俟迟数月,取出一观,妍丑了然于心,改之自

---

[1]《马克思恩格斯全集》(第29卷),人民出版社1972年版,第341页。

[2] 转引自大学实用汉语写作编委会:《大学实用汉语写作》,江西人民出版社2008年版,第79页。

[3] 转引自邱仕华:《老舍的文章修改观——老舍的写作观研究之二》,《闽西职业大学学报》2001年第1期。

易,亦惟斯时改之使确耳。"① 这是有一定道理的,因为每篇文章的写作,都是按着既定的思路进行的,这一思路在大脑里反复酝酿,已经形成了思维和写作的定势。如果写完之后,马上进行修改,就容易受原有定势的影响,绕来绕去总是在既定的思维路子里兜圈子,对稿件中存在的毛病,就不易发现和纠正。关于"热写冷改"的冷却法,古人也有过许多论述。宋人魏庆之在《诗人玉屑·煅炼》中就说:"诗,最难事也。吾于他文不至蹇涩,惟作诗甚苦。悲吟累日,仅能成篇,初读时未见可羞处,姑置之;明日取读,瑕疵百出,辄复悲吟累日,反复改正,比之前时,稍稍有加焉;复数日取出读之,疵病复出:凡如此数四,方敢示人,然终不能奇。"② 鲁迅也曾说过类似的话:"立定格局之后,一直写下去,不管修辞,也不要回头看。等到写成后,搁它几天,然后再来复看,删去若干,改换几字。"③ "中国新闻奖"得主、著名记者罗开富在谈到修改稿件的体会时说:"写完初稿之后,我就立刻睡觉,目的是想在熟睡中彻底忘掉这篇稿子。这样,第二天拿起稿子修改的时候,会有一种新鲜感,像改一篇自己不熟悉的稿子一样,就会认真地毫不留情地进行修改。"④

(三) 求助法

求助法是指在听取别人的批评意见后,再经过自己的思考,进行文章修改的方法。俗语有云:"人眼是秤。"文章是写给别人看的,一篇文章的好与坏,并非仅靠作者自己的感觉,更重要的还需经过各层次的读者的鉴别。李沂在《秋星阁诗话》中说:"诗能改,尚矣。但恐不能自知其病,必资师友之助。妆必待镜明者,媸不能自见也。"⑤ 宋人吕东莱也说过:"初作文字,须广以示人,不可耻人指摘疵病,而不将出。盖文字自看,终有不觉处,须赖他人指出。"⑥ 的确,在文章写作过程中,作者由于自身的学识、阅历以及经验所限,自己往往不能准确看出文章的缺点、错误。因此,读给别人听听,向他人求教,然后根据他们的意见,认真修改,这样才能克服自己思想的片面性,把文章改好,也才能使作品更得到大众的认可。我国唐代伟大的现实主义诗人白居易,其诗歌语言平易通俗,被称为"老妪能解"。这个"老妪能解"其实也是指白居易改诗时曾不耻求教于老妪。宋人惠洪的《冷斋夜话》载:"白乐天每作诗,令一老妪解之,问曰解否? 妪曰解,则录之;不解,则易之。"白居易自己也在《与元九书》中所说:"凡人为文,私于自

---

① 转引自南京大学等编:《古人论写作》,吉林人民出版社 1981 年版,第 75~76 页。
② 转引自南京大学等编:《古人论写作》,吉林人民出版社 1981 年版,第 71 页。
③ 陈漱渝、刘天华编选:《鲁迅书信选集》,民主与建设出版社 1996 年版,第 258 页。
④ 转引自刘保全:《删繁就简三秋树　精心修改出佳篇——兼评"中国新闻奖"部分作品》,《新闻传播》第 12 期。
⑤ 转引自郭绍虞编:《清诗话》,上海古籍出版社 1978 年版,第 912 页。
⑥ 转引自张继缅、孟繁华编:《写作简明教程》,中央广播电视大学出版社 1986 年版,第 95 页。

是,不忍于割截,或失于繁多,其间妍媸益又自惑,必待交友有公鉴无姑息者,讨论而削夺之,然后繁简当否得其中矣。"白居易的这个观点和老舍是一致的。老舍认为,"别人的耳朵有时比咱自己的更可靠","一个字用得不好不对,听者马上就会感到别扭","一个方面有问题,听者立刻会觉出不妥帖",别人"不告诉我哪点应当改正,我自然闻不见自己的脚臭"。① 正因为老舍充分地认识到了请教他人对于写好文章的重要意义,所以有些剧作,他广泛听取了上自总理、下到演员和老百姓的多次意见后,进行了多次修改。如《春华秋实》一共写了十遍,花了近一年的时间,以致人们在其遗稿中可以找到十部不同的原稿,总数达五十多万字,相当于十部话剧的量。而作为老舍剧作的代表作和高峰的《茶馆》,也是他在初稿的基础上广泛征求意见,从人物、场景到内容、线索等方面经过四次修改,才成为今天大家熟悉的《茶馆》的。

■■ 四、文章修改的方式

文章修改没有固定的程式,应该因文制宜,因人而异。总的来说,主要有"增""删""改""调"四种方式。

(一) 增

"增"指的是增补,即增加、补充。不管是文章的内容还是形式,只要有残缺、疏漏的,都需要增补。鲁迅的《藤野先生》的初稿里有这样一句:"东京也无非是这样。上野的樱花烂漫的时节,望去确也像绯红的轻云,但也缺不了'清国留学生'的速成班,……"定稿时,鲁迅在这句里增加了一些词语:"东京也无非是这样。上野的樱花烂漫的时节,望去确也像绯红的轻云,但<u>花下</u>也缺不了<u>成群结队</u>的'清国留学生'的速成班,……"这里的增补是十分必要的。"花下"与"樱花烂漫"相呼应,"成群结队"点明了"清国留学生"们的醉生梦死,而这也正是促使当时志在追求救国救民的道路的鲁迅离开东京的原因之一。

(二) 删

"删"指的是删削,即删除、削掉。文章在内容或形式上显得啰唆、繁复、可有可无的部分,都必须删削。清代魏禧的《日录论文》中说:"东房言:作文者,善改不如善删。此可谓学简之法。然句中删字,篇中删句,集中删篇,所易知也。善作文者,能于将作时删意,未作时删题,便省却多少笔墨。能删题乃真简矣。"②《醉翁亭记》是北宋文学家欧阳修的散文名篇,历来为人们推崇与喜爱。其首句"环滁皆山也"传说是受到一位樵夫的启发修改而成的。据说欧阳修写出《醉翁

---

① 转引自邱任华:《老舍的文章修改观——老舍的写作观研究之二》,闽西职业大学学报 2001 年第 1 期,第 43 页。

② 转引自南京大学等编:《古人论写作》,吉林人民出版社 1981 年版,第 72 页。

亭记》以后,曾将其贴在城门口给过往的行人朗读、征求意见。初稿的起句是"滁州四面皆山,东有乌龙山,西有大丰山,南有花山,北有白米山,其西南诸峰,林壑优美",一樵夫说:"你这开头太啰唆了! 不知太守上过这琅琊山的南天门没有? 站在南天门上,什么乌龙山、大丰山、花山、白米山,一转身就全都看到了,四面都是山。"欧阳修受到启发,于是将首句浓缩为"环滁皆山也"五个字。

(三) 改

"改"指的是更改,即更正、改变。文章在内容或形式上不正确、不全面、不严谨、不和谐的部分,都需要更改。清人唐彪在《读书作文谱·文章全藉改窜》中引用了伍叔卿的一段话,对于如何精心细改说得非常具体:"如文章草创已定,便从头至尾一一检点。气有不顺处,须疏之使顺;机有不圆处,须炼之使圆;血脉有不贯处,须融之使贯;音节有不叶(通"协")处,须调之使叶。如此仔细推敲,自然疵病稀少。"[1]这里讲的都是对于文章的局部修改,着眼于"气""机""文脉""音节"四个方面。这就是说,一篇文章即使主题是好的,但是如果存在文气不畅、起承转合不灵巧、脉络不清、读起来佶屈聱牙等问题,作者就应该花费心血,好好修改。1936 年冬,陈毅写了一首七绝《赠友人》:"二十年来是与非,一生系得几安危? 浩歌归去天连海,鹊噪斜阳送晚晖。"作者第二次修改时,将后两句改为"浩歌归去天无际,鸦噪斜阳任鼓吹"。而在《陈毅诗词选集》呈现的定稿却是"二十年来是与非,一生系得几安危? 莫道浮云终蔽日,严冬过后绽春蕾"。作者屡次改动后两句,使情、景、理融为一体,也使全诗的形象更加鲜明生动,意境更加深邃广远。

(四) 调

"调"指的是调整,即调动、调节。为了提升文章质量,有时需要对文章的内容或形式进行一些必要的调整,从而使文章思路明晰,眉目清楚。鲁迅的《藤野先生》第四段原稿在段落的开头有一句介绍仙台的文字:"这地方在北边,冷得厉害,还没有中国的留学生。"接着叙述由东京到仙台的沿途情况。定稿时,鲁迅把这句话挪到了本段的末尾。这样,就使全段的层次分明,并与时间顺序相一致,顿时全段显得井然有序。一般来说,"调"有时也会与"增""删""改"一起结合来进行。京剧《逼上梁山》原稿共写了街哄、托孤、投靠、发迹……回报、酒馆、山神庙、杀奸等 23 场。初稿写成后,大众艺术研究社曾请了许多历史学家、艺术家以及工农兵群众座谈讨论,并认真地对文稿进行了反复修改,如增加动乱、肉市、救操等场的情节,将初稿的 1 至 5 场和 7 场合为一场升官等。经过这样一番增、删、改,戏剧结构最后调整成为 3 幕 27 场。后来的演出效果证明这样

---

[1] 转引自南京大学等编:《古人论写作》,吉林人民出版社 1981 年版,第 76 页。

的调整使结构更加严密,主题更加突出,人物也更加鲜明。

当然,"水无定势,文无定法",以上只是提供了一些常用的方法和程式。文章如何修改,也可以因人而异,因文而别,没有一个固定的模式,每个作者都有充分施展自己创造才能的广阔空间。

【阅读推荐书目】

1. 夏丏尊、刘薰宇:《文章作法》,中华书局 2007 年版。
2. 雷淑娟:《文学语言美学修辞》,学林出版社 2004 年版。
3. 王培光:《语感与语言能力》,北京大学出版社 2005 年版。

【思考与练习题】

1. 什么是写作语言? 语言在写作中具有什么样的作用?
2. 语言运用的基本要求有哪些? 你认为在各种不同的语体中语言运用的要求有哪些不同?
3. 怎样培养写作语感? 你有哪些较为深刻的体会?
4. 综合运用不同的表达方式并使用常用的修改符号修改一篇文章。

下编

文体篇

第五章 文体导论

凡文章体制，不解清浊规矩，造次不得制作。制作不依此法，纵令合理，
所作千篇，不堪施用。

—— [日]遍照金刚《文镜秘府论·论文意》①

遍照金刚是唐朝时期日本来中国学习佛法和文化的僧人。从这段话看来，
他已经深刻地掌握了文章写作的深层规律，认识到文章写作贵在"施用"。无论
抒情记事，还是号令指挥，写作都在于"用"；而要达成写作之"用"，就必须先了
解"文章体制"和"规矩"，否则就难免"造次"。为了写作更能适应社会需要，我
们在学习了上编部分的基本写作理论之后，在已经了解写作在诸如聚材、构思和
表达等方面带有普遍性的规律与要求之后，还需要进一步学习文章体制方面的
知识。人们的写作活动总是在一定的社会环境中进行的，总是服务于特定的社
会需要，是为了完成特定思考、表达目的的实践活动。在适应不同的社会需要的
时候，人们在写作时总会根据实际的具体情况，采取一定的措施，突出某些文章
某一方面的特征和功能。久而久之，这些措施就会在一类文章中演变成为一些
行之有效、约定俗成的惯例与模式，也就形成了人们常说的文体。所谓文体，指
的就是写作活动在服务特定社会需要时呈现出的一些特殊规律和要求。这些隐
含在文体中的特殊写作规律与要求是本书下编部分要着重探讨的问题。

理解和掌握文体的相关知识，主要目的在于帮助写作者更好地运用不同文
体，更好地适应不同文体所对应的特殊社会需求，达成写作目的。对文体知识的
学习，要求写作者在思想认识上"辨体"，在写作实践中"得体"。所谓"辨体"，就
是要准确地掌握文体的分类以及各种不同文体的基本特征与写作要求，能够分
辨、了解诸种文体之间的区别与联系，知晓不同文体所能够满足的不同社会需求
与其所能够适应的交际语境等相关知识。所谓"得体"，就是要在写作活动中具
体落实相关的文体知识和写作要求，能够心手一致，让自己的文章恰如其分地呈

---

① [日]弘法大师原撰：《文镜秘府论校注》，王利器校注，中国社会科学出版社1988年版，第310页。作
者遍照金刚(774—835)为日本僧人，俗姓佐伯，名空海，遍照金刚是其法号，921年被追封为弘法大师。
日本平安朝前期人，于唐贞元二十年(804)至元和元年(806)在中国留学近3年，与中国僧徒、诗人交往
密切。他对佛学、文学、语言、书法、绘画均有研究，著作被汇编成《弘法大师全集》15卷。本书是他回
日本后应日本人学习汉语和文学的要求编纂而成。

现出不同的体裁特征以达到写作目的,完成特定的交流、沟通任务。写作者既要"辨体",又要"得体","辨体"为了"得体","得体"需先"辨体"。重视并强化文体知识的学习与运用能力的训练,是面向社会写作实践的大学写作的重要特点和任务,它区别于主要以提升思维水平、提高表达能力为目标的中学语文中的写作。

第一节 文体的内涵

写作与人类所有的实践活动一样,都会有其或隐或显的目的,都会针对某种具体的社会需要。这种特定、具体的社会需要,是写作实现其功能,获取其意义与价值的基础。写作的动力由此产生,写作的规范与要求由此产生,文体也由此产生。

一、文体的概念

> 夫文章之有体裁,犹宫室之有制度,器皿之有法式也。为堂必敞,为室必奥,为台必四方而高,为楼必陕而修曲……夫固各有当也。苟舍制度法式,而率意为之,其不见笑于识者鲜矣,况文章乎?
>
> ——〔明〕徐师曾《文体明辨序》①

"文体"一词,作为写作学的专门术语,指的是人们在长期的写作实践中逐渐形成的文章模式与规范,具体表现为某类文章为适应特定的社会需要和表达目的而在主题形态、材料类型、结构原则、表现形式等方面呈现出的共同特征。它是写作实现社会功能的形式,是用以服务于社会,表达思想情感的工具。在明代学者徐师曾看来,文体就像建筑宫室、制作器皿一样,需要遵循制度与法式。

在把握文体概念的内涵时,需要着重注意文体如下几个方面的特征:

首先,文体一般呈现为一类文章共通的模式与规范,是同类文章共同的、且具有一定稳定性的形式特征。如在新闻报道中常用的消息文体,不管是谁写的消息,不管是报道哪种内容的消息,只要是消息,它们就要以新闻事实的信息为主要内容,就要按照方便快速传播与接受的方式叙述事实、组织结构,就要尽量使用概括叙述的方式客观表达,就要尽量使用准确、平实、具体的语言陈述事实。这些写作要求与方式共同形成消息文体的独特模式。当然,并不是所有的文体类型都像消息这样特征明显。在当代常用的各种文体中,相对而言,实用性文体的模式特征更明确而严格,文艺性文体的规范要求则稍显隐含和自由。而且,文

---

① 〔明〕徐师曾:《文体明辨序说》,罗根泽校点,人民文学出版社1998年版,第77页。

体的模式与规范体现在不同作者所写的同一类文章之中,它与因作者个性特征而形成的文章风格有区别。虽然有些文体的体式与规范往往由经典作者的经典作品的风格演化而来,但它一定会经过模仿学习、推广普及甚至强制遵守,由风格转变为规范性的文体,更具广泛性与社会性。

其次,文体总是服务于一定的社会需要,呈现出特定的社会功能。文体是应写作适应社会、服务社会的需要而形成的文章形式。德国接受美学家姚斯曾指出:"文学的形式类型既不是作家主观的创造,也不仅是反思性的有序概念,而主要是一种社会现象。类型与形式的存在依赖于它们在现实世界中的功能。"[①] 这段话虽然说的是文学的类型与形式,但我们从中可以看到:连文学文体这种历来被认为是超越实用性的文体都"依赖于它们在现实世界中的功能",那么,主要服务于某项具体社会工作的实用性文体更是依赖于它们在现实中所满足的社会需要。大而言之,文学文体一般是人们为了充分表达个人思想情感,满足语言表达的审美需要而形成的;新闻文体是人们便于相互之间传递信息,满足社会信息传播需要而产生的;公务文体的各种规范是为适应社会管理的需要而制定的;学术文体的格式要求是为了严谨、准确、具有说服力地表达学术观点而拟定的;各种日常应用文也都是服务于各自不同的日常事务的。从这个意义上来说,文体其实就是写作的具体社会功能的体现。社会的需要决定着文体的存在形态与发展变化进程。

最后,文体由人们长期的写作实践经验积累总结而成,表现为约定俗成的写作惯例。正如鲁迅所说:"地上本没有路,走的人多了,也便成了路。"[②] 世上本没有文体,但是以同样一种模式、方式写作的人多了,同一种类型的文章多了,人们从中发现了共同的规律,觉得这种模式能够更好地适应特定的社会需求,能够更好地表达作者某一方面的思想与情感,能够使得更多人接受,于是就形成了某一种文体。可见它是一种在写作历史中形成的产物。汉代经学家郑玄在《毛诗传笺》中提到古代士大夫需要具备"九能":"建邦能命龟,田能施命,作器能铭,使能造命,升高能赋,师旅能誓,山川能说,丧纪能诔,祭祀能语,君子能此九者,可谓有德音,可以为大夫。"对于"九能"的内涵历代存在不同阐释,现在难以准确追溯其原意。[③] 但是,可以确定的是,这些要求古代士大夫们

---

① ［德］H.R. 姚斯、［美］R.C. 霍拉勃:《接受美学与接受理论》,周宁、金元浦译,辽宁人民出版社 1987 年版,第 126 页。

② 《鲁迅全集》(第 1 卷),人民文学出版社 2005 年版,第 510 页。

③ 如"赋",有人解释为"赋诗",即"用诗",用《诗经》中的诗歌表达自己的思想与情感;有人解释为"作赋",即创作一篇赋体文章;甚至有人解释为"收取田赋"等。其他如"施命""造命""说"等都有不同的解释。

胜任的工作,都需要言语表达,它们后来大多形成了一种独立的古代文体,如"命""铭""赋""誓""说""诔"等。文体的历史性还表现在它的可变性上。虽然文体一旦形成,就会具有相对的稳定性,在一定的时期内它的文体特征、写作规范不会有大的改变,需要人们遵守、依循;但是,文体作为一种历史性的存在,它也需要与时俱进,不断发展变化,它是稳定性与可变性的统一。在具体使用中,稳定性给文体的选用提出了要求和标准,可变性为文体的发展与创新提供了可能。

■■ 二、文体的构成

> 夫才童学文,宜正体制,必以情志为神明,事义为骨髓,辞采为肌肤,宫商为声气。
>
> ——〔南朝梁〕刘勰《文心雕龙·附会》[①]

刘勰像许多古代的文论家一样,总是习惯将文章比喻为具有生命力的人。在他看来,人应该具备"神明""骨髓""肌肤"与"声气"等生命特征,文章如果要具备像人一样的生命,也需要具备"情志"(思想与情感)、"事义"(事实与义理)、"辞采"(语言与文采)以及"宫商"(音韵与声律)等构成部分,它们分别对应着人的不同生命特征。而且,刘勰将掌握文体的这些构成部分作为"正体制"(正确了解并运用文体规范)的必由之路。

文体作为文章社会属性在形式上的体现,它的具体规范依然还体现在同类型文章各个构成部分的特征与写作要求中,只是现代社会的写作已经不像刘勰所要求的那样特别重视文章在宫商声律等方面的音乐性特征而已。具体而言,文体的规范大致由其在主题形态、材料类型、结构原则与表现形式四个方面的具体特征构成。如果要与刘勰的主张关联对应,那么其中主题形态基本相当于他所说的"情志",材料类型与结构原则主要蕴含于"事义"之中,表现形式大致包含"辞采"与"宫商"等部分。

首先,不同文体在主题形态上有不同侧重。主题形态反映的是文体在体现其社会功能,适应特定社会需要以及作者思维方式等方面的差异。需要注意的是,文体的主题形态并不等于具体文章的主题,它指的是同类文章的主题在类型上的属性特征,其核心是文体所包含的写作目的与动机类别。虽然同类型文章的具体主题可能千差万别,但它们在主题类型上具有高度的一致性。比如一般来说,文学文体的主题类型重在表达思想情感,提供审美对象;新闻文体旨在传

[①]〔南朝梁〕刘勰:《文心雕龙义证》,詹锳义证,上海古籍出版社 1989 年版,第 1593 页。

播事实信息,提供行动参考;公务文体要求传递管理措施,协调社会行为;学术文体注重表达学术思想,反映创新成果;日常应用文则在于服务日常事务,提供生活方便。文体在主题形态上的差异反映了不同文体在写作目的和动机上的差异。它由文体所服务的社会需要决定,是文体实现其社会功能的关键,也是作者面对写作对象、现实世界不同的态度和思维方式的体现,反映了文体与其满足的社会需要、作者写作动机之间的互动关系。

其次,不同文体在材料类型上有不同选择。材料类型反映的是文体在关注社会生活的侧面和着重点上的差异。社会生活是丰富复杂、纷纭多样的,人们的写作活动不可能以一种方式对其进行全面反映与掌握。不同的文体,需要在其所服务的社会需要主导下,选择不同的生活侧面和重点来体现其独特的社会功能。比如文学文体注重反映具体的生活感受;新闻文体偏重传递社会生活的最新动态;公务文体主要传达社会管理工作信息;学术文体立足于反映学术研究成果;日常应用文则重点关注各种日常事务。这些文体大类之下的具体小类还会在材料类型上进行差异化选择以实现不同的社会功能,还会在大类之同中显出小类之异。如同是新闻文体,消息侧重快速简要地传播最新、最近的新闻事实;通讯侧重比较详尽地反映比较重要、更值得关注的新闻事件;评论则侧重表达对新闻事件的态度和意见。它们都会传播新闻事实,但对其进行的详略取舍工作是有明显区别的。晋代挚虞在其《文章流别论》中说:"言一国之事,系一人之本,谓之风。言天下之事,形四方之风谓之雅。颂者,美盛德之形容。"[①]他将《诗经》中风、雅、颂三种诗歌体裁在材料类型选择上的差异进行仔细辨析,为人们准确掌握三者之间的区别提供指南。文体材料类型的差异,其实反映的是文体间文章内容详略取舍上的差异,是文章内容特征在形式上的体现与积淀。

再次,不同文体在结构原则上有不同倾向。结构原则反映的是文体在文章内部事实材料、思想情感组织安排倾向上的差异。从本质上来说,文章就是组织起来的事实、思想与情感,文体的结构原则就是安排同类文章内容秩序的原则,它决定着具体文章的结构方式。文体在内容秩序安排原则上的差异往往最终影响其社会功能的实现。刘勰在《文心雕龙·定势》中说:"如机发矢直,涧曲湍回,自然之趣也。圆者规体,其势也自转;方者矩形,其势也自安,文章体势,如斯而已。"[②]他用形象的语言指出了文体规范对文章写作的影响。文体的规范,像弩机规定着箭矢的轨迹,溪岸影响水流的形态,圆形的物体自然容易转动,方形的物体自然容易稳定一样,有力地影响着具体文章内容的秩序安排和结构方式。虽

---

① 转引自郭绍虞主编:《中国历代文论选》(第1册),上海古籍出版社1979年版,第190页。
② 〔南朝梁〕刘勰:《文心雕龙义证》,詹锳义证,上海古籍出版社1989年版,第1113页。

然写作中同类文章的具体结构方式千差万别,但就其总体来看,同一文体的文章总是呈现出大致相同的结构安排原则。一般来说,文学文体倾向于遵循个体化生活体验的内在逻辑来组织结构;新闻文体需要遵循快速、准确、有效传播信息的要求来安排内容;公务文体要求按照方便布置工作、解决问题的思路来谋篇布局;学术文体要从展示学术成果、论证学术观点的角度结构文章;日常应用文则需从沟通信息、办理事务的角度开展写作。也许不同文体的文章可能最终选择大致相同的结构方式,但是由于其结构文章的原则不同,它们最后达到的目的和取得的效果也是有区别的。比如,同是按照事件发生、发展的时间顺序结构文章,文学文体倾向于发现其中的个体体验,新闻文体倾向于突出其中的新闻价值,公务文体倾向于把握其中的主要工作。即使是叙述同一件事情,最后呈现出来的文章形态也差异明显。

最后,不同文体在表现形式上有不同趋向。文体的表现形式反映了文体间在主要表达方式的选择、语体的倾向等方面的差异,它是文体规范相对直观、显性的构成部分,也是受到历代文论家们特别重视的文体特征。曹丕的《典论·论文》注意到:"盖奏议宜雅,书论宜理,铭诔尚实,诗赋欲丽。"[1] 陆机的《文赋》要求:"诗缘情而绮靡,赋体物而浏亮,碑披文以相质,诔缠绵而悽怆,铭博约而温润,箴顿挫而清壮,颂优游以彬蔚,论精微而朗畅,奏平彻以闲雅,说炜晔而谲诳"。[2] 刘勰的《文心雕龙·定势》指出:"章表奏议,则准的乎典雅;赋颂歌诗,则羽仪乎清丽;符檄书移,则楷式于明断;史论序注,则师范于核要;箴铭碑诔,则体制于弘深;连珠七辞,则从事于巧艳。"[3] 他们的论述有简有繁,分类有多有寡,但都强调要从文章的表现形式方面来规定文体、适应文体。就当代的写作而言,文体在表现形式方面的特征主要体现在两个方面:一是主要表达方式,二是语体。

主要表达方式是文体在表现方式上的倾向与特征,它实质上反映的是作者与写作对象、读者之间的独特关系。文体的表达方式总体而言应该是多元的、丰富的,任何文体都会用到所有可能的表达方式,一般不能局限于使用某一种方式,以免单调、缺乏生机。但是,文体中使用的表达方式又必须有所倾向与偏重,某一表达方式因此就成为一类文体的主要表达方式。主要表达方式构成文体特征的底色,其他表达方式都会受它的影响。这是由文体所服务的社会需要所决定的。就文学文体而言,它使用的表达方式应该是最为灵活、自由的,但是由于其主要满足人们表达个人独特的思想情感的需要,因此相对其他文体来说,它更偏向于使用抒情这一表达方式,而且文学作品中的叙述、描写、说明、议论等其他

---

① 转引自郭绍虞主编:《中国历代文论选》(第1册),上海古籍出版社1979年版,第158页。

② 转引自郭绍虞主编:《中国历代文论选》(第1册),上海古籍出版社1979年版,第171页。

③ 〔南朝梁〕刘勰:《文心雕龙义证》,詹锳义证,上海古籍出版社1989年版,第1125页。

表达方式都会被染上抒情色彩。文学作品也惯于使用叙述等表达方式来抒情，寓思想情感于叙述等方式之中。主要使用抒情，也反映了文学文体中作者与其所表达的对象之间神与物游、物我同一、相互交融、相互阐发的关系，也体现了与读者的相互理解、平等交流的关系。同理，新闻报道文体主要使用叙述，其中消息主要使用概括叙述，通讯主要使用详细叙述。它反映了新闻写作中作者面对新闻事实时作为旁观者、报告者的相对冷静、客观的态度。它是体现新闻真实性、可信性的重要保证。公务文体主要使用说明，它反映了公文作者解决与安排工作事项的态度，是公文发布者与接收者之间的施受关系的体现。学术文体主要使用议论，源于它要对学术研究成果的可靠性、创新性进行论证分析。日常应用文与公文类似，主要使用说明，只是它只受约定俗成的惯例的约束，不像公文那样有更严谨的规范，没有国家的法规性文件对其体式要求进行限制。

语体即文体的语言基调。语体在西方的语言学研究中一般被称为"style"，它也经常被翻译为"文体""风格"，实际上它与写作学中体裁意义上的"文体"不同，它指的就是根据不同的表达需要通过对表达方式、句式、词语（抽象程度、感情色彩、音韵节奏）进行选择而形成的语言表达的风格类型，是各种语言材料运用特点的综合形态。前文古代文论家们所强调的"典雅""清丽""明断"等就是相应文体的语言精神面貌。鉴于表达方式对语体的重要影响，对于各大类文体的主要语体形式，也可以用其主要表达方式来命名。如文学文体的语体主要呈现为一种抒情性语体，新闻报道文体主要使用叙述性语体，公务文体与日常应用文体主要使用说明性语体，学术文体主要使用议论性语体。[①]但在各大类文体内部，除了基本语体面貌大致一致外，不同的子类文体还会具体呈现出各自不同的特色。

需要指出的是，构成文体的主题形态、材料类型、结构原则与表现形式等之所以成为文体之间相互区别的特征，主要是由文体存在的内外部语境与语言工具的影响而促成的。其中的外部语境主要就是文体服务的社会需要，它是文体产生、发展、稳定、变化乃至消亡的主要力量；内部语境主要指的是文体内部在长期写作实践中为适应相应社会需要而形成的功能，它体现为具体的写作目的与动机，直接影响着作者对思维方式、材料类型、表达方式与语体等的选择；另外，语言工具的某些属性也是影响文体构成的重要因素，如词语的感情色彩、抽象程度以及词语、句式自身的音韵节奏等，它们为文体适应外部的需要以及在文章内部采取一定的应对策略提供了可能。没有语言这个基础，文体就无法实现其社会功能。

---

① 这是从文体的角度来区分语体并进行命名的。如果仅从语体的角度来论，人们习惯将语体分为：事务语体、政论语体、艺术语体与科技语体等大类。

值得注意的是,在文体形成的过程之中,一般会经历风格与文体两个不同阶段,在文体形成之后,这两者又构成文体的不同层面,它们之间的消长、互动关系影响着文体的稳定与发展。在这里,文体指的是同类文章整体的体式规范,风格更偏向于作者个人的表达特色与习惯,它们之间既有区别又有关联。文体具有社会性,即任何属于某类文体的文章都会具有相应的体式,都要遵循相应的规范;而由作者的个性带来的风格,它具有个体性,不同作者的文章会具有不同的风格特征。但是,它们又有可能相互转化,经典作者的风格往往会上升为文体;衰落、消亡的文体经某一作者重新发现与采用,可能成为作者个人化的风格。鲁迅借鉴明代小品文旁征博引、突出个性的体式来写作,成就他自己独特的杂文风格,这是文体、语体转化为风格的范例;同时,具有鲜明的鲁迅个人风格的杂文,经过众多作者的学习、模仿、推广之后,它又成为现代杂文针砭时弊、激浊扬清的文体规范,这是典型作者的风格转化为文体规范的范例。文体中的体式与规范,决定着文体的稳定性,文体为作者的个性风格保留的空间,又为文体的发展创新提供了可能。

第二节　文体的运用

探讨学习文体的相关知识是为了在写作实践中掌握它们、运用它们,将文体的各种规范与要求施之于文章的各个构成部分之中。只有切合实际需要、准确体现文体各方面特征、达到交流沟通目的的文章才称得上是得体的文章。

一、文体的分类

　　夫设文之体有常,变文之数无方,何以明其然耶? 凡诗、赋、书、记,名理相因,此有常之体也;文辞气力,通变则久,此无方之数也。

　　　　　　　　　　　　——〔南朝梁〕刘勰《文心雕龙·通变》[1]

刘勰认为文体的体式规范相对稳定,而具体文章的写作方式却没有定规。诗、赋、书、记等历代流传的文体,不但文体名称一致,写作要求也因袭继承,这充分说明文体规范的稳定性;但是文章语言特色、表达风格等的变化则由来已久,这表明写作方式具有变动性。这一认识与后代文论家所概括的文章"定体则无,大体须有"[2]的观点异曲同工,都在提醒我们在写作中既要充分尊重文体的规范性与稳定性,要加强学习与训练,熟练掌握以便更好地实现写作目的,但同时又

---

[1]〔南朝梁〕刘勰:《文心雕龙义证》,詹锳义证,上海古籍出版社1989年版,第1079页。

[2]〔金〕王若虚《文辨》:"或问文章有体乎? 曰无。又问无体乎? 曰有。然则果如何? 曰:定体则无,大体须有。"《滹南遗老集·第三十七卷〈文辨四〉》,第5页。

不要太拘泥于文体规范,不过于恪守陈规。

正如明代文学家陈洪谟所说:"文莫先于辨体。"[1] 写作首先要尊重文体规范、熟练掌握文体的写作要求,那么一开始就要学会"辨体"。"辨体"应该在两个层面展开,一方面是要了解当代写作中现有文体的分类,另一方面要进一步知晓各种具体文体的体式规范与写作要求。后一方面本书后续各章节将着重讨论,本节主要探讨第一个方面——当代写作中的文体分类问题。

作者一般都会以为,进行写作,首先要确定的是写什么内容,立什么主题等问题。殊不知其实首先该确定的是用什么文体的问题,它直接关系到我们为什么写,写了有什么用等问题。因此,对文体进行分类可以帮助作者选择文体、实现写作目的,也可以提醒读者了解写作意图,方便评判文章,还可以方便图书、档案的编排管理与检索利用。对于写作活动而言,其意义尤其明显,它有助于作者在头脑中建立一个文体菜单,可以让作者更好地了解各类文体的规范、特征与用途,也可以帮助作者更好地掌握各类文体的写作规律与要求。

对当代写作中的现有文体进行分类,按照不同的分类标准,可以有众多分类方式。其中有的受古代文笔之辨[2]传统的影响,以是否用韵来分类;有的以文体发布的媒介与方式来分类;有的以文体的主要表达方式来分类;有的以文体的社会功能来分类。相对来说,对当代写作比较有现实指导意义的是后面两种分类方式。

(一) 按照文体使用的主要表达方式划分

可以将现有文体划分为记叙文、议论文、说明文以及抒情文等大类。[3]

记叙文指的是以叙述为主要表达方式的文体。它包括文学文体中的小说、叙事诗、叙事散文、寓言、童话、游记、报告文学等,新闻报道体裁中的消息、通讯、特写、新闻调查等,史传记录体裁中的传记、回忆录等。

议论文指的是以议论为主要表达方式的文体。它包括文学文体中的杂文,学术文体中的学术论文、各种专业评论(文学评论、政论、财经评论等)、专著等,新闻评论文体中的社论、编辑部文章、评论员文章、短评等。

说明文指的是以说明为主要表达方式的文体。它包括学术文体中的科普说

---

① 转引自〔明〕徐师曾:《文体明辨序说》,罗根泽校点,人民文学出版社1998年版,第80页。

②《文心雕龙·总术》:"今之常言,有文有笔,以为无韵者笔也,有韵者文也。"见〔南朝梁〕刘勰:《文心雕龙义证》,詹锳义证,上海古籍出版社1989年版,第1622页。

③ "描写"本质上是叙述的特殊形式(对静态事物的叙述),为简便起见,一般都不另立"描写文"大类,并将可能主要使用描写手法的文体(如新闻文体中的特写)归入记叙文大类。很多学者不主张单独分列"抒情文"大类,主要是因为抒情经常依附于其他表达方式,常采用间接抒情的方式。但如果不单列"抒情文",那么抒情诗、抒情散文等典型的文学文体就无法归类,加之整个文学文体大类都具有抒情性,所以仍单列为一类。

明文、辞书、教材、实验报告、调查报告等，文学文体中的科学小品、剧本、序跋等，新闻评论文体中的编者按，公务文体中的所有法定公文文种①，日常应用文体中的产品说明书、便条、启事等。②

抒情文指的是以抒情为主要表达方式的文体。它主要包括文学文体中的抒情诗、抒情散文等。

按照主要表达方式来对文体进行分类，方便作者掌握各类文体在表述形式方面的特征，有助于作者准确使用相应的表达方式和语体。它有意淡化了各种文体的实际应用功能，专注于文体的内在写作规范与语言表达，特别便于一般性写作教学中的写作训练。学习者只要练好了一般性的记叙文（典型文体为叙事散文和新闻通讯）、议论文（典型文体为新闻短论和杂文）、说明文（典型文体为产品说明书与科学小品）、抒情文（典型文体为抒情散文），就基本掌握了各类文体独特的与写作对象的关系以及面对读者的态度，可以较快地提高学习者的思维能力和表达能力。但也正因为它淡化了文体的实际社会功能，可能导致作者在习惯某些具有代表性、一般性的文体之后，容易忽视文体使用的具体语境、场合，不问情境的变化和社会需要的不同，千篇一律地机械应对，导致不能达成写作目的。

此外，具体文体为实现其相对应的社会功能，往往都要以某一种表达方式为主，综合运用多种表达方式，并且次要的表达方式都沾染上了主要表达方式的色彩。而且文体的具体名称，往往都是以其社会功能来命名的，所以以表达方式为标准划分有些具体文体时，经常显得有些不够妥帖。比如文学文体，其主要表达方式其实是抒情。叙述、议论在其中虽然也很重要，但终究与史传文体中的叙述、政论文体中的议论不一样，它们染上了文学文体的浓厚情感色彩。但由于抒情这种表达方式本身的依附性，文学文体的子类文体往往分布在不同的表达方式大类里，真正能被归入纯粹抒情文的子类文体反而较少。

（二）按照文体的社会功能划分

可以将现有文体分为文学文体、新闻文体、史传文体、公务文体、财经文体、法律文体、学术文体、日常应用文体等。

文学文体是表达个性化的思想情感，创造文学审美对象的文体。它包括诗歌、小说、散文、戏剧、报告文学、杂文等。

新闻文体是传播新闻信息，评说新闻事件的文体。它包括属于新闻报道体裁的消息、通讯、特写、专访、新闻调查等，属于新闻评论体裁的社论、政论、编辑

---

① 参见周森甲：《中国现代公文写作原理与方法》（增订版），西安出版社 2006 年版，第 175 页。
② 公务文体与日常应用文体，很多教材往往在各表达方式大类之外为其另辟一种"应用文"大类，这就导致了分类标准的混乱、不统一。其实，虽然它们也需要综合运用叙述、描写、议论等多种表达方式，但其整体的主要表达方式是说明，所以本书将其归入说明文这一大类，这也避免了分类标准混乱的问题。

部文章、评论员文章、短论、编者按等。

史传文体是主要应用于客观记录历史事实、介绍人物生平事迹的文体。它包括回忆录、传记、年鉴、大事记等。

公务文体是党政机关、企事业单位或社会团体用来管理社会以使各类工作有序开展、具有特定使用规范的文体。本书中的公务文体主要是指现行《党政机关公文处理工作条例》中有严格使用规范的文体,它包括决议、决定、命令(令)、公报、公告、通告、意见、通知、通报、报告、请示、批复、议案、函、纪要等,其他在实际公共事务工作中需要运用的文体则归入日常应用文体。

财经文体是专门应用于财政、经济专业领域内工作的文体。它包括合同、协议、市场调查报告、经济活动分析报告、广告词、策划书、招(投)标书、审计报告等。

法律文体是专门应用于司法专业领域内工作的文体。它包括诉状、答辩状、辩护词、委托书、调解书、判决书等。

学术文体是反映与传播学术研究成果的文体。它包括学术论文、专著、教材、辞典、科普说明文、实验报告、调查报告等。

日常应用文体是服务于日常工作、生活中一般性事务的文体。它包括计划、总结、方案、制度、办法、规定、简报、解说词、演讲词、祝词、书信、启事、海报、说明书、申论、请柬和各种便条(收条、领条、请假条等)以及近年方兴未艾的各种网络新文体[①]等。其中计划、总结、规定、办法等文体常用于公共事务,以往常被归入公务文体之中,但由于它们没有被纳入《党政机关公文处理工作条例》,而且有的在私人生活事务中也有应用,所以归入此类。

按照文体的社会功能来分类,相对来说更符合文体的实际应用情况,而且突出强调各种文体的社会功能,可以进一步促使作者更加关注写作目的,有助于提高写作能力,更好地服务于工作。但需要注意的是,由于社会生活本身的复杂性,文体的社会功能也相应多样,文体间的区别并不总是界限分明的。正如艺术理论家莫·卡冈所说的那样,文体类别之间存在着"光谱现象"[②],在界限清晰的两极文体之间,存在着一个广阔的、界限不够清晰的、渐变的中间地带。文体应用中的一体多用、多体一用、跨类兼类、文体活用等情况时常可见。比如书信,它既可以用于私人之间的信息、情感的沟通,也可用于众多的公共事务中,如公开信、求职信、申请书等,甚至还可以作为文学体裁使用;委托书、协议等其实既是

---

① 网络新文体主要是指由于互联网与移动通信的发展而出现的新文体形式。包括帖子、博客、微博、短信、微信等,主要由其独特的传播、发布方式而得名,其功能复杂多样,形式交错变化,但主体还是服务于人们日常的信息、情感的交流与沟通,故暂且划在日常应用文大类。

② [苏联]莫·卡冈:《艺术形态学》,凌继尧、金亚娜译,生活·读书·新知三联书店1986年版,第296页。

财经文体,也是法律文体;归入文学文体的报告文学、杂文则属于兼类文体,报告文学既是文学文体,其实也属于新闻文体,杂文既是文学文体,也是政论文体。

为更好地适应多个大学本科专业基础写作课程的学习需要,也为简化本书文体篇的章节安排,本教材尽量选择读者实际工作、生活中应用频率高、适用面广的文体进行介绍。现有体例重点突出了文学文体、公务文体与学术文体的介绍,让它们独立成章。其实一般来说,除文学文体具有更强的审美性而实用性稍弱之外,公务文体、学术文体等都具有较强的实用性,学术界也通常将它们归入实用文体(应用文体)。但为方便起见,本教材将新闻文体、财经文体、法律文体与日常应用文体等合并称为"实用文体",并选择介绍各自具有代表性、典型性的文体。

■■ 二、文体的选择

> 文章以体制为先,精工次之;失其体制,虽浮声切响,抽黄对白,极其精工,不可谓之文矣。
>
> ——〔宋〕倪思①

在具体的写作过程中,作者的第一要务是要明确自己为何写作,要达到什么目的,完成什么样的任务,紧接着就是要根据写作目的与任务选择恰当的文体。所以,倪思等众多文论家都纷纷强调要"以体制为先"、先正体制,然后才是写得"精工",讲究文采的问题。如果体裁选择失误,即使文章写得声韵优美、对仗工整也无济于事。具体而言,对文体进行选择运用,需要从以下一些方面综合考虑:

首先,根据写作的目的来选择文体。写作目的背后实际上是文章必须适应的社会需要。人们工作、生活中的多数写作活动其实是被动写作,也就是为工作与生活的现实需要而进行写作,此时的写作目的往往是由现实需要所决定的,用何种文体、写哪些内容往往受到具体限制。即使是像文学写作这类相对主动的写作活动,也由于作者个人的动机与情感状态的不同,写作目的也不尽相同,需要根据不同目的选择相应的文体。刘勰在《文心雕龙·定势》中强调:"夫情致异区,文变殊术,莫不因情立体,即体成势也。"②也就是说,写作不仅会由于外部实际情况的不同、作者个人情感状态的不同,会使得文章呈现出各种不同形态,而且也要求作者根据不同的实际情况、不同的情感状态来确定文体("因情立体"),然后再根据文体来确定表达风格("即体成势")。这里的"情",实际上指的就是

---

① 转引自〔明〕徐师曾:《文体明辨序说》,罗根泽校点,人民文学出版社 1998 年版,第 80 页。

② 〔南朝梁〕刘勰:《文心雕龙义证》,詹锳义证,上海古籍出版社 1989 年版,第 1113 页。

写作时的 语境、社会历史环境以及作者基于此而确立的写作目的、动机,它是影响文体选择的最主要的因素。

影响写作目的的因素大约有客观与主观两类。客观因素主要有社会环境、作者身份、事项内容和性质、读者对象与发布渠道等;主观因素主要是作者的动机等。

简单说来,明确制约写作目的的主观因素就是在满足与适应社会需要的前提下,作者意欲达到的目的。比如同样一项工作,机关欲求得到上级机关的帮助与支持,就需要运用请示;需指挥、布置下级机关开展工作,就选择通知、决定等文体。明确客观因素就是要了解谁在写、写什么、为谁写以及用何种媒体或渠道发布等问题。比如一位机关秘书在开始写作的时候,首先要明确本机关在整个组织体系中的位置、职权范围等,其次要明确本次发文处理的这项工作的具体内容与轻重缓急性质,然后确定收文对象是上级机关、下级机关、同级机关还是公民个人,最后需要确定的是通过机关内部公文传递渠道还是借助公共媒体发布。将这些问题弄清楚之后,用何种文体的问题也就基本明确了。假如机关要向公众发布、传播工作中的新信息,那么最好选择新闻文体或者公务文体中的公报、公告,而要向机关系统内部发布则可能要选择通知、通报等文体。如果只是秘书自己想抒发一点生活感受或者处理私人事务,那就不能以机关的名义写作,只能以个人名义选择文学文体或者其他日常应用文体。对读者对象的考虑,除要考虑读者的身份、地位之外,还要考虑他们的知识背景、文化程度与接受水平。面向广泛的普通读者的写作,选择新闻报道文体、科普说明文、一般的文学文体可能比较合适;面向专业的、要求更高一点的读者的写作,选择学术论文、新闻评论等各种专业文体更能满足他们的需要。

其次,根据材料的性质来选择文体。每一类写作材料都具有自己独特的性质:有的材料基本由具体事实细节组成,有的主要由相对抽象的思想观点构成;有的材料精神高蹈、气势磅礴,有的家长里短、充满生活情趣;有的材料专业性、学术性强,有的以通俗性、日常性见长;有的材料时空跨度大,内容丰富复杂,历史性、故事性强,有的呈现为一些精彩的瞬间、场景,空间感、画面感强;有的材料事项新鲜偶发,时效性强,有的事项长期存在,规律性强。在充分考虑写作目的的需要之后,作者要考虑的就是根据材料的具体性质进一步准确选择合适的文体。

刘勰在《文心雕龙·镕裁》中说:"是以草创鸿笔,先标三准。履端于始,则设情以位体;举正于中,则酌事以取类;归余于终,则撮辞以举要。"[1] 他讨论了文章写作的三个具体步骤,第一步要"设情以位体",即根据写作目的确定文体

---

①〔南朝梁〕刘勰:《文心雕龙义证》,詹锳义证,上海古籍出版社 1989 年版,第 1182 页。

类型,第二步要"酌事以取类",即根据材料的性质来匹配文体类型①,第三步则要"撮辞以举要",即用精练的语言将主要观点精彩地表达出来。虽然历代对"酌事以取类"有不同的阐释,但不管是因文体、主题来选取材料、事类,还是因材料、事类来选取文体、确定主题,刘勰在这里至少引导我们关注"酌事"(斟酌材料、事类性质)的重要性,让我们看到了"酌事"与"位体""取类"的关联。

在现实写作中,我们除了要注意根据文体、主题的需要来选取材料之外,也经常会碰到要根据材料的性质来选取文体和确定主题的情况。比如,同样是要传播新闻事实,有些新闻事实时效性强,事实简明,那么它就更适合用消息文体,而如果事实相对复杂,信息丰富,时效性没那么强,则可能更适合用通讯文体。同样是表现爱情,那些情境性、情绪性强的感情,则适合用"关关雎鸠,在河之洲;窈窕淑女,君子好逑"(《诗经·关雎》),"上邪!我欲与君相知,长命无绝衰。山无陵,江水为竭,冬雷震震,夏雨雪,天地合,乃敢与君绝"(《上邪》)等抒情诗形式来表现;而那些情节曲折,历时较长,内容复杂的爱情故事,则更适合用《孔雀东南飞》《长恨歌》这样的叙事诗,或者像《红楼梦》《安娜·卡列尼娜》那样的长篇小说形式来表现。再如,对于事实性的材料,最好选用记叙文加以表现,对于观念性的材料,最好选用议论文加以表现。总之,顺应材料的性质来选择文体,往往可能取得事半功倍的效果;如果违逆材料的性质使用文体,虽然也可以改造材料,勉强成文,但往往是削足适履,费力不讨好。

再次,根据作者的专长来选择文体。选择文体,除了受制于写作目的与材料性质之外,还与作者的能力倾向、经验积累所形成的写作专长有密切关系。通才、全才式的作者虽然有,但不多见。即使是通才、全才式的作者,也可能对某些文体更为擅长,写起来更为得心应手,对另一些文体相对陌生,运用得不够自如。比如宋代的苏轼可以说是难得的全才,诗、词、文各种文体兼能兼善,但相对而言,可能还是词要好于文,文要好于诗。何况更多的作者并不是通才、全才,所以更应该有意识地扬长避短,更多地选择自己才能与经验所擅长的文体进行写作。人生有涯,而学无涯,除了要学习、掌握工作和生活中必备的一些文体的写作规范之外,没有必要也不可能对所有文体都擅长。

陆机在《文赋》中指出:"体有万殊,物无一量……辞程才以效伎,意司契而为匠。"②文体是多样的,外在事物也是复杂的,学会根据自己的能力选择辞章才能尽情地表达,善于准确地表情达意才算是写作能手。他强调要"辞程才"(量

---

① 也有学者阐释为斟酌用典,为文章选取合适的材料来表现主题。
② 转引自郭绍虞主编:《中国历代文论选》(第1册),上海古籍出版社1979年版,第171页。

才用辞)、"意司契"(恰切达意)。刘勰在《文心雕龙·体性》中也很仔细地从"才""气""学""习"四个方面论述了作者写作专长的种种差异:"然才有庸俊,气有刚柔,学有浅深,习有雅郑;并情性所铄,陶染所凝。是以笔区云谲,文苑波诡者矣。故辞理庸俊,莫能翻其才;风趣刚柔,宁或改其气;事义浅深,未闻乖其学;体式雅郑,鲜有反其习。各师成心,其异如面。"[①]他认为作者的写作才能植根于先天的资质与情性及后天的长期学习与陶冶,很难在短期内有根本性的改变。每一个作者在写作中都在"各师成心,其异如面"。当然,千人一面的写作状态也不是人们所喜欢的。

在具体的写作实践中,特别是文学创作领域内,作家根据自身的写作专长进行创作且取得突出成就的事例比比皆是,勉强写作最终鲜有收获的事情也经常发生。同是唐代伟大的诗人,李白的浪漫不羁之才非得用古风这类相对自由的诗体才能让其挥洒自如,杜甫的严谨写实诗风正好匹配他所擅长的、格律工稳严整的近体诗。即使伟大如鲁迅,他在短篇小说、杂文方面的成就,时人难望其项背,但他酝酿许久的描写红军革命的长篇小说,终究没能问世。沈从文结合自己的故乡经历书写的边城小说,魅力独具,新中国成立后想要紧跟时代改变创作路数,却极为苦痛,最后只能改行研究古代服饰。在现实中,如果让高明的文学家去写公文,不见得好过一般的机关秘书;让优秀的记者去写学术论文,也难以真正发挥他们的特长。

最后,根据发展的需要来创新文体。文体形成以后一般具有相对的稳定性,需要作者很好地掌握、遵循相应的文体规范才能得体,才能适应文体对应的社会需要,达到写作目的。但是,世易时移,新的社会需要不断生成,人们的求新意识也不断强化,一些旧的文体已经不适应社会的需要,需要改造,甚至放弃,一些文体的使用场合需要收缩或者放宽,一些新的文体会相继形成,出现新的写作规范。这就需要写作者根据文体发展变化的需要来创新运用文体。

在文体的发展历程中,这种质文代变、不断创新的现象可谓层出不穷。诗歌从四言为主演进到五言、七言皆备,由古体诗发展到近体诗,由整齐的格律诗变化为长短参差的词与曲,最终发展到"五四"以后的白话诗,格律、规范在不断发展变化,内容容量、表现空间在不断扩大。小说从史传记事与诸子寓言中发迹,经六朝志人、志怪小说开始独立经营,再经唐代传奇小说扩其文脉,后由宋明话本、拟话本普及至市井,终于在明清时期达到以《红楼梦》《水浒传》等长篇小说为代表的古代小说巅峰,而晚清以后由于西方小说体裁的引进,又进一步发展壮大,成为当今第一文学文体。与此同时,当年曾经红极一时的某些文体却风光不

---

① 〔南朝梁〕刘勰:《文心雕龙义证》,詹锳义证,上海古籍出版社1989年版,第1011~1013页。

再,如辞赋、近体诗、词、曲等。

不仅文学文体不断在发展创新,其他实用文体内部也在不断革新以适应时代发展需要,即使如规范性极强的公务文体,也在与时俱进地演变。《尚书》所载的古代公文,虽然出现了典、谟、誓等类别,但总的说来还没有形成清晰自觉的文体意识。先秦时期也只出现符、命、书、檄等少量文种。秦代建立封建帝制,改书曰奏,改命曰制,确立了制、奏等专用公务文体。汉代进一步完善封建礼仪,细分出了策、制、诏、敕、章、表、奏、议等更多的公文名目。唐宋以后各代愈发重视公务文体的规范,文体种类已经达到几十种之多。辛亥革命以后,封建帝制灭亡,大量围绕封建帝王使用的公文文种退出历史舞台,1912年颁布的《公文程式条例》将公文文种简化为令、咨、呈、示、状五种,适应了新的社会管理体制的需要。目前我国党政机关公文经2012年颁布的《党政机关公文处理工作条例》规定,主要使用决议、决定、命令(令)、公报等15种公文文种,此外还有若干如计划、总结等常用的一般事务性文体,而曾经在计划经济时代广为使用的指令、指示等文种却已基本不用。

面对文体的规范性、稳定性与适应性、变化性相统一的特性,每一个写作者除了掌握、遵循文体的规范之外,另一个重要的任务就是在达到一定的写作水准和修养以后,能够为文体的创新、变革以及灵活运用作出自己的贡献。就像屈原当年借鉴楚地的民间歌谣与方言,创造了骚体诗体式,为后世诗歌,特别是赋体的发展作出了重要贡献。司马迁创造性地使用了纪传体来撰写史书,推动了历史著作由过于简省的编年体向内容更为丰富的纪传体的发展。唐代诗人朱庆馀在参加进士科举前呈献给张籍的行卷诗《近试上张水部》:“洞房昨夜停红烛,待晓堂前拜舅姑。妆罢低声问夫婿,画眉深浅入时无?”全诗看似一首爱情诗,实际上是以新媳妇自比,以新郎比张籍,以公婆比主考官,借以征求张籍对自己文章的意见。其活用诗歌体裁,深受后人赞誉。1942年,毛泽东为召开延安文艺座谈会,特意发请柬而不是会议通知邀请文艺界人士参加,很好地表达了对文艺界人士的尊重,一时传为佳话。当代作家汪曾祺用写作散文的体式、笔法与意境创作小说,为当代文坛贡献了一批风格独具的优秀作品。韩少功的《马桥词典》以编撰词典的形式写作长篇小说,具体介绍了115个马桥人的词汇,虽然他可能借鉴了塞尔维亚著名作家米洛拉德·帕维奇的《哈扎尔辞典》的创意,但这部作品仍然是中文小说中第一部如此活用文体进行小说创作的作品,达到了很高的文学水平,意义非凡。

当然,对文体的创新与活用,一定要以能很好地适应新的社会需要为前提,以为读者接受并能恰如其分地完成写作任务为目的,造次不得,蛮干不得。

【阅读推荐书目】

1. 郭绍虞主编:《中国历代文论选》(选读其中挚虞《文章流别论》篇),上海古籍出版社 1979 年版。

2. 周振甫:《〈文心雕龙〉今译》(选读其中《体性》《定势》《镕裁》等篇),中华书局 1986 年版。

3. 〔明〕吴讷:《文章辨体序说》,于北山校点 /〔明〕徐师曾:《文体明辨序说》,罗根泽校点,人民文学出版社 1998 年版。

4. 童庆炳:《文体与文体的创造》,云南人民出版社 1994 年版。

【思考与练习题】

1. 何谓文体? 它有哪些构成部分?

2. 谈谈社会需要对文体的影响。

3. 结合自己平时的写作实践,谈谈你对文体选择的看法。

第六章　文学文体

　　某电视剧里有句台词:"实在没办法了,我就去当作家。"剧作者可能有一点调侃作家的意思。但这句话之所以让我不忘,不因其调侃,因其正确。

　　丰衣足食、移山填海、航空航天,总之属于经济和科学的一切事,都证明人类"确实有办法"。但是,比如痛苦不灭,比如战争不停,比如命运无常,证明人类也常常处于"实在没办法"的地位。这时我们肯定会问:我们原本是想到哪儿去? 我们压根儿为什么要活着? ——这样的问题是穷人也是富人的问题,是古人也是今人的问题,这样的问题比科学还悠久比经济还长远,我想,这样的发问即是文学的发源和方向。

　　但这样的发问,仍是"实在没办法"得到一个终极答案。否则这发问就会有一天停止,向哪儿去和为什么活的问题一旦消失,文学或者人学就都要消灭,或者沦为插科打诨式的一点笑闹技巧。

　　有终极发问,但无终极答案,这算什么事? 这可能算一个悖论:答案不在发问的终点,而在发问的过程之中,发问即是答案。因为,这发问的过程,能够使我们获得一种不同于以往的与世界的关系和对生命的态度。

　　但千万不要指望作家是什么工程师或者保险公司,他们可能只是"实在没办法"时的一群探险者。我想这就是作家应该有一碗饭吃,以及有时候可以接受一点奖励的理由。

——史铁生《获"庄重文文学奖"时的书面发言》[①]

　　作家史铁生的这番话,说出了文学的本质:文学是人学,是人对自身境遇以及生命存在意义的终极关怀。文学要解决和要满足的,不是人类基本的物质需求,而是人类的精神需求。在哲学家眼里,人类精神方面的需求是其内在的和本质的需要,正因为如此,文学可以被视为人类的一种生存方式。诗人荷尔德林有一句非常著名的诗句,它是这样赞颂人类的:

　　　　充满劳绩,然而人诗意地
　　　　栖居在这片大地上。[②]

[①] 《史铁生散文》(上),中国广播电视出版社1997年版,第248~249页。

[②] 转引自[德]海德格尔:《荷尔德林诗的阐释》,孙周兴译,商务印书馆2000年版,第35页。

海德格尔对此作了深刻的阐释。人类的充满劳绩的现实世界只不过是一种有限的世界,人类应该冲出这有限的世界,达于更加自由的无限世界。文学作为一种创造性的精神活动,可以帮助人类超越有限,在一个有限的世界里"诗意地栖居",实现其对无限的向往和追寻。

文学传达的是人的精神性需求而非工具性需求,因此文学作为一种文体,不同于应用性的公务、学术等文体,它有着自身独特的创作和审美特征。

文学文体的基本特征,主要涉及两个方面:

(1) 文学有其独特的反映对象。童庆炳认为,文学的内容即整体美的个性化的生活。首先,文学反映的是整体的生活。文学总是以活生生的、具体感性的、不可肢解的生活的整体作为其描写的对象和内容,并在这种生动可感的描写中揭示出生活的本质和规律。"一首短诗可能只抒发诗人瞬间的一点感受,一篇小说可能只写两三个人之间的一点纠葛,但都是一个活生生的完整的世界,在那里面闪烁着生活的全部色彩。因为个体总是这样那样反映着整体,个人总是这样那样反映着世界。"① 其次,文学反映的是美的生活。文学描写的对象和内容必须具有审美价值,或是在被描写之后具有审美价值。审美价值的形成,既与描写的审美对象有关,也与审美主体的审美态度和审美趣味有关。最后,文学反映的是个性化的生活。文学创作是一个高度个性化的过程,作家独特的经历、思想、情感及其对文学独创性的主动追求,会使其在对生活的反映中留下极为深刻的个人化印记。正因为如此,文学文体有着鲜明的个性色彩,这与其他文体所具有的模式化特征是截然不同的。

(2) 文学有其独特的反映形式。文学的形式包括经学家王弼所说的"言、象、意"三个要素,形成一个由表及里的、复杂的、完整的审美层次结构。文学创作就是一个由"言"成"象"、由"象"达"意"的审美创造过程。"言"是文学话语的层面,是作家运用语言诗意地创造出来的特殊话语系统。文学话语有着形象化、情感化、象征化和个性化等诸多特征,表现出独特的艺术魅力。"象"是指文学形象的层面,是作家运用文学话语创造出来的具体可感的生活图景。文学形象也有其自身的独特性,如主观与客观相统一、虚构与真实相统一、个别与一般相统一、确定性与不确定性相统一,等等。"意"则是文学审美结构中的纵深层次,简单地说,就是指文学作品中具体表现出来的思想、情感和韵味。

文学体裁也可以看作文学形式,它是文学外在的文本表现形态,具体包括诗歌、散文、小说、戏剧、影视文学、报告文学等。本章主要介绍前面四类体裁的写作。

---

① 童庆炳:《关于文学特征问题的思考》,《中国新文学大系 1976—1982·理论一集》(上卷),中国文联出版公司 1988 年版,第 658 页。

第一节　诗　歌

她的眼睛和手里的文身都是巴勒斯坦的

她的名字,巴勒斯坦的

她的梦和悲伤,巴勒斯坦的

她的方头巾,她的双脚和身体,巴勒斯坦的

她的语言和她的沉默,巴勒斯坦的

她的声音,巴勒斯坦的

她的出生和死亡,巴勒斯坦的

　　——[巴勒斯坦]穆罕默德·达维什《巴勒斯坦的情人》①

　　这是被称为"巴勒斯坦民族诗人"的穆罕默德·达维什的作品。这首诗在阿拉伯各国广为流传,家喻户晓。诗歌的背景是巴以冲突。对于巴以冲突,诗人解读为"两种记忆之间的斗争",而对于诗歌,诗人曾在一次演讲中说道:"诗歌真正的身份,乃是它的人道精神,它的独特之美,它在多文化、多语言间的自由旅行。我们不能把诗歌限制在一个狭窄的围墙之内,它必定会参与塑造一个民族的文化身份,抵御对这一身份的攻击,抗拒剥夺民族表达自我特性的一切。"②《巴勒斯坦的情人》实际上就是穆罕默德·达维什对巴勒斯坦历史和命运的抒写,是对阿拉伯意识和巴勒斯坦身份的坚守。正像诗中所写的,"她的出生和死亡,巴勒斯坦的"。"她",是巴勒斯坦的,为巴勒斯坦而生,也为巴勒斯坦而死。这首诗非常深刻地表现了巴以冲突背景下巴勒斯坦人深重的苦难意识、强烈的民族情感和不屈的抗争精神。诗歌并没有使用多少华丽的辞藻和技巧,句式也简洁到近乎简陋,却因为诗人厚重的情感和深邃的思想获得了最直观、最动人心魄的力量。最高的技巧是无技巧,诗人做到了这一点。

□■ 一、诗歌概说

(一)诗歌的界定

　　诗歌是一种最为古老的文学文体。它通常采用分行排列的语言形式,富于韵律美和节奏感,多运用隐喻和象征,有强烈的抒情意味,表现出作者敏锐的直觉和超乎寻常的想象力,能够高度凝练地反映社会生活和抒发思想情感。

　　什么是诗? 这是一个看似简单实则不太容易回答的问题。我国古代的文人

---

① 《诗歌月刊》2013 年第 6 期。
② 《诗歌月刊》2013 年第 6 期。

学士,主要关注的是诗歌的功用问题。从个体的层面上看,诗即"志",所谓"在心为志,发言为诗",这就是"诗言志"的意思;从社会的层面上看,诗"可以兴、可以观、可以群、可以怨",诗是社会情绪的反映,可作为统治者了解民间舆论的工具。不过在有关诗歌的类似言论中,对诗歌文体却没有进行过明确的界定。我国现当代诗人对于诗歌的理解多受西方的影响,但西方也较少从文体的角度界定诗歌,这一点同中国相似。亚里士多德在《诗学》中说,诗是叙述或然之事及表现普遍的,认为诗歌模仿的是具体可感的带有偶然性的事情,但同时又在其中反映了某种有着普遍性的内涵;英国浪漫主义诗人雪莱在《诗辩》中把诗歌看作诗人超凡的想象力的表现;高尔基在《论文学》中强调真正的诗永远是心灵和灵魂的真实写照;法国象征主义先驱波德莱尔针对浪漫主义诗歌重情感的特征提出诗歌要重思想;另一位法国象征主义诗人瓦雷里也反对诗歌写作仅仅依赖灵感,主张诗人要有抽象思维的理性,诗歌理应倾向内心的真实,他认为诗歌是用词语来表达思想的,诗人热衷的是某种幻觉或者对于某种世界的幻想,是创造一种没有实践意义的现实;超现实主义诗人布勒东接受弗洛伊德的精神分析学说,提倡自动写作,认为诗歌应该探索诗人心理深层的潜意识,应该摆脱逻辑的束缚而重视直觉,重视潜意识与梦的经验;美国嚎叫派诗人金斯伯格主张"别把疯狂藏起来",认为诗歌是痛苦与狂欢的发泄等。可见,不同诗人、不同流派对于诗歌都有着各自的倾向性认同。虽然各有偏重,但总体而言,强调了诗歌所具有的情感、直觉、想象、思想、心灵再现和表现的普遍性等特质。不过严格说来,这些都只是诗歌文体在内容方面的特征,或者说是诗歌文体鲜明的精神气质。对于诗人而言,内在的精神世界以及如何去呈现这个世界才是最重要的事情,至于这种精神活动所依附的形式似乎并不值得过多探讨。

(二) 诗歌的分类

根据不同的原则和标准,可以将诗歌划分为不同的种类。

1. 按内容分类

(1) 抒情诗。抒情诗是集中抒发诗人主观情感的一种诗体。抒情诗一般无须详细叙述生活事件的过程,没有完整的故事情节,不具体描写人物和景物。抒情诗大多篇幅短小,但朗朗上口,回味隽永,有着极强的艺术魅力。诗人因物感兴,触景生情,直接表达对生活的体验和感受,用个性化的风格和精妙的语言去表现社会生活和内心世界,具有强烈的抒情色彩。诗人的抒发是非常个性化的,却往往能够典型地反映人类永恒而深刻的情感。比如李商隐的"此情可待成追忆,只是当时已惘然",是写自己对妻子的怀念之情,却因为表达了人类共同的心声而成为千古佳句。中国古代的山水田园诗、咏物诗、送别诗、边塞诗、怀古诗(咏史诗)、悼亡诗、行旅诗和闺怨诗等大都属于抒情诗的范畴。在西方,因其内容不同,抒情诗分为颂歌、情歌、哀歌、挽歌、牧歌等。

（2）叙事诗。叙事诗是以诗的形式和诗化的语言叙述事件、刻画人物的一种诗体。与抒情诗不同,叙事诗有比较完整的故事情节和鲜明的人物形象;但与小说和戏剧相比,叙事诗又显得更为简练概括和充满情感色彩,它的情节比较单纯,人物比较少,没有详细的场景描绘,叙述时跳跃较大。《荷马史诗》、但丁的《神曲》、普希金的《叶甫盖尼·奥涅金》、中国古代的《孔雀东南飞》和现代诗人李季的《王贵与李香香》等都属于叙事诗。

（3）哲理诗。诗人在诗歌中抒发自己的所感所悟,常常会诗意化地表达一定的哲理思想,不过在抒情诗和叙事诗中,这种表达要次于抒情和叙事。哲理诗则不然,这种对于自然和社会的理性体悟在诗中占据着主导的地位,表现出冷静的理性的艺术风格。如苏轼的《题西林壁》:"横看成峰侧成岭,远近高低各不同。不识庐山真面目,只缘身在此山中。"诗歌表达了要想客观全面地认识事物就要从多个角度去观察的富有哲理的思想。哲理诗也往往与诗人对哲学、宗教和玄学的认知有着密切的关系。像德国古典浪漫派诗人荷尔德林,他热衷哲学,也当过牧师,他的很多诗作就洋溢着哲学和宗教的情怀,放射出炫丽深邃的思想光芒,以至于又反过来吸引了哲学家去研究他。

2. 按体裁分类

（1）格律诗。格律诗是按照固定的格式和严格的韵脚创作的诗歌。格律诗要求在诗的行数、诗行的字数、诗句的节奏和字词的平仄音韵或西方所说的音步等方面都有必须遵循的格式和章法。格律诗又可分为古代格律诗和现代格律诗。中国古代的律诗、绝句、词和曲等样式就属于古代格律诗。现代格律诗是针对一部分新诗而言的,这些新诗具有诗行整齐、诗节匀称、节奏鲜明以及韵律和谐的特点。闻一多的《死水》和余光中的《乡愁》等都是现代格律诗。

（2）自由诗。自由诗是与格律诗相对而言的,是指在诗歌语言形式上不受格律限制的、较为自由的诗体。诗的分节、诗行的长短、字数的多少以及节奏和韵律都没有严格的规定和固定的格式。自由诗所遵循的,是通常所说的对语言的感觉,是内在的韵律,根据情感和情绪的状态安排诗歌语言的节奏,让诗歌的吟咏更贴近诗人内心的最自然的声音,让诗人可以更加自由地反映社会生活和抒发思想情感。正是因为自由诗的这种无拘无束的优点,它成为当代最流行、最常见的诗体。

（3）散文诗。散文诗其实也可以看成是自由诗的一种。但因其外在的文本形态有别于一般意义上的自由诗而类似于散文,显得比较特别,所以也不妨单论。散文诗是诗性的语言同更加自由的文本形式——散文相结合的产物。散文通常写实地摹形状物、抒发思想情感,散文诗则擅长使用隐喻和象征,其本质是诗性的。散文诗的概念最早是由波德莱尔提出来的,他也积极进行这种特殊诗歌文体的创作实践,创作了《巴黎的忧郁》等散文诗集。泰戈尔的《飞鸟集》也是非常优秀且流传广泛的散文诗作。中国散文诗的开山之作则是鲁迅的《野草》。

(三) 诗歌的特点

1. 诗歌总体上都是抒情的

"诗缘情",是中国诗歌的传统观念。在各种文学形式中,只有诗歌的抒情色彩最为浓厚。诗歌可以没有小说的情节,可以没有戏剧的冲突,但绝对不能没有真挚厚重的情感。诗歌中的艺术形象源自诗人的心灵,是诗人主观世界的具体化和形象化,反映的是诗人的真情实感。诗歌中的这种情感,一方面是极其个性化的,另一方面又能集中地、概括地表达出人类最普遍的情感状态和情绪体验。从"小我"见"大我",因"小我"而生动,因"大我"而深刻,这便是亚里士多德所说的或然性与普遍性的结合,真正意义上好的诗歌正是两者完美结合的产物。

叙事诗是以叙事为主的,但它又与别的叙事文体不同,其叙述语言有极强的主观色彩,充满了诗人内在的激情,如何其芳在《谈写诗》中所说,叙事诗人不是在讲说一个故事,而是在歌唱一个故事。同样在哲理诗中,诗人冷静的理性下也或明或暗地流动着真挚的情感。1946 年诺贝尔文学奖获得者,被称为"德国浪漫派最后一位骑士"的赫尔曼·黑塞,他的美学世界交融着东西方哲学的深刻影响,他的诗歌充满了深邃的理性,同时也流露出浓郁的孤独、感伤、矛盾、彷徨的情感。

20 世纪西方现代主义思潮表现出一种反抒情而强调智性的特征,强调用思考代替抒情的主体地位。从表面上看,似乎现代主义诗人们反对抒情,但实质上他们反对的只是浪漫主义的抒情方式。他们认为属于农业社会的田园牧歌式的抒情已经不合时宜,大工业生产带来了一个复杂多变、让人无所适从的现代社会,面对这个全新的世界诗人应该抒发波德莱尔所说的"思考的痛苦"。现代主义诗歌并不是放弃了抒情,而是在探索改变抒情的方式。在新的抒情方式中,理性的价值被空前地强调,用既是诗人也是学者的彭燕郊的话说,对现代诗人而言,要以思考为第一选择,思考成了第一冲动。

2. 诗歌的艺术形象通常是隐喻的和象征的

诗歌艺术的关键就是通过敏锐的感觉和大胆的想象将无形的情感化为有形之物,将抽象的观念化为生动之物,把作者内在的精神世界化为外在的艺术形象。这种形象化的过程是通过创造诗歌意象来具体实现的。诗歌意象是作者的意中之象,是外界的人、事、景、物、理经过诗人情感的孕育创造出来的独特形象。

诗歌中的艺术想象或意象通常都是隐喻的和象征的,善于传达象外之象和言外之意,这一点在现代主义诗歌中尤为突出。隐喻是用一种事物暗喻另一种事物,是在彼类事物的暗示之下感知、体验、想象、理解此类事物的语言行为。隐喻是诗歌特别是现代诗歌在词句搭配方面的重要特点,它突破词句之间的习惯联系,把一些看似毫无关联的事物联系到一起。如顾城的诗句"太阳是甜的",就运用了隐喻的手法。太阳怎么会是甜的呢? 这句诗在太阳和草莓之间建立了一种隐喻的联系,体现了诗人富有童话色彩的诗性逻辑:太阳是红的,草莓也是红的,而草莓是甜的,所以太阳是甜的。

　　隐喻手法是以物比物,比较具体,象征手法则是根据事物之间的某种联系,借助某人某物的具体形象(象征体),以表现某种抽象的概念、思想和情感。同时象征的使用也可以更具有整体性,成为整首诗的艺术构造。恰当地运用象征手法,可以将某些比较抽象的思想情感化为具体可感的形象,产生意境深远、耐人回味的艺术效果,也让诗歌具有更有弹性的和更为丰富的内涵。如在爱尔兰诗人叶芝那首脍炙人口的《当你老了》中,诗人最后写道:

　　　　垂下头来,在红光闪耀的炉子旁,
　　　　凄然地轻轻诉说那爱情的消逝,
　　　　在头顶的山上它缓缓踱着步子,
　　　　脸庞隐藏在群星之中。①

诗人用山顶的踱步和隐藏在群星中的脸庞这样的意象,比喻无法得到回应的爱情虽然很遥远,却永远在自己的生命中存在着,时常在灵魂深处显现,把他对爱尔兰独立运动的中心人物——美丽的茅冈德的一片痴情表现得淋漓尽致。

　　波德莱尔的诗《对应》非常诗意地表达了象征对于诗人的意义。

　　　　大自然是座庙宇,有生命的柱子
　　　　不时发出隐约的语声;
　　　　人走过那里,穿越象征的森林,
　　　　森林望着他,投以熟悉的眼神。

　　　　如同悠长的回声远远地汇合
　　　　在一个幽暗深邃的统一体中
　　　　广阔得有如黑夜连着光明——
　　　　香味、颜色和声音交相呼应。

　　　　有的香味新鲜如儿童的肌肤,
　　　　柔和有如洞箫,翠绿有如草场,
　　　　——别的香味呢,腐败、浓郁而不可抵御。

---

① 《叶芝抒情诗选》,袁可嘉译,太白文艺出版社1997年版,第33页。

　　　　像无极无限的东西四散飞扬，

　　　　如龙涎香、麝香、安息香和乳香

　　　　那样歌唱心灵和感官的热狂。[①]

在此，波德莱尔把大自然看作一个有具体的象征符号的体系，它对应着人内在的抽象的精神世界，诗人应该调动自身所有的感官并突破日常的感觉界限，"穿越象征的森林"，沉醉其中，成为自然界和人之间的媒介者，用象征的方式在物质化的自然和人的精神世界之间建立神秘的联系。

　　3. 诗歌的语言是富于节奏的

　　诗歌语言一般采取分行的形式，这在很大程度上是出于诗歌节奏的需要。即便是散文诗，虽然没有采用分行排列的形式，也依然讲究节奏的美感。传统的格律诗在诗的音韵节奏方面是极为严格的，并形成了一些固定的模式。格律诗读起来有朗朗上口的优点，但是也具有节奏单一和表达受限的局限。自由诗则在最大程度上解放了诗人的思想情感和语言。有人认为中国的新诗是有缺陷的，它无法像古典诗词那样有音韵和平仄的模式，缺少汉语特有的音乐性。这种观点是保守的，没有看到自由诗在音韵和节奏方面开辟了另一片新的更符合现代人的天地。自由诗的语言更加自然流畅，不重视甚至很多时候还刻意回避诗句的押韵，它追求的是更加自然的表达，是内在的思想、情感和情绪的节奏，是跟诗人思想情感更为贴近的一种语气。自由诗的节奏也因此更加个性化，其变化也更加丰富。中国 20 世纪 80 年代出现的"口语诗"，主张用口头语言，即日常的大白话来写诗，像说话一样写诗。如吴晨骏的《生日快乐》：

　　　　生日快乐，祝你生日快乐

　　　　祝孩子们生日快乐

　　　　祝父母们生日快乐

　　　　祝所有无家可归的人们

　　　　祝仍在战火中逃难的人们

　　　　祝远处谋生的

　　　　祝经常见面的

　　　　祝像鼹鼠一样生活在地下的

　　　　人们，祝天上的雁儿

　　　　河里的鲫鱼，寒风中独自哀愁的灵魂

　　　　生日快乐，生日快乐，生日快乐[②]

---

① 转引自柳鸣九主编：《法国文学史》(中册)，人民文学出版社 1981 年版，第 317~318 页。

② 吴晨骏：《棉花小球》，河北教育出版社 2003 年版，第 185 页。

他使用的语言完全是大白话,甚至有些类似小学生的口气,我们却恰恰可以从中感受到他的低姿态。他要将诗人从高高在上的位置拉回到日常生活之中,让诗歌像普通人说话一样。可以看到,这首诗对于语言和节奏的选择跟诗人独特的诗歌态度是统一的。

二、诗人素养

诗歌似乎是最容易实践的文学文体,尤其是自由诗,既无格律拘束,又无长短限制,几乎所有处于青春期的少男少女都可以写诗、抒情。然而,写诗真的是这么容易的一件事吗? 朱光潜在谈到这一现象时说:"诗是最精妙的观感表现于最精妙的语言,这两种精妙都绝对不容易得来的,就是大诗人也往往须费毕生的辛苦的摸索。作诗者多,识诗者少。心中存着一份'诗容易做'的幻想,对于诗就根本无缘,做来做去,只终身做门外汉。"[①]他认为诗歌是非常不容易写的,真正意义上的诗歌必须同时符合两个条件,即"最精妙的观感"和"最精妙的语言"。"最精妙的观感"要求诗人有一个内在的独特的精神世界,并且能够在自我世界与外在世界的冲突与碰撞中敏锐地感受和思考。"最精妙的语言"要求诗人有良好的语言感觉和表达技巧。前者是诗外功夫,后者是语言能力,两者完美结合才能写出好诗。我们就围绕着这两个方面来具体谈一谈写诗要注意的基本问题。

(一)精神素养

有人说,一流诗人用诗歌写着生命,二流诗人用生命写着诗歌,三流诗人用技巧写着诗歌。不管是一流还是二流,优秀的诗人总是将诗歌与生命紧密联系在一起。只不过一流诗人能够超越自我,用不断延续的作品创造出具有时代性和民族性的伟大的诗人形象,而二流诗人虽然有着真挚的情感,却往往容易局限于自我的经验和感觉,容易与更为广阔的生活相疏离。至于仅仅是靠技巧写诗的人,对于他们而言诗歌只是无聊的文字游戏,他们不能算是真正意义上的诗人。

一个真正的诗人,首先要有独立的艺术人格。彭燕郊十分推崇兰波关于"客观诗"以及马拉美和瓦雷里关于"纯诗"的美学理念。兰波认为诗就是生命本身,是生命存在的基本形式,是物我一体的生命的最高实现状态。马拉美和瓦雷里也认为,诗是精神的最高表现,是存在的绝对方式,是不同于现实世界的绝对世界。这种观点表面上有一种为艺术而艺术的色彩,但其实质则是对诗歌本身所具有的尊严的认可,是强调诗人要有独立的艺术人格。彭燕郊重视这样一种诗歌观念,其目的也是批评国内很多诗人将诗歌视为应时应景之物的现象。他认

[①] 朱光潜:《诗论》,北京出版社 2005 年版,第 335 页。

为,诗歌的独立存在与诗人的人格独立本质上是一致的。

诗人也应该是有丰富而深刻的精神世界的人。因为这个独特的精神世界的存在,他在社会生活中能够获得一种高度与深度兼具的视野、感受力和思考力。"一位大诗人是一种巨大的精神现象,他置身于历史、文化之中,又通过其创造把自己显示为某种新的'源头',具有开创和综合的双重意义。他丰富、深邃的内涵给阐释提供了无限的可能,而多种阐释及参照又与诗人的努力一起构成了对人类精神领域的共同开拓。"① 精神素养的高低最终将决定诗歌境界的高低,决定你能否获得朱光潜所说的那种诗性的"最精妙的观感"。所以,要想成为一个优秀的诗人,要想写出优秀的诗歌,就一定要在塑造自己的精神世界方面下功夫,要让自己成为一个有着丰富而深刻的精神内涵的人。那么,怎样才能成为这样的人呢? 简单地说,就是读万卷书行万里路。一是要多读书,多读好书,要善于在前人的思想中汲取营养。除了诗歌及其他文学文体,还可以读历史、哲学、宗教等方面的书,要尽量多读那些思想深刻的大诗人、大作家、大思想家和大学者的经典著作。二是要勇于实践,在自己独特的人生体验中,在社会和人性面前,做一个有深度的感受者和思考者。这是需要勇气的,因为这种感受和思考常常会伴随着内心的挣扎和痛苦,就像波德莱尔在《西提岛之游》中所描写的:

> 在你的岛上,啊,爱神,我找到一具
> 象征的绞刑架,绞杀的正是我自己的影像。
> 啊,上帝,请赐我力量,赐我勇气,
> 好忍住呕吐来观看自己的灵魂和肉体。②

(二) 语言素养

诗人的语言素养主要是指诗人运用语言创造诗歌意象和锤炼诗句的能力,即是朱光潜所说的形成"最精妙的语言"的能力。

1. 意象的创造

所谓意象,是意与象、主观与客观的完美融合。意象派诗人庞德在《意象主义者的几个"不"》一文中,将意象定义为"在一刹那时间里呈现理智和情感的复合物的东西"③。其后庞德又在《关于意象主义》一文中对这一"复合物"的生成模式进行了大致的描述:"意象可以有两种。意象可以在大脑里升起,那么意象就是'主观的',或许外界的因素影响大脑;如果如此,他们被吸收进大脑融化了,转化了,又以与他们不同的一个意象出现。其次,意象可以是'客观的',攫住某些外部场景或行为的情感,事实上把意象带进了头脑;而那个旋涡(中心)

---

① 西蒙、水碧:《史蒂文森诗集·总序》,国际文化出版公司 1989 年版,第 1 页。
② 转引自彭燕郊:《彭燕郊诗文集·评论卷》,湖南文艺出版社 2006 年版,第 7~8 页。
③ [英]琼斯编:《意象派诗选》,裘小龙译,漓江出版社 1986 年版,第 152 页。

又去掉枝叶,只剩下那些本质的,或主要的,或戏剧性的特点,于是意象仿佛像那外部的原物似地出现了。"① 其实诗歌意象无论是庞德所说的"主观的"还是"客观的",最终都是客观外物与诗人主观的感觉和思想的交融汇合。

我们来看看曾庆仁的诗《一片坐在空中的树叶》:

> 一片坐在空中的树叶
> 姿态优美,它
> 轻轻地摇动天空
> 摇动风中的忧伤
>
> 当你的手伸进黑夜
> 伸进灵魂的果核
> 一片坐在空中的树叶
> 消隐这夜的倦怠
>
> 记忆中寂静的风暴,改变了
> 我生命里阳光的颜色
> 一片坐在空中的树叶
> 燃起梦幻心灵的火焰
>
> 像空气一样自由和孤独
> 一片坐在空中的树叶
> 在我心中,像一个王子
> 高贵,丰富,无与伦比②

这首诗中最重要的意象就是一片树叶,它大概是在万物凋敝的季节里仍残存在那枝头上的一片树叶。它出现在诗人的眼睛里,触发了诗人内心的感动。虽然仅仅只是一片树叶,但经过诗人主观精神世界的投射和提炼,这一片树叶却获得了令人惊异的表现力。"一片坐在空中的树叶",通过一个"坐"字,诗人让这片树叶和他自己的生命状态对应了起来。这真的只是一片树叶吗? 显然,它是诗人的自我写照。"坐"在这里是一种稳定的、固执的姿态,是对抗漫长黑夜的最寂寞的尊严。诗人在这个疏离文学的时代默默坚守着,似乎像一片残存于枝头的树叶那样卑微,那样不合时宜,但诗人因为自己"梦幻心灵的火焰",在"自由

---

① [英]琼斯编:《意象派诗选》,裘小龙译,漓江出版社 1986 年版,第 44~45 页。
② 曾庆仁:《风中的肉体》,湖南人民出版社 2006 年版,第 111 页。

和孤独"中成为其"高贵,丰富,无与伦比"的存在。

在诗歌创作中,诗人根据思想情感和审美选择的需要,可以采用单一的意象比较清澈、透明、集中地进行表达,也可以采用意象群使表达变得更加多元多彩。如舒婷的《祖国啊,我亲爱的祖国》中的片段:

> 我是你河边上破旧的老水车,
>
> 数百年来纺着疲惫的歌;
>
> 我是你额上熏黑的矿灯,
>
> 照在你历史的隧洞里蜗行摸索;
>
> 我是干瘪的稻穗;
>
> 是失修的路基;
>
> 是淤滩上的驳船,
>
> 把纤绳深深
>
> 勒进你的肩膊,
>
> 祖国啊! ①

诗人在全诗中还有:"我是贫困,我是悲哀""我是你簇新的理想,刚从神话的蛛网里挣脱""我是你雪被下古莲的胚芽,我是你挂着眼泪的笑涡""我是新刷出的雪白的起跑线"……诗人借用上述多个意象的组合叠加,抒发了自己对灾难深重、古老而又年轻的祖国的深厚感情。在这里使用意象群的好处是多面多彩地描绘了祖国的形象,也相应地更加多彩地表现了诗人情感的丰富性。

意象生成的具体方法有很多,如虚与实转化,人与物转化,物与物转化,内与外转化,大与小转化,远与近转化,多与少转化,部分与整体转化,历史与现实转化,现实与未来转化等。总的说来,诗歌意象的创造并没有什么定格,不过有一点是可以肯定的,即要想创造出好的意象,既要有长期的社会生活和思想情感的积累,也要有对事物的敏锐独到的观察和感悟。

2. 诗句的锤炼

要想让诗歌语言富有诗意或诗味,首先要注意在下面三个最基本的方面多加锤炼。

(1)跳跃性。诗歌是一种分行排列的文学文体,由于分行排列,诗歌语言的表意具有跳跃性。诗歌语言的跳跃性,是指诗歌语言具有一种非线性的特点,不像散文的线性主旨那样一线连接,有头有尾,因果性较强,而是在语言表达中间留有空白或出现断裂,语言的内在含义出现了并列或转折。诗歌语言的跳跃性是高度的化繁为简的艺术概括能力的体现,也有利于增加诗歌艺术和审美空间

---

① 《诗刊》1979 年第 4 期。

的弹性,给读者更多的想象空间。当然,这种跳跃性必须是合理的,要受到思想情感的逻辑性和连贯性的约束。我们看杜甫的《绝句》:

　　　　两个黄鹂鸣翠柳,

　　　　一行白鹭上青天。

　　　　窗含西岭千秋雪,

　　　　门泊东吴万里船。

诗的第一行写“黄鹂”,第二行则转写“白鹭”,第三行写“西岭”,第四行又写“东吴”,均呈跳跃状态,呈现出典型的诗歌语言的特点。

　　(2) 形象性。一般而言,诗歌语言是一种形象化的语言,应该生动可感,应该有形体感、色彩感、声音感,应该化抽象为具象。如 2011 年诺贝尔文学奖得主托马斯·特朗斯特罗姆的《自 1979 年 3 月》:

　　　　厌烦了所有带来词的人,词而不是语言

　　　　我走向白雪覆盖的岛屿

　　　　荒野没有词

　　　　空白之页向四方展开!

　　　　我触到雪地里鹿蹄的痕迹

　　　　是语言而不是词。①

　　诗人认为诗歌的语言是有生命的,它不是词的堆砌与组合。寻找诗歌语言的创造性过程如同“走向白雪覆盖的岛屿”,在几乎没有任何脚印的这一片“空白之页”上突然“触到雪地里鹿蹄的痕迹”。这首诗十分形象地表达了诗人的美学观念。当然诗歌语言的形象性并不是绝对的,也有许多优秀的诗作并没有使用形象化的语言,但通过思想和语言自身的张力,也同样可以产生奇特的艺术魅力。

　　(3) 音乐性。传统格律诗的音乐性主要靠严格的押韵、声调和节奏来形成一种复沓回环的音乐效果,这是外在的音乐性。现代诗更注重内在的音乐性即情感、情绪的律动。它可以有很强的节奏感,也可以仅仅表现为一种说话的语气。诗歌的初学者,在诗歌语言的音乐性方面,往往容易拘泥于押韵、声调、节奏等外在的形式,诗写起来仿佛不是自己在说话,而是为某种固定而单一的声音模式所绑架。其实对于诗句的音乐性而言,最重要的是要自然,要能够真实地表现内心的情感和情绪的起伏波动。

　　3. 结构的把握

　　诗歌的结构也可以视为诗歌语言表达的重要一环。完美而独特的意象和富

---

① ［瑞典］托马斯·特朗斯特罗姆:《特朗斯特罗姆诗全集》,李笠译,南海出版公司 2001 年版,第 300~301 页。

有诗意的语言,需要有一个恰当的结构来加以统摄,这个结构应该兼顾逻辑和审美,这样才能更明晰、更艺术地表达思想和情感。

　　诗歌结构的方式有多种可能,作为初学者,可以从古诗"起""承""转""合"的章法特点学起,这是诗歌乃至各种文学性文体创作的最基本的结构形式。古诗最基本的章法分为"起""承""转""合"四部分。在古诗中,"起"句为一诗之首句,属于开篇的"话头",引出下面的内容。"起"句的主要作用有三:其一,交代人、时、地、事、环境;其二,渲染气氛,烘托感情,奠定基调;其三,统领全篇,设置线索,照应题目。"承"句与"起"句语意接近,关联密切,但它对"起"句起着延续和深化的作用。"起"句和"承"句在结构上有着承上启下的关系。"转"句是结构上的转折,常表现为由物及人、由景及情、由事及理的思路上的转换,前面铺垫蓄势已足,陡然一转,别开生面,让诗歌顿生波澜。元人杨载谈及绝句篇章特点时说:"大抵起承二句固难,然不过平直叙起为佳,从容承之为是。至如宛转变化工夫,全在第三句,若于此转变得好,则第四句如顺水之舟矣。"诗歌创作往往一"转"见高下,可见"转"句之关键。所以写诗要善于在"转"上面下功夫。"合"句是对全诗"起""承"与"转"的整合或总结,无论是抒情、言志、明理,这时水到渠成,自然天成,又往往留有无穷回味空间。如唐孟浩然《春晓》:

　　　　春眠不觉晓,(起句)

　　　　处处闻啼鸟。(承句)

　　　　夜来风雨声,(转句)

　　　　花落知多少。(合句)

该诗是诗人隐居在鹿门山时所作。"起"句破题,写春睡的香甜;"承"句接上,既写醒来的原因,也进一步写春天的生机盎然和美好;第三句忽地一"转",诗人记起了昨夜的风雨,让诗意生起反差和波折;最后一句"合"上,写眼前风雨后的落英缤纷,在喜春的心情上又添上一份惜春、伤春之情,更充分地表达了春天的美好。

　　在绝句里,"起""承""转""合"为四句,而在篇幅较长的诗歌里,则是四个篇章部分,每个部分可以是一句,也可以是多句。无论旧体诗还是新诗,对于诗歌结构的学习和掌握,初学者可以在"起""承""转""合"的章法上多加练习和总结。当然,最终法无定法,诗歌的结构并不是绝对程式化的,写作者在个人化的写作探索中,可以不断去尝试诗歌结构的突破和创新。

第二节　散　　文

　　我从小就喜欢舞笔弄墨。我写这种叫做散文的东西,已经有五十年了。

虽然写的东西非常少,水平也不高;但是对其中的酸、甜、苦、辣,我却有不少的感性认识。在生活平静的情况下,常常是一年半载写不出一篇东西来。原因是很明显的。天天上班、下班、开会、学习、上课、会客,从家里到办公室,从办公室到课堂,又从课堂回家,用句通俗又形象的话来说,就是:三点一线。这种点和线都平淡无味,没有刺激,没有激动,没有巨大的变化,没有新鲜的印象,这里用得上一个已经批判过的词儿:没有灵感。没有灵感,就没有写什么东西的迫切的愿望。在这样的时候,我什么东西也写不出,什么东西也不想写。否则,如果勉强动笔,则写出的东西必然是味同嚼蜡,满篇八股,流传出去,一害自己,二害别人。

——季羡林:《我怎样写散文》①

这段文字引自季羡林先生的《我怎样写散文》。这篇告诉读者如何写散文的文章本身就是一篇散文。这篇散文告诉读者,写散文最关键的是有灵感。没有灵感,勉强下笔,无病呻吟,肯定写不出好散文。或者说,散文作为展示人类的心灵、思想的载体,需要的是真情实感,即心灵的感悟和冷静的思考是产生佳作的必备前提。

■■ 一、散文概说

散文是一种游离于文学与非文学之间的文体。在我国古代,文学散文与非文学散文是混在一起的,统称"文章"。在现代,散文成为新文学的一个独立部门,但依然存在着这种游离性:它既属于文学,但又非纯艺术。这就是说,一方面它具有文学的一些特质,如形象化、抒情性、文字美等,另一方面它在选材与写法上,又可以自由些,随便些,像家常闲话一样。于是,有的散文,文学色彩比较浓,比较强;有的散文,文学色彩则比较淡,比较弱。在这浓淡和强弱之间,人们依据自己的认识和判断,来划分散文概念的内涵与外延,自然便出现了对散文概念的不同理解。

从历史角度看,我国从古至今,随着散文的发展,散文的概念也一直在不断变化,总的趋势是,散文广义与狭义的概念总是波浪式地交替出现的。当其概念过"广",人们便要求相对的"狭",当其概念过"狭",人们则要求相对的"广"。

从地理角度看,不同地区和国家,对散文的理解也是不同的。比如,在西方国家,其散文是与韵文相对而言的,包括小说、戏剧、散文诗、论文等,这种散文,即"prose"。另外,还有一种被称为"essay"的散文,"五四"时期曾将之翻译成

---

① 季羡林主编:《我怎样写散文》,季羡林:《朗润琐言:季羡林学术思想精粹》,人民日报出版社 2011 年版,第 323 页。收录时略有改动。

小品文或随笔。

在我国，散文之含义则不同于西方。六朝以来，为区别于韵文、骈文，而把凡是不押韵、不重排偶的散体文章，概称散文。但由于小说、戏剧不发达，且遭受正统文学观念的排斥，因此我国散文的范围并不像西方的 prose 那样包括小说和戏剧。"五四"以后，文学散文从广义的散行体文章中独立出来，并且受西方 essay 的影响，普遍地使用小品文的概念。然而，什么是小品文，也并无定论。有人说它相当于西方的 essay。这个词的原意是尝试，更恰当的翻译是试笔，指那些一时兴到，偶书所见的文字。这一类文字在西方有时是发挥思想，有时是书写情趣，有时是讲述故事。中文中的小品文含义似乎更广，凡是篇幅较短，起于一时兴会的文字都可以纳入小品文的范畴，所以书信、游记、书序、语录以至于杂感都包括在内。

现在，人们通常认为，散文有广义和狭义两种概念。广义的散文，是与韵文相对而言的，凡是不押韵或不重视骈偶的文章，都可以叫散文。狭义的散文，在现代，是指小说、戏剧、诗歌之外的一种篇幅较短、题材广泛、表达自由的文学样式。

■ 二、散文的特征

散文这种文体特别自由，特别灵活，特别开放。著名学者南帆先生认为，散文的首要特征就是无特征："中国的散文渊远流长，名作纷呈，但是，这些散文并未遗传下一套相应的惯例或者成规。事实上，散文的文体不拘一格，它的边界完全撤除。散文可以兼容诗的成分、小说的片段或者论文的雄辩，散文也可以是序、跋、书信、笔记或者铭文。作为一种文类，散文的内涵模糊不定。多种文类都可能以不同比例、不同的变异栖居在散文之中。这时人们可以说，散文的首要特征是无特征。"① 当然，学术界对散文"无特征"的特征依然有一些共通的、明确的认识和理解。

（一）较强的纪实性

虚构是诗歌、小说、戏剧最鲜明的艺术手法，是其在文学芳草地中赖以闪烁光辉的艺术保证。而散文作为文学家族不可或缺的成员，却与虚构无缘。纪实性是散文最鲜明的审美特征之一，是散文存在的基石，同时也是文体识别的首要依据。散文是依靠纪实性而存立的文学文体，崇尚表现真人真事、真情实感。散文具有较强的纪实性。但对纪实的程度，散文界又有三种不同的理解：

第一种是主张绝对真实。如周立波认为："描述真人真事，是散文的首要特征。散文家们要依靠旅行访问，调查研究来积蓄丰富的素材；要把事件的经过、

---

① 南帆：《文类与散文》，《文学评论》1994 年第 4 期。

人物的真容、场地的实景审察清楚了，然后才提笔伸纸。散文特写决不能仰仗虚构。它和小说、戏剧的主要区别就是在这里。"①

　　第二种是主张"大实小虚"。如韩少华认为："作为当代文学创作领域中的非虚构文学样式的散文，在它与传记文学、报告文学相对照的时候，是有两点应予注意的：一是它在题材的纪实性质上同其他非虚构文学作品的原则上的一致性，或共同性；二是在一致性或共同性之中，又保持着自己的一定限度内的灵活性，或差异性——即细节或细部上的虚构。这在传记与报告文学中，一般是不被允许的。"②

　　第三种是主张虚实的程度取决于写作的目的——供实用的散文要严格地写实，供欣赏的散文允许有虚构的成分。如寇显认为："谈散文创作，我们还不能不谈虚构。虚构是文艺创作普遍采用的一种方法，它对于概括社会生活、塑造典型形象、突出作品主题均有不容忽视的作用。散文创作也不一味地排斥这种方法。具有写实特点的散文体裁之所以不排斥虚构，是因为人们写散文，自古以来就有供实用和供欣赏的分别。供实用的散文，只能严格地写实，不允许有任何虚构，而供欣赏的散文，在写实上就不那么严格，允许有虚构的成分存在。"③

　　在这三种意见中，第二种意见是最为可取的。因为"大实小虚"说在实践上既反映了散文创作的客观实际，在理论上也顺理成章。散文是文学作品，而虚构是文学作品常用的一种手法，所以散文不可能与虚构无关，但这种虚构又不能破坏散文的纪实性原则，所以它只能是"大实小虚"了。

（二）取材的广泛性

　　散文题材广泛而不拘一格，大至国内外政治、经济、文化、军事等领域，小至家庭个人的喜怒哀乐和柴米油盐酱醋茶。古今中外，天南海北，甚至一山一水、一草一木、一花一叶、一虫一鸟、一人一事、一物一景、一器一皿、一句诗、一首歌，皆可随作者的意愿纳入散文的构思。用周立波的话说："举凡国际国内的大事，社会家庭的细故、掀天之浪、一物之微、自己的一段经历、一丝感触、一撮悲欢、一星冥想、往日的凄惶、今朝的欢快，都可以移于纸上，贡献读者。"④散文尤以写细小、片段、零散的事物见长。大凡诗歌、小说、戏剧不便、不宜表现的生活内容，无一不是散文写作的材料。

（三）形散神不散

　　"形""神"在我国古代，最早是一对哲学范畴，指的是人的形体与精神。后来

① 周立波：《散文特写选》，人民文学出版社 1963 年版，第 10 页。
② 韩少华：《散文散论》，《散文写作艺术指要》，东方出版社 1997 年版，第 1153 页。
③ 寇显：《散文写实说》，《散文》1983 年第 3 期。
④ 周立波：《散文特写选》，人民文学出版社 1963 年版，第 2 页。

开始进入画论,继而又进入诗论、文论等领域,用以概括绘画中形貌与神气、诗文中形式与内容的关系,并对我国不重形似而注重神韵的传统审美意识的形成有着直接的影响。作为一种文学样式,散文自然同样具备"形"与"神"这两个层面。

"形散",是指散文是一种行文自由的文学样式。其他文学样式在表达的时候,要恪守一定的行文规范,自由的言说会导致文体的越位,如诗歌以分行的外形营造优美的意境,小说以情节故事刻画人物形象,戏剧以既定的空间集中反映矛盾冲突。散文在几乎没有约束的语言体系中,通过高度自由的内质和外形的设置,自由散漫地表达作者的情绪和倾向。这是散文区别于其他文学文体和实用文体的重要审美特征。

总之,与小说、戏剧等较规范的程式相比,散文在选材、结构和行文上没有严格的限制和固定的模式,灵活、随意是它的长处。著名散文家李广田说:"诗必须圆,小说必须严,而散文则比较散。若用比喻来说,那就是:诗必须像一颗珍珠那么圆满,那么完整。……小说就像一座建筑,无论大小,它必须结构严密,配合紧凑……至于散文,我以为很像一条河流,它顺了壑谷,避了丘陵,凡可以流处它都流到,而流来流去却还是归入大海,就像一个人随意散步一样,散步完了,于是回到家里去。"[①] 这就是散文和小说、诗歌在体制上的不同之处,也足以见出散文之散的特色来。

不过,散文之"散"并非散乱、松散。散文的前方有一个目标,有一个归宿,使得它散布着的各点,有一条轴线串联,有一个中心凝聚,就如同江河终会入海、散步总要回家一样。结构、取材、行文等,自然是文章的"形",而目标、归宿、轴线、中心,就是文章的"神"。

"形散神不散"的特征,虽然普遍存在于散文之中,但需要指出的是,普遍不等于唯一,也不等于全部。对于"形散神不散"的概括,决不能作机械的理解,更不应当将其视为散文创作的教条。散文是一种最为自由活泼的文体,它之所谓"散",是不能用任何有形或无形的藩篱来束缚的。一旦我们心中有了"形散神不散"的框限,并且刻意追求,那么"形散"事实上也就蜕变成为"不散"的枷锁,散文创作变成了千人一面,其创造力与生命力必然因此而窒息。

■■ 三、散文的分类

散文是一个"种"文体,它包含有小品文、记事文、抒情文、回忆录、速写、素描、游记、风俗志、随笔、序跋、书牍、日记等"类"文体。这种"类"文体的划分标准并不统一,比较适合于作为报刊的"栏目",而非写作学意义上的"类"。在写

---

① 李广田:《谈散文》,俞元桂等选编:《中国现代散文理论》,广西人民出版社1984年版,第148页。

作学上,通常根据内容和表达方式的不同,把散文分成三大类。

第一类是叙事散文。叙事散文是以写人记事为主的散文。这类散文对人和事的叙述和描绘较为具体、突出,同时表现作者的认识和感受,也带有一定的抒情成分,字里行间往往饱含感情。叙事散文侧重于从叙述人物和事件的发展变化过程中反映事物的本质,具有时间、地点、人物、事件等因素,从一个角度选取题材,表现作者的思想感情。例如鲁迅的《藤野先生》、吴伯箫的《记一辆纺车》、朱德的《回忆我的母亲》。根据该类散文内容的不同侧重点,又可将它区分为记事散文和写人散文。偏重于记事的散文以事件发展为线索,偏重对事件的叙述。它可以是一个有头有尾的故事,如许地山的《落花生》,也可以是几个片段的剪辑,如鲁迅的《从百草园到三味书屋》。在叙事中倾注作者真挚的感情,这是散文与小说叙事最显著的区别。偏重于记人的散文,全篇以人物为中心。它往往抓住人物的性格特征作粗线条勾勒,偏重表现人物的基本气质、性格和精神面貌,如鲁迅《藤野先生》。与小说不同,这类散文的人物形象是真实的。

第二类是抒情散文。抒情散文以一定的事物为对象,侧重于具体生动地抒发作者的情怀,常见的有写景散文。写景散文在写景绘物中融入创作主体的情感,实现情景交融,引领读者身临其境,感同身受。既给人美的享受,又予人心灵的感悟、思想的启迪。好的写景散文融历史、地理、文学价值于一体。抒情散文的特点有以下几点:文中有我,重在抒情;诗情画意,“登山则情满于山,观海则意溢于海”;抒情语言表达方式的运用,具体地说,包括托物抒情、因事(人)抒情、借景抒情等。如周敦颐的《爱莲说》,朱自清的《背影》《荷塘月色》。

第三类是哲理散文,即讲哲理、论道理的散文。这类散文是以散文的形式讲哲理、启迪人生的文章。其一般以一件事开头,论述道理,加以评论总结。哲理散文一般十分工整,除了有“形散而神不散”的特点之外,还具有行文对仗的特点,十分有韵味,不仅余音绕梁,而且内容丰富。杂志《读者》中有许多哲理散文。哲理散文中亦有情感与细节,虽所占甚微,然偶一点缀,却也光辉异常。如刘小枫的《这一代人的怕与爱》,张志扬的《渎神的节日》《门》,以及《李泽厚十年集》(第四卷)里的一些文章,都是很好的典范。

著名学者孙绍振先生认为,上述的划分并不科学,因为散文很少是纯粹抒情而没有叙事或没有一点议论的,也没有一篇散文只是叙事,而没有抒情成分的。还有将散文分为学者散文、作家散文、小女子散文的。孙绍振先生认为,按照作者对散文进行分类也非常的不合理。根据自己的观察和研究,孙绍振先生把散文分成三类。第一类是抒情散文,也就是通常所说的诗化的、美化的、审美的散文。第二类是亚审丑的幽默散文,其特点不是诗化的、美化的、审美的,而是一种相反的倾向,不追求美化,又一点不回避丑化。第三类是既不审美也不审丑的散文。因为审美和审丑都有情感的因素,而这一类尽可能逃避情感,以睿智为主,以智性为特点,它既不审美也不审丑。[①]

四、散文的写作

(一)积淀生活

有的人认为,散文篇幅短,也不是专门刻画人物,不要求有完整的故事,因而没有丰富、坚实的生活基础也可以写出散文。这种认识是不对的。要把散文写好,也必须从生活中来,要注意有生活积累,特别是要注意观察生活。散文的描写力求细腻,不做细致的观察是不行的。写散文需要有丰富的知识,这也要靠日积月累的积攒。一方面,要从实际生活中积累各种知识;另一方面,也要从书本中积累各种知识。不论社会科学知识,还是自然科学知识,都要注意学习。只有各种知识丰富,才能在写作中有广阔的联想,才能使文章活起来。因此,平时就要多看、多记,做好知识储存工作。据资料记载,果戈理的最大嗜好就是记笔记,他把所看到的或听到的奇闻趣事、警句、谚语,都记在笔记本里。有一次他和朋友到饭馆吃饭,一看菜谱,马上记到笔记本里,然后写到作品里去。所以他的朋友管他叫"笔记迷",他的笔记本被称为"万宝全书"。

(二)精于立意

所谓立意,就是在构思和写作过程中,提炼和挖掘主题思想。有人根本否定写文章需要提炼主题思想,主张照生活原样子去写,作者不要去考虑在作品中要表达什么思想。这种主张对于文艺创作是有害的,实际上也不存在这种情形。哪有写作品根本不明确自己要表达什么思想的事情呢?有的文章尽管思想表达比较含蓄、隐蔽,读者在理解上可能各有不同,但是作者的思想肯定是有的。我们写一篇作品,要表达一种思想,这更是常理了。因此说,写一篇作品,不论是真人真事,还是虚构人物情节,都要提炼主题思想。特别是写作散文,就更要明确表达一个中心思想。只有一大堆材料,没有线把它们穿起来,这样文章就会成为一盘散沙。尽管是一篇几百字的短文,也必须提炼出一个明确的思想,就是说要有一个好的主题,并且要力求把主题表现得深刻些、清楚些。

(三)善选类型

我们有了一个好的思想,并且选取了表现这一思想的材料,那么就要考虑:是写成书信体,还是写成日记体?是写成随笔,还是写成偶感?是写成游记,还是写成回忆录?确定具体表达方式应遵循内容决定形式、形式为内容服务的原

---

① 参见孙绍振:《文学解读基础:孙绍振课程讲演录》,福建教育出版社 2017 年版,第 315 页。

则。譬如到苏州旅游之后，你要向父母讲述自己的游踪和观感，就可以写成书信；你在游玩中遇到一些使你感动的人或事，就可以写随笔、漫录；你在游玩虎丘、狮子林、寒山寺、西园、留园等地之后，觉得寒山寺的钟特别吸引人，它引起你的遐思，就可以写成如《社稷坛抒情》那样诗意浓郁的抒情文；如果你是旧地重游，吃到苏州某种土特产而忆起往事，则可以偏重于回忆，写成《小米的回忆》那样的回忆式的散文……总之，要根据立意与内容来确定所选择的散文类型。

（四）巧于布局

散文一般篇幅短小，布局有方便的地方，但要布局得好，却因篇幅短小而有其难处。这犹如一座大山上有小堆的乱石，常常无损大山的壮观。但是一个小园中有一堆乱石，就很容易破坏园林之美。因此，散文的布局——结构十分重要。参观苏州园林，从它精巧的建筑布局上，可以得到启示，可以借鉴它的园林建筑布局来考虑散文的布局。散文的写作也要这样讲究材料的布局、层次、配合、映衬。苏州园林不讲究对称，但散文布局有时则需讲究对称，或对比。那么，散文的整体布局要讲究艺术性，它的局部的布局不是同样要讲究艺术性吗？至于布局的具体方法是很多的，前面讲的线索问题也与布局有关。这里可以着重提一下的是：不少散文的布局都要巧设"文眼"，开头往往似谈家常，结尾则加以深化，画龙点睛，"卒彰显其志"，并且首尾呼应，通体一贯，有机结合。初学散文写作，不妨学习这种布局的方法。

（五）锤炼语言

一篇散文要想成为好的散文还应该锤炼语言。优秀的散文语言都能做到精练准确、朴素自然、清新明快、亲切感人。不同作家有不同语言风格特点，如有的粗犷，有的细腻，有的豪放，有的婉约。如冰心的柔美隽丽，朱自清的绵密醇厚，叶圣陶的清淡平实，徐志摩的繁复浓丽，巴金的热情坦诚，孙犁的真中显美，汪曾祺的融奇崛于平淡，余光中的雅致端丽，周涛的气势磅礴。

第三节　小　　说

我们可以说，作者是在一系列的聚合和交流中刻画他的人物的。这些聚合或交流可以被归为一些描述单元。这一认识可以把关于现代小说的定义修正为如下所述：一篇小说是一个人对一些事物的描述，这些事物在他或别人身边发生，这种描述是在一系列的聚合或交流中完成的①。

——［美］盖利肖《小说写作技巧二十讲》

---

① ［美］盖利肖：《小说写作技巧二十讲》，梁森译编，北京十月文艺出版社 1987 年版，第 3 页。

小说作为一种主要的文学体裁,有其独特的艺术魅力,也有其独特的写作方法。中国古代最早出现"小说"一词,是在《庄子·杂篇·外物》:"饰小说以干县令,其于大达亦远矣。"此处所说的"小说",是指小道理与琐碎的言语,这与当代文学理论中所说的"小说"在语义所指上相差甚远。东汉班固在《汉书·艺文志》中则认为:"小说家者流,盖出于稗官。街谈巷语,道听途说者之所造也。"这里,所谓小说就是市井中的流言蜚语与小道消息。即使在明清中国古代小说体裁业已成熟的时期,人们对小说体裁在理论上的总结还比较滞后,基本停留在《庄子》与《汉书》的年代。清代文学家刘廷玑在《女仙外史·品题》中说:"自来小说,从无言及大道。"清代学者纪昀在《滦阳消夏录自序》中说:"小说稗官,知无关于著述,街谈巷语,或有益于劝惩。"西方文学史中的"小说"(novel),是18世纪后期才正式定名的文学样式,此前对它的称呼是"散文虚构故事"(fiction),将其视为散文中的一类。当代对"小说"的流行定义是:小说是文学创作的主要样式之一,包括三大质素——人物、情节与环境。它是一种以人物塑造为中心,通过故事情节的描写和具体环境的刻画来展示人的生活与生命存在状态的文学体裁。

一、小说的分类

按照不同的写作形态与文本方式,小说可以划成不同的类型。

(一) 按字数多少划分

按照字数多少来划分,小说可以分为四大类:

1. 长篇小说

长篇小说至少十万字以上,多则数百万字。它容量大,篇幅长,情节纷繁复杂,人物众多。长篇小说能广阔而深刻地描写社会生活,能饱满且多样态地塑造人物个性,以此来展示某个时代的历史画卷与生活风貌,如《三国演义》《静静的顿河》等。

2. 中篇小说

中篇小说一般约三万至十万字,其容量与篇幅介于长篇小说与短篇小说之间。它往往截取社会生活的某个时段或某个侧面来刻画人物,线索比较简单,矛盾冲突与人物性格展示不如长篇小说多向而复杂,如《边城》《红高粱》等。

3. 短篇小说

短篇小说一般约一千字至三万字。它的特点是常常选取生活的一个小片段或某个人物来展开故事叙事,且篇幅简短,情节简单,矛盾冲突集中,人物少而精,如《项链》《班主任》等。

4. 微型小说

微型小说可以是几句话,也可以是几段描写,一般在一千字之内,又名袖珍小说、小小说、一滴泉小说、超短篇小说、一分钟小说。如果说短篇小说写的是社会生活与人物性格的一个片段，那么微型小说写的则是社会生活与人物性格的一个小点。它在写作上追求微、新、密、奇。

（二）按写作指称划分

按照写作指称来划分，小说可以分为第一人称小说、第三人称小说。第一人称小说，是指以"我"为小说主人公或主体视角来创作的小说。这类小说大致有这样几个优势：其一，代入感强。无论是创作者还是阅读者，在创作或阅读第一人称小说时，一不小心就会物我一体，产生一种移位交融的感觉。其二，有真实感。第一人称小说写的都是"我"的人生经历，"我"的所见所闻，"我"的喜怒哀乐，这一切若不是"我"亲身所历，就是发生在"我"身边，它们似乎均可以用手摸得到，抓得住，一切均显得那么可靠而真实。其三，实现讲述者与接受者的合二为一。如前所述，写作者与阅读者在写作或阅读第一人称小说时，较容易感觉小说写的或讲的就是"我"自己的故事，这样讲述者与接受者的角色常常移位互换或彼此交融。讲述者可以变成接受者，而接受者也可以变成讲述者。

第三人称小说，是以"他"或"她"为小说主人公，或以"他"或"她"的视角来创作的小说。以第三人称创作的小说大致有这样几个好处：其一，比较客观理性。第三人称是用旁观者的眼光来观察事物，表现社会，评判是非，比照第一人称小说，它似乎较少掺杂作者的个人主观情感，显得相对客观理性。其二，写作更有自由度。在叙事学中，第三人称写作又称"全知全能型"写作，也就是说，写作者可以凌驾于整个故事之上，作品中的人物、故事、场景等无不处于其主宰之下，调度之中。他洞悉一切，随时对人物的思想及行为作出解释和评价。正因为第三人称写作有这样挥洒自如的自由度，所以它能更灵活、更广泛地展示作者的才情，更广阔、更丰富地反映社会生活，大多数长篇小说均采用第三人称写作。

（三）按创作流派与艺术手法划分

按照创作流派与艺术手法来划分，可以分成若干类。这里仅举最主要的几类：

1. 写实主义小说

写实主义小说又称现实主义小说。恩格斯在 1888 年 4 月致玛格丽特·哈克奈斯的信中对写实主义下了一个经典的定义："除细节的真实外，还要真实地再现典型环境中的典型人物。"① 法国文学史家爱弥尔·法盖解释说，写实主义是明确地、冷静地观察人间的事件，再明确地、冷静地将它描写出来的艺术主张。他又说，要从几千几万的现实事件中，选择出最有意义的事件，再将这些事件整理起来，使之产生强烈的印象。总之，写实主义小说强调要按照生活本来的样子来

---

① 《马克思恩格斯文集》第 10 卷，人民出版社 2009 年版，第 570 页。

刻画生活。但是,这种刻画不是照葫芦画瓢,而是要有所扬弃与提高。它来源于生活,但要高于生活。它除了要写出生活的本来面目与细节真实外,还要从这本来面目与细节的真实中演绎出生活的规律与人性的真谛,塑造出共性与个性高度统一的具有强烈艺术感染力的人物角色。写实主义是小说与其他文学样式最常用的一种写作范式。古今中外小说中诸多的经典名著均为写实主义的作品。我国的《儒林外史》、英国的《雾都孤儿》均为这样的作品。

2. 浪漫主义小说

此类小说的特质可以用三个关键词来表达:理想、幻想、想象。此类小说超越现实,以个体的至情或热情执着于写作者的人生理想乃至于幻想。"浪漫"一词,在英语中称为"romantic",其大意是传奇般的、幻想的、不真实的、激情的、富于诗意的等。法国著名浪漫主义女作家乔治·桑曾对巴尔扎克说过:你既有能力而也愿意描绘人类如你所眼见的。好的!反之,我,总觉得必要按照我希望于人类的,按照我相信人类所应当有的来描绘它。浪漫主义与写实主义一样,是小说与其他文学样式的主要写作范式。我国的《西游记》、法国的《巴黎圣母院》均是这样的小说。

3. 意识流小说

其是现代主义小说的一个重要类型。意识流小说有意打破传统小说的时空叙事秩序,它聚焦于人的心理与心理流程,以心系人,以心叙事,着力刻画人的心理波动与流衍。它淡化甚至没有传统小说中最为看重的情节。意识流小说比照传统小说具有更多的动态性、无逻辑性与非理性。它的描写层次可以分为意识层和潜意识层。它的描写方式则有内心独白、自由联想、意识迁移等多种。公认的意识流小说代表作有伍尔夫的《到灯塔去》、普鲁斯特的《追忆逝水年华》、乔伊斯的《尤利西斯》等。

此外,还有古典主义小说、自然主义小说、存在主义小说、结构主义小说、黑色幽默小说等。[①]

(四) 按写作内容划分

小说按照写作内容来划分,也可分成若干类:言情小说、世情小说、神话小说、武侠小说、英雄传奇小说、历史小说、悬疑小说、穿越小说、商战小说,等等。这里也只举主要的几类。

1. 言情小说

言情小说主要写恋爱与婚姻。聚焦于男女双方或诸方相遇、相识与相知的

---

① 这里不说"现代"与"后现代"主义小说,是因为现代与后现代小说包括意识流、存在主义、黑色幽默等小说类型。所谓"现代"与"后现代"分别由这些流派建构而成。

经过,描绘彼此之间的情感纠葛,其中不乏激烈的矛盾冲突。如我国明、清时代的才子佳人小说,德国杰出作家歌德所写的《少年维特之烦恼》等。值得一提的是,我国当代著名作家琼瑶就是以专力写言情小说而卓立于中华文坛的。其所写的《还珠格格》《水云间》《青青河边草》等小说还被改编成影视作品,在我国当代社会具有较广泛的影响。

2. 世情小说

与写实主义小说一样,世情小说是写社会、写人生的,但它们又有所区别。写实是就小说的写作手法与规则而言的,世情则是指小说文本所承载的社会内容。写实主义或现实主义是西方文艺理论中的概念,世情则是我国古代小说理论中的一个独特术语。写实主义强调要写出"典型环境中的典型人物",世情小说则未必如此。世情小说是中国古代白话通俗小说中的一种,又称世情书、人情小说。它"极摹人情世态之歧,备写悲欢离合之致"[1],重在对社会世态的刻画与人性臧否的揭露。如《金瓶梅》《醒世姻缘传》等。

3. 神话小说

神话小说是一种把人类生活与自然力加以形象化、幻化与变形化的小说,或者借助神话来叙写作者的人生愿望与生活理想,或者以神话为题材来展开叙事。它重在想象,重在出人意表的新奇与异化。我国古代著名神话小说有《西游记》《封神演义》《济公传》《八仙传》等。欧洲著名神话小说则有《格列佛游记》《巨人传》等。

4. 武侠小说

武侠小说与世情小说一样,也是我国小说创作与小说理论批评的独特概念。它以侠客或武士为主人公,描写他们的盖世武功或独门绝技,以及他们拯世济民或叛逆造反等行为。武侠小说分为旧派武侠小说与新派武侠小说两类。旧派武侠小说兴盛于清代中期至民国后期,主要写侠客在清官的领导下仗义行侠,为民除害,如《三侠五义》《小五义》等。新派武侠小说兴盛于民国后期直至当下,创作中心主要在香港与台湾地区。新派武侠小说涉及的内容比较广泛,或写几个武林流派与高手争霸江湖,如金庸的《笑傲江湖》;或写武林如"赵氏孤儿"一般的复仇与逆袭故事,如金庸的《雪山飞狐》;或写武林义士拯世济民与反抗强权的壮举,如梁羽生的《七剑下天山》;又或写武林婚恋与其他情感纠葛,如梁羽生的《云海玉弓缘》,如此等等。当代武侠小说家为数众多,金庸、梁羽生、古龙三人成就最高,尤其是金庸的众多作品被改编为影视剧,在整个海内外华人文化圈享有极高的声誉。

---

[1] 笑花主人:《今古奇观·序》,齐鲁书社 2002 年版,第 1 页。

■ 二、小说的写作

小说的写作是一门既专业又很综合的艺术,要写好小说,不是一件简单的事情,要熟悉与拥有的东西很多,譬如你要拥有高尚的人文情怀、要有胜人一筹的胸襟与独具慧眼的审美能力等,这些都是写好小说的必要条件。这里不打算对这些写小说的"人性因子"作过多论述,只对写好小说的写作元素作一些必要的探析。

第一,从生活中学会写作。必须得懂生活。所谓懂生活是指,其一,有广泛的生活经历与阅历。除了有一般人常有的出生、入学、结婚、为人夫为人母、日常生活的油盐酱醋等寻常琐事外,最好还得多出那么一点不太寻常的经历与阅历。别人不曾吃过的东西你曾吃过,别人不曾见到的东西你曾见过。这样,你的见识就比常人要高出一截。其二,在同样或相似的生活环境与生活经历下,譬如,同样都是锅碗瓢盆,同样都是红花绿柳,你却能品味出旁人不曾品味出的人生意义,感悟出旁人不曾感悟出的人生内涵。也就是说,在旁人看似再普通不过的一粒沙中,你能解读出不一样的人生道理,在人们习以为常的一朵花中,你能演绎出引人共鸣的情感真谛。其三,要善于观察并记忆生活。外面的世界很精彩,外面的世界也很无奈。但是,如果你不做一个有心人,不善于观察并记忆这些纷至沓来的丰富的生活,那么最后的结果可能就是船过水无痕,等到你需要表现它们的时候就会觉得无话可说,无事可写。可以这么说,凡是杰出或伟大的作家或艺术家,都是观察力与记忆力过人的人,在一定程度上,文学与艺术不是写作或创作的结果,而是观察与记忆的结晶。其四,要深入生活、扎根生活。这是文学理论与众多写作教材常常讲到的问题,这里在学理上就不再赘述,仅举几个例子。现当代著名小说家柳青之所以写出《创业史》这样的传世名作,就是因为他长期扎根农村。他放着领导干部不做,不愿过城市舒适的生活,在陕西省西安市长安区皇甫村落户扎根14年。现当代另一个著名作家周立波也是写农村生活的高手。他的《山乡巨变》之所以将20世纪50年代初的农村生活写得那么丰富多彩、生机盎然,也是因为他长期扎根湖南益阳农村,与老百姓吃在一起,住在一起,说村民们讲的土话,干村民们做的粗活,关心村中家长里短的矛盾与琐碎小事,喜他们所喜,乐他们所乐,将自己变成一个地地道道的湖南村民。

第二,从阅读中学会写作。一部文学名作,不仅有广泛深刻的生活内容、精深博大的思想情感,而且它还有成熟高妙的写作方法与技巧。所以,一部名著,不仅仅是思想的宝藏,生活的财富,而且还是写作方法的宝典,其中蕴藏着弥足珍贵的经典写作范式与案例。如果你想成为一个小说写作者,或者成为一个成功的小说家,多阅读古今中外小说名著将是一个最有效的途径。如曹雪芹的《红楼梦》、巴尔扎克的《人间喜剧》、夏洛蒂·勃朗特的《简·爱》、海明威的《老人与海》等。其实,历代优秀的作家都非常重视阅读并将其视为提高自己写作技巧与文学修养的关键路径。苏轼在《记黄鲁直语》一文中记载了北宋著名作家黄庭坚的话:"士大夫三日不读书,则义理不交于胸中,对镜觉面目可憎,向人亦言语无味。"明代作家于谦在《观书》一诗中写道:书卷多情似故人,晨昏忧乐每相亲。眼前直下三千字,胸次全无一点尘。阅读,可以净化心灵,充实灵魂,提高写作水平。

　　第三,要熟练掌握小说写作的技巧。小说发展到现在,可谓门类众多,写作方法林林总总,五花八门,但小说归根到底仍是一门叙事与人物塑造的艺术。写小说要特别注意情节的设置。小说的情节一定要符合生活的逻辑与常识,要有深厚的人生底蕴,在此基础上再来那么一点出新出奇,就是人们常说的"戏如人生,人生如戏"以及"文似看山不喜平"。写小说还要学会埋设伏笔,制造悬念。伏笔,是指在文章或文艺作品里,前文为后文所作的提示或暗示。它是文学创作中一种常见的叙事手法。悬念,是指作者为了激活读者的追文欲望与期待心理,在写作笔法上所采取的一种积极手段。它包括设悬和释悬两个方面。它先亮开谜面,再藏起谜底,在适当的时候再予以点破,使读者的期待心理得到满足。伏笔与悬念,就好比一个隐形的炸弹或一个美丽的诱惑,想要吸引读者不断读下去,伏笔与悬念就必须不时出现。小说的开篇与结局也非常重要。好的开篇或者给人耳目一新之感,或者引人入胜,能激发读者追文的欲望。好的结局往往余味无穷,引人深思。当然,人物塑造是小说写作的重中之重。一部成功的小说一定要将人物写得性格饱满,且富于生活气息与人性深度。一部成功小说中的人物必定是"活"起来的人物,也是"立"起来的人物,还是"动"起来的人物,从而感动读者,洗涤人心。

　　这里需要着重指出的是,写小说不能太迷信所谓的新奇、刺激。小说创作固然要在人物塑造、情节设置与环境描写上出新出奇,不能陈陈相因,因循守旧,当代社会流行的意识流小说、黑色幽默小说、解构主义小说、"先锋派"小说等现代与后现代小说,就是因为厌倦了传统小说那一套固定的程式与经典的写法而另辟蹊径、求新求变,从而为小说找到新的出路,也让小说这一文体焕发出新的生命能量。然而,真正成功的小说家并不一味地追求新奇、刺激,写到最后,他发现,传统显得那么可贵,平淡、通俗以及丑陋也显得那么重要。其实,众多的传世名著,不是以新奇、刺激见长,反倒是有许多平淡、通俗的元素,甚至不避丑陋。平淡、通俗与丑陋并不可怕,重点是你要将平淡写出美丽,将通俗写出鲜活,将丑陋写出深刻。《红楼梦》是这样,《儒林外史》是这样,《简·爱》是这样,《复活》也是这样。

　　第四，要有高超的布局安排本领。无论长、中、短篇小说，小说的创作是以人物的创作为中心的，而人物又是生活在一定的环境中，处在一定的人与人之间的关系中的。因此，对人物、环境的安排，便成为小说创作的主要门径。于此，木心对《红楼梦》中人物、故事布局安排的分析是极有见地的。

　　曹雪芹的雄心，先编定家谱、人物、关系三大纲，就胜券在握。

　　曹雪芹立大纲，真是立得好！我们来看：

　　地点选得好。京城，首善之区。四季如春，或四季如冬，都不太好写。但他在书中又不明写南京。他知道一涉实地，就流俗。

　　朝代也选得奇妙，更高超了：曹本人是入旗的汉人，又是汉文化的伟大继承人。他不愿以满人眼光看汉文化。于是将时代虚拟，甚有唐宋之气——这是他审美上的需要。试想宝玉、黛玉都穿清朝服饰——完了，焉能写下去？所以整个荣国府、宁国府、大观园，建筑、庭院、生活道具等等，纯粹汉文化，有唐宋遗风，看不到满人的习俗。

　　时间空间的安排，大手笔！远远超过以前的小说，什么"话说某某年间，某府某县……"曹大师来两大落空，几乎没有时间、没有空间，或者说，有时间处就有《红楼梦》，有空间处就有《红楼梦》。凭这两点，他睥睨千古。

　　再是定姓名。一大难关。

　　曹雪芹先取贾（假）姓。名称有关联，又无关联，如秦可卿（情可亲），秦钟（情种）。元春入宫，迎春、探春、惜春则在家。贾政，官也。王熙凤，要弄权称霸的。黛玉，是忧郁的。宝钗，是实用的。妙玉，出家了。尤三姐，女中尤物也。柳湘莲，浪子也。

　　我相信曹大师曾经大排名单，改来改去，热闹极了。托尔斯泰、巴尔扎克、福楼拜、司汤达，看了一定大为动衷，大吃其醋。

　　艺术家仅次于上帝。

　　为小说人物起名字，非常难。虚构，不着边际，用真人，写来写去不如真名字那人好——名字与那人，有可怕的关系。

　　场景布置，宁国府、荣国府是旧建筑，大观园是新建筑。其名义，借元春探亲而建造大观园，其实是曹雪芹要安排这群男女。怡红院、潇湘馆，可即可离，走来走去，丫头、书僮，有事可做，要是不造大观园，众多人物挤在宁荣两府的小空间内，曹雪芹下不了笔。

　　时、空、名、景四大安排，曹雪芹一上来就得了四大优势。①

从曹雪芹的经验可见，小说家这个"上帝"要当好不容易，处处要留意，事事需操

①　木心讲述，陈丹青笔录：《1989—1994 文学回忆录》，广西师范大学出版社 2013 年版，第 498~499 页。

心。大至故事时空环境,小至人物日常起居,都需用心属意,成竹在胸。

第四节　戏　　剧

■■ 一、戏剧概说

　　戏剧是一种综合性的艺术,既"兼容着文学、音乐、表演、舞蹈、美术等艺术因素",又"具有多种艺术相互交叉、互为渗透的多重性"[①],是"一个特别的有机的整体"[②],是人类共有的一种文化现象。戏剧是各民族文化皇冠上的明珠,在许多国家和地区,戏剧都被视为最具代表性的艺术样式。两千多年来,世界各国涌现出各种各样的戏剧样式,仅在欧洲,戏剧就孕育出了诗剧、歌剧、舞剧等多种形式,涌现出埃斯库罗斯、莎士比亚、莫里哀等彪炳史册的剧作家。在东方,古印度在 1500 年前就出现了较为成熟的梵剧;在中国,第一个成熟的戏剧样式——南戏出现在两宋之交,随后,元杂剧、明清传奇、地方戏等戏剧形式交相辉映,异彩纷呈。在科技日新月异、新兴艺术形式层出不穷的今天,广场剧、舞台剧、木偶剧、小品、影视剧、实验话剧等多种新兴艺术形态不断涌现。这些不同样式的戏剧虽然在表现形式上有所不同,但是它们作为人类反映自身活动的一种形象手段或艺术显现,有别于诗歌、散文、小说等其他文艺样式,具有相对独立的艺术特征。

　　戏剧的概念有广义和狭义之分,广义上的戏剧是一种舞台表演艺术的总称。它是以演员为中心,包含了文学、美术、雕塑、舞蹈、音乐等多种艺术门类的综合性舞台艺术。它是凝聚了剧作家、编剧、导演、演员、舞美设计师、化妆师、服装道具师等各类人员心血的一种集体性劳动。狭义上的戏剧是指由剧作家创作的供演员在舞台上演出用的文学剧本。本节要讨论的主要是狭义上的戏剧,即文学剧本。

■■ 二、戏剧文体特征

　　戏剧作为一种表演艺术和叙事艺术的综合体,通常具有如下基本特征。

(一)戏剧文学的双重性

　　著名学者余秋雨曾指出:"任何戏剧作品,都是为了演给由若干人组成的一群观众观赏的,这就是戏剧作品的真正本质,这就是一个剧本存在的必需条

---

① 曹明海:《文学解读学导论》,人民文学出版社 1997 年版,第 388 页。
② [俄]别林斯基:《诗歌的分类和分科》,满涛、辛未艾等译,《别林斯基文学论文选》,上海译文出版社 1999 年版,第 368 页。

件——这是无可争辩的事实。"[①] 作为一种以剧场排演为主要传播方式的艺术样式,戏剧文学兼具文学性和剧场性双重特性,相比之下,剧场性更能突出这种文体的艺术门类特征。

所谓剧场性,是指戏剧呈现的场域特征,它是由演员与观众构成的实时的、直接的、生动的观演关系,这种观演关系,是建立在演员的戏剧表演之上,并主要由演员的表演所主导的。所以,戏剧剧本具有很强的实用性,它不是为阅读而创作的文本,而是为剧场演出创作的。因此,剧本的创作者在抽笔捻毫之初,就应该在脑海里建构出一个活生生的舞台。这个舞台上人物的形象、情态、颦笑、话语都被剧作者形象而具体地勾勒出来,用文字描摹下来,为日后演员的表演和导演的剧场处理提供指导性依据。

同时,一个故事如何借助演员的表演在剧场空间里展开叙事,会有怎样的表演效果,这些问题都是剧作者创作剧本时要全面考虑的。剧作者在进行剧本构思时,必须以剧场呈现为目的和重心。在有限的舞台上如何展开故事,观众会有什么反应,剧场表演会达到什么效果,优秀的剧作家往往会在创作剧本时就有准确的判断。

(二) 戏剧人物的真实性

人物是戏剧的灵魂,戏剧创作的中心任务就是要塑造出个性鲜明并富有典型意义的人物形象。戏剧是通过人物自身的逼真性表演,来完成一种直观性的人物形象创造,其主要通过人物的神态、动作和语言来表现。我们不妨以电影《血观音》为例,该片讲述了棠家 3 位女性将彼此之间的情感纠葛深藏于心,在现实中互相协作,通过高超的手腕,游刃有余地游走于官商两道,但是,最终因一起灭门悬案而深陷彼此之间的爱恨情仇的故事。片中出现了棠真两次烹茶的场景,第一次是林先生来棠家,此时的棠真尚处于懵懂的少女阶段,在给林先生烹茶时失手打翻茶杯。在此后的剧情中她受到了棠夫人的影响,在片尾王夫人前来求和时棠真烹茶姿势端庄、手法熟练,与先前的她相比,形成了强烈的反差。烹茶动作的改变暗示棠真的蜕变:从"纯白的少女"到"血色的观音"。她已经成为棠家下一任掌门人,成为棠夫人眼中的接班人。

(三) 戏剧场面的集中性

戏剧表演由于受时间和空间的限制,它的人物、事件、时间、场景都是高度集中的。戏剧只能在有限的时间(一般两个小时左右,最长三个小时)和空间(舞台)内面对观众演出。因此,太多的人物无法容纳于有限的舞台,过于复杂、冗长的情节,无论是演出时间还是舞台空间都不允许,场景也不应频繁变换,等等。

---

① 余秋雨:《戏剧审美心理学》,四川人民出版社 1985 年版,第 178 页。

为使在有限的时空内尽量展现丰富多彩的生活内容,且让观众注意力始终集中,西方古典主义提出了三一律的创作原则,即要求一出戏所叙述的故事发生在一天之内,地点在一个场景,情节服从于一个主题。但由于它限制太死,现代戏剧的创作又有多媒体表现方式的加入等等,其在情节、时间、地点等方面的要求有所放松。当然,情节、地点、时间的高度集中,是就剧作家的作品而言的,并不是让我们把故事本身的时间跨度缩短,空间跨度缩小。相隔千万里,跨越若干年,剧作家创作时都可通过幕、场变换集中在舞台上展现,曹禺的《雷雨》就是这方面的典范。

(四) 戏剧冲突的尖锐性

戏剧冲突是戏剧艺术最基本的审美特征。"没有冲突,就没有戏剧"已成了戏剧创作的神圣法则。戏剧冲突是戏剧人物之间的抵触、矛盾和斗争。这种抵触、矛盾和斗争有三种表现形态:直接冲突、社会生活环境的冲突、外部冲突与内心冲突。我们可以举英国小说家、剧作家约翰·高尔斯华绥的《银匣》为例,该剧围绕一个银质烟盒的丢失展开,并由此引发出错综复杂的故事。男主角杰克·巴思威克是有钱有势的自由党议员约翰·巴思威克的儿子,他在一次醉酒后,出于为难和羞辱的目的,将女伴的手提包偷偷带走。在回家的路上,他偶然遇到了同样醉酒的流浪汉琼斯,并被后者送回家中,而琼斯的妻子恰恰又是这户人家的女佣。在杰克家中的餐厅,琼斯顺手拿走了杰克丢落在地上的钱包和桌上装烟用的银匣。正是这一连串偶然性的事件,为之后的法庭剧埋下了伏笔。当杰克的女伴找上门来索要手提包,以及管家发现银匣的丢失,最终导致女佣——琼斯夫人被怀疑是偷窃者而被拘捕时,这一事件被迫走向了法律的层面。真相大白后,杰克和琼斯作为两个犯有相同错误的人,却在法律对贫穷和富有者所采取的双重标准下,获得了完全不同的结果。杰克被无罪释放,而琼斯被判一个月苦役[①]。《银匣》剧本正是通过这种冲突的尖锐性,从而深刻地揭示了作品的主题,备受观众和评论家好评。

(五) 戏剧语言的特殊性

戏剧还是一门语言的艺术,其语言和诗歌、散文、小说的比起来,更具有特殊性。剧本写作时的语言包括舞台提示(时间、地点、人物动作、心理情绪的简要说明)和台词(对话、独白、旁白等),而台词是剧本的核心。

在戏剧表演中,台词是塑造人物和展示剧情的基本手段,因此,戏剧的语言要求更具口语化、个性化、动作性和富于潜台词。口语化,是指语言要与人们生活的语言接近,易说易懂,富于生活色彩。个性化,是指它既要能够鲜明地表现

---

① 参见[英]高尔斯华绥:《银匣》,郭沫若译,创造社出版部1927年版。

出人物特定的年龄、经历、教养、情趣等,又要能够揭示人物在特定环境下的心理状态。动作性,也称行动性,是指它能够与人物的行动相配合,能够暗示和引起人物的动作反应,能够推动戏剧情节的发展。富于潜台词,是指戏剧文学中的人物语言除了有表面上的意义外,还应包含更深一层的意义。潜台词往往能够揭示人物复杂幽微的内心隐秘。我们在这里不妨以曹禺的《雷雨》为例:

> 周:梅家的一个年轻的小姐,很贤惠,也很规矩,有一天夜里,忽然地投水死了。后来,后来,——你知道么?
>
> 鲁:可是她不是小姐,她也不贤慧,并且听说是不大规矩的。听说她跟那时周公馆的少爷有点不清白,生了两个儿子,生了第二个,才过三天,忽然周少爷不要她了……

鲁侍萍在答话中一连用了三个"不":不是小姐、也不贤惠、不大规矩。言外之言是:她明明是女佣的女儿,你却说她是小姐;她明明与东家少爷有染,你却说她很规矩。你这样美化当年的侍萍不正是为了美化你自己,使自己不失身份吗?鲁侍萍揭穿梅小姐的身份,一是对周朴园虚荣和虚伪的讽刺,也饱含着对自身屈辱的辛酸。

三、戏剧种类

依据不同的分类标准,戏剧可分为多种类型:

按照其表演形式分,主要有话剧、歌剧、舞剧、戏曲等;

按照其容量大小分,主要有多幕剧、独幕剧和戏剧小品;

按照其反映的时代分,有现代剧和历史剧;

按照其题材分,主要有神话剧、传奇剧、市民剧、社会剧、家庭剧、荒诞剧等;

按照表现戏剧冲突的性质和审美价值分,主要有悲剧、喜剧和正剧。

下面我们对悲剧、喜剧和正剧作简单介绍。

(一)悲剧

悲剧是最早出现的一种戏剧样式。我们把凡是描写正面人物或英雄人物在为某种进步的理想、正义的事业、合理的要求而进行不屈的斗争中,付出重大的代价,遭受苦难或死亡,由此唤起人们的同情、哀怜、赞叹,促使人们严肃地正视生活,认识历史进程的曲折性,激发人们为正义而斗争的热情的戏剧作品,称作悲剧。悲剧冲突的实质是"历史的必然要求和这个要求的实际上不可能实现"[1]。它的审美价值是"将人生的有价值的东西毁灭给人看"[2]。

---

① 《马克思恩格斯选集》,人民出版社 1966 年版,第 318 页。

② 《鲁迅全集》(第 1 卷),人民文学出版社 2005 年版,第 203 页。

（二）喜剧

喜剧的基本形式是讽刺喜剧，即通过夸张和类型化的艺术手段，对社会弊端或人格缺陷进行揭露或讽刺，格调轻松、乐观，剧情的冲突不表现为激烈、残酷的斗争，而是智慧与人格的对比，正面力量最终占优势的戏剧样式。它的审美价值是"将那些无价值的撕破给人看"。

（三）正剧

正剧又称严肃剧，兼有悲剧和喜剧的因素，通常表现的是有关严肃的现实社会问题或伦理道德问题，其结局一般是正义获得胜利，正气得以伸张。它可以说是将悲剧和喜剧"调解成为一个新的整体的较深刻的方式"。

■ 四、戏剧的写作要领

（一）创造特定的场面与冲突

戏剧场面既是戏剧情节最小的艺术单位，也是戏剧文学写作者涌现创作灵感时的最初形式。一个非常有"戏"的场面常常是戏剧文学写作者萌发创作动机、展开剧本构思的最初契机。戏剧文学写作者可以从感受有"戏"的场面入手来培养、提高戏剧文学的构思能力和写作能力。

（二）设置扣人心弦的情节

戏剧情节是指在特定的场面中戏剧人物展开矛盾冲突的事件过程。我们在设置情节的时候，可以通过以下几种方式来实现。

一是设置悬念，亦称"紧张"。根据观众在看戏时情绪需要得到伸展的心理特点，编剧或导演对剧情作悬而未决和结局难料的安排，以引起观众急欲知其结果的迫切期待心理。它是戏剧创作中使情节引人入胜，维持并不断增强观众兴趣的一种主要手法。

二是突转与发现。突转，也称陡转、突变，指剧情向相反方面的突然变化，即由逆境转入顺境，或由顺境转入逆境。它是通过人物命运与内心感情的根本转变来加强戏剧性的一种技法。发现，指从不知到知的转变，它可以是主人公对自己身份或者与其他人物关系的新的发现，也可以是对一些重要事实或无生命实物的发现。对此，电影《肖申克的救赎》堪称这方面的典范。

三是时空交错。根据人物的梦境、幻觉、遐想、回忆等心理活动来组织舞台时间和空间，把过去、现在、未来相互穿插、交织起来。比如，好莱坞经典电影《盗梦空间》就是巧妙地借助这一方法。

四是巧合。戏剧情节是不排除偶然情况的，一切戏剧作品的情节几乎无一例外都具有偶然性因素，可以说排除偶然性就无法构成戏剧情节，正如俗话所说：无巧不成书。但是，巧必须合理、自然、有意义。要做到偶然性和必然性的有机结合。

（三）塑造立体可感的人物形象

有人说一部戏剧能否成功,要看它的冲突;而能否永垂,则要看它的人物。因此,塑造立体可感、血肉丰满的人物形象也是我们在落笔之前就应该考虑清楚的。立体可感、血肉丰满的人物形象可以通过人物及人物间的关系、人物性格之间的对比与陪衬、人物的行为动作等方面来实现。

（四）注意台词的简洁和个性化

台词的简洁和个性化是剧本成功的关键之一。要从生活里和口语中提炼台词,必须对人物的性别、职业、年龄、修养、思想感情有相当深入的了解。而优秀的台词须是简洁而具有丰富的潜在含义的话语。写作时尤其要注意:剧本中冲突尖锐、高潮出现的地方,往往是台词显露个性而出彩之处。在这些地方既要大胆发挥,又须留下余地,要避免人物一下子说尽说满,要给观众留下回味的余地。

（五）精心设计故事的高潮

戏剧高潮是人物精神的裂变和事件有力的质变,是一部戏剧成败的关键所在。戏剧高潮一般在最后一幕出现。如何设计这个全剧动作的顶点,对剧本创作至关重要。所以在设计高潮时需要注意:一要"水到渠成"——让情节的发展和人物性格的发展自然而然地把全剧推向高峰。二要"石破天惊"——集中全剧最强烈的感情,把危机推到顶点而后寻求解决。三要"醍醐灌顶"——以深厚的思想性作为支撑,以求最为深刻地体现创作意图。

（六）萃取富有表现力的细节

一部戏"有戏"还是"没戏"很大程度上取决于具有表现力的细节。恰到好处的细节,不仅可以丰富故事情节,还可以塑造出血肉丰满的人物形象,所以我们要善于萃取那些富有表现力的细节,要做到情、新、奇。要善于提炼加工,做到详略得当。同时善于埋下伏笔和运用巧合,调动所有艺术手段,把典型情节和细节"打"进受众心里。

此外,还要充分顾及表演的需要,戏剧毕竟是一种表演艺术,剧作家要在创作之际就为演员塑造形象留下广阔的余地。要靠有限的台词紧紧地吸引观众,表现出比较深刻的社会内容。与其他体裁不同,戏剧的演出本常常需要一些注释性的文字,这些文字既是演出的背景提示,也是剧作者自己对作品的理解。如《雷雨》在每一个人物出场之际都有对于该人物的散文诗一般的描述,认真揣摩那些介绍,演员会较为迅速、较为深刻地进入扮演的角色。

爱尔兰诗人叶芝在《语言、性格与结构》中曾深情地谈到:"一切艺术分析到最后显然都是戏剧,这就是我为什么喜爱戏剧的原因。"[①]借用这位诗人的话我

---

① ［爱尔兰］威廉·巴特勒·叶芝:《语言、性格与结构》,周靖波主编:《西方剧论选:从诗学到美学》,北京广播学院出版社 2003 年版,第 507 页。

们也可以说,戏剧是我们贫瘠生活之外的一种希望和梦想,借助它,我们可以体味大千世界里的芸芸众生如何生活。这些舞台上不断衍生出的悲欢离合的故事,演员们深情地投入,在大幕拉开下各色人等交织在一起演绎的人生百味、世态炎凉等,也都是戏剧这一艺术赋予我们的感知生活之外的一份幸运礼物。没有它,我们的生活也会继续下去,但是可以肯定,我们借由戏剧本身所能感知到的情感的厚度和深度,以及由此带来的生命的精彩与丰富,一定会大打折扣,变得十分有限。

【阅读推荐书目】

1. 鲁迅:《野草》,湖南文艺出版社 2011 年版。
2. 彭燕郊:《和亮亮谈诗》,生活·读书·新知三联书店 1991 年版。
3. 阎月君等编选:《朦胧诗选》,春风文艺出版社 1985 年版。
4. 佘树森:《散文创作艺术》,北京大学出版社 1986 年版。
5. 鲁迅:《中国小说史略》,中华书局 2010 年版。
6. 王起主编:《中国戏曲选》,人民文学出版社 1985 年版。

【思考与练习题】

1. 诗歌、散文各自有什么突出的特点?
2. 艾略特说,创造形象就是“寻找思想的客观对应物”,应如何理解这句话?
3. 阅读庞德的诗《地铁车站》,并结合这首诗谈谈你对诗歌意象的理解。
4. 如何理解散文创作的“形散神不散”?
5. 写小说一般需要哪些学养储备?
6. 就一篇你细读过的散文,谈谈散文的美。
7. 以你熟悉的学校生活为题材,写一篇小说。

第七章　公务文体

　　党政机关公文是党政机关实施领导、履行职能、处理公务的具有特定效力和规范体式的文书，是传达贯彻党和国家的方针政策，公布法规和规章，指导、布置和商洽工作，请示和答复问题，报告、通报和交流情况等的重要工具。

　　　　　　——《党政机关公文处理工作条例》(中办发〔2012〕14号)①

　　中共中央办公厅、国务院办公厅联合制订发布的《党政机关公文处理工作条例》(中办发〔2012〕14号,以下简称《条例》)对我国党政机关的公文处理工作进行了全面规范,其中特别强调公文的特定效力和规范体式。《条例》明确规定了15种党政机关用以实施领导、履行职能、处理公务的文体。本章从中遴选出最为常用的请示、报告、决定、通知、通报、通告、函、意见、纪要9种加以介绍②。

第一节　公　文　概　说

　　公务文体也称公务文书,简称公文。公务文体是机关团体、企事业单位等依法成立的社会组织用来办理公务、有一定格式的应用文,其中最具典型性和规范性的是党政机关公文。现行的《条例》对党政机关公文的作用、格式、行文规则和拟制要求等方面都进行了明确规定。

一、公文的作用

　　公文主要具有以下作用:

(一)颁布法规

　　《条例》明确指出:公文具有"公布法规和规章"的作用。大到国家的法律,

---

① 此前1996年5月中共中央办公厅发布《中国共产党机关公文处理条例》(中办发〔1996〕14号)规范党委机关公文处理工作,2000年8月国务院发布《国家行政机关公文处理办法》(国发〔2000〕23号)规范国家行政机关公文处理工作。2012年4月16日,中共中央办公厅、国务院办公厅联合发布《党政机关公文处理工作条例》(中办发〔2012〕14号)文件,统一规范党政机关公文处理工作,前述两个文件同时停止执行。

② 其余6种为决议、命令(令)、公报、公告、批复、议案。

小到处理某一工作的规定、办法、制度、条例，它们在制定出来后，都要通过公文予以颁布实施。通过使用公文颁布法规，起到赋予这些法规性文件以权威、权力的作用。其中，颁布法律、法规一般使用命令（令）。例如：2007 年 10 月 28 日，第十届全国人民代表大会常务委员会第三十次会议通过了《全国人民代表大会常务委员会关于修改〈中华人民共和国民事诉讼法〉的决定》，为使这个决定及修改后的《中华人民共和国民事诉讼法》生效，该文件最后由国家主席以《中华人民共和国主席令》（第 75 号）的形式予以颁布。又如，2013 年 9 月 18 日，国务院第二十四次常务会议通过了法规性文件《城镇排水与污水处理条例》，自 2014 年 1 月 1 日起施行，该文件最后由国务院总理以《中华人民共和国国务院令》（第 641 号）的形式予以颁布。发布一般规章，通常使用通知、公告等。如《政府机关使用正版软件管理办法》已经国务院同意，需要发布并贯彻执行，则由国务院办公厅以《国务院办公厅关于印发政府机关使用正版软件管理办法的通知》（国办发〔2013〕88 号）的形式发布；中国人民银行制定了《银行卡收单业务管理办法》，需要发布实施，因为需要告知全体社会公众，所以就以《中国人民银行公告》（〔2013〕第 9 号）的形式发布。

（二）指挥管理

党政机关、企事业单位、群众团体，都在特定的范围内担负着组织、指挥、管理的职责，而实施这些职责的基本工具，就是公文。在党政机关公文中，命令、决定、决议、批复等文种，就属于指挥、管理性的下行公文。这些公文一经下发，下级机关必须执行。大到国家机器的运转，小到一个企事业单位内部工作的有序开展，都跟公文的指挥管理作用密切相关。离开了公文的这一作用，各方面的管理工作很可能陷入混乱状态。因此应该意识到，相当多的公文的起草、定稿、发布与实施的过程，实质上就是管理工作的过程。

（三）交流信息

公文还有一个重要的作用是交流信息。下行文中的公告、通告、公报、通知、通报，上行文中的报告、请示，还有作为平行文的函，都有交流信息的基本功能。交流信息，一方面是上情下达，一方面是下情上达，还有就是相关单位之间互通信息。有了公文作为信息流通的渠道，上下级机关才能做到耳聪目明，不至于闭目塞听。

（四）宣传教育

决议、公报、公告、通报、纪要等文体，还有着很明显的宣传教育作用。其针对现实生活中普遍存在的某一问题或认识的偏差，摆事实，讲道理，对大家进行启发引导，使大家明白应该确立什么立场，应该坚持什么原则，进而知道自己应该做什么，怎样做。例如"文化大革命"结束之后，党内以及全国对于如何认识和评价"文化大革命"意见不能统一,为此,1981 年 6 月党的十一届六中全会审议通过了重要文件《关于建国以来党的若干历史问题的决议》,通过大量的事实分析和严密论证,统一了全党和全国人民的思想认识。

（五）商洽协调

很多工作,往往需要相关单位给以配合、帮助。因此地区与地区、单位与单位、团体与团体之间,就需要加强联系,互相协商,互相帮助,协调工作。实现这一功能的主要文种是函,它可以在没有隶属关系的机关之间起到沟通、协调的作用,使各个机关形成一个有机的整体,协同处理、协作完成某项公务。

（六）凭证依据

公文还有明显的凭证和依据作用。上级发布的公文,是下级机关开展工作的依据;下级上报的公文,是上级决策的依据;一个机关自己制作的公文,是自己履行职能、开展工作的真实记录和凭证。在日常工作中常会遇到这样的情况:对一个具体的事务该如何处理没有把握,就查阅相关公文,看上级或有关职能部门在这方面有哪些规定,然后按照规定行事。对某次会议的有关情况不够了解,就查找那次会议的纪要,马上即可获得清晰可靠的材料。这些都是公文依据和凭证作用的具体表现。因此,许多重要的公文,都需要归档保存很长时间,以便需要时查找。

二、公文的格式

根据《条例》的相关规定,现行公文一般由份号、密级和保密期限、紧急程度、发文机关标志、发文字号、签发人、标题、主送机关、正文、附件说明、发文机关署名、成文日期、印章、附注、附件、抄送机关、印发机关和印发日期、页码等组成。

（1）份号。公文印制份数的顺序号。涉密公文应当标注份号。

（2）密级和保密期限。公文的秘密等级和保密的期限,涉密公文应当根据涉密程度分别标注"绝密""机密""秘密"和保密期限。

（3）紧急程度。公文送达和办理的时限要求,根据紧急程度,紧急公文应当分别标注"特急""加急",电报应当分别标注"特提""特急""加急""平急"。

（4）发文机关标志。由发文机关全称或者规范化简称加"文件"二字组成,也可以使用发文机关全称或者规范化简称。联合行文时,发文机关标志可以并用联合发文机关名称,也可以单独用主办机关名称。

（5）发文字号。由发文机关代字、年份、发文顺序号组成。联合行文时,使用主办机关的发文字号。

（6）签发人。上行文应当标注签发人姓名。

（7）标题。由发文机关名称、事由和文种组成。

(8) 主送机关。公文的主要受理机关,应当使用机关全称、规范化简称或者同类型机关统称。

(9) 正文。公文的主体,用来表述公文的内容。

(10) 附件说明。公文附件的顺序号和名称。

(11) 发文机关署名。署发文机关全称或者规范化简称。

(12) 成文日期。署会议通过或者发文机关负责人签发的日期,联合行文时,署最后签发机关负责人签发的日期。

(13) 印章。公文中有发文机关署名的,应当加盖发文机关印章,并与署名机关相符。有特定发文机关标志的普发性公文和电报可以不加盖印章。

(14) 附注。公文印发传达范围等需要说明的事项。

(15) 附件。公文正文的说明、补充或者参考资料。

(16) 抄送机关。除主送机关外需要执行或者知晓公文内容的其他机关,应当使用机关全称、规范化简称或者同类型机关统称。

(17) 印发机关和印发日期。公文的送印机关和送印日期。

(18) 页码。公文页数顺序号。

公文的制作版式需要严格按照 2012 年发布的《党政机关公文格式》(GB/T9704-2012)中的相关规定和要求去遵守执行。公文中使用的汉字、数字、外文字符、计量单位和标点符号等,需要严格按照有关国家标准和规定执行。民族自治地方的公文,可以并用汉字和当地通用的少数民族文字。公文用纸幅面采用国际标准 A4 型。特殊形式的公文用纸幅面,可以根据实际需要确定。

□■ 三、行文的规则

在党政机关公文处理工作中,一般将发公文简称为行文。在公文撰写、制作过程中必须准确了解、遵循公文的行文规则。

总的来说,《条例》要求行文应当确有必要,讲求实效,应当注重针对性和可操作性;行文关系需要根据隶属关系和职权范围确定;一般不得越级行文,特殊情况需要越级行文的,应当同时抄送被越过的机关。具体的行文规则有:

(一) 向上级机关行文

(1) 原则上主送一个上级机关,根据需要同时抄送相关上级机关和同级机关,不抄送下级机关。

(2) 党委、政府的部门向上级主管部门请示、报告重大事项,应当经本级党委、政府同意或者授权;属于部门职权范围内的事项应当直接报送上级主管部门。

(3) 下级机关的请示事项,如需以本机关名义向上级机关请示,应当提出倾向性意见后上报,不得原文转报上级机关。

(4) 请示应当一文一事。不得在报告等非请示性公文中夹带请示事项。

(5) 除上级机关负责人直接交办事项外,不得以本机关名义向上级机关负责人报送公文,不得以本机关负责人名义向上级机关报送公文。

(6) 受双重领导的机关向一个上级机关行文,必要时抄送另一个上级机关。

(二) 向下级机关行文

(1) 主送受理机关,根据需要抄送相关机关。重要行文应当同时抄送发文机关的直接上级机关。

(2) 党委、政府的办公厅(室)根据本级党委、政府授权,可以向下级党委、政府行文,其他部门和单位不得向下级党委、政府发布指令性公文或者在公文中向下级党委、政府提出指令性要求。需经政府审批的具体事项,经政府同意后可以由政府职能部门行文,文中须注明已经政府同意。

(3) 党委、政府的部门在各自职权范围内可以向下级党委、政府的相关部门行文。

(4) 涉及多个部门职权范围内的事务,部门之间未协商一致的,不得向下行文;擅自行文的,上级机关应当责令其纠正或者撤销。

(5) 上级机关向受双重领导的下级机关行文,必要时抄送该下级机关的另一个上级机关。

(三) 其他规则

(1) 同级党政机关、党政机关与其他同级机关必要时可以联合行文。属于党委、政府各自职权范围内的工作,不得联合行文。

(2) 党委、政府的部门依据职权可以相互行文。

(3) 部门内设机构除办公厅(室)外不得对外正式行文。

■ 四、公文的拟制

《条例》对公文的拟制工作提出了明确的要求,将其分为公文的起草、审核、签发三个阶段并分别提出拟制要求,其中与公文写作密切相关的是前两个阶段。

(一) 公文起草工作的要求

(1) 符合党的理论路线方针政策和国家法律法规,完整准确体现发文机关意图,并同现行有关公文相衔接。

(2) 一切从实际出发,分析问题实事求是,所提政策措施和办法切实可行。

(3) 内容简洁,主题突出,观点鲜明,结构严谨,表述准确,文字精练。

(4) 文种正确,格式规范。

(5) 深入调查研究,充分进行论证,广泛听取意见。

（6）公文涉及其他地区或者部门职权范围内的事项,起草单位必须征求相关地区或者部门意见,力求达成一致。

（7）机关负责人应当主持、指导重要公文起草工作。

（二）公文审核工作的重点

（1）行文理由是否充分,行文依据是否准确。

（2）内容是否符合党的理论路线方针政策和国家法律法规;是否完整准确体现发文机关意图;是否同现行有关公文相衔接;所提政策措施和办法是否切实可行。

（3）涉及有关地区或者部门职权范围内的事项是否经过充分协商并达成一致意见。

（4）文种是否正确,格式是否规范;人名、地名、时间、数字、段落顺序、引文等是否准确;文字、数字、计量单位和标点符号等用法是否规范。

（5）其他内容是否符合公文起草的有关要求。

第二节   请示   报告

■ 一、请示

（一）请示的概念及特点

请示是下级机关向上级机关请求决断、指示、批示或批准事项所使用的呈批性公文,属于上行公文。《条例》中明确规定,请示"适用于向上级机关请求指示、批准"。其应用范围比较广泛:下级机关遇有涉及方针、政策等方面的重大问题,必须报请上级机关审核批准时;下级机关在工作中遇到新情况、新问题,无章可循,需要上级机关给予明确指示时;下级机关遇到了无法克服的具体困难,包括人力、物力、财力等方面的问题,需要上级给予帮助解决时;下级机关对现行政策、方针、法规等有疑问,需要上级予以解答说明时;下级机关因重大问题有意见分歧,需要上级机关裁决时,都可以使用请示行文。请示具有以下特点:

1. 针对性

不是任何事项都可以向领导机关行文请示的。凡属本机关职权范围内应该解决和有能力解决的事项,就不应该再去请示上级领导机关。只有本机关单位权限范围内无法决定的重大事项,如机构设置、人事安排、重要决定、重大决策、项目安排等问题,以及在工作中遇到新问题、新情况或克服不了的困难,才可以用请示行文,请求上级机关给予指示、决断或答复、批准。所以请示的行文具有很强的针对性。

2. 呈批性

请示是有针对性的上行文,上级机关对呈报的请示事项,无论同意与否,都必须给予明确的批复回文。它不像报告那样所报告的事项只需要上级机关知道、了解即可,而是要求上级明确表态、答复。换句话说,只有上级机关对请示批复之后,下级机关才能根据批复意见开展工作。

这里需要强调的是,党政机关在行文时一般不得越级请示,确因特殊情况必须越级请示时,应当抄送被越过的上级机关。

3. 单一性

请示应一文一事,一般只写一个主送机关,即使需要同时送其他机关,也只能用抄送形式。

4. 时效性

请示是针对本单位当前工作中出现的情况和问题,求得上级机关指示、批准的公文,如能够及时发出,就会使问题得到及时解决。而如果延误时机,问题的性质就有可能发生变化,即使上级机关作了批复,也会因为失去了针对性而变得毫无意义。所以下级机关在呈报请示,上级机关在批复回文时,都应注意时效性问题。

(二) 请示的分类及用途

根据内容、性质的不同,请示可以分为以下两种:

1. 请求指示性请示

下级机关在工作中遇到新情况、新问题,无章可循,或者下级机关对现行方针、政策、法规等有疑问,或者下级机关因重大问题有意见分歧,需要得到上级机关指示时,其请示都属于请求指示性请示,如《关于处置划拨土地的请示》等。

2. 请求批准性请示

下级机关就有关重大问题的决定、决策,或者工作中遇到具体困难,自己无法或无权解决的事项,请求上级机关批准、解决所用的请示,都属于请求批准性请示,如《关于建立中国工程院有关问题的请示》《关于举行××市第十届运动会的请示》等。

(三) 请示的写法及要求

请示由首部、正文和尾部三部分组成。各部分的格式、内容和写法要求如下:

1. 首部

主要包括标题和主送机关两个项目内容。

(1) 标题。请示的标题一般有两种构成形式:一种是由发文机关名称、主要内容和文种构成,如《××县人民政府关于××××××的请示》;另一种是由主要内容和文种构成,如《关于开展春节拥军优属工作的请示》。

（2）主送机关。请示的主送机关是指负责受理和答复该文件的机关。每件请示只能写一个主送机关，不能多头请示。如需同时送其他机关，应当用抄送形式送达。

2. 正文

其结构一般由开头、主体和结语等部分组成。

（1）开头。主要交代请示的缘由。它是请示事项能否成立的前提条件，也是上级机关批复的根据。原因讲得客观、具体，理由讲得合理、充分，上级机关才好及时决断，予以有针对性的批复；缘由写得含糊笼统或者套话满篇，上级就无法掌握下级的具体难处，从而会影响问题的及时处理。特别是下级机关遇到具体困难，请求上级机关给予帮助解决的请示，理由写得是否充分、恰当、具体，一般来说是决定上级机关批复态度的关键。比如长白朝鲜族自治县曾向省里呈报了一份《关于修建长白至松江河公路的请示》，为了使上级机关批准修建公路这个项目，请示的缘由首先从该自治县地处偏僻、交通闭塞，致使经济长期处于落后状态的客观现实入手，阐述了修建公路的必要性和紧迫性；然后通过说明实地勘察提供的一条投资少、见效快的最佳线路，阐明了修建公路的可行性；最后又具体说明了公路建成后，可以带来的各项经济效益及重大政治意义。理由阐述得既充分又具体。当然，并非所有请示的缘由都要这样来写，如果属于请求核准、审批一类的请示，主要是为了履行规定程序，请求上级机关把关，缘由可以写得概括一些。如《关于××年国债发行工作的请示》，只概述了一句话："为保证这项工作顺利进行，现提出以下意见。"还有的请示，甚至可以不写这项内容。这类情况多属于按规定必须报请上级机关批准的请示。

（2）主体。主要说明请求事项。它是向上级机关提出的具体请求，也是陈述缘由的目的所在。这部分内容要单一，只宜请求一件事。至于一件事涉及几个方面，比如，既请求批准修路项目，又要求上级拨款，实质上还是一件事，是允许的。另外，请示事项要写得具体、明确、条项清楚，以便上级机关给予明确批复。有的请示，其事项本身涉及的方面比较多，一般可以采用标序列述或小标题形式来分项表述。如《关于建立中国工程院有关问题的请示》，其事项部分分列了三个问题，一是"关于建立中国工程院的一些原则"；二是"关于中国工程院的筹建工作及进度安排"；三是"关于中国工程院的筹建工作及进度安排"。在第二个问题里，又列了七项，一一说明了有关原则问题。再如《关于举行××市第十届运动会的请示》，其事项部分分列了四个问题：第一，参加办法；第二，组织领导；第三，关于参加市十运会青少年组的训练问题；第四，经费及各代表团的食宿安排。如果不分项说明，就会显得眉目不清。

（3）结语。应另起一段。习惯用语一般有"当否，请批示""妥否，请批复""以上请示,请予审批"等。

3. 尾部

一般包括署名和成文日期两个项目内容。

请示的写作首先要和报告的写作相区别,然后要注意如下要求:一要注意遵守"一文一事"的原则,主旨鲜明集中;二要做到材料真实,不要为了能让上级领导批准而虚构情况,也不要因为没能认真调查而片面地摆情况、提问题;三是理由要充分,请示事项要明确、具体;四是语气要平实、恳切,以期引起上级部门的重视。

附:示例

关于建立中国工程院有关问题的请示

国务院:

近年来,我国科学家、工程技术专家和有关人士,曾多次提出建立中国工程院问题。

全国政协七届五次会议和中国科学院第六次学部委员大会期间,不少政协委员、学部委员和工程技术专家,又先后提出提案和建议。党中央和国务院领导同志十分重视这一建议,曾就建立中国工程院问题多次作过批示。根据党中央和国务院领导同志的批示精神,我们组成了专家研究小组,经过广泛调查研究,听取各方面人士和有关产业部门的意见,进行反复酝酿和讨论,形成工程院的初步方案。现就建立中国工程院的有关问题报告如下。

一、关于建立中国工程院的必要性。(略)

二、关于组建中国工程院的一些原则。

(一)关于名称(略)

(二)关于中国工程院的性质和作用(略)

(三)关于中国工程院成员的称谓(略)

(四)关于中国工程院与中国科学院(学部)的关系(略)

(五)关于中国工程院院士的标准和条件(略)

(六)关于中国工程院第一批院士的产生及以后的增选制度(略)

(七)关于中国工程院的领导体制及学部设置(略)

三、关于中国工程院的筹建工作及进度安排。(略)

以上请示当否,请批示。

附件:中国工程院筹备领导小组名单。

国家科学工作委员会

中国科学院

××年××月××日

二、报告

（一）报告的概念及特点

报告是党政机关广泛采用的上行文文种。《条例》规定，报告"适用于向上级机关汇报工作、反映情况，回复上级机关的询问"。

报告具有以下特点：

1. 单向性

报告是下级机关向上级机关汇报工作、反映情况、答复询问时使用的单方向上行文，不需要上级机关给予批复。在这方面，报告和请示有较大的不同。请示具有双向性特点，必须有批复与之相对应，报告则是单向性行文，不需要任何相对应的文件。为此要特别注意：类似"以上报告当否，请批示"的说法是不妥当的。

2. 陈述性

报告在汇报工作、反映情况时，所表达的内容和使用的语言都是陈述性的。本单位遵照上级的指示，做了什么工作、怎样做这些工作、取得了哪些成绩、还存在哪些不足，必然要一一向上级陈述。反映情况时，要把时间、地点、人物、事件、原因、结果叙述清楚，向上级机关提供准确信息。

3. 事后性

在机关工作中，有"事前请示，事后报告"的说法。多数报告，都是在开展了一段时间的工作之后，或是在某种情况发生之后向上级作出的汇报。

（二）报告的分类

1. 工作报告

凡是用来向上级汇报工作的报告，都是工作报告。工作报告又可分为综合工作报告和专题工作报告两种。

综合报告涉及面宽，主要工作范围之内的方方面面在报告中都要涉及，可以有主次的区分，但不能有大的遗漏。大到国务院提供给全国人民代表大会的政府工作报告，小到某单位向上级提供的年度、季度、月份工作报告，都属于这种类型。专题报告的涉及面窄，只针对某一方面的工作或者某一项具体工作进行汇报，如《××市人民政府关于加快剩余劳动力转移拓宽农民增收渠道工作的报告》等。

2. 情况报告

作为下级机关，有责任做到下情上达，保证上级机关耳聪目明，对下面的情况始终了如指掌。因此，如果本单位出现了正常工作秩序之外的情况，譬如发生了事故，出现了意想不到的问题等，对工作产生了一定程度的影响，应该及时将有关情况向上级进行汇报；对那些即使对工作没有太大影响，但具有倾向性的新动态、新风气，以及最近出现的新事物等，必要时也要向上级报告。

3. 答复报告

答复上级机关询问的报告,称为答复报告。这种报告内容的针对性强,上级询问什么,就答复什么,不能答非所问。对待上级机关的询问,一定要慎重,如果不了解真实情况,要经过深入的调查研究后再作答复。

4. 报送报告

这是向上一级报送文件、物件时使用的报告,正文通常非常简略,只需写明"现将×××报上,请指正(请查收)"即可。真正有意义的内容都在所报送的文件里。

(三) 报告的写法及要求

1. 报告的标题和主送机关

(1) 报告的标题。报告的标题,常用的形式有两种,一是发文机关 + 主要内容 + 文种,如《中共中央纪律检查委员会关于清理党政干部违纪违法建私房和用公款超标准装修住房的报告》;二是主要内容 + 文种,如《关于进一步加强我市公共场所防火工作的报告》。

(2) 报告的主送机关。根据《条例》的规定,报告的主送机关原则上只有一个。受双重领导的机关向一个上级机关报送的报告,如需其他相关的上级机关阅知,可以抄送。同时,报告应报送自己的直接上级机关,一般不能越级行文,特殊情况需要越级行文的,应当同时抄送被越过的机关。

2. 报告正文

(1) 报告导语。导语指报告的开头部分,它起着引导全文的作用,所以称为导语。不同类型的报告,其导语的写法也有较大不同。概括起来,报告的导语有以下几种类型:

背景式导语。就是交代报告产生的现实背景,例如:

前不久,中央纪委召开了部分省市清理党员干部违纪建私房座谈会,总结交流了各地清房工作的情况和经验,并就清房中遇到的一些政策性问题进行了讨论,根据各地的做法和座谈会中提出的问题,中央纪委常委研究提出以下建议……

根据式导语。就是交代报告产生的根据,例如:

根据省委、省政府领导同志的指示,我厅于去冬派人到涪陵市和渠县,与市、县的同志一道对城镇贫困户的情况作了一些调查。涪陵市委、市政府和渠县县委、县政府对此十分重视,在调查研究的基础上,立即采取措施着手解决这一问题。现将两地城镇贫困户的情况及采取的措施报告如下……

叙事式导语。在开头简略叙述一个事件的概况,一般用于反映情况的报告。例如:

　　20××年2月20日上午9时40分,我省××市百货大楼发生重大火灾事故,市消防队出动15辆消防车,经过4个小时的扑救,大火才被扑灭。这次火灾除消防队员和群众奋力抢救出部分商品外,百货大楼三层楼房一幢及余下商品全部烧毁。时值开门营业不久,顾客不多,加之疏散及时,未造成人员伤亡。但此次火灾已造成直接经济损失792万余元。

目的式导语。将发文目的明确阐述出来作为导语。例如:

　　为认真贯彻落实《国务院批转林业部关于进一步加强森林防火工作报告的通知》(国发〔19××〕42号),切实做好我市防火工作,保护和发展森林资源,更好地为改革开放和经济建设服务,结合我市实际情况,就进一步加强森林防火工作提出以下几点意见……

报告导语的写法不止上述四种,运用时可以举一反三,融会贯通,灵活处理。

(2) 报告主体。报告的主体也有多种写法,下面择要介绍几种常见形式。

总结式写法。这种写法主要用于工作报告。主体部分的内容以成绩、做法、经验、体会、打算、安排为主,在叙述基本情况的同时,有所分析、归纳,找出规律性认识,类似工作总结。总结式写法最需注意的是结构的设计安排。如2013年3月5日在第十二届全国人民代表大会第一次会议上,时任国务院总理的温家宝所作的政府工作报告,全文主要分为三个部分,分别是:第一,过去五年工作回顾;第二,当年经济社会发展的总体要求、主要预期目标和宏观经济政策;第三,对当年政府工作的建议。基本上遵照了"回顾 + 目标 + 建议(措施)"这一常用的结构模式。

情况分析式写法。这种写法一般按照"情况 + 原因 + 教训 + 措施"四步展开。这种结构多用于情况报告。先将情况叙述清楚,然后分析情况产生的原因,接着总结经验教训,最后提出下一步的行动措施。如《××省商业厅关于××市百货大楼重大火灾事故的报告》,采用的就是这样的写法。

建议式写法。这种结构多用于建议报告。希望上级部门采纳建议并批转给有关部门执行、实施,是建议报告的基本写作目的。为此,要针对某项工作提出系统完整的方法、措施和要求,对工作实行全面的指导。形式上采用分条列项的方法逐层表达。如《××省计划生育委员会关于进一步加强厂矿企事业单位计划生育工作的报告》,针对计划生育问题向省人民政府提出了四条建议:第一,加强组织领导;第二,明确职责;第三,提高干部素质;第四,落实经费。

(3) 报告结语。报告的结语通常比较简单,可以重申意义、展望未来,也可以采用模式化的套语收结全文。模式化的写法大致是:"特此报告""以上报告,请审阅""以上报告如无不妥,请批转执行",等等。

附:示例

××市人民政府关于治理××河水质污染问题的报告

××省人民政府:

　　省政府转来××委员会提出的关于××河水质污染状况的报告,经市政府调查研究,对报告中提出的有关问题及解决方案报告如下:

　　一、解决××河水质污染问题的关键是尽快建成污水处理厂。现在××河的污染主要是××区排放的污水所致。××区的排放量为25万吨,污水比较集中,因污水处理厂未能及时建立,致使污水直接排入××河,造成了××河的污染。

　　为解决××河的污染,市政府已抓紧××区污水处理厂建设,争取在20××年建成。××区污水处理厂原设计概算为1 316万元,按现行价格估算约为1 100万元,已于20××年××月开工,建成了8项附属设施,计完成投资200万元。市政府今年安排的300万元投资已全部落实,××区城环局正在组织实施。

　　根据××河河道以南人口密集区的地下水污染和环境问题,在污水处理厂未建成之前,利用现有污水管道,把污水引到××区污水处理厂以西,污水直接排入污水处理厂的出口,这就避开了污染区。

　　二、电热厂的粉煤灰也是污染源之一。对于电热厂储灰厂的选址,必须考虑到对地下水和环境的污染。选址已责成××区电热厂抓紧做工作,争取尽快报市政府有关部门审批。对南储灰厂渗漏对地下水的污染,主要采取截流集中排放的措施,以减少对地下水的污染。

××市人民政府

××年××月××日

第三节　决　　定

■ 一、决定的概念及特点

　　决定是党政机关、社会团体、企事业单位对重要事项或重大行动作出决定或安排时向所辖范围制发的指挥性公文。《条例》明确规定,决定"适用于对重要事项作出决策和部署、奖惩有关单位和人员、变更或者撤销下级机关不适当的决定事项"。

　　决定作为一种经常使用的下行公文文种,其应用范围相当广泛。它既可以用于宣布党和国家在某一时期、某一方面采取的重大行动决策,对某一领域或某一方面的工作作出政策性或法规性的规定,也可以用于宣告重要事项或对某一问题的处理结果,还可以用于贯彻上级指示精神,安排具体工作,作出有关机构设置及人事安排,或者用于表彰奖励和批评惩处,等等。

决定具有以下特点:

1. 权威性

决定是针对重要事项和重大行动,经重要会议或领导班子研究通过作出的安排;一经决定,在所属范围或所辖系统内即具有很强的约束力,受文单位包括个人必须遵照执行,不得违背。如《国务院关于坚决打击骗取出口退税、严厉惩治金融和财税领域违法乱纪行为的决定》明文要求:"各省、自治区、直辖市人民政府要采取得力的组织措施坚决贯彻本决定,国务院各有关部门要根据本决定要求,尽快分别制定贯彻落实的具体实施办法。"从内容到行文,语气上没有丝毫商量余地,充分显示了决定的权威性。

2. 指挥性

决定在宣布重大决策的同时,还拟定具体措施及实施方案,要求下级单位依照执行。如前例,国务院不仅作出了"坚决打击骗取出口退税、严厉惩治金融和财税领域违法乱纪行为的决定",而且同时就如何开展这项活动,提出了具体的部署、安排、办法和意见,使各地在执行决定时能够有所依从。至于贯彻执行上级指示精神,开展某项具体工作的决定,一般从指导原则到具体任务、方法、步骤、措施等,都一一作出安排,以使受文单位和个人能够统一思想、步调,协调关系,从而保证该项工作的顺利进行。

3. 决断性

制文机关根据党和国家的方针政策以及形势和工作现状,在自己法定的职权范围内,有权对有关事项、问题、行动作出决策和安排,其决定具有主观决断性,不受其他因素、条件的限制。如《中共中央关于接收宋庆龄同志为中国共产党正式党员的决定》作出后,无须履行党章规定的预备期转正手续,宋庆龄同志便成为中国共产党正式党员。并且此决定在归入宋庆龄同志个人档案的同时,也收入中共中央文书档案,作为一项特别决定而载入史册。这一实际效果,充分显示了决定的决断性的特点。

■ 二、决定的分类及用途

根据内容、性质的不同,决定可以分为法规政策性决定、宣告事项性决定、奖惩性决定、任免性决定等。

法规政策性决定是对某一领域或某一方面工作作出政策性或规范性规定

的决定,如《全国人民代表大会常务委员会关于修改〈中华人民共和国大气污染防治法〉的决定》。

宣告事项性决定是宣布某一重大问题处理结果或者对某项工作作出重大安排的决定。前者如《国务院关于处理"渤海二号"事故的决定》《中共中央关于恢复沈雁冰同志党籍的决定》等,后者如《××省人民政府关于大力发展畜牧业生产的决定》。

奖惩性决定是对有突出贡献的先进集体、个人进行表彰奖励,或对酿成重大责任事故及其他有严重违纪行为的人作出惩戒处理的决定,如《国务院关于大兴安岭特大森林火灾事故的处理决定》。

任免性决定是对有关机构设置、人事安排事项的决定,如《全国人民代表大会常务委员会关于设立全国人大代表办事处的决定》。

此外,根据决定的作用,可将其分为指挥性决定和知照性决定,这里不再赘述。

三、决定的写法及要求

决定一般由首部、正文和尾部组成,正文写完,即行结束。

1. 首部

一般包括标题和主送机关两个项目内容。

(1) 标题。决定的标题有两种构成形式:一种是由发文机关、事由和文种构成,如《中共中央关于建立老干部退休制度的决定》;另一种是由事由和文种构成,如《关于修改部分部门规章的决定》。

(2) 主送机关。决定一般都有主送机关。由于决定的内容往往需要发文机关的多个甚至所有下属机关知晓、执行,所以其主送机关一般使用某同一层级机关的统称。如国务院所发布的决定往往都用"各省、自治区、直辖市人民政府,国务院各部委、各直属机构"。但是部分需要全社会知晓的重大事项或工作的决定,可以不署主送机关,如十八届三中全会审议通过的《中共中央关于全面深化改革若干重大问题的决定》。

2. 正文

决定正文的结构一般由开头、主体和结尾三部分组成。开头部分主要交代决定的缘由或根据,主体部分说明决定事项,结尾部分提出希望、要求或关于执行决定的有关说明。

有的决定的正文部分只有前两项内容,主体写完,全文就结束。如《中共中央关于接收宋庆龄同志为中国共产党正式党员的决定》,正文在说明缘由、宣布决定后,即告结束,没有结尾部分,但其结构依然严谨而完整。所以,决定的正文如何结构,要视表现主旨的需要而定,没有千篇一律的模式。不过,无论怎样确定项目内容,决定事项不可缺少,否则就不成其为决定了。

决定正文内容的布局安排总的来说属于逻辑结构形式,大体有两种写法:一种是段落表述法,一种是标序列述法。段落表述法是用一段或者几段文字表述决定内容。如前例《中共中央关于接收宋庆龄同志为中国共产党正式党员的决定》,正文只有一个段落,表述了两层意思:第一层通过概括介绍宋庆龄的生平简历、共产主义信仰、崇高品德、爱国主义精神及入党要求,说明宋庆龄同志符合中国共产党党员的条件。这一层同时也是交代决定的根据。第二层说明具体决定事项:"中央政治局一致决定,接收宋庆龄同志为中国共产党正式党员。"表述非常简练、清晰。再如《国务院关于授予赵春娥、罗健夫、蒋筑英全国劳动模范称号的决定》,正文是分两段写的:第一段概述赵春娥、罗健夫、蒋筑英的先进事迹,指出他们"为我国社会主义现代化建设作出了卓越贡献",交代了发布决定的缘由。然后用"为此,国务院决定"一语作为过渡,转入第二段内容,宣布决定事项。主旨鲜明,逻辑性强,格式也比较规范。一般来说,段落表述法适用于内容比较单一的决定。

标序列述法是用序号依次来表述正文内容的方法。有时序号后面可以设小标题,提示每部分内容。这种方法一般用于表述内容比较复杂的决定。如《国务院、中央军事委员会关于修改〈中国人民解放军现役士兵服役条例〉的决定》,全文分为三个部分。第一部分开门见山地概括说明了修改原条例的原因和目的:"为加强中国人民解放军士官队伍建设,便于军队的指挥和管理,增强士官的责任心和荣誉感",然后用过渡语"决定……对……作如下修改和补充……"转入下文。第二部分用序号列述法,就增设士官军衔等级问题对原条例作了多项修改和补充说明。第三部分提出有关执行事项和要求。这个决定的主体,即决定事项,虽然内容不太多,但修改、补充的每一条、每一项的内容、性质都各不相同,如果不用标序列述法来说明,是很难达到条文醒目、表意明确的要求的。再如《国务院关于加快发展中西部地区乡镇企业的决定》,篇幅近万字,其正文部分列了九个问题,将一个内容庞杂的决定,表述得层次清楚,主旨鲜明。如果不采用标序列述法而改用其他方法表述,是达不到应有的表述效果的。

有的决定需要带附件。有附件的决定,应当于正文之后、发文机关署名之前注明附件的名称或依据,并将附件附在主件之后。如《全国人民代表大会常务委员会关于严惩严重危害社会治安的犯罪分子的决定》,其附件为我国刑法的有关条文,是在正文之后具体列出的。

3. 尾部

决定的尾部包括发文机关署名和成文日期两项内容。

决定的使用范围广泛。制作主体包括党政机关、社会团体、企事业单位和其他组织等,级别越高的机关,使用率越高。某一系统最基层的管理机构,一般不能使用决定这种文种。因为这种文种是强制性、约束力很强的公文,用决定所宣布的事项、所作出的行动安排,应当是重大的、重要的事项和活动。而基层管理机构不具有这样的职权能力和相应的权威性。

制发决定必须持慎重的态度。首先,决定的内容必须准确、真实,符合客观实际。这就要求在作出决定前,深入细致地进行调查研究,全面掌握真实情况。在研究拟制决定时,应当体现辩证思维,用一分为二的观点去分析问题、处理问题;在决定的论断上要恰当,所做的结论应经得起实践的检验。其次,语言表述要力求准确、简洁、庄重,同时,要用好规范性或习惯用语,如"会议决定""为此决定""一致决定""大会同意""大会要求"等。之所以如此,不仅是为了表明决定是由领导成员集体研究或经一定会议讨论作出的,而且意在强调所作的决定具有权威性。

附:示例

国务院关于取消一批行政许可事项的决定

国发〔2017〕46号

各省、自治区、直辖市人民政府,国务院各部委、各直属机构:

经研究论证,国务院决定取消40项国务院部门实施的行政许可事项和12项中央指定地方实施的行政许可事项。另有23项依据有关法律设定的行政许可事项,国务院将依照法定程序提请全国人民代表大会常务委员会修订相关法律规定。

以上公布取消的行政许可事项,其中市场已具备自我调节能力的事项改革后,相关部门的管理职能要重点转向制定行业标准规范,加强事中事后监管,惩处违法违规行为,维护市场秩序;由同一部门对相同内容进行重复审批的事项改革后,相关部门在削减重复审批、合并办事环节的同时,要进一步强化保留审批事项的准入把关作用,发挥认证管理的积极作用,落实监管责任,防止出现监管盲区;由不同部门多道审批改为负主要责任的部门一道审批的事项改革后,不再实施审批的部门负责制定有关行业标准规范,负责审批的部门按标准规范审核把关,遇到特殊疑难问题通过内部征求意见解决,部门间要优化工作流程,压缩审批时限,便利企业办事。改革涉及的部门要制定完善事中事后监管细则,自本决定发布之日起20个工作日内将适宜公开的向社会公布并加强宣传、确保落实。各地区、各部门要抓紧做好衔接工作,认真落实事中事后监管责任,坚决维护公平公正的市场秩序。

国务院

2017 年 9 月 22 日

第四节　通知　通报　通告

一、通知

（一）通知的概念、作用及特点

通知是一种使用范围广泛，使用频率极高的公文。《条例》规定，通知"适用于发布、传达要求下级机关执行和有关单位周知或者执行的事项，批转、转发公文"。作为一种知照性公文，通知是上级机关用来批转下级机关公文、转发上级机关和不相隶属机关的公文，发布规章，向下级机关和有关单位传达需要周知或者共同执行的事项，以及用来任免和聘用干部的公文文种。它主要有以下作用：

一是可以用于批转、转发文件。批转下级机关公文，如国务院向各省、自治区、直辖市人民政府、国务院各部和直属机构发出《国务院批转国家经贸委、冶金部关于邯郸钢铁总厂管理经验调查报告的通知》，要求各地结合实际，学习推广。转发上级机关的公文或者不相隶属机关的公文，如国务院办公厅发布的《国务院办公厅转发国家税务总局关于调整国家税务局、地方税务局税收征管范围意见的通知》等。

二是颁发行政规章。各级行政机关依法制定的各种规章制度，包括规定、办法、细则等都可以用通知发布，如劳动部、公安部、外交部、对外贸易经济合作部联合发出的《关于颁发〈外国人在中国就业管理规定〉的通知》等。

三是向下级布置工作，传达上级指示，加强部门协作，安排部门工作。如农业农村部发布的《关于进一步加强珍贵濒危水生野生动物保护管理工作的通知》，就是针对不少地区在修建水族馆，举办珍稀水生、野生动物展览、表演等活动中，擅自捕捉、收购和驯养繁殖水生、野生动物，致使已濒危的物种再度遭到捕杀，在社会上造成了很坏的影响而发出的通知，要求有关部门切实履行职责，加强对这方面工作的管理。

通知具有以下特点：

1. 知照性

通知的主要功能在于知照。它首先告知受文对象有关事项；其次提出相应要求，让受文对象在知晓通知内容后，按发文者的意图去办。一般来说，纯粹告知、打招呼的通知不多，大部分是为了提要求。告知只是一种方式、手段，告知的目的是向受文者提出要求。

2. 广泛性

通知的广泛性表现在多方面:一是内容广泛。大到全国性的重大活动安排、批转文件、发布规章制度、下达指示,小到机关单位内部处理日常事务、传递信息,都可以发通知。二是发文机关广泛。党政军机关、企事业单位、社会团体都可以发通知。三是通知的受文对象广泛。受文对象既可以是机关单位,也可以是普通公民;既可以是下级机关,又可以是不相隶属的平行机关。

3. 时效性

通知有一定的时效要求。它包含两层意思:一是时间期限;二是通知本身的效力长短。时间期限是指要办理的事情,必须在限定的时间内完成。即使是提出原则性规定的通知,也有其贯彻执行的时限要求,受文者不能拖着不办。通知本身的效力长短,是由通知事项决定的。有的通知因安排公务活动的具体事项而发,如会议通知,会期一过,通知也就失去了效力。而有的通知是用来部署某方面工作的,在这方面工作结束以前,都是有效力的,除非上级另行发文改变了原则和要求。

(二) 通知的分类及用途

根据内容的不同,通知大体可以分为以下四类:

1. 批转、转发、发布性通知

这类通知根据用途的不同,又可以分为批转性通知、转发性通知和发布性通知三种。

批转性通知主要用于批转下级机关的公文。如国务院于 2017 年 4 月 13 日发出的《国务院批转国家发展改革委关于 2017 年深化经济体制改革重点工作意见的通知》。

转发性通知主要用于转发平级机关的公文。如 2017 年 3 月 24 日《国务院办公厅关于转发文化部等部门中国传统工艺振兴计划的通知》、2015 年 12 月 10 日《国务院办公厅转发公安部交通运输部关于推进机动车驾驶人培训考试制度改革意见的通知》等。

发布性通知主要用于发布法规、规章。如 2017 年的《国务院办公厅关于印发 2017 年全国打击侵犯知识产权和制售假冒伪劣商品工作要点的通知》等。

这一类通知分别与被批转、转发、颁布的原件构成一份完整的复合体公文,其内容比较重要,命令性和规定性较强,要求下级机关认真贯彻执行。

2. 指示性通知

这类通知是指对某一事项作出具体规定或对处理某一问题作出具体指示的通知。它一般都是上级机关需要对下级机关或所属单位下达指示,而内容又不适用命令、决定等文种时使用的,如国务院 2007 年 12 月 21 日发出的《国务院办公厅关于做好防范大雾天气影响交通安全工作的紧急通知》。这类通知的政策性和指导性较强,要求下级机关认真贯彻执行。

3. 事务性通知

这类通知是指用于安排一般具体事务的通知,如调整机构、启用印章、变更作息时间、安排节假日值班等所发的通知都属于这一类。这类通知应用广泛,内容单一,或者要求下级机关办理,或者需要有关单位周知,或者需要有关部门协助共同执行,等等。

4. 会议通知

这类通知是指各机关单位用以发出召开会议的通知,如《××学院关于召开全院先进集体和先进工作者表彰大会的通知》等。

根据执行要求时间的缓急程度不同,通知还可以分为一般性通知和紧急通知两种。这里不再赘述。

(三) 通知的写法及要求

通知一般由首部、正文和尾部三部分组成。其各部分的格式、内容和写法要求如下:

1. 首部

通知的首部主要包括标题和主送机关等项目内容。

(1) 标题。通常有三种形式,一种是由发文机关名称、事由和文种构成,如《××市人民政府办公厅关于成立北大街建设改造指挥部的通知》;另一种是由事由和文种构成,如《关于进一步加强物价管理的紧急通知》;还有一种只写文种《通知》,这种形式常见于基层单位所发的事务性通知和会议通知。

有些情况特殊的通知,在标题中应写明性质,在"通知"前加上说明词语,如"紧急通知""补充通知""联合通知"等。

(2) 主送机关。通知一般都有主送机关。有些通知由于发送对象数量较少,主送机关标注为具体单位名称;普发性通知,需要发文机关的多个甚至所有下属机关知晓,其主送机关一般使用某同一层级机关的统称。如国务院所发布的通知往往都用"各省、自治区、直辖市人民政府,国务院各部委、各直属机构"。

2. 正文

通知的正文结构一般由开头、主体和结尾三部分组成,有的还有结语。开头主要交代通知缘由、根据;主体说明通知事项;结尾提出执行要求。有的通知内容单一,只用一个段落就可以表述这几层意思。而有的通知内容比较多,需要用两个或者更多段落表述。

不同类型的通知,其正文的构成和写法有所不同,下面分别说明:

（1）批转、转发、发布性通知。这类通知的正文比较简单，一般用一句话交代批转、转发、发布的意见和通知要求即可。如《国务院办公厅转发财政部关于农业综合开发若干政策的通知》，正文是："财政部《关于农业综合开发的若干政策》已经国务院同意，现转发给你们，请贯彻执行。"但也有的正文需稍作展开，如《国务院关于批转全国物价大检查总结报告的通知》，正文首先用一句话概述对原件的意见以及通知决定和执行要求；然后阐述批转的缘由，也是通知决定的缘由，即"通货膨胀的形势依然严峻"；最后从抓好"菜篮子"工程，切实保护群众利益、安定人民生活方面提出通知要求。

（2）指示性通知。其正文写法和指示相类似，开头说明通知缘由，主体说明通知事项，结尾提出执行要求。如果通知事项比较多，可以采用标序列述的形式表述。如《国务院关于开展第一次全国基本单位普查的通知》，正文分两层，一开始在分析全国基本单位统计情况的基础上，指出存在的问题，接着从正面交代了国务院这一决定的因由，然后用习惯语"现将有关事项通知如下"转入下文。第二层列了五个事项，从"普查的目的""普查的对象和内容""普查的进度安排""普查的费用""普查的组织与实施"方面，对这次全国基本单位普查工作作了安排部署。这份通知从形式上看，没有执行要求，从内容上看，通知事项第五条"普查的组织与实施"中，已经明确提出了执行要求。

（3）事务性通知。从写法上看，事务性通知基本和指示性通知相同，开头说明通知缘由，主体说明通知事项，结尾提出执行要求。所不同的是这种通知内容单一，所以通知事项要写得具体明白，不能含糊不清。

（4）会议通知。其开头的缘由，主要概括交代召开会议的原因、目的、议题等项内容。主体部分具体说明会议内容、时间、地点、参加人员、议程以及其他有关事项。为了醒目，这部分常采用标序列述的形式直接标明通知事项，如:(一)会议内容;(二)会议时间;(三)会议地点;(四)……结语部分常用"特此通知"等惯用语作结。

3. 尾部

包括发文机关署名和成文日期两项内容。

撰写通知应注意的问题：

（1）通知事项必须明确具体。通知事项是通知的核心内容，一定要根据通知的性质、类别来写。如批转性通知要写清批转内容，转发性通知要写清转发内容，发布性通知要写清颁发、印发内容，不能混用。并且对批转、转发、发布事项，必须表述得明确无误。会议通知、事务性通知的通知事项必须周全、具体、准确，否则将会影响通知的执行效力。请看下面一则通知：

通　　知

我院第二届艺术节书画、手工艺品展览筹备会于 5 月 13 日 4：30 召开，希望各班文体委员、团支部宣传委员届时参加。

××系学生会

××系团总支

2019 年 5 月 13 日

这一则会议通知写得极不规范，主要存在以下问题：

通知事项不清楚。首先是会议时间不清楚。"5 月 13 日 4：30 召开"，这里的"4：30"应该是凌晨时间，实际上这个时间一般是不会安排会议的，应写为"下午 4 点 30 分"。其次是没有通知开会地点，让人不知道到哪里去参加会议。

通知时间太急促。当天上午发通知，要求与会者下午去开会，未留有余地。这样就可能使有些该到会的人员因没有看到通知而缺席。

(2) 实事求是，切实可行。要求办理和执行的通知，其通知事项应当是切合实际，经过努力可以完成的。另外，通知时间和执行时间要衔接好。并且应当及时发送通知。某单位发了一份《关于第一季度政治学习安排的通知》，当各科室职工看到这份通知时，已经是 3 月份了。这样的通知会损害发文机关的形象，也有失制发公文的严肃性。

附：示例

国务院办公厅关于 2018 年部分节假日安排的通知

国办发明电〔2017〕12 号

各省、自治区、直辖市人民政府，国务院各部委、各直属机构：

经国务院批准，现将 2018 年元旦、春节、清明节、劳动节、端午节、中秋节和国庆节放假调休日期的具体安排通知如下。

一、元旦：1 月 1 日放假，与周末连休。

二、春节：2 月 15 日至 21 日放假调休，共 7 天。2 月 11 日（星期日）、2 月 24 日（星期六）上班。

三、清明节：4 月 5 日至 7 日放假调休，共 3 天。4 月 8 日（星期日）上班。

四、劳动节：4 月 29 日至 5 月 1 日放假调休，共 3 天。4 月 28 日（星期六）上班。

五、端午节：6 月 18 日放假，与周末连休。

六、中秋节：9 月 24 日放假，与周末连休。

七、国庆节：10 月 1 日至 7 日放假调休，共 7 天。9 月 29 日（星期六）、

9 月 30 日(星期日)上班。

节假日期间,各地区、各部门要妥善安排好值班和安全、保卫等工作,遇有重大突发事件,要按规定及时报告并妥善处置,确保人民群众祥和平安度过节日假期。

国务院办公厅

2017 年 11 月 30 日

二、通报

(一) 通报的概念及特点

通报是党政机关、社会团体、企事业单位用于表彰先进、批评错误,传达重要精神或者通报有关情况的公文。

通报的应用也比较广泛,可以用于表扬好人好事、新风尚;也可以用于批评错误,总结教训,告诫人们警惕类似问题的发生;还可以用来互通情况,传达重要精神,沟通交流信息,指导推动工作。

通报具有以下特点:

1. 典型性

不是任何的人和事都可以作为通报的对象。通报的人和事总是具备一定典型性,能够反映、揭示事物的本质规律,具有广泛的代表性和鲜明的个性。这样的通报发出后,才能使人受到启迪,得到教益。

2. 引导性

无论是表扬性通报、批评性通报,还是情况通报,其目的都在于通过典型的人和事引导人们辨别是非,总结经验,吸取教训,弘扬正气,树立新风。

3. 严肃性

通报的内容和形式都是严肃的。通报是正式公文,是领导机关为了指导工作,针对真人、真事和真实情况制发的,无论是表扬、批评或通报情况,都代表着一级组织的意见,具有表彰、鼓励或惩戒、警示的作用,因而其使用十分慎重、严肃。

4. 时效性

通报针对当前工作中出现的情况和问题而发。它的典型性、引导性都是就特定的社会背景而言的。随着客观情况的变化,一件在当时看来具有典型意义的事实,时过境迁,未必仍具有典型性。因此,通报作用的发挥,与抓住时机适时通报是分不开的。

(二) 通报的分类及用途

根据内容的不同,通报可以分为表扬性通报、批评性通报和情况通报三种。

1. 表扬性通报

这是用来表彰先进单位或个人,介绍先进经验或事迹,树立典型,号召大家学习的通报。

2. 批评性通报

这是用来批评、处分错误,以示警诫,要求被通报者和大家吸取教训的通报。

3. 情况通报

这是在一定范围内传达重要情况和动向,以指导工作为目的的通报。

(三) 通报的写法及要求

通报一般由首部、正文和尾部三部分组成。其各部分的格式、内容和写法要求如下:

1. 首部

通报的首部主要包括标题和主送机关两个项目内容。

(1) 标题。通常有两种构成形式:一种是由发文机关名称、事由和文种构成,如《国务院办公厅关于对少数地方和单位违反国家规定集资问题的通报》;另一种是由事由和文种构成,如《关于给不顾个人安危与盗窃犯顽强搏斗的计××同志记功表彰的通报》。此外,有少数通报的标题是在文种前冠以机关单位名称,如《中共中央纪律检查委员会通报》;也有的通报标题只有文种名。

(2) 主送机关。通报一般都应标明主送机关。

2. 正文

通报正文的结构通常由开头、主体和结尾等部分组成。开头说明通报缘由;主体说明通报决定;结尾提出通报的希望和要求。不同类别的通报,其内容和写法有所不同,现分述如下:

(1) 表扬性通报。这种通报一般在开头部分概述事件情况,说明通报缘由。它是作出通报决定的依据,因此要求把表扬对象的先进事迹交代清楚。如果属于对一贯表现好的单位或个人进行表彰,事实叙述不但要清楚明白,而且要注意详略得当、重点突出。主体部分通过对先进事迹的客观分析,在阐明所述事件的性质和意义的基础上,写明通报决定。结尾部分明确提出希望和要求,号召大家向先进学习。如《北京市××百货公司关于表扬营业员××同志的通报》,正文分三个层次:第一层概述北京市××百货公司营业员××同志与犯罪嫌疑人作斗争的先进事迹;第二层通过对事迹的评价,写明通报表扬决定;第三层阐明通报决定的重要意义,并向公司全体营业员提出希望、要求,号召大家向××同志学习。全文结构严谨,层次清晰,材料得体,重点突出,叙述、议论结合得比较好,起到了宣传教育作用。

(2) 批评性通报。这种通报在机关工作中使用得比较多,对一些倾向性的问题具有引导、纠正的作用。批评性通报又分两种情况:一种是对个人的通报批评,其写法和表扬性通报基本一样,要求先写出事实,然后在分析、评论的基础上叙写通报决定,最后提出希望和要求,让大家吸取教训,引以为戒。另一种是对国家机关或集体的批评通报。这种通报旨在通过对恶性事故的性质、后果,特别是对酿成事故的原因的分析,总结教训,从而达到指导工作的目的,所以写法和表扬性通报略有不同。其正文主要包括叙写事实、分析原因、提出要求和改进措施等项内容。如《国务院办公厅关于贵州省乡镇煤矿发生特大瓦斯爆炸事故的通报》,正文分两个层次:第一层写通报缘由,简要概括交代事故发生的时间、地点、伤亡人数、严重程度、认定的性质及通报根据,然后用"现通报如下"一语领起下文;第二层列了三个序号,着重分析了事故发生的历史原因、直接原因和惨重的教训,并提出杜绝事故再次发生的措施。通报目的表述得十分鲜明,即要求全国各地、各有关部门应从贵州省的这起事故中吸取教训,采取有效措施,解决乡镇煤矿的安全生产问题。

也有的批评性通报,是针对部分地区或单位存在着的同一类问题提出批评的。这类通报,虽然涉及的面比较广,但因其错误性质基本相同,所以写法上以概括为主,大体和情况通报相近。其正文主要包括错误事实、通报决定、提出纠正意见和措施等内容。如《国务院办公厅关于违规修建办公楼等楼堂馆所案件调查处理情况的通报》的正文分两个层次:第一层概括说明通报缘由,指出一些政府机关违规修建办公楼等楼堂馆所现象在一段时间有所抬头,且有愈演愈烈之势。接着表明中央、国务院对此高度重视,为加强警示教育,严明纪律,决定予以通报,提出通报决定。第二层通报了河南省濮阳县、山西省粮食局、甘肃省兰州市财政局、山西忻州煤矿安全监察局四起案件的基本情况、主要问题和处理意见,从而表明国务院查处、纠正违法违纪案件的态度。

(3)情况通报。这类通报主要起着沟通情况的作用,旨在使下级单位和群众了解上面的情况,以便统一认识,统一步调,推动全局工作的开展。其正文主要包括两项内容:通报有关情况,分析并作出结论。具体写法,有的是先摆情况,然后进行分析,得出结论;有的是先通过简要分析,作出结论,再列举情况,来说明结论的正确性和针对性;还有的是边摆情况、边分析,即夹叙夹议。总之,写法多样,如何表述可因事制宜,无须强求一律。

3. 尾部

包括发文机关署名和成文日期两个项目内容。

撰写通报应注意的问题:

(1)通报的内容必须真实。通报的事实,所引材料,都必须真实无误。这就要求动笔前一方面务必做好调查研究工作,对有关情况和事例要认真进行核对,切不可马虎大意;另一方面要运用一分为二的观点,客观、准确地进行分析、评论,切忌片面性和绝对化,防止一种倾向掩盖另一种倾向。

(2)通报决定要恰如其分。无论哪一种通报,都要做到态度鲜明,分析中肯,评价实事求是,结论公正准确,用语把握分寸。否则,通报不但会缺乏说服力,而且有可能产生副作用。

(3)通报的语言要简洁、庄重。其中表扬性和批评性的通报还应特别注意用语分寸,要力求文实相符,不讲空话、套话,不讲过头的话。

附:示例

关于 2016 年 1 月全国工程质量终身责任制落实情况的通报

建质质函〔2016〕13 号

各省、自治区住房城乡建设厅,直辖市建委(规委),新疆生产建设兵团建设局:

按照《住房城乡建设部办公厅关于请按月报送工程质量终身责任制落实情况的通知》(建办质函〔2014〕844 号)要求,截至 2016 年 3 月 10 日,全国 31 个省、自治区、直辖市和新疆生产建设兵团向我部报送了 2016 年 1 月《工程质量终身责任制落实情况月报表》,现将有关情况通报如下:

一、"两书一牌"制度落实情况

2016 年 1 月,全国新办理质量监督手续的工程共 10 172 项,其中已签署法定代表人授权书、工程质量终身责任承诺书的工程有 10 093 项,覆盖率为 99.22%,与上月基本持平,江苏、浙江、山东等 25 个省(区、市)和新疆生产建设兵团覆盖率达 100%。全国共有 4 273 项已经开工、正在建设的工程补签了法定代表人授权书和工程质量终身责任承诺书。

2016 年 1 月,全国新办理竣工验收备案工程 12 027 项,其中有 11 384 项工程设立永久性标牌,覆盖率为 94.65%,较上月下降 2.69 个百分点,江苏、安徽、湖北等 18 个省(区、市)覆盖率达 100%;有 10 865 项工程建立质量信用档案,覆盖率为 90.34%,与上月基本持平,安徽、浙江、湖南等 12 个省(区、市)覆盖率达 100%。

二、监督执法检查及整改落实情况

据统计,2016 年 1 月,各地共检查工程 36 500 项,其中省级住房城乡建设主管部门检查工程 844 项,市县级住房城乡建设主管部门检查工程 35 656 项。

各地共下发监督执法检查整改单 16 333 份、行政处罚书 696 份,处罚相关单位 568 个,处罚相关人员 164 名,实施信用惩戒 502 起,曝光违法违规典型案例 211 起。从行政处罚数量看,广西、湖南、浙江 3 个省(区)处罚力度较大;从曝光典型案例数量看,天津、北京、海南 3 个省(市)曝光力度较大。

三、下一步工作要求

从各地上报情况看,仍有部分地区工程质量终身责任制落实效果较差。其中,海南、广东、云南、江西、河南和四川等6个省法定代表人授权书、工程质量终身责任承诺书签署率未达到100%,四川、吉林、海南、宁夏、甘肃、云南、河南、内蒙、贵州等9个省(区)和新疆生产建设兵团永久性标牌覆盖率低于全国平均水平,部分地区监督执法检查力度不够,重检查、轻处罚现象仍然突出。

请各地按照工程质量治理两年行动和《建筑工程五方责任主体项目负责人质量终身责任追究暂行办法》有关要求,严格贯彻落实工程质量终身责任制,并于每月10日前将上月落实情况报我司。

附件:2016年1月全国工程质量终身责任制落实情况统计表

中华人民共和国住房和城乡建设部工程质量安全监管司

2016年3月14日

三、通告

(一) 通告的概念及特点

通告是党政机关、社会团体、企事业单位在一定范围内向社会公众或者有关单位、人员公布应当遵守或者周知的事项的知照性公文。

通告内容广泛,使用普遍。它可以用来公布应当遵守的政策法令,如湖南省高级人民法院、湖南省人民检察院、湖南省公安厅联合发布的《关于敦促商业贿赂犯罪分子限期投案自首的通告》,上海市人民政府发布的《关于对高污染车辆实施限制通行措施的通告》等;也可以用于通告应当周知的具体事项,如中国人民银行为在全国范围内发行一元、五角、一角金属人民币,将其规格、图案、特征通告社会各界所发布的《中国人民银行通告》等。

通告具有以下特点:

1. 广泛性

通告的广泛性表现在以下三个方面:一是内容广泛,告知工作、生活中需要周知遵守的各类具体事项都可以用通告;二是使用单位广泛,国家机关、社会团体以及所有企事业单位都可以使用通告;三是发布渠道广泛,它既可以用公文形式发布,也可以张贴,还可以通过新闻媒介如互联网、报纸、电视、广播电台发布。

2. 周知性

通告的发布形式及其作用决定了它的周知性。它要求一定管辖范围内的机关团体、人民群众了解、知晓相关政策与事项,自觉规范自己的行为,共同维护社会秩序。

（二）通告的分类及用途

根据内容、作用的不同，通告可以分为两类，一类是政策性通告，一类是事务性通告。政策性通告是在一定范围内公布政策法规的通告。如原卫生部、公安部《关于维护医疗机构秩序的通告》，就具有政策性，受文者必须严格遵守。事务性通告是在一定范围内，向机关单位和人民群众公布应当周知事项的通告。又如奉中华人民共和国国务院命令，中国人民银行发布的关于在全国范围内发行一元、五角、一角金属人民币的《中国人民银行通告》，是为了让人民群众知晓上述三种金属人民币发行的日期及其规格、图案、特征，以便流通使用和进行辨识。这里需要指出，事务性通告虽然不具有法规性通告那样的制约性，但是在让受文者知道的前提下，往往也带有某些相应的要求，只是它的主要目的在于让人明白通告事项。

（三）通告的写法及要求

通告一般由首部、正文和尾部三部分组成。其各部分的格式、项目内容和写法如下：

1. 首部

通告的首部往往只有标题。通告的标题有四种构成形式：一是由发文机关名称、事由和文种构成，如《中华人民共和国公安部、邮电部关于保护通信光缆线路的通告》；二是在文种前面冠以发文机关名称，如《中华人民共和国公安部通告》；三是由事由和文种构成，如《关于进行房屋租赁登记的通告》；四是只写文种"通告"。实践中，前三种形式用得较多，而最后这种形式比较少见。

2. 正文

通告正文的结构一般由开头、主体、结尾和结语四部分组成。

（1）开头。主要交代缘由、根据。要求概括说明发出通告的原因和目的。政策性通告一般还要求写清法律依据，以增强通告的法律效力。缘由后面常用习惯用语"通告如下""特作如下通告"等过渡到下文。

（2）主体。即通告事项部分，主要说明通告的具体内容。这一部分由于事项比较多，常常采用标序列述的方法来写。要求做到主旨鲜明，事项具体，条理清晰，简洁通俗，便于理解执行。

（3）结尾。提出执行要求或号召。有的通告没有结尾段。

（4）结语。一般单独设段，用"特此通告"作结，以体现通告的规范性和严肃性，但也有通告不用结语。如《中华人民共和国公安部、邮电部关于保护通信光缆线路的通告》，其正文分三个层次：第一层首先从"通信光缆"这种现代化通信传输设施的作用、现状及其损坏后将造成的严重危害等方面，说明发出通告的原因,接着以一句话概述了发出通告的目的和根据,后面用过渡语"特通告如下",转入下一个层次;第二层通告事项,从五个方面对如何保护通信光缆线路以及发现破坏行为如何处罚等方面作了具体说明;第三层即结尾部分,简要说明执行要求。全文主旨鲜明,事项交代明白具体,语言表述通俗易懂。

3. 尾部

一般包括署名和成文日期两个项目内容。

撰写通告应注意下面的问题:

(1) 准确把握文种。特别要注意通告和公告的不同。目前,公告和通告这两个文种在实际运用中存在着比较严重的混乱现象,其实它们是具有不同功能的公文文种,不能混用。第一,内容属性不同。公告适用于向国内外宣布重要事项或者法定事项,兼有新闻性和知照性特点;通告适用于在一定范围内公布应当遵守或者周知的事项,具有鲜明的执行性、知照性。第二,告知的范围不同。公告面向国内外的广大公众,涉及面广;通告的告知面则相对较窄,只是一定范围内的有关单位和人员。第三,使用权限不同。公告通常是党和国家高级领导机关宣布某些重大事项时才用,新华社、司法机关以及其他一些政府部门也可以根据授权使用公告;而通告则适用于各级党政机关和企事业单位。

(2) 通告事项应当注意政策性。如《××县××乡关于加强护林工作的通告》中写道:"凡私自砍伐公有林树木一棵者,劳役五天,罚人民币一百元;伐两棵者,加倍处罚;发现盗伐树木而不向乡政府报告者,与伐木者受同样处罚;拒绝或抵抗处罚者,将其拘禁,直到认罚并缴纳罚款为止。"这里所提的通告事项没有法律、政策依据,随意性太大。私自砍伐公有林树木该罚多少款姑且不论,单是由乡政府对违反通告者又是处以"劳役",又是"将其拘禁",就公然违背了法律规定。应当承认,发文者加强护林工作是一片好心,是为集体、为国家着想,但好心代替不了政策和法制。决不能"病急乱求医",以违法的手段去纠正违法行为。

(3) 行文要通俗易懂。由于通告的制发单位范围广泛,常常涉及各行各业的专门业务,这就要求在语言表述上,在不影响准确表达的前提下,尽量少用术语、行话,多用大众语言,做到通俗易懂,以便适应通告受文群众文化层次不同的现状,以达到周知和遵守的目的。

附:示例

食品药品监管总局关于非法经营疫苗案件查处工作有关事项的通告

〔2016 第 62 号〕

山东省食品药品监督管理局公布了非法经营疫苗案涉案嫌疑人员名单。为彻底查清涉案疫苗来源、流向,严惩违法犯罪行为,现将有关事项通告如下：

一、依据《中华人民共和国刑法》《中华人民共和国药品管理法》等法律法规的规定，不具备疫苗经营资质而经营疫苗，是违法犯罪行为，依法最高可处五年以上有期徒刑；明知他人不具备合法经营资质、仍提供疫苗的，依法可作为共同犯罪，追究刑事责任。山东省食品药品监督管理局公布的涉案嫌疑人员，应在 2016 年 3 月 23 日前向所在地县级以上食品药品监管部门或公安机关主动报告违法经营疫苗情况，包括疫苗的品种、来源、去向等。逾期不报告的，依法从严惩处。

二、各药品生产经营使用单位要立即开展自查，凡与涉案嫌疑人员有过疫苗交易或存在从非法渠道购入疫苗、向个人销售疫苗情形的，应在 2016 年 3 月 25 日前主动向当地食品药品监管部门或公安机关报告。

向个人销售疫苗的，应报告销售的品种、数量、标示生产企业名称、批号、销售去向、销售时间等；从非法渠道购入疫苗的，应报告来源以及购入疫苗的品种、数量、标示生产企业名称、批号、购入时间等；已经使用或继续销售的，还应报告使用或销售的详细情况。

三、地方各级食品药品监管部门要密切关注山东省公布的本地区涉案嫌疑人员名单和协查线索，会同公安机关立案调查，尽快核实涉案嫌疑人身份，及时查明疫苗非法购销情况。对向庞某销售疫苗的线索，要查明销售单位和人员，及销售的品种、数量等；对从庞某购进疫苗的线索，要查明购进单位和人员，及购进的品种、数量等。对医疗卫生机构购入、使用涉案疫苗以及相关人员涉案的线索，要及时通报当地卫生计生部门，以便查明最终销售去向及使用人员情况。上述调查情况，要逐级向上级食品药品监管部门报告，并及时向社会公布。

四、公众如了解掌握涉案嫌疑人员情况，可拨打投诉举报电话 12331 向食品药品监管部门举报，也可向当地公安机关反映。

特此通告。

食品药品监管总局

2016 年 3 月 19 日

第五节　函

■■ 一、函的概念及特点

函是不相隶属机关相互商洽工作、询问和答复问题，或者向有关主管部门请求批准事项时所使用的公文。

函作为公文中唯一的一种平行文种,其适用范围相当广泛。在行文方向上,不仅可以在平行机关之间行文,而且可以在不相隶属的机关之间行文,其中包括向上级机关或者下级机关行文。在适用的内容方面,它除了主要用于不相隶属机关之间相互商洽工作、询问和答复问题外,也可以用于向有关主管部门请求批准事项,向上级机关询问具体事项,还可以用于上级机关答复下级机关的询问或请求批准事项,以及上级机关催办下级机关有关事宜,如要求下级机关函报报表、材料、统计数字等。此外,函有时还可用于上级机关对某件原发文件作较小的补充或更正。不过这种情况并不多见。

函具有以下几个特点:

1. 沟通性

函对于不相隶属机关之间相互商洽工作、询问和答复问题,起着沟通作用,充分显示着平行文种的功能。

2. 灵活性

函的灵活性表现在两个方面:一是行文关系灵活。函是平行公文,但是它除了平行行文外,还可以向上行文或向下行文,不像其他文种那样有严格的特殊行文关系的限制。二是格式灵活。除了国家高级机关的重要函必须按照公文的格式、行文要求行文外,其他一般的函比较灵活自便,可以按照公文的格式及行文要求办,也可以不完全按照公文的格式及行文要求办;可以有文头版式,也可以没有文头版式,不编发文字号,甚至可以不拟标题。

3. 单一性

函的主体内容应该具备单一性的特点,一份函只宜写一件事项。

二、函的分类及用途

函可以从不同角度分类:

按性质分,可以分为公函和便函两种。公函用于机关单位正式的公务活动往来;便函则用于日常事务性工作的处理。便函不属于正式公文,没有公文的格式要求,甚至可以不要标题,不用发文字号,只需要在尾部署上机关单位名称、成文日期并加盖公章即可。

按发文的目的分,函可分为发函和复函两种。发函即主动提出公务事项所发的函,如国家中医药管理局《关于上报乡镇卫生院有关情况的函》。复函则是回复对方询问所发的函,如《国务院办公厅关于公开发布天气预报有关问题的复函》等。

另外,从内容和用途上,还可以分为商洽事宜函、通知事宜函、催办事宜函、请求批准函、答复事宜函、转办函、催办函、报送材料函等。

三、函的写法及要求

函的类别较多，从制作格式到内容表述均有一定灵活机动性。因此，这里不一一介绍，主要介绍规范性公函的结构、内容和写法，其他类别的函可以参照。

函由首部、正文和尾部三部分组成。其各部分的格式、内容和写法要求如下：

1. 首部

主要包括标题、主送机关两个项目内容。

(1) 标题。函的标题一般有两种形式，一种是由发文机关名称、事由和文种构成，如《国务院办公厅关于悬挂国徽问题给 ×× 省人民政府办公厅的复函》；另一种是由事由和文种构成，如《关于报送全国政府部门机关事务工作座谈会材料的函》。公务实践中，前一种标题式样用得比较多。

(2) 主送机关。即受文并办理来函事项的机关单位，于文首顶格写明全称或者规范化简称，其后用冒号。

2. 正文

其结构一般由开头、主体、结尾、结语等部分组成。

(1) 开头。主要说明发函缘由。一般要求概括交代发函的目的、根据、原因等内容，然后用"现将有关问题说明如下"或"现将有关问题函复如下"等过渡语转入下文。如《国务院办公厅关于羊毛产销和质量等问题的函》的缘由部分："为进一步发展我国的羊毛生产，搞活羊毛流通，提高羊毛质量，根据国务院领导同志的批示，现将有关问题通知如下……"这里便讲了两层意思：一是发文目的，二是发文根据。复函的缘由部分，一般首先引叙来文的标题、发文字号，然后再交代根据，以说明发文的缘由。如《国务院办公厅关于公开发布天气预报有关问题的复函》，其缘由如下："你局《关于加强公布公众天气预报归口管理的报告》(国气发〔1993〕13 号)收悉。经国务院同意，现将有关问题函复如下：……"

(2) 主体。这是函的核心内容部分，主要说明致函事项。函的事项部分内容单一，一函一事，行文要直陈其事。无论是商洽工作，询问和答复问题，还是向有关主管部门请求批准事项，都要用简洁得体的语言把需要告诉对方的问题、意见叙写清楚。如果属于复函，还要注意答复事项的针对性和明确性。如《国务院办公厅对国家工商行政管理局关于贯彻〈食盐加碘消除碘缺乏危害管理条例〉有关问题请示的复函》，针对国家工商行政管理局在贯彻《食盐加碘消除碘缺乏危害管理条例》中遇到的具体问题，即"对碘盐市场中的无照经营、牟取暴利、投机倒把等违反工商行政管理法律、法规行为及对这类行为的监督处罚未作具体规定"的问题，给予了答复。其答复内容有两点：第一点讲了对以上问题没作规定的原因是该条例"主要是解决保证食盐加碘和消除碘缺乏危害的问题"的;第二点,向复函对象指示了解决问题的法律依据和方法。复函的内容紧扣请示事项,而且表述得简洁、明了、具体,使受文单位请示的问题得到明确答复,解决了贯彻该条例中发现的问题,使其处置起来有所依从。

有的函,事项这一项目中涉及的内容比较多,也可以分条列明。如《国务院办公厅关于羊毛产销和质量等问题的函》《国务院办公厅关于公开发布天气预报有关问题的复函》等,其事项都是采用标序列述的方式进行表述的。

(3) 结尾。一般用礼貌性语言向对方提出希望,即或请对方协助解决某一问题,或请对方及时复函,或请对方提出意见,或请主管部门批准等。

(4) 结语。通常应根据函询、函告、函商或函复的事项,选择运用不同的结束语,如"特此函询(商)""请即复函""特此函告""特此函复"等。有的函可以不用结束语,如属便函,可以像普通信件一样,使用"此致""敬礼"。

3. 尾部

一般包括署名和成文日期两项内容。

撰写函应注意的问题:

首先,要注意行文简洁明确,用语把握分寸。无论是平行机关还是不相隶属机关之间的行文,都要注意语气平和有礼,不要倚势压人或强人所难,也不必逢迎恭维、曲意客套。至于复函,则要注意行文的针对性、答复的明确性。

其次,函也有时效性的问题,特别是复函更应该迅速、及时。不少单位在处理函件时,误以为它的时效性不很强,于是就拖延缓办。这样可能会给工作造成一定损失。所以,函虽然不像命令、决定等文种那样具有权威性,但它毕竟是公务活动中不可或缺的文种,受函者应该像对待其他公文一样,及时处理函件,以保证公务活动的正常进行。

附:示例1

国务院办公厅关于同意建立市场监管部际联席会议制度的函

国办函〔2017〕118号

工商总局:

你局关于建立市场监管部际联席会议制度的请示收悉。经国务院同意,现函复如下:

国务院同意建立由工商总局牵头的市场监管部际联席会议制度。联席会议不刻制印章,不正式行文,请按照国务院有关文件精神认真组织开展工作。

国务院办公厅

2017年11月6日

示例2

关于商洽×××同志调动工作事宜的函

××制造厂人事处：

　　我校××学院××系××教研室××同志，19××年从××工业大学××专业本科毕业，分配到我校任教师以来，工作认真负责，教学、科研都取得了显著成绩，于19××年被聘为讲师。

　　该同志在我校工作，家庭的其他成员全部住在你市，其妻××同志在贵厂工作。不但夫妻分居两地，且上有体弱多病的母亲，下有不满周岁的儿子需要照顾。根据该同志多次申请，经我校领导研究，为解决××同志夫妻两地分居并照顾家庭存在的特殊困难，我校同意该同志调往贵厂工作的要求。现特致函与你们商洽，并请尽快函复。若贵厂同意考虑××同志的这一要求，接到你们复函后我们即将该同志的档案寄给你们审查。

　　特此致函。

××大学人事处

××年××月××日

第六节　意　　见

■■ 一、意见的概念及特点

　　《条例》明确规定，意见"适用于对重要问题提出见解和处理办法"。它一般适用于重要、复杂的工作，对如何做好该项复杂工作提供具体可行的解决方法和措施。在行文方向上，它既可以下行，也可以上行，即上级机关可以根据需要制订意见下发，指挥下级开展工作；下级单位也可以对某一工作如何开展撰写意见，上报上级，请求批转执行。

　　意见具有以下特点：

　　1. 指挥指导性

　　意见的性质和用途与决定、通知有些类似。与决定的相似之处在于，它们多用于较重要的工作，但意见所涉工作相对于决定而言，重大性、全局性稍弱，而更注重工作该如何开展；与通知相较，二者都要讲清工作该如何开展，但意见所涉工作更重要。决定、通知都有指挥指导性，下行或批转下行的意见同样具有指挥指导性，会对某重大、复杂工作如何开展提出见解和处理办法。

2. 针对性

意见用于对重要问题提出见解和处理办法。这表明,意见具有针对性的特点。它总是就某一重要问题而制发,对下级单位起出主意、想办法的作用。

二、意见的分类及用途

按行文方式分,意见有直发意见和转发意见,即直接发布的意见和随通知转发或批转的意见两类。如 2008 年 4 月 29 日发布的《国务院办公厅关于施行〈中华人民共和国政府信息公开条例〉若干问题的意见》,属于直发意见;《国务院办公厅关于贯彻落实全面推进依法行政实施纲要的实施意见》,是由国务院办公厅以"国发〔2004〕10 号"通知转发的,属于转发意见。

按性质、内容分,意见有规划性意见、实施意见和具体工作意见。

规划性意见是就某一时期或某一方面工作提出大体构想的意见,类似于计划中的规划、纲要等。不同之处在于:计划有较强的约束力,一经会议通过或由上级主管部门批准,在其所涉及的范围内是开展工作和进行监督、检查的依据;意见则适用于对下级单位提供参考性意见,下级单位在参考时,可以根据本地区、本单位的实际决定采纳或者予以变通,有较大的灵活性。

实施意见是指在实施政策、法规性文件时,就如何贯彻会议或上级文件精神提出的原则性要求,在对所要贯彻的精神进行阐发,帮助下级单位在进一步理解上级机关的发文意图的基础上,做好贯彻落实工作。例如,《关于 1996 年国有企业改革工作的实施意见》,其中"抓好各项企业改革试点工作"和"搞好大的,放活小的,加大结构调整的力度"等,都是围绕如何开展本年度国有企业改革工作,为贯彻中共中央的有关文件精神提出的意见和要求。

工作意见所涉及的内容一般比较具体,如国务院批转的《关于进一步加强反假货币工作的意见》、国务院办公厅转发的《国家税务总局关于调整国家税务局、地方税务局税收征管范围的意见》等。

三、意见的写法及要求

意见通常由首部、正文两部分组成,有的还有附件,但一般没有尾部。其各部分的格式、内容和写法如下:

1. 首部

一般包括标题和成文日期两项内容。不过,有的在成文日期前注明发文机关名称,以文件形式直接行文下发的意见还有主送机关的项目。

(1) 标题。一般由发文机关、事由和文种构成,如《××办公室关于 2008 年纠风工作实施意见》《水利部、国家发展改革委、财政部关于推进用水权改革的指导意见》《中共××省委关于贯彻执行〈中国共产党党校工作暂行条例〉的实施意见》等。有的标题中不标发文机关,如《关于进一步加强反假货币工作的意见》《关于职工医疗保障制度改革扩大试点的意见》等。

(2) 成文日期。在标题中标明发文机关名称的,一般于标题之下用括号注明成文的年、月、日。但标题中省略发文机关一项的,有的于成文日期前注明发文机关,有的不在此处注明发文机关,将其署于正文之后。

2. 正文

意见的正文部分大都包括发文缘由和具体意见两项内容,个别的还有贯彻执行的要求。

(1) 发文缘由。所谓发文的缘由,具体是指提出意见的背景、依据、原因、目的等,表述文字可长可短。一般来说,实施意见的发文缘由比较简短,而指导具体工作的意见的这项阐述文字比较充分。如《关于职工医疗保障制度改革扩大试点的意见》的发文缘由,开头是这样写的:

我国现行的职工医疗保障制度(包括公费医疗和劳保医疗)对于保障职工身体健康、促进经济发展、维护社会安定曾发挥过重要作用。但随着经济的发展和改革的深入,问题日益突出,改革势在必行。

接着对改革试点一年多来初步取得的成效进行概述:

建立了医疗费用筹措的新机制,提高了职工的基本医疗保健水平,抑制了医疗费用增长过快的势头,推动了医疗机构内部的改革,为进一步深化医疗保障制度改革积累了一定的经验。

然后在此基础上提出:

鉴于职工医疗保障制度改革关系到广大职工的切身利益,政策性强,涉及面广,是一项极为错综复杂的工作,为了进一步获取经验,按照八届全国人大四次会议通过的《中华人民共和国国民经济和社会发展“九五”计划和 2010 年远景目标纲要》中关于“九五”期间加快医疗保障制度改革,逐步建立城镇社会统筹医疗基金与个人医疗账户相结合的医疗保险制度的要求,国务院决定,在镇江、九江两市试点的基础上,再挑选一部分具备条件的城市,有计划、有步骤地扩大职工医疗保障制度改革的试点范围。

论述文字逻辑性强,把意见提出的缘由阐述得十分清楚,使受文单位明确了“扩大试点”这一举措的重要性、必要性和可行性,从而在思想上对下面将要提出的意见引起足够的重视。这种写法完全符合《条例》对意见这一文种性质的概括,即制文是为了“对重要问题提出见解和处理办法”,值得借鉴。

(2) 具体意见。这是意见这一文种的主体部分和核心内容。具体是指制文机关就重要问题提出的见解和处理办法,包括开展某项工作的目标和任务、原则和政策、措施和要求等。例如上例中的这部分内容是从以下几方面阐述的：①改革的目标和根本原则；②扩大试点的内容；③试点的有关政策；④扩大试点的组织领导。其中"扩大试点的内容"包括：职工医疗保险基金的筹集、职工个人医疗账户和社会统筹医疗基金的建立、职工医疗费用的支付办法、医疗机构的配套改革与内部管理和医疗保险基金的管理与监督五项内容，把扩大改革试点所可能涉及的问题比较全面地列述出来，这就为受文单位指出了目标、方向和任务，以便其根据本单位的实际开展试点工作，探索和总结经验。

具体意见的写作，一般采用标序列述的方法，原则是要把意见条理分明地表述清楚。至于是否按逻辑结构的四种具体结构形式进行表达，可以因文而异，不必拘泥于一格。不过，一般来说，意见总会涉及多项问题或某一问题的多个方面，往往采用并列结构形式表述。像《国家税务总局关于调整国家税务局、地方税务局税收征管范围的意见》，具体意见分为五个方面：关于集贸市场和个体工商户税收，关于涉外税收，关于联营企业、股份制企业所得税，关于证券交易税，关于教育费附加。

有的意见在正文结束时有结尾部分。结尾部分的内容，大多是提出要求。如财政部、国家林草局(国家公园局)《关于推进国家公园建设若干财政政策的意见》，其正文结尾时提出："本意见以支持国家公园建设为主，对国家公园外的其他自然保护地，可以参照执行本意见有关政策，但自然保护地管理方面另有规定的，从其规定。"但也有的是向受文单位提出希望和号召，例如："各级党的领导干部都要讲学习、讲政治、讲党性，认真执行省委、省政府提出的……工作方针和……战略，克服困难，抓住机遇，同心同德，扎实工作，为我省农业和农村经济再上新台阶而努力奋斗！"不过，这种形式的结尾文字不多见，表述显得空洞浮泛，不宜提倡。

撰写意见文稿应注意下面两个问题：

(1) 行文要简洁。意见具有明显的论理性，但不能写成以阐述理论观点为主的理论文章。在这里，论理只是为了阐明见解，其目的在于说明具体意见的提出是有政策依据和客观根据的。不需要长篇大论地讲道理。

(2) 要从意见的性质和特点出发提出问题和分析问题。向受文单位提出可供参照的意见时，不要用发命令、作指示的语气，把问题统得太死。如果要求下级非照办不可，那样就混淆了意见与指示等文种的界限。

附：示例

国务院办公厅关于深化产教融合的若干意见

国办发〔2017〕95号

各省、自治区、直辖市人民政府，国务院各部委、各直属机构：

进入新世纪以来，我国教育事业蓬勃发展，为社会主义现代化建设培养输送了大批高素质人才,为加快发展壮大现代产业体系作出了重大贡献。但同时,受体制机制等多种因素影响,人才培养供给侧和产业需求侧在结构、质量、水平上还不能完全适应,"两张皮"问题仍然存在。深化产教融合,促进教育链、人才链与产业链、创新链有机衔接,是当前推进人力资源供给侧结构性改革的迫切要求,对新形势下全面提高教育质量、扩大就业创业、推进经济转型升级、培育经济发展新动能具有重要意义。为贯彻落实党的十九大精神,深化产教融合,全面提升人力资源质量,经国务院同意,现提出以下意见。

一、总体要求

(一) 指导思想。

全面贯彻党的十九大精神,坚持以习近平新时代中国特色社会主义思想为指导,紧紧围绕统筹推进"五位一体"总体布局和协调推进"四个全面"战略布局,坚持以人民为中心,坚持新发展理念,认真落实党中央、国务院关于教育综合改革的决策部署,深化职业教育、高等教育等改革,发挥企业重要主体作用,促进人才培养供给侧和产业需求侧结构要素全方位融合,培养大批高素质创新人才和技术技能人才,为加快建设实体经济、科技创新、现代金融、人力资源协同发展的产业体系,增强产业核心竞争力,汇聚发展新动能提供有力支撑。

(二) 原则和目标。

统筹协调,共同推进。将产教融合作为促进经济社会协调发展的重要举措,融入经济转型升级各环节,贯穿人才开发全过程,形成政府企业学校行业社会协同推进的工作格局。

服务需求,优化结构。面向产业和区域发展需求,完善教育资源布局,加快人才培养结构调整,创新教育组织形态,促进教育和产业联动发展。

校企协同,合作育人。充分调动企业参与产教融合的积极性和主动性,强化政策引导,鼓励先行先试,促进供需对接和流程再造,构建校企合作长效机制。

深化产教融合的主要目标是,逐步提高行业企业参与办学程度,健全多元化办学体制,全面推行校企协同育人,用10年左右时间,教育和产业统筹融合、良性互动的发展格局总体形成,需求导向的人才培养模式健全完善,人才教育供给与产业需求重大结构性矛盾基本解决,职业教育、高等教育对经济发展和产业升级的贡献显著增强。

二、构建教育和产业统筹融合发展格局

(略)

三、强化企业重要主体作用

（略）

四、推进产教融合人才培养改革

（略）

五、促进产教供需双向对接

（略）

六、完善政策支持体系

（略）

七、组织实施

（略）

国务院办公厅

2017 年 12 月 5 日

第七节 纪 要

纪要也就是通常所称的会议纪要。《条例》规定纪要"适用于记载会议主要情况和议定事项"。

■ 一、纪要的概念及特点

纪要是一种记载、传达会议情况及议定事项的纪实性公文。它用于党政机关、社会团体、企事业单位召开的工作会议、座谈会、研讨会等重要会议。

纪要通过记载会议基本情况、会议成果、会议议定事项，综合概括地反映会议精神，以便与会者统一认识，回本单位后全面如实地进行传达。同时，纪要可以多向行文，具有上报、下达以及与同级机关进行交流的作用：向上级机关呈报，用以汇报会议情况，以便得到上级机关对工作的指导；向同级机关发送，用以通报会议情况，以便得到同级机关的支持和配合；向下级机关发送，用以传达会议精神，以便下级机关贯彻执行。

纪要具有以下特点：

1. 纪实性

纪要是根据会议的宗旨、议程、会议记录、会议活动等有关材料综合整理出来的公文。纪要不能随意篡改会议的基本精神，不能擅自增加或删减会议的内容，不能随便更动与会者议定的事项，不能对会议达成的共识进行修改，也不需要对会议或会议的某项内容进行分析、评论。它要求如实地记载会议的基本情况，如实地传达议定的事项，对会议存在的分歧意见和问题等，也要真实、概括地予以反映。正因为纪要具有这样的纪实特点,它也就具有了历史凭证的作用和查考利用的价值。

2. 概括性

纪要不同于会议记录。会议记录是在开会的过程中,由专门人员把会议的基本情况如实记录下来的书面材料。这里有一个注意区分会议记录与会议纪要的问题。一般来说,会议在研究问题、讨论问题、形成议定事项过程中,与会者的讲话和发言不仅涉及的问题比较广泛,而且讲话、发言的水平参差不齐。譬如,有的精辟、深邃,很有见地;有的长篇大论,重点不突出;有的甚至与会议宗旨相去甚远。作为会议记录,要尽可能完整地将其记录下来,作为会议的原始材料,以备日后查考或供分析、研究、总结之用。但撰写纪要,就不能像记流水账似的把会议的全部内容写下来,它需要根据会议的中心议题、指导思想和议定事项,在会议记录所提供材料的基础上,结合会议议程、会议材料、会议中穿插的活动等情况,经过概括、整理、提炼,而后才能形成公文。所以,与会议记录相比,纪要能够更集中地反映会议的精神实质,具有高度的概括性。

3. 指导性

纪要有两项功能,一项是记载,一项是传达,并且是通过记载去传达的。它所记载、传达的会议情况和议定事项,是与会者及其组织领导者的共同意志的体现,是会议成果的结晶,集中反映了会议的精神实质,因而具有很强的指导性。纪要的传达,可以统一人们的思想认识,指导有关部门贯彻执行党的方针政策,指导工作与学习。特别是一些用新闻形式公布的纪要,其内容不仅对有关部门,而且对整个社会具有普遍的指导意义。如新华社 19×× 年 4 月 21 日报道的《弘扬徐虎精神　树立社会新风——"学习徐虎先进事迹座谈会"纪要》,是中共中央宣传部、国家建设部和中共上海市委联合召开的"学习徐虎先进事迹座谈会"的会议纪要,它所集中反映的会议基本精神,就是这则报道标题的内容:弘扬徐虎精神,树立社会新风。显然,这一纪要对于推进社会主义精神文明建设是有重要指导意义的。

■■ 二、纪要的分类及用途

根据会议性质的不同,纪要可以分为办公会议纪要和专项会议纪要。

办公会议纪要是各级党政机关、企事业单位、社会团体召开的定期或不定期的工作会议形成的会议纪要。这种会议纪要主要用于总结工作,沟通情况,交流经验,研究分析问题,指导下一步工作的开展。

专项会议纪要是为研究专项问题而召开会议所形成的会议纪要。这类会议纪要,除了包括座谈会纪要和研讨会纪要外,还包括各级机关单位为解决某一问题或处理某件事情而召开的专题会议纪要。专项会议纪要主要用以协调关系、指导工作,同时还用来反映会议对问题的研究情况及处理结果。

根据内容的不同,纪要分为决议型纪要和综合性纪要。这种分类方法比较普遍。决议型纪要主要反映与会者就会议主要议题,在统一认识的基础上所形成的决定、决议。这种纪要多用于工作会议和行政会议。综合性纪要则侧重于全面概述会议基本情况,包括会议的议题、讨论情况、讨论结果等。这种会议纪要多用于座谈会、研讨会。

■■ 三、纪要的写法及要求

纪要一般由首部、正文和尾部三部分组成。其各部分的写作要求如下:

1. 首部

这部分的主要项目是标题。有的纪要的首部还有成文日期等项目内容。

纪要的标题通常是由会议名称和文种构成的,如《全国农村爱国卫生运动现场经验交流会纪要》《关于改革北京、太原铁路局管理体制的会议纪要》等。但也有的由发文机关、会议名称和文种构成,如《××县人民政府蚕茧工作会议纪要》。不过,这种形式比较少见。还有一种新闻式标题形式,即由主标题和副标题构成,主标题提示会议纪要的主旨,副标题标明会议名称和文种。如《抓住机遇 扩大开放——沿长江五市对外开放研讨会议纪要》《弘扬徐虎精神 树立社会新风——"学习徐虎先进事迹座谈会"纪要》等。

成文日期即会议通过的时间或领导人签发的时间。一般在标题下居中位置用括号注明年、月、日。但也有的把成文日期写在尾部的署名下面。

2. 正文

纪要正文的结构由前言、主体和结尾三部分组成。

(1) 前言。首先概括交代会议的名称、时间、地点、参加人员、主持人、会期、主要议程、会议形式等情况以及会议主要的成果,然后用"现将这次会议研究的主要问题纪要如下"或"现将会议主要精神纪要如下"等语句转入下文。这项内容主要用以简述会议基本情况,所以文字必须十分简练。

(2) 主体。这是纪要的核心内容,主要记载会议情况和会议结果。写作时要注意紧紧围绕中心议题,把会议基本精神,特别是会议形成的决定、决议,准确地表述清楚。对于会议上有争议的问题和不同意见,也要如实予以反映。

另外,在具体写法上,不同类型会议的纪要,写法也有不同。

决议型纪要的这部分,主要根据中心议题,着重把会议形成的决定、决议的具体内容一一表述清楚。如上述《关于改革北京、太原铁路局管理体制的会议纪要》,从内容上划分,它是一份决议型纪要。其主体部分针对会议中心议题"改革北京、太原铁路局管理体制,保证山西煤炭运输问题",准确、概括地记载了会议一致同意的铁道部提出的体制改革实施方案。而这个实施方案的具体内容,也就是纪要所要重点表述的内容。

综合性纪要的主体内容侧重于突出会议的指导思想,全面介绍会议的基本情况。如《弘扬徐虎精神　树立社会新风——"学习徐虎先进事迹座谈会"纪要》,紧紧围绕学习徐虎先进事迹这一中心议题,从什么是徐虎精神、徐虎精神的内容及实质、学习徐虎精神的方法、学习徐虎精神所具有的现实意义和深远意义等方面,阐明了座谈会的主旨,也就是基本精神——"弘扬徐虎精神,树立社会新风",推进了社会主义精神文明建设。

(3) 结尾。属于选择性项目。一般是向受文单位提出希望和要求,有的则没有这个部分,主体内容写完,全文即告结束。

一般来说,一个重要会议,虽有中心议题,但涉及的内容往往并不单一。因此,其正文部分可以采用标序列述的方法去写,以便行文主次分明,排列有序,避免表述不清或造成遗漏。如《××大学1993年教学改革研讨会纪要》,纪要内容一共有六个部分,第一部分是"前言",介绍本次会议召开的背景和相关概况;正文部分列了四个问题,分别从教学改革的宏伟目标、具体内容、教改方针以及会议达成的共识四个方面,记录了研讨会的基本精神和议定事项;第六个部分是结尾,提出具体要求。这份纪要虽然内容比较多,涉及的问题比较复杂,但由于正文部分概括问题,标明序号,所以依然使人感到层次清晰,主旨鲜明。

表述主体内容,为了体现其真实性和层次感,常用"会议认为""会议指出""会议提出"或者"与会者认为"等句式领起各段文字。

3. 尾部

包括署名和成文日期两项内容。

署名只用于办公会议纪要,写明召开会议的机关单位名称。会议纪要一般不需要署名,也不加盖公章。至于成文日期,如果已在首部注明,这里就不再写。

撰写纪要应当注意两个问题:一是概括全面,要如实反映会议精神。不得随意取舍,不得以偏概全,不能是自己赞同的就多写,不赞成的就略写或不写。这就要求写作者能够准确地把握会议主旨,了解会议全过程,掌握有关会议的全部材料,并且要有客观的、实事求是的态度,以便从大量讨论、发言以及不同的见解、意见中,抓住实质性的问题,从理论上加以归纳、总结。二是要具备一定的分析、综合能力和表达能力。这样,表述才能做到重点突出,条理清晰,文字简练,不拖沓冗杂。

附:示例

关于加强公路治超工作的专题会议纪要

3月25日下午,县长郭××在县政府五楼会议室主持召开县长办公会议,县领导江××、彭××出席会议,县政府办、县纪委、县财政局、县工信局、县公安局、县交通运输局、县物价局、县公路局、县工商局、县质监局、县交警大队、夹山镇、所街乡等单位负责人参加了会议。会议就加强公路治超工作有关问题进行了专题研究,并形成了一致意见,现纪要如下:

一、关于治超队伍建设

成立县治超工作领导小组:

组　　长:郭×× 县委副书记、县长

副组长:谭×× 县委常委、常务副县长

　　　　刘×× 县人大常委会副主任

　　　　柴×× 副县长、公安局局长

　　　　江×× 副县长

　　　　彭×× 副县长(任常务副组长)

　　　　王×× 县政协副主席

成　　员:万×× 伍×× 易×× 张×× 邱×× 周××

　　　　贺×× 侯×× 石×× 覃×× 喻××

领导小组下设办公室,办公室设在县公路局,由政府办副主任伍××任办公室主任,贺××任常务副主任,王××、王××、熊××、邓××任办公室副主任,由县公路局抽调3人为工作人员。各乡镇要成立相应的工作领导小组并下设办公室。

二、关于治超工作责任

1. 由县治超办牵头,完善治超工作方案,拟定公路治超管理办法;组织开展以县交通运输局、县公路局、县交警大队三个部门为主力队伍的公路治超联合执法;组织县交通运输局、县公路局、县交警大队等相关单位,对全县1 713台大货车的司机进行职业培训。

2. 由县交警大队负责,对非法改拼装车辆开展集中整治行动,责令非法改装车辆的车主自行拆除或委托拆除厢板改装部分,各乡镇人民政府和运管部门做好配合。

3. 县公路局主要负责常规路面治超。县交通运输局局长张××、县公路局局长贺××分别负责做好与上级部门的衔接沟通工作。

4. 县工信局主要负责工矿企业源头治理,县交通运输局、县公路局等单位做好相关配合工作。要严格按照国家治超标准抓好超限源头治理,货物和车辆改装源头由县工信局与对应企业、门店签订责任状,车辆源头由运管部门与车主签订责任状。

5. 县财政局对治超工作经费予以核实和保障;县物价局以市场为导向,对运价进行核定和监督。

三、关于治超工作要求

1. 设站设卡,动静结合。将固定站点治超与流动稽查治超结合,合理配置人员,落实责任,重点做好 S241 线的治超工作。

2. 明确纪律,严肃追责。严肃工作纪律,卸货、拆除厢板均不得收取任何形式的手续费,严禁任何单位和个人为非法改装超标车辆违规办理合法手续,县监察局将对违规行为进行典型追责。同时,将各乡镇人民政府的治超工作开展情况纳入绩效考核,分值 5 分。

　　　　参加会议人员:郭×× 　江×× 　彭×× 　李×× 　万××

　　　　　　　　　　伍××

　　　　记录:肖××

【阅读推荐书目】

1. 张保忠编著:《党政机关公文格式国家标准应用指南与范例全书》,研究出版社 2012 年版。

2. 冯春、祝伟、淳于淼泠主编:《公文写作》,北京大学出版社 2013 年版。

3. 黄春霞、齐绍平编:《公文写作与范例大全》,红旗出版社 2010 年版。

【思考与练习题】

1. 谈谈通知、通报、通告三者的联系与区别。

2. 某大学经过多年努力,已基本具备了招收播音与主持专业学生的条件,决定向省教育厅申报设立播音与主持专业,并拟于明年招生,请你为该大学拟一份请示。

3. 某公司因业务发展需要,拟从××大学挑选 10 名应届毕业生充实团队。请以该公司名义,拟一份致××大学商洽此事的函。

第八章　实用文体

下面是某校校庆前夕，四位校友发给联络办老师的短信，其中语言表达得体的一项是：

A. 获悉母校华诞，甚喜，届时定拨冗出席庆典，特此通知。

B. 因事务繁忙，恐难以按时光临母校参与庆典，深表歉意。

C. 虽身体欠安，但一定准时前往母校列席庆典，谨此奉告。

D. 因航班取消，故不能及时赶到母校参加庆典，敬请谅解。

【答案】D

——2011年普通高等学校招生全国统一考试（湖南卷）·语文①

上例高考考题，考查的显然是对语言文字运用得体方面的要求，其目的在于通过对手机短信这一使用频率极高的实用文体的考查，也通过高考这根"指挥棒"，敦促考生乃至全社会重视实用文体的学习与写作。高考湖南卷还考过与遗失启事相关的题，部分省份也曾将书信作为作文的文体，新闻中的消息也经常被作为选考的文类。申论则是全国公务员选拔考试的必考科目，它严格说来虽不属于应用性文体，但从实用出发，也一并归于本章。

实用文体是经世致用的文体，是切实可用的文体，也是日常生活或工作中经常用得上的文体。实用文体尽管种类繁多，但都具有严格的规范性，其在名称、格式、行文关系、适用范围、用语、格调等方面都有严格的规定和特定的要求。了解、掌握这些规定，会写，且写得好一般的实用文，已成为工作与生活的要求，也是工作能力和个人素养的重要体现。

第一节　求　职　信

在市场经济社会里，人才流动日益频繁，社会竞争也十分激烈，需要找工作谋生的人众多，而社会能提供的工作机会却有限。因此如何找到理想的工作，不仅是高校毕业生最关注的焦点话题，也是广大待业人员和从业人员关注的话题。利用求职信推销自己、展示自己的魅力和特长以赢得面试机会，增加获得工作的

---

① 湖南省教育考试院编：《2011年高考湖南卷试题分析》，湖南教育出版社2011年版，第26页。

机会,成为人们谋求职位的重要手段。

求职信是一种特殊的书信文体,要掌握其写作要领,有必要先了解一般书信的写作。

■ 一、一般书信的写作

所谓书信,是按照约定俗成的格式把要表达的意思用文字符号书写下来,以某种传递方式交给指定对象阅读的一种实用文体。一般书信则是指人们在工作、学习和社会交往中所用的信件。

(一)书信的基本格式和写作技巧

通行的习惯,书信信页的格式主要包括五个部分:称呼、正文、结尾、署名和日期。请看下面的示例:

亲爱的班禅额尔德尼:

你在一九五五年八月十三日给我的信收到了,很感谢! 你们那里工作有进步,听了很高兴。希望你们和拉萨方面的团结日益增进和巩固,希望整个西藏一年一年地兴旺起来。此复。顺祝

健康!

毛泽东

一九五五年十一月二十四日 [①]

上述示例中的书信虽短,但具备了书信的所有要素。

1. 称呼

书信正文的称呼也叫“起首语”,是对收信人的称呼。称呼要在信纸第一行顶格写起,后加冒号。为明确自己和收信人的关系,称呼可用姓名、称谓名和职位名等,如“叔叔”“经理”等,称呼前还可加上适当的定语、修饰语补充,如“亲爱的”“尊敬的”等。例文中以简洁的“亲爱的班禅额尔德尼”起首,拉近了书信双方的距离。

2. 正文

正文是书信的主体部分,它一般由以下两部分内容构成:

(1) 问候语。信件由问候语开头是一种礼节,以表示写信人对于收信人的关心。问候语写在称呼下一行,前面空两格,常自成一段。问候语之后,常有几句起始语。例如:“久未见面,别来无恙”“近来一切可好”,等等。问候语和起始语应该尽量简洁得体,让收信人有亲切之感。但如果是长者或辈分、职务高的人写给年幼者或职务低的人也可省略问候语,直接写正文。

---

① 《毛泽东书信选集》,人民出版社 1983 年版,第 504 页。

（2）主体文。问候语接下来便是正文的主要部分——主体文，即写信人要说的话和写信的目的。它可以是介绍、邀请、答复、辞谢、致贺、请托、慰唁，也可以是叙情说理、辩驳论证等。上述示例中的信件主体分两部分，一是针对来信所谈西藏工作情况，对班禅额尔德尼的前段工作进行了肯定并表示了满意和高兴；二是对班禅额尔德尼今后的工作提出了要求，希望他与拉萨方面搞好团结，同时希望整个西藏兴旺发达，可谓言简意赅。

主体文的写作在动笔之前，就应该成竹在胸，明白写信的主旨，做到条理分明。若是信中同时要谈几件事，更要注意主次分明，有头有尾，详略得当，最好是一件事一个段落，不要混为一谈。

主体文是书信的核心部分，写信人要将所说的话都完整清晰地表述出来。写好后，如发现内容有遗漏，可补充写在结尾后面；或写在信右下方空白处，并在附言之前加上"另""又"等字样；或在附言的后面写上"又及"或"再启"字样。

3. 结尾

正文写完后，通常要写上表示敬意、祝愿或勉励的话，作为书信的结尾。习惯上，它被称作祝颂语或致敬语，这是对收信人的一种礼貌。祝愿的话可因人、因具体情况选用适当的词，不要乱用。结尾的习惯写法有两种：(1) 在正文写完之后，另行空两格写"此致"，转一行顶格两格写"敬礼"。(2) 不写"此致"，只是另起一行空两格写"敬礼""安好""健康""平安"等词。

4. 署名和日期

在书信最后一行，署写信人的姓名。署名应写在正文结尾后的右方空半行的地方。如果是写给亲属、朋友，可加上自己的称呼，如儿、弟、兄、侄等，后边写名字，不必写姓。如果是写给组织的信，一定要把姓与名全部写上。

（二）书信写作的注意事项

首先，行文朴实、浅显易懂。由于书信受到了时空的阻隔，它不像面对面交流那样可以直接进行补充和解释，所以写信人必须要让文字表达清晰直白，让人读起来流畅易懂。

其次，层次分明、段落清晰。书信清晰的段落划分有助于反映写信人的思路，也能够在信中发挥强调、转折、过渡的作用。由于一般的书信内容比较丰富，所以段落应主次分明，根据事情的重要性来决定段落的位置和长度。

再次，情感真挚、表达准确。书信除了是传递信息的载体，同时也是交流感情的桥梁。所以我们写信不仅要用词准确，而且也要有真情实感，不能只是干巴巴的几句，而要蕴含自己的情感。需要注意的是，情感的表达并非靠堆砌一些华丽的词汇，而是信件的行文要虚实结合，通过场景的描绘和事情的叙述来抒发情感。

最后,格式完备、注重礼节。书信的每一项格式要求,其实都有它特殊的意义。特别是当今之时,随着媒介技术的快速发展,传统的纸质书信往来已渐趋式微,电子邮件(electronic mail,简称 E-mail,标志 @,又称电子信箱、电子邮政,它是一种用电子手段提供信息交换的通信方式)的往来愈来愈多,人们往往因此忽视它的基本格式。需要注意的是,电子邮件也是邮件,是书信往来的电子形式,因此也须讲究书信的格式规矩。称呼、问候语、主体文、结尾、署名和日期一个也不能少。但在现实生活中,很多人尤其大学生群体,发送电子邮件时,格式经常不对或不全,要么缺少称呼,要么没有署名或不署真名,尤其在以发送附件为主要事由和目的时,往往只有一个"来无端"的附件,没有称呼、主体文等主件。这是很不礼貌的人际交往行为,必须避免。

二、求职信的写作

求职信又叫应聘函、自荐信或自荐书,是求职者在应聘新职时向用人单位提供的介绍自己情况以求录用的一种特殊信件。求职信与普通信函的区别不大,书写格式也大致相同。作为日常应用类文体,求职信的使用频率极高,其作用愈加明显。对用人单位来讲,它直接涉及对求职者印象的好坏,并且决定着求职者能否通过初选关。所以,学会写一份动人的求职信很重要。

(一) 求职信的书写格式和要求

求职信的信封的写法与一般书信的格式相同,信页(信的主要内容)的组成和格式与一般普通信件相比也大同小异,只是多了标题和附件这两个内容,请看下面的示例:

求　职　信

尊敬的领导:

　　您好!

　　我叫××,男,是一名刚从××大学商学院会计系毕业的大学生。前天我在我校组织的招聘会上得知贵公司目前需要一名会计。通过了解贵公司的情况,我相信我的学历和工作能力完全符合贵公司这项会计工作的要求。

　　2012 年,我以优异的成绩被××大学商学院会计系录取。在大学四年里,我系统学习了商业会计专业的主要课程如工业会计学、商业会计学、银行会计学、管理会计学等,具有独立分析、解决问题的能力,并努力考取了注册会计师资格证。此外,我还参加了计算机操作技能的培训和训练,能够熟练操作办公软件,并达到了全国计算机二级水平。

这使我相信,我能够在贵公司这样高度专业化和现代化的公司里,熟练地应用计算机处理各种会计业务。此外我还广泛涉猎其他知识,掌握了商业写作、人际关系和心理学方面的基本知识和技巧,这将帮助我与公司客户建立密切而融洽的业务联系。

由于贵公司专门研究税收保护项目,我想我在这一专业领域内的工作经验亦会对贵公司有所贡献。因为我曾在一家证券经纪公司做过两年的业余簿记工作,随后被提升到社会投资部任财务投资助理,我在该公司的工作能力深得领导赏识。

我也具有较强的组织和领导能力,曾是学校金融协会副主席和社会活动与实践部的筹资部部长,这些工作锻炼了我的沟通能力和团队协作能力。能较好与人沟通和密切合作的能力对我做好会计工作也将十分有益。

随函呈上个人简历、论文及获奖证书复印件等,敬请参考。希望您及公司的其他领导能够对我予以考虑,我热切期盼着您的回音。如果有机会与您面谈,我将十分感谢。

此致

敬礼

求职人:××

2016 年 5 月 10 日

该信具有求职信必备的所有元素:标题、称呼、正文、结尾、署名、日期和附件。

1. 标题

求职信的标题应居第一行正中央。

2. 称呼

求职信的称呼与一般书信不同,书写时应正规些,若写给国家机关或事业单位的人事部门负责人,可用"尊敬的 ×× 处(司)长"称呼;如果是三资企业负责人,则用"尊敬的 ×× 董事长(总经理)";如果是国企的负责人,则可称之为"尊敬的 ×× 厂长(经理)"等。

需要注意的是求职信不管写给什么身份的人,都不要使用"×× 老前辈""×× 师兄(傅)"等不正规的称呼。若得知对方是高学历者,可以用"×× 博士"称呼之,则其人会更容易接受。

3. 正文

求职信的重点和核心部分是正文,通常包括下列内容:

(1)求职者的一般情况以及从何处获知的求职信息。首先简明扼要地对自己的基本情况进行介绍,如姓名、年龄、性别、专业等。其次写出信息来源渠道,如"昨日在《×× 商报》上读到贵公司的招聘广告,故想应聘营销代表一职"。注意不要在信中出现"冒昧""打搅"之类的客气话,因为他们的任务就是招聘人才,何来"打搅"之有? 若你的目标公司并没有公开招聘人才,你并不知道对方是否需要招聘新人时,你可以写一封自荐信去投石问路,如"据悉贵公司欲开拓海外市场,故冒昧写信自荐,希望加盟贵公司。我的基本情况如下……"这种情况下用"冒昧"二字就显得很有礼貌。最后,针对自己的所学专业以及求职意向进行阐述,求职意向的表述应该清晰明了。

(2) 对自我能力的评价和对所求职务的看法。求职信能否赢得面试机会在于它是否能够让招聘单位看到求职者的闪光点。此段是整个正文的重头戏,要着重对自己的能力、优势、社会经验等进行阐述和评价,向招聘单位推销自己的价值。注意突出重点,针对某一单位的某一职位介绍自己的背景资料,效果会更好。

在自我评价的时候应客观真实,切忌一味地往自己身上贴金,华而不实的介绍会让受信者觉得你不够真诚。求职者要尽量用事实说话,用一些案例、事迹来展示自己的优势和能力。另外,求职者的态度应该谦逊诚恳,不要夸夸其谈,也不能过分谦虚。要在文字间展露自己能够胜任该工作的信心和不断学习的进取心。

(3) 相关知识技能和实践经验及成就介绍。示例中的求职信既强调了自己具有目标工作——会计所要求的教育资历与专业知识,也举例说明了自己参加过的社会活动,表明自己具有与目标工作相关的良好的素质和综合能力。

(4) 表示期待和要求。这一段主要是求职者向招聘单位提出自己的希望和要求。此外还有诸如"希望您能够给我一个机会,让我成为公司的一员""静候您的佳音",等等,这些语句要言简意赅,不要说太多,以免造成强求对方的感觉。

(5) 自己的联系方式,包括电话号码、电子邮箱、通信地址等。

4. 结尾

　　此致

敬礼

求职信跟其他信件一样,应在正文结尾写上致敬、祝福的语。如"顺祝愉快安康""祝贵公司财源广进"等,也可以用"此致敬礼"之类的通用词。不必过分客套,避免给招聘单位留下谄媚的印象。最重要的是别忘了在结尾写明自己的详细通信地址、邮政编码和联系电话,若让你的亲朋好友转告,则要注明联系方式、联系人的姓名以及与你的关系,以方便用人单位与之联系。

5. 署名与日期

求职人:××

2016 年 5 月 10 日

求职信的署名同一般信件的格式一样,只是写信人姓名应该用全名,按照中国人的习惯,直接签上自己的名字即可。国外一般都在名字前加上"你诚挚的”“你忠实的”“你信赖的”等形容词,但在中国这种方法不能轻易效仿。

6. 附件

随信的附件是评定求职者能力的有力说明。附件可以包括证书复印件、相关专业的作品等。附件应该选择有代表性、有分量的内容。

(二) 求职信的写作技巧

1. 格式规范

前面讲过求职信往往有约定俗成的规范格式,一封规范的求职信有称呼、问候语、全体文、结尾、附件等部分。写作时对每一个部分都要作精心的安排,比如称呼看似平常,其实有很多的讲究。关于称呼,很多人都是泛泛写上“尊敬的领导”,这没错,但缺乏个性,不易给用人单位留下印象,因此在写作之前最好对有求职意向的单位作一番了解,了解谁负责招聘和接收求职信,这样在写作称呼时不使用泛称,而是使用具称,将“尊敬的领导”改为“尊敬的××经理”“尊敬的××处长”,能够点到读信人的姓氏,会给人一种亲切感,并且给人留下此人对用人单位感兴趣的印象。正文的写作要精选材料,详略得当,结尾的祝颂语和问候语一样,也是既能体现求职者素养,又能表达对阅信人的尊重的,不可或缺,格式中附件部分是求职者能力的有力佐证,也不可或缺,且要精心编排组织。

2. 态度诚恳,用语礼貌

求职信是与用人单位领导不见面的交谈,对方也是通过此信对素不相识的谋职者获得第一印象,所以求职信必须用语礼貌,充分表现自己的诚意,不论是介绍自己还是夸赞对方,都要实事求是,恰当得体,既不要骄傲自大,也不要谦虚过度。切忌使用强迫式和胁迫式的语言,如有的求职信这样写:“本人于5月1日要放假回家,敬请人事经理务必于4月30日前复信为盼。”表面上看,好像很客气,实际却在限定时间,给对方下命令,容易让人不快。

在不要骄傲自大的同时,也不要谦虚过度。比如:“虽然我缺少工作经验,但我会努力”“请给我一个学习的机会”,等等,这些用词会让用人单位对你的能力产生怀疑。因为公司想知道的是你能为公司带来什么利益和贡献,并不想花钱请你来学习,因此求职信的用语不必过分谦虚。

3. 目的明确,开门见山

求职者应依据招聘方的要求和自己的求职目的来选择介绍的内容,不能没有重点地泛泛而论。在介绍自己的长处、成绩和经历时,应用具体的数字、事实和案例来佐证你的价值,少用大而空、口号式的语言。求职信的内容要符合职位要求,且要注意文字简洁、语意明朗,篇幅控制在一页之内,以免使人厌烦而搁置一边。

4. 注意字迹工整、文面洁净

求职信的外观往往体现一个人的能力和工作作风,不可马虎大意。洁净的文面会使对方感受到求职者的严谨认真,秀丽的字体又可以给人以赏心悦目的感觉。如果是手写,一定要用白话文以钢笔横式书写,字迹要清楚工整,语言要简洁规范,用词要恰当,纸张要用品质较好的白色信纸;若用电脑打印,则要注意文法、标点必须准确无误,忌用缩写、简称等。信封要合适,地址要清楚。

5. 要有针对性

一封求职信不宜多次套用,因为投递的招聘单位、招聘岗位、招聘条件都不相同,因此要根据求职单位的不同情况来书写。

第二节　合同　协议

合同是民事主体之间设立、变更、终止民事法律关系的协议。

——《中华人民共和国民法典》第464条

依法成立的合同,受法律保护。

——《中华人民共和国民法典》第465条

书面形式的合同,又称合同书,是日常生活中常用的一种文体。随着我国经济的发展,不论在经济生活中,还是在司法实践中,人们越来越多地接触到合同。合同有利于维护合同当事人的合法权益和明确当事人的权利与义务。因此我国于1999年3月15日第九届全国人民代表大会第二次会议通过了《中华人民共和国合同法》,共计23章428条,于1999年10月1日起施行。2020年5月28日,十三届全国人大三次会议表决通过了《中华人民共和国民法典》,共7编1 260条,自2021年1月1日起施行。婚姻法、继承法、民法通则、收养法、担保法、合同法、物权法、侵权责任法、民法总则同时废止。

从上述引用的《中华人民共和国民法典》第465条的内容,我们可以看出,合同这种日常应用性文体与其他实用性文体的最大的区别是:合同是一种契约性文书,写作时必须遵守相关的法律规定,依法订立的合同受法律保护,若签订了合同又未履行,则要承担相应的法律责任。这要求我们必须认真了解和掌握有关合同撰写的知识,从而能够正确地写作和使用合同,真正发挥出合同在我们经济生活中的重要作用。

一、合同

(一)合同的概念和法律特征

根据《中华人民共和国民法典》第464条的释义,所谓合同是民事主体之间设立、变更、终止民事法律关系的协议。广义的合同指所有法律部门中确定权利、义务关系的协议。狭义的合同指一切民事合同。还有最狭义的合同仅指民事合同中的债权合同。《中华人民共和国民法典》第 464 条：婚姻、收养、监护等有关身份关系的协议，适用有关该身份关系的法律规定；没有规定的，可以根据其性质参照适用本编规定。同时《中华人民共和国民法典》第 465 条规定：依法成立的合同，受法律保护。

由上述定义可知，合同具有以下法律特征。

第一，合同是签约各方的一种法律行为，即需要两个或两个以上的当事人互为意思表示（意思表示就是将能够发生民事法律效果的意思表现于外部的行为）。合同各方产生的法律行为属于一种民事法律行为。民事法律行为是公民或者法人设立、变更、终止民事权利和民事义务的合法行为。因此，只有合同当事人所作出的意思表示符合法律要求，合同才具有法律约束力，并受到国家法律的保护。

第二，合同以设立、变更、终止民事法律关系为目的。

第三，合同当事人的意思表示须达成协议，即意思表示要一致。这主要强调，在合同关系中，合同当事人在法律地位上是平等的。合同当事人是平等主体，没有高低贵贱之分。任何一方都不得凌驾于另一方之上，不得把自己的意志强加给另一方。此外合同的成立必须要有两个或两个以上的当事人，各方当事人须互相作出意思表示，同时各个意思表示达成一致。

（二）合同的作用

合同在社会生活和经济发展中具有重要作用，主要表现在以下几方面。

第一，有利于保护合同当事人的合法权益，维护和促进市场经济健康发展。合同具有法律效力，一旦违约必须担责，因此对当事人的行为有很大约束作用，可有效保护合同当事人的合法权益，从而促进市场经济健康发展。

第二，有利于加强国家对企业的监督和管理，维护社会经济秩序，促进现代化建设。

第三，有利于企业加强经济核算和经营管理能力，提高经济效益。

第四，有利于专业化生产的发展协作和促进经济技术联合。

（三）合同的形式和种类

从不同的角度，我们可将合同划分为不同的形式和种类。

按有效期划分：合同可分为长期合同、中期合同和短期合同。

按合同的表现形式划分：可分为口头形式和书面形式。口头形式的合同即以口头的意思表示方式（包括电话等）而订立的合同，合同当事人发生纠纷时，难以举证和分清责任。不少国家对于责任重大的或一定金额以上的合同，限制使用口头形式。书面形式的合同即以文字的意思表示方式(包括书信、传真、契券、电子邮件等)而订立的合同,或者把口头的协议作成书契、备忘录等。书面形式有利于分清是非责任、督促当事人履行合同。我国法律要求法人之间的合同除即时清结者外,应以书面形式签订,其他国家也有适用书面合同的规定。书面形式的合同是合同的主要形式。

按合同的内容划分:依据合同的内容、性质的不同,可以把合同分为民事合同、企业经营管理合同以及劳动、劳务输出合同。

民事合同是公民、法人或其他社会组织为满足日常物质和文化生活需要,所确立的相互间权利和义务关系的合同。《中华人民共和国民法典》第 3 编合同中的第 2 分编规定,与民事相关的典型合同共有 19 种:

(1) 买卖合同是出卖人转移标的物的所有权于买受人,买受人支付价款的合同。

(2) 供用电(水、气、热力)合同是供电(水、气、热力)人向用电(水、气、热力)人供电(水、气、热力),用电(水、气、热力)人支付电(水、气、热力)费的合同。

(3) 赠与合同是赠与人将自己的财产无偿给予受赠人,受赠人表示接受赠与的合同。

(4) 借款合同是借款人向贷款人借款,到期返还借款并支付利息的合同。

(5) 保证合同是为保障债权的实现,保证人和债权人约定,当债务人不履行到期债务或者发生当事人约定的情形时,保证人履行债务或者承担责任的合同。

(6) 租赁合同是出租人将租赁物交付承租人使用、收益,承租人支付租金的合同。

(7) 融资租赁合同是出租人根据承租人对出卖人、租赁物的选择,向出卖人购买租赁物,提供给承租人使用,承租人支付租金的合同。

(8) 保理合同是应收账款债权人将现有的或者将有的应收账款转让给保理人,保理人提供资金融通、应收账款管理或者催收、应收账款债务人付款担保等服务的合同。

(9) 承揽合同是承揽人按照定作人的要求完成工作,交付工作成果,定作人支付报酬的合同。

(10) 建设工程合同是承包人进行工程建设,发包人支付价款的合同。

(11) 运输合同是承运人将旅客或者货物从起运地点运输到约定地点,旅客、托运人或者收货人支付票款或者运输费用的合同。

(12) 技术合同是当事人就技术开发、转让、许可、咨询或者服务订立的确立相互之间权利和义务的合同。

(13) 保管合同是保管人保管寄存人交付的保管物,并返还该物的合同。

（14）仓储合同是保管人储存存货人交付的仓储物,存货人支付仓储费的合同。

（15）委托合同是委托人和受托人约定,由受托人处理委托人事务的合同。

（16）物业服务合同是物业服务人在物业服务区域内,为业主提供建筑物及其附属设施的维修养护、环境卫生和相关秩序的管理维护等物业服务,业主支付物业费的合同。

（17）行纪合同是行纪人以自己的名义为委托人从事贸易活动,委托人支付报酬的合同。

（18）中介合同是中介人向委托人报告订立合同的机会或者提供订立合同的媒介服务,委托人支付报酬的合同。

（19）合伙合同是两个以上合伙人为了共同的事业目的,订立的共享利益、共担风险的协议。

企业经营管理合同是规范企业经营活动的合同,目前主要有企业承包经营合同和企业租赁经营合同等。

劳动合同是用人单位与劳动者确立相互之间劳动关系的合同。劳务输出合同是我国有关单位向其他国家输出劳务人员而签定的合同。

（四）合同的主要内容和必备条款

合同正文主体部分的内容通常包括 3 个方面:一是合同必备的一般条款,二是某种合同中所特有的必备条款,三是其他条款。

1. 合同的必备条款

《中华人民共和国民法典》第 470 条列出了合同必备的 8 项条款:①当事人的姓名或者名称和住所;②标的;③数量;④质量;⑤价款或者报酬;⑥履行的期限、地点和方式;⑦违约责任;⑧解决争议的方法。

2. 合同的特有条款

特有条款指某种类型的合同中所特有的必备条款,如供电合同中的"设计、安装、实验与接电"条款,技术合同中的"侵权与保密"条款等。

3. 其他条款

其他条款是指除合同的必备条款外,当事人一方规定的条款或经各方当事人协商确定的其他条款,如因洪水、暴风、地震等无法抗拒的外力因素,而导致合同履行困难时,当事人可根据这一条款,部分或全部免予承担责任。

（五）合同的结构和写作的一般要求

合同的制作尚无绝对的统一格式。为了帮助人们正确地签订合同,政府有关机构制定了合同示范文本。实际制作合同时可以参考合同示范文本。

不论哪种形式的合同,其结构都是由首部、正文、尾部三部分组成。

1. 首部

合同的首部主要用来确认合同的种类和名称，当事人的自然状况，以及各方当事人在交易中的地位，一般包括下列内容。

（1）标题。合同的标题一般由合同的性质和文种组成，标题要标明该合同是哪一类合同，如买卖合同、房屋租赁合同等。

（2）合同编号。为了方便进行合同管理，有些合同标题下还须写明合同编号。合同编号的方法，法律、法规没有统一的规定，均由各单位根据本单位的合同管理制度的需要制定编号办法。

（3）合同当事人名称。订立合同的各方写明单位全称、地址，当事人为个人的则写明姓名、工作单位或住址，涉外合同还须注明当事人的国籍。注意不要遗漏合同各方法定代表人和授权代表的姓名和联系方式。标题下空两格标明"立合同单位"或"订立合同双方"等字样，要使用全称，再用括号注明规范的简称，"以下简称甲（或乙）方"字样，以使正文表述方便。

2. 正文

合同的正文用来确认当事人在交易过程中的行为、权利和义务的范围、责任以及解决纠纷的方式。具体内容包括以下几项。

（1）标的。标的是交易的对象或当事人劳务的付出。例如：买卖合同中的标的就是该合同规定的出卖物，运输合同中的标的则是承运人借助运输工具提供运送物品服务而付出的劳务。合同中应当详细写明标的的名称。需要注意的是，国家禁止或限制流通的物质是不能作为标的物的，如枪支弹药、麻醉药等。

（2）数量。数量即关于标的数量的规定。合同必须明确标的数额，如借贷合同中贷款的数额及利息的标准；买卖合同中发货的件数、每件的金额、总计的金额、运费支出的金额等。不能笼统含糊，否则极易引发纠纷。

（3）质量。质量指双方在合同中约定的标的质量及要达到的标准。一般应当写明制定质量标准的机构，产品的型号、大小，以及标的物不应含有瑕疵等。标的质量是合同的重要内容之一，也是履约的重要依据。必须要写明具体的规定，如国家标准或者各方当事人协商的标准。若是按样品交货，各方必须另行封存样品。如不具体写清质量标准规格，容易发生纠纷，甚至有理说不清。

（4）价款或者酬金。价款或者酬金，是关于交易商品的价格或劳务酬金的规定。一般应当写明价格或酬金的具体构成、单价、总金额、计价单位，以及货币种类等。尤其要注意的是商业上的大宗买卖一般是异地交货，会产生运费、保险费等一系列额外费用，它们由哪一方支付，需在价款条款中写明。此外还要注意写明价格的币种、本金、收款账号等。

（5）履行期限、地点和方式。履行期限是指合同当事人履行合同的时间。合同应该明确规定履行时间,不能使用"以后""明年"等模糊的词语表述。履行的地点是指当事人履行合同的具体地点。例如交货地点不仅要写明北京,还要具体写清楚在北京的什么地方。履行的方式是指当事人完成合同规定义务的方法。如货物运送方式有客户自提、送货上门或是代办托运,付款方式有现金支付、托收承付或是支票转账。写清这些内容对于完成合同任务以及对各方当事人进行制约都有重要作用。

(6) 违约责任。违约责任是指当事人因不履行或者不完全履行合同时应当承受的法律制裁。如支付违约金、赔偿金和逾期利息,没收定金,解除合同等,应尽量清楚明确写出,才能确保当事人的利益。

(7) 解决争议的方法。关于合同履行中发生争议时的解决途径和方法的规定,一般应当写明当事人共同指定的解决争议机构的所在地、解决争议的具体机构的名称,以及适用的法律。涉外合同的当事人可以根据仲裁协议向中国仲裁机构或者其他仲裁机构申请仲裁。当事人没有订立仲裁协议或者仲裁协议无效的,可以向人民法院起诉。当事人应当履行发生法律效力的判决、仲裁裁决、调解书,拒不履行的,对方可以请求人民法院执行。

3. 尾部

合同的尾部是当事人用以确认合同正文乃至合同的全部内容,并使其产生法律效力的部分,包括署名、盖章、附项、日期等。

在现实生活中,当事人通常以共同签字或盖章的方式来确认合同内容及其法律效力。故合同的尾部主要包括合同正副文本及数量,当事人的姓名或名称、经办人或代表人的姓名,合同签字的地点、时间,以及合同当事人的签名、盖章。签署合同的时间一定要写清楚。附项中一般包括各方当事人的单位地址、邮政编码、电话号码、开户银行、银行账号等内容,也可以写明合同的有效期限、注明合同一式几份、归谁保管等内容。

(六) 合同写作的注意事项

合同既是一种经济文书,也是一种法律文书。因此在进行合同写作时,既需要了解相关法律、法规,又要掌握相关业务知识,同时还要具备较好的文字表达能力。

第一,合同的签订必须遵守一定的原则,内容要符合国家的法律、法规。《中华人民共和国民法典》第 3 编"合同编"是订立合同时的一个标准参照物。枪支、毒品等国家禁止的物品,不得在合同内容中出现。在威逼胁迫下签订的合同被视为无效合同,各方当事人要在自愿、意思表示真实、内容合法的基础上订立合同。

第二,合同的条款必须清楚明确、全面具体。合同在涉及当事人利益的各项条款中必须考虑周全,如果条款不具体明确,就会出现这样那样的纰漏,可能产生争议,影响当事人的合法利益。例如一份购买电脑的合同,仅写明"联想",而没有型号、尺寸等具体的限制词,合同当事人收到货时发现不是自己想要的,但这又不能怪别人,因为他在合同中没有具体明确地写出自己的要求。故合同条款必须具体,让别人钻不了空子。

第三,合同的措辞要准确严密,不能出现错别字。合同一经各方签订就具有法律作用了,因此用词要准确,要避免因措辞不当而引起麻烦,避免使用"最近""左右""今年"等模糊词语。例如"整个项目力争在八月底完成",这句话中的"八月底"就是个模糊词语,在合同中就会产生歧义。又如"定金"与"订金"的区别。一定要注意合同中的这些小问题,以免引起争议。

第四,合理使用合同的范本和模板。如今网络极为便捷,在网络上一搜索就会出现各种合同的范本和模板。套用合同模板起草合同,是新人常用的、比较简单快捷的方法,因为模板能够迅速地建立起整个合同框架和用语规范,避免一字一句地从头开始,浪费查找资料时间,并且能够帮助我们解决一些常见问题。当然,模板也对使用者有一些坏处。模板的既定框架很可能会束缚思维,导致对某些具体问题的忽略。另外,现实情况千变万化,客户的要求和关注重点也各有不同,因此在使用模板时就要根据具体问题具体分析,灵活使用合同范本。

附:示例

在实践当中,为减少交易各方的协商时间,降低交易成本,政府部门或当事人有时会制作一些标准格式的合同版本甚至表格式合同,由交易各方按照所列项目逐一填写,如下列常用的房屋租赁合同。

房屋租赁合同

订立合同双方:

出租方:＿＿＿＿＿,以下简称甲方。

承租方:＿＿＿＿＿,以下简称乙方。

根据《中华人民共和国民法典》及有关规定,为明确甲、乙双方的权利义务关系,经双方协商一致,签订本合同。

第一条 甲方将自有的坐落于＿＿＿＿市＿＿＿＿街＿＿＿＿巷＿＿＿＿号的房屋＿＿＿＿栋＿＿＿＿间,建筑面积＿＿＿＿平方米、使用面积＿＿＿＿平方米,类型＿＿＿＿,结构等级＿＿＿＿,完损等级＿＿＿＿,主要装修设备＿＿＿＿,出租给乙方作＿＿＿＿使用。

第二条 租赁期限

租赁期共＿＿＿＿个月,甲方从＿＿＿＿年＿＿＿＿月＿＿＿＿日起将出租房屋交付乙方使用,至_____年_____月_____日收回。

乙方有下列情形之一的,甲方可以终止合同,收回房屋。

1. 擅自将房屋转租、分租、转让、转借、联营、入股或与他人调剂交换的。

2. 利用承租房屋进行非法活动,损害公共利益的。

3. 拖欠租金_____个月或空置_____个月的。

合同期满后,如甲方仍继续出租房屋,乙方拥有优先承租权。

租赁合同因期满而终止时,如乙方确实无法找到房屋,可与甲方协商酌情延长租赁期限。

第三条 租金和租金交纳期限及交纳方式

甲、乙双方议定月租金_____元,由乙方在_____月_____日交纳给甲方。先付后用。甲方收取租金时必须出具由税务机关或县以上财政部门监制的收租凭证。无合法收租凭证的,乙方可以拒付。

第四条 租赁期间的房屋修缮和装饰

修缮房屋是甲方的义务。甲方对出租房屋及其设备应定期检查,及时修缮,做到不漏、不淹、三通(户内上水、下水、照明电)和门窗完好,以保障乙方安全正常使用。

出租房屋的修缮,经甲、乙双方商定,采取下述第_____款办法处理。

1. 按规定的维修范围,由甲方出资并组织施工。

2. 由乙方在甲方允诺的维修范围和工程项目内,先行垫支维修费并组织施工,竣工后,其维修费用凭正式发票在乙方应交纳的房租中分_____次扣除。

乙方因使用需要,在不影响房屋结构的前提下,可以对承租房屋进行装饰,但其规模、范围、工艺、用料等均应事先得到甲方同意。

第五条 租赁双方的变更

1. 如甲方按法定程序将房产所有权转移给第三方时,在无约定的情况下,本合同对新的房产所有者继续有效。

2. 甲方出售房屋,须在三个月前书面通知乙方,在同等条件下,乙方有优先购买权。

3. 乙方需要与第三人互换用房时,应事先征得甲方同意,甲方应当支持乙方的合理要求。

第六条 违约责任

1. 甲方未按本合同第一、二条的约定向乙方交付符合要求的房屋,负责赔偿_____元。

2. 租赁双方如有一方未履行第四条约定的有关条款,违约方负责赔偿对方＿＿＿＿＿元。

3. 乙方逾期交付租金，除仍应补交欠租外，并按租金的＿＿＿＿＿%，以天数计算向甲方交付违约金。

4. 甲方向乙方收取约定租金以外的费用，乙方有权拒付。

5. 乙方擅自将承租房屋转给他人使用，甲方有权责令停止转让行为，终止租赁合同。同时按约定租金的＿＿＿＿＿%，以天数计算由乙方向甲方支付违约金。

6. 本合同期满时，乙方未经甲方同意，继续使用承租房屋，按约定租金的＿＿＿＿＿%，以天数计算向甲方支付违约金后，甲方仍有终止合同的申诉权。

上述违约行为的经济索赔事宜，甲、乙双方议定在本合同签证机关的监督下进行。

第七条　免责条件

1. 房屋如因不可抗拒的原因导致损毁或造成乙方损失，甲、乙双方互不承担责任。

2. 因市政建设需要拆除或改造已租赁的房屋，使甲、乙双方造成损失，互不承担责任。

因上述原因而终止合同，租金按实际使用时间计算，多退少补。

第八条　争议解决的方式

本合同在履行中如发生争议，双方应协商解决；协商不成时，任何一方均可向房屋租赁管理机关申请调解；调解无效时，可向市工商行政管理局经济合同仲裁委员会申请仲裁，也可以向人民法院起诉。

本合同一式 4 份，其中正本 2 份，甲、乙双方各执 1 份；副本 2 份，送市房管局、工商局备案。

出租方：(盖章)　承租方：(盖章)

法定代表人：＿＿＿＿＿(签名) 法定代表人：＿＿＿＿＿(签名)

委托代理人：＿＿＿＿＿(签名) 委托代理人：＿＿＿＿＿(签名)

合同有效期限：＿＿＿＿＿年＿＿＿＿＿月＿＿＿＿＿日至＿＿＿＿＿年＿＿＿＿＿月＿＿＿＿＿日

二、协议

(一) 协议的定义

现代社会的协议有广义和狭义之分。广义的协议是指社会集团或个人处理各种社会关系、事务时常用的契约类文书，包括合同、议定书、条约、公约、联合声明、条据等。狭义的协议指国家、政党、企业、团体或个人就某个问题经过谈判或共同协商，取得一致意见后，订立的一种具有经济关系或其他关系的契约性文书。

我们认为,所谓协议是社会生活中协作的各方,为保障各自的合法权益,共同协商达成一致意见后签订的书面材料,又称协议书。协议是契约文书的一种,是各方当事人为了解决或预防纠纷,或确立某种法律关系,实现一定的共同利益、愿望,经过协商而达成一致后,签署的具有法律效力的记录性应用文。

协议是应用写作文体的重要组成部分。口头协议一律无效。书面协议有三种形式,即合同中的条款、独立的协议及信函、传真、电子邮件等其他书面形式。

(二) 协议与合同的异同

协议与合同的结构和功能基本相同,但在使用中有一些细微的区别,表现在以下几方面。

(1) 协议的内容比较宽泛、粗略,往往是共同协商的原则性意见;而合同内容具体、详细,各方面的问题都要考虑全面、周到。

(2) 协议的适用范围广泛,可以是共同商定的各方面的事务;而合同主要是经济关系方面的事项。

(3) 协议签订以后,各方往往就有关具体问题还需要签订合同;而合同一次性生效。

(三) 协议的主要内容

(1) 协议事项。在合同中,协议事项就是标的,即各方当事人要求实现的结果或共同指向的事物,如买卖、货物、劳务、工程项目等。

(2) 数量、质量、价格、报酬等。

(3) 协议要求与违约责任。

(四) 协议的格式和写作技巧

与合同一样,协议的种类繁多,但基本格式都差不多且与合同的格式大同小异。为了清晰阐述协议的格式,先看一则示例。

卖房协议书

卖房方(甲方):   身份证号码:

购房方(乙方):   身份证号码:

关于乙方向甲方购房事宜,双方经协商,达成协议如下:

一、甲方将其拥有独立产权的位于_____市_____区_____

_____的房屋(房屋所有权证编

号:_____,建筑面积_____平方米)以人

民币_____(大写)元整(_____)出售给乙方。乙方愿意以

上述价格向甲方认购该房,并以购得的上述房屋向_____银

行申请购房抵押贷款,以支付甲方应收的房款。

二、甲方承诺：

1. 向乙方申请购房贷款银行或贷款银行认可的机构提供符合要求的房屋资料以备查核。

2. 保证对出售的房屋拥有独立产权。如果该房屋为共有房屋，则必须取得其他所有共有人的同意出售书面文件。

3. 保证该出售房屋未予出租。因出租所产生的任何问题由甲方承担并负责解决。

4. 自签订本协议起，保证将该房屋按约定价格售给乙方，期间不得反悔或将房屋出售给第三人。

5. 按照前述业务的需要，及时签订各项合同文件和办理各种手续。

6. 在办理产权过户时，应依要求将房屋产权资料交付贷款银行或贷款银行认可的机构持有。

三、乙方承诺：

1. 向贷款银行或贷款银行认可的机构提供符合要求的资料以备查核，并依规定支付费用。

2. 保证按原约定价格向甲方购买前述房屋，并及时将贷款所得支付甲方之售房款。

3. 将所购房屋向贷款银行申请抵押贷款。

4. 按照前述业务需要，及时签订各项合同文件和办理各种手续，并承担各项费用。

5. 在办理房屋过户时，应依要求将房屋产权资料交付贷款银行或其认可的机构持有。

四、本协议以乙方向贷款银行申请购房抵押贷款获得批准为正式生效条件。如果贷款银行认为乙方的贷款申请不符合条件而不予批准，则甲、乙双方可以解除本协议。甲方若向乙方收取订金，应如数退还给乙方。

五、如果贷款银行批准的贷款金额不足申请贷款额的70%，则乙方有权解除本协议。否则，乙方应履行本协议的有关规定。

六、违约责任

1. 如果甲方违约，拒绝将房屋出售给乙方，应向乙方赔偿因此受到的损失。

2. 如果乙方违约，贷款申请获准后没有向甲方购买房屋，应向甲方赔偿因此受到的损失。

七、本协议的订立、履行、解除、变更和争议的解决适用中华人民共和国法律。

八、本协议自双方签字或盖章之日起生效。

九、本协议一式三份，双方各执一份。由乙方交贷款银行或其认可的机构一份。

十、特别约定：_____。

甲方:(签字盖章)　　　　　　　　乙方:(签字盖章)

_____年_____月_____日　　_____年_____月_____日

协议的组成要素包括标题、称谓、正文、结尾。

（1）标题。通常由协商事由和协议两部分组成,如示例中的"卖房协议书",再如"技术合作协议书",等等。

（2）称谓。要写明签订协议的各方单位名称和代表人姓名。为了行文方便,习惯上规定一方为甲方,另一方为乙方,如有第三方,可简称为丙方。在协议中,不能以我方、你方、他方为代称。

（3）正文。主要由两部分组成:一是开头。开头主要写明各方签订协议的依据、目的和各方信守的表态。二是协议的主要条款,一般应分条列项具体说明。

（4）结尾。一是署名、盖章;二是签订协议的日期;三是附项,即附加的有关材料。

协议的具体写作技巧与合同相同,前文已经详述,此处不再赘述。

（五）个案示例:就业协议的签订

1. 就业协议的概念和作用

就业协议的全称是《全国普通高等学校毕业生就业协议书》(俗称三方协议),是由教育部门统一制订的,是毕业生和用人单位在正式确立劳动人事关系前,经双向选择,在规定期限内就确立就业关系、明确双方权利和义务而达成的书面协议。就业协议具有一定的广泛性和权威性,是学校制订就业方案派遣毕业生、用人单位申请用人指标的主要依据,对签约的三方都有约束力。就业协议一式三份,由毕业生、用人单位和学校三方签署并各执一份。

签署就业协议是一个法律行为,三方都要承担各自的责任和义务。毕业生签署协议后,即承诺如实向用人单位介绍自身情况,并愿意到用人单位工作;用人单位签署同意并盖章后,意味着同意毕业生到单位工作,负责为毕业生办理接收手续。

2. 就业协议的主要内容

就业协议包括:①高校毕业生基本情况,如姓名、性别、身份证号码、专业、学制、毕业时间、学历、联系方式等;②用人单位基本情况,包括单位名称、单位性质、联系人及联系方式、档案接收地等;③高校毕业生和用人单位约定的有关内容,包括工作地点及工作岗位、户口迁入地、违约责任、协议自动失效条款、协议终止条款、双方约定的其他事宜;④各方应严格履行协议,任何一方若违反协议,应承担违约责任;⑤其他补充协议。

3. 签署就业协议注意事项

(1) 三方协议原则上由各院系毕业生辅导员老师保管,学生签约前向辅导员老师申请领取,丢失不予补办。

(2) 三方协议须用黑色碳素笔或蓝黑色钢笔填写,不许涂改。以本科生的三方协议为例,"培养方式"一栏填写"国家计划","学制"一栏填写"四年"(高职毕业生填写"三年"),"学历"一栏填写"本科"(高职毕业生填写"高职"),"专业"一栏必须严格按照学校下发的专业名称填写。

(3) 辅导员老师务必对学生填写的个人信息进行审核。

(4) 北京市接收非本地生源毕业生,若要求打印报到证,毕业生户籍、档案调入北京市,签订就业协议后,必须提供中央直属单位或北京市人事局接收函。上海、天津、深圳、广州、杭州、南京等城市,接收非本地生源毕业生,若要求打印报到证,毕业生户籍、档案调入该市,签订就业协议后,必须提供市人事局接收函。

(5) 个人信息必须填写完整。

第三节　调　查　报　告

调查报告是针对某一现象、事件或问题,通过详细调查,对获取的资料进行分析研究,力求发现真相及揭示本质规律的书面报告。调查报告的撰写关系到调查成果质量的高低和社会作用的大小。

一、调查报告的特点

1. 真实性

实事求是地反映客观现实是调查报告的鲜明特点。调查报告中涉及的素材必须是真实的、准确的,而不是道听途说、残缺不全的。调查研究是"谋事之基、成事之道"。如果调查人员不亲力亲为,或戴上有色眼镜选取材料,数据不准确,内容不完整,那么调查报告就不能客观反映现实情况,其价值必将大大缩水,甚至会带来危害。

2. 针对性

撰写调查报告是为了解决现实生活中的问题,为决策者提供依据和建议。报告中的人物、事实、调查时间、地点及细节均要真实、准确,不能有半点偏差,不能贪大求全。在撰写调查报告时应做到目的明确、有的放矢。必须明确解决什么问题,带着问题意识,深入细致地展开调查,从中找出事物的本质及规律。毛泽东撰写的《湖南农民运动考察报告》就是在详细考察了湖南湘潭、湘乡、衡山、醴陵、长沙五地的农民运动后,集中就中国民主革命的中心问题——农民问题,提出了理论建议,从而为中国共产党制定民主革命路线奠定了理论基础。

调查报告是写给别人看的,或为领导机关,或为一般群众,或为专业同行,所使用的语言及写作方法应有所不同。

3. 时效性

调查报告的写作要注意讲究时效。调查报告通常回答的是人们在现实生活中迫切需要解决的问题,通过调查研究,及时总结经验,提出建议,以解燃眉之急。如果调查报告的写作、提交或发表错过时机,不能及时有效地解答人们迫切需要回答的问题,就会失去或降低调查报告的应有价值。

4. 科学性

调查报告不是材料的堆砌,不是对所有调查事实的具体描述,也不是东拼西凑未经验证的材料。我们要运用科学分析的方法,对大量的材料进行分析和综合,找出客观事实间的内在逻辑关系,提炼出理论观点,发现事物的本质规律,发挥调查报告解决问题、总结经验及规律的作用。

二、调查报告的类型

按照不同的标准来划分,调查报告可以分为不同类型。

按照调查报告的内容的性质,可以分为综合性调查报告和专题性调查报告。综合性调查报告就调查对象进行全方位呈现,篇幅较长。专题性调查报告一般是选取某个方面或某个角度去分析所研究的问题,有深度,阐释力强。

根据调查报告的文体形式,可以分为公文体式的调查报告、新闻体式的调查报告和研究体式的调查报告。公文体式的调查报告要求以公文的笔法、结构和风格来撰写调查报告。新闻体式的调查报告以新闻的笔法来撰写,讲究角度独特、文风鲜活、多用典型事例、可读性强。研究体式的调查报告普遍有比较强的理论性、思想性、专业性,专业术语多,读者群相对较小。

根据调查报告的目的来分,还可以分为反映情况的调查报告、揭示问题的调查报告、总结典型经验的调查报告和形势分析与预测的调查报告。

三、调查报告的结构

调查报告的撰写没有固定不变的模式,但基本结构和内容是大体相同的,一般由标题、前言、主体、结尾等部分组成。

（一）标题

调查报告的标题要做到与正文相符,力求有画龙点睛的作用。调查报告标题的拟制,通常有以下几种方式:

1. 陈述式

直接用调查对象或调查内容做标题,如《2018 中国新媒体发展报告》《中国英语本科学生素质调查报告》等。这类标题直接点明调查对象及调查内容,简洁明了。

2. 问题式

直接以提问的方式拟标题,如《最难就业季"创业"难不难》《以房养老,出路何方?》等。这类标题属于一种比较尖锐、鲜明的标题形式,有较强的吸引力,多用于揭露、探讨问题的调查报告。

3. 结论式

直接用调查分析后得出的结论作为标题,如《近八成受访者怕麻烦不愿索赔》。这类标题将报告结论彰显出来,比较吸引人,多用于经验总结、对策研究等类型的调查报告。

4. 双标题式

即由主标题和副标题构成,如《政府新媒体平台信任度影响因素研究——基于上海市 9 所高校的调查分析》。这类标题正题点明主旨或揭示作者的主要观点和看法,副标题常以公文式标题的形式出现,又如《以先进文化引领和谐社区建设——上海市浦东新区塘桥街道社区文化建设的实践与启示》。

标题的写法灵活多样,无论采取哪种标题形式,都力求简明、新颖、概括力强,有吸引力和感染力。

（二）前言

前言又称作导言或引言,是调查报告的开头部分。前言的写法比较灵活,应根据调查中获取的资料、结构设想、写作目的等情况作统筹安排。常见的写法是介绍调查报告的主要内容、调查对象和调查工作的基本情况,如调查的目的、时间、地点、范围、研究对象的选取及研究方法等。下文中的引言部分就是一例。

　　　随着计算机、网络和移动技术的飞速发展,我们正逐渐进入新媒介时代。新媒介不仅深刻改变着新闻传播的生产机制、媒介行业的竞争格局,也深刻影响着受众接受信息的需求、行为及习惯。在新技术环境下,上海市民媒介使用的基本现状如何? 新媒介在上海有多普及? 在不同阶层之间又是否存在着"数码沟"(digital divide)? 对于功能丰富的新媒介,市民使用它们各种功能的情形如何? 是集中还是多元? 随着移动、无线和终端技术的发展,媒介使用不再局限于固定的时空范围内,而是呈现出移动的特征。那么,上海市民媒介使用的时空移动性如何？它与社会阶层之间又是何种关系？

　　本文将通过在上海进行的一项大规模随机抽样调查来探讨上述问题。该调查由复旦大学新闻学院、复旦大学信息与传播研究中心于 2009 年组织进行。调查对象包括上海市除崇明县外所有行政区内的常住成年人，采取多级分层随机抽样方法，以入户访问的方式进行。调查采用 A、B 卷，目标样本 3 600 人，最终共成功访问了 2 910 人，成功率为 80.86%。[①]

这篇调查报告的前言说明了调查缘起，即新技术环境下市民媒介使用状况如何，再提出相关理论假设，然后将调查时间、范围及抽样状况告诉给读者。一般来说，前言部分尽可能用大家熟悉的语言来写，少用专业术语，做到简洁、有吸引力。

（三）主体

　　主体是调查报告的核心部分，一般应包括调查所获取的资料、数据及主要观点。主体部分要以大量的事实、数据呈现客观现实，剖析社会现象产生的背景、成因，总结经验，提出建议，揭示事物的发展规律。

　　调查报告主体部分的结构，通常有三种形式：纵式结构、横式结构和纵横交错式结构。

　　纵式结构一般以时间先后为序，将事物发展过程从头至尾呈现出来，揭示事物的产生、发展及变化过程。这种结构有利于读者了解事物的来龙去脉，适用于内容比较单一的调查报告。如《引进一批　激活一片　带动一方——贵州省从相对发达地区引进干部担任县委书记情况调查》一文主体部分首先以"着眼转型跨越发展，放开胸怀视野选人"为题介绍选人思路，然后以"引最需要的干部，放最合适的岗位"为题叙述如何用好人才，最后以"投进一颗石头　激活一池春水"为题介绍引进人才后产生的积极成就。[②]

　　横式结构按照事物的内在联系来安排内容的顺序，并列排放、分别叙述，从多侧面说明调查报告内容。这种结构形式比较适合背景广阔、内容丰富、综合性较强的大型调查报告。如风笑天的《独生子女青少年的社会化过程及其结果》一文从性格特征、生活技能、社会交往、社会规范、生活目标、成人角色、自我认识等方面，描述和分析了中国城市第一代独生子女青少年的社会化过程及其结果。[③]

　　纵横交错式结构是纵式结构和横式结构相结合的一种结构方式。它通常有

①　周葆华：《新技术环境下上海市民媒介使用现状与特征——2009 年调查报告》，《新闻记者》2010 年第 9 期。
②　中央组织部研究室：《引进一批　激活一片　带动一方——贵州省从相对发达地区引进干部担任县委书记情况调查》，《求是》2012 年第 12 期。
③　参见风笑天：《独生子女青少年的社会化过程及其结果》，《中国社会科学》2000 年第 6 期。

两种情况:第一,以纵为主、纵中有横。在总体上,它按时间顺序纵向叙述事物的发展过程;在各个部分,则按各个发展阶段横向叙述有关问题。如《当代中国的五次社会流动》以历时性顺序纵向论述新中国成立以来的社会流动发展过程中的五个阶段;然后在具体论述某一阶段特点时则横向论述每个阶段社会流动中的种种问题。第二,以横为主、横中有纵。这种结构在以横向并列为主安排材料的过程中,针对要论述的问题,以时间、事物的发展过程为线索进行纵向排列,进而把讨论的问题分析透彻。如《关于未成年人犯罪问题的调查报告》一文,先分别从文化市场的负面影响、家庭教育指导工作、学校德育工作、未成年人远离监护人流浪社会等方面,分析造成未成年人犯罪的原因,然后针对某一因素进行分析时,按照产生问题的原因、对策及建议来纵向安排文章结构。纵横交错式结构既有利于按照时间脉络梳理问题的来龙去脉,又有利于按问题性质或类别分别展开论述。因此,许多大型调查报告的主体部分往往采用这种结构。

调查报告主体部分的结构多种多样,写作要根据调查报告内容、主题来确定。要求不拘一格,勇于创新,依势布局,巧作安排,把丰富深厚的内容与完美得体的结构有机地结合起来。

(四) 结尾

调查报告的结尾是全文的收束。采用什么方式结尾取决于作者的需要,常见的处理方法有概括全文,深化主题;总结经验,形成结论;指出问题,提出建议。

概括全文,深化主题。即对全文的内容作概括总结,增强调查报告的说服力和感染力。

总结经验,形成结论。即根据调查情况,总结基本经验,形成基本结论。

指出问题,提出建议。即根据调查情况,指出存在的问题和不足,提出改进的具体建议。

调查报告的结束语,应根据写作目的、内容的需要采取灵活多样的写法,切忌画蛇添足。

■ 四、调查报告的撰写要求

调查报告有四大构成要素:主题、结构、材料和语言。主题是调查报告的灵魂,结构是调查报告的骨架,材料是调查报告的血肉,语言是调查报告的肌肤,四者的有机结合才是一份好的调查报告。

(一) 提炼报告主题

主题是调查报告要表达的中心问题,是调查报告的灵魂。学会提炼调查报告的主题是写好调查报告的关键。

在一般情况下,调查报告的主题就是该项调查的主题,即调查报告所要反映的中心问题也就是整个调查的中心问题,二者往往是一致的。但在有些时候,调查中涉及的问题比较多,调查的面比较广,调查时间比较长,报告的主题和调查的主题不能统一起来,或者跟调查的主题有偏差;有的时候由于某些因素的影响,调查获取的资料与调查目的有一定差距,无法说明事先预定的调查主题,这就需要根据调查获取的资料,进行系统分析,提炼出报告主题。

调查报告主题的提炼要求做到正确、集中、深刻、新颖。正确是指主题要揭示事物的本来面目,反映客观事物的本质规律,引领社会发展;集中是指调查报告的主题不能大而空;深刻是指不能满足于对调查对象的认识和描述,要由表及里,深入揭示事物的内在本质;新颖是指调查报告主题要有新意。

(二)拟定写作提纲

结构是调查报告的骨架。在提炼调查报告主题后,需要精心拟定调查报告的写作提纲。提纲是调查报告的总体设想和规划,也是结构的具体表现。需要理清思路,明确调查报告内容,安排好调查报告的总体结构,然后对调查报告的主题进行分解,并将分解后的每一部分进行细化。如要调查当代青年结婚消费问题,可将这一主题分解成青年结婚消费的现状、青年结婚消费的特点、青年结婚消费的趋势、青年结婚消费中存在的问题等部分来写,然后将每一部分的内容具体化。比如,将青年结婚消费的现状具体化为:(1)结婚消费的数量;(2)结婚消费的内容和形式;(3)结婚消费费用的来源;(4)当事人的职业、文化程度等背景与消费形式间的关系,等等。

(三)精心选材

材料是调查报告的血肉。但调查中所获取的材料和调查报告中的材料并不是一回事。调查结束后,面对搜集到的大量素材,我们不能不加选择地把这些材料统统罗列、堆砌到报告中,这样会妨碍主题的表现。当提炼好调查报告的主题,拟定调查提纲后,接下来要做的就是精心选材。精心选材,就是围绕主题,由表及里,去粗取精,去伪存真,把分析得来的资料一一筛选,把那些与主题无关的、次要的、非本质的、琐碎的材料都剔除,选出能够反映事物本质的典型材料。选材一定要新鲜,最好是自己实地调查获取的材料,切忌用别人已经用过的材料,如果一定要用,也应改换角度。还要注意核实,防止把未经核实的材料选进报告中。要恰当地使用统计材料,统计材料有很强的概括力、表现力,而且有具体性、准确性等特点。许多问题用文字很难表达清楚,但如果选用恰当的统计材料就可一目了然。

在运用材料时,要注意详略得当,如果是紧扣主题的重要材料,要详写细叙;如果是与主题关系不大、次要的材料,要略写甚至割爱。

（四）推敲语言

语言是调查报告的肌肤。高质量的调查报告不仅要正确提炼主题,合理安排结构,精心选取调查材料,还要着力推敲书面语言。调查报告是一种说明性文体,和文学作品的语言使用不同,它要求准确、简洁、平实,不能语意模糊,少用生僻词汇或华而不实的辞藻,尽可能用通俗易懂的语言来表达,陈述事实要准确可靠,引用数据要准确无误,尽可能用第三人称来叙述事实,不要在叙述事实中使用倾向性语言,随意使用夸张手法和奇特比喻,少用普通读者不能明白的专业术语,尽可能通俗生动。

总之,调查报告的语言表达得好犹如锦上添花,表达不好则会功亏一篑,影响其社会作用的发挥。

第四节　计划　总结

■ 一、计划

计划是机关、团体、企事业单位或个人对未来某个时段内的工作或学习等事务拟定目标、措施、进度及相关安排的文书。根据不同情况,它有不同的称呼。如对于时间较长、涉及面广的,可称为"规划";时间较短、内容单一的,可称为"安排";周密细致、操作性强的,可称为"方案";简明扼要、仅列纲目的,可称为"纲要""要点";尚未成熟、陈说大概的,可称为"设想""构想"。

按照不同的分类标准,计划可分为不同的类别:按时间的长短划分,有多年计划、年度计划、半年计划、季度计划、月计划、周计划等;按适用范围的大小划分,有国家计划、地方计划、单位计划、部门计划、科室或班组计划、个人计划等;按内容的性质划分,有各种各样的工作(如生产、教学、科研、销售、采购、财务、宣传)或学习等计划;按内容的广狭划分,有综合性计划、专题性计划;按效力划分,有指令性计划、指导性计划等;按写作的方式划分,有条文式计划、表格式计划、文表结合式计划等。同一个计划,可以列入不同的分类,如《××公司 2020 年度党建工作计划》,仅从名称,即可判定它是单位计划、年度计划、工作计划、专题性计划。

从写作的角度来看,计划采用条文式,因此本节重点介绍条文式计划的写法,表格式计划、文表结合式计划从略。条文式计划的结构一般由标题、正文、落款三部分组成。

（一）标题

一般采用公文式标题,由计划单位名称、适用时限、计划的事务加上文种名组成。在一些前提明确或不需要作为正式文件下发的计划中,有时可省略文种名称之外的一两项要素,如《业务考核计划》《2020 年度工作计划》《××(单位或个人)工作计划》等。

(二) 正文

正文分为开头、主体、结尾三个部分。

开头部分是一段概述性的文字,说明制订计划的原因、依据、目的、指导思想等。它既可以前言的形式出现,也可编上序号,直接以条文的形式出现。在一些比较简单、不作为正式文件下发的计划中,开头部分仅用一两句话,如"所属各单位:现将公司一月份工作安排如下",接着逐项列出要进行的工作。有时连开头都可省去,标题之下就直接列出计划中的事宜。

主体部分由若干条文组成,主要内容包括:计划期内要达到的目标,应完成的任务,相关的措施、办法、原则、要求、步骤与时间先后的安排等。如果指导思想等一般出现在开头部分的内容文字较长,也可放在主体部分来写。这部分要明确"做什么""怎么做""什么时候完成""达到什么要求或取得怎样的效果"等问题。条文用中文或阿拉伯数字标明序号,内容较多、比较正式的计划还应拟出小标题,再在小标题下分项展开相关内容。

结尾部分的文字一般是提出要求、展望前景或补充、强调某方面的内容,这部分也可以不写。

(三) 落款

落款的内容主要有制订计划的单位名称 / 人名和时间两项。单位名称 / 人名在计划的标题中已经出现的,可以不写。时间为计划通过或批准的年、月、日。有附件的计划,需在制订计划的单位名称 / 人名之前注明。

如果计划是以通知附件的形式下发,则不需要落款,因为单位与时间已出现在通知里。

附:示例

湖南省人工智能产业发展三年行动计划(2019—2021 年)

人工智能是引领未来的战略性技术,是新一轮科技革命和产业变革的重要驱动力量。为贯彻落实国务院《新一代人工智能发展规划》、工信部《促进新一代人工智能产业发展三年行动计划(2018—2020 年)》,抢抓历史机遇,推进我省人工智能产业发展,推动人工智能和实体经济深度融合,助力制造强省和网络强省建设,赋能全省经济高质量发展,制定本行动计划。

一、总体要求

(一)指导思想

全面贯彻党的十九大精神,以习近平新时代中国特色社会主义思想为指导,以推动人工智能和实体经济融合为主线,以关键核心技术为主攻方向,积极开发人工智能创新产品和服务,推进人工智能技术产业化,推动人工智能深度运用,着力培育具有重大引领带动作用的人工智能企业和产业,将人工智能产业发展成为湖南推进供给侧结构性改革、建设新兴优势产业链、打造高质量现代经济体系和促进社会进步的重要支撑力量。

（二）发展原则

…………

二、行动目标

到 2021 年,全省人工智能核心产业规模达到 100 亿元,带动相关产业规模达到 1 000 亿元,人工智能产业总体水平位居全国前列,人工智能产业链不断完善,基础支撑持续增强,初步形成具有国内重要影响力的人工智能创新引领区、人工智能产业集聚区和人工智能应用示范区。

——创新能力显著提升。建成 10 个左右国际国内一流的人工智能基础研究和开放创新平台,形成一批核心发明专利、技术标准规范,初步建立开放协同的人工智能科技创新体系。

——重点产品规模化发展。（略）

——示范应用成效显著。（略）

——支撑基础持续增强。（略）

三、主要任务

（一）关键技术创新计划

1. 共性关键技术攻关。面向湖南重点产业布局,依托国防科大、中南大学、湖南大学等高校及各类科研平台,突破新一代人工智能关键技术。以算法为核心,数据和硬件为基础,全面提升感知识别、知识推理、智能计算、认知理解、协同控制与操作、人机交互等能力,形成开放兼容、稳定成熟的技术体系。重点研发面向智能制造、智能驾驶、智慧教育和智慧医疗等垂直细分行业的数据智能化标签与标注、深度学习模型框架与算法、知识学习与计算引擎、自然语言处理与计算机视觉、复杂场景感知与认知、跨媒体分析与推理、自主精准感知与操控、工业互联数据驱动与知识引导、软硬件一体化人机协同等关键技术。

2. 核心部件与系统研发。（略）

（二）智能产品创新计划

1. 智能运载工具。（略）

…………

四、保障措施

（一）加强组织保障

在制造强省领导小组领导下，建立人工智能产业发展联络机制，强化统筹、协调、指导和服务。支持人工智能产业智库、产业创新联盟建设，加强人工智能前瞻性、战略性重大问题研究，提供重大决策咨询评估。

（二）加大政策支持

…………

（五）加强人才培育

鼓励并支持有条件的机构和企业，加强与全球顶尖人工智能研究机构和企业合作互动，引进国际顶尖科学家、高技能人才和高水平创新团队。支持以项目合作、技术咨询等方式柔性引进高端人才。鼓励企业、高校、研究机构等联合开展多形式的人才培养。支持省内高校优化学科专业资源配置，调整和新建一批人工智能相关学科专业，提升人工智能相关学科专业建设水平，推动人工智能与其他学科专业的交互融合。支持职业院校和企业合作建设面向重点行业应用的人工智能人才实训基地。组织实施人工智能境外专题培训班。支持"湘江人工智能学院"建设。

总的来说，计划的写作要注意如下几点：

一是现实性与前瞻性的结合。计划是对未来某段时间中的事务进行的安排与策划，对未来的实践具有指导性或指令性作用，因此在制订时必须事先做好充分的调查研究工作，并用发展的眼光去看待问题。所设定的目标、步骤、措施等，应当既立足当前的现实，符合党和国家的方针、政策，符合国家、地方、行业、单位或个人的实际情况，有能力加以落实又能科学地预见未来，符合未来的发展趋势。

二是抓住关键，突出重点。计划所涉及的事务，无论是工作或学习，都必然由多方面的情况组成。每个方面，又都会有一些重点事务或关键性措施、方法。在拟定计划过程中，作者要注意选择、围绕这些关键与重点去写，这样才能保证目标清晰、措施得力、落实有效。如上面的例文《湖南省人工智能产业发展三年行动计划（2019—2021 年）》，它列出的工作目标、主要任务、保障措施等，每个方面都选择了几项工作和措施作为重点加以强调。

三是内容具体、文字简练。计划的内容宜实不宜虚，要达到什么目标，要采取什么措施，要在什么时间完成，在数量或质量方面有何要求等，均应做到具体明确，便于操作。如上例中的行动目标，就基本上用数字进行了量化，而在主要任务和保障措施中，除了日常性的工作外，很多都在时间上有明确的要求。当然，主客观条件的发展变化往往难以完全准确地预测，因此在制订计划时，既要有确定性，也应保持一定的灵活性，以便在情况变化时进行相应的调整、修改或补充。

计划的文字应尽量简练，说清楚该做什么、怎么做、达到什么目标和要求即可，不需要华丽的辞藻和理论的论证。

二、总结

总结是机关、团体、企事业单位或个人对过去某一段时间内的工作、学习、生活或思想等情况进行全面系统地回顾、分析与综合，从中找出经验、教训，得出规律性认识，并予以条理化表述的应用文体。撰写总结的目的，一方面是为了让人对过去某阶段的情况有比较全面的认识和了解，提供可供汇报、查询或存档的资料，另一方面是为了以其发掘整理出来的问题、规律、经验、教训，为下一阶段的实践活动提供启示与指导。

与计划相对应，总结也可根据不同的标准分为不同的类型。按内容划分，有工作总结、学习总结、思想总结等；按范围划分，有全国性总结、地方性总结、单位总结、个人总结等；按时间划分，有多年度总结、单年度总结、半年总结、季度总结、月度总结等；按性质划分，有综合性总结、专题总结等；按进程划分，有阶段性总结、全程性总结等。这些类别相互不排斥，一份总结可以同时归属于不同类别。

总结的结构可分为标题、正文和落款三个部分。

（一）标题

总结的标题主要有三种写法：

一是公文式。完整的公文式标题由单位名称、时间、事由、文种名构成，如《××大学20××年教学工作总结》。其中的单位名称、时间、事由根据总结的对象、性质、使用场合等因素的不同可以酌情省略：有的省略具体事由，如《××县人民政府20××年工作总结》；有的省略时间，如《××局机关作风整顿工作总结》；有的省略单位名称，如《20××年党风廉政建设工作总结》；有的单位名称、时间均省略，如《"文明小区"创建工作总结》；有的就只标出总结的类别，如《学习总结》《工作总结》《思想总结》等。

二是文章式。即用一句概括或提示总结的内容、主题或观点的话作为标题，如《一年来的谈判及前途》《齐抓共管，建设平安社区》《我们是怎样端正办学指导思想的》等。

三是文章加公文式。由正题和副题组成，正题为文章式，副题为公文式，如《春风化雨，润物无声——××党支部20××年思想政治工作总结》。

（二）正文

总结的正文通常由前言和主体两部分组成，有时有结语。

1. 前言

概述总体情况，包括总结的时间范围、工作依据、指导思想、相关背景、整体成绩、评价等内容,为下文的具体论述作好铺垫。

2. 主体

内容主要分情况(做法、成绩、问题)和体会(经验、教训)两大类。常用的结构形式有两种:一是纵横式,即将情况和体会分成前后两个部分来写,然后在各自部分归纳出几个方面的情况和几点体会横向展开;二是横纵式,即分成几个方面横向展开,每一方面既有情况又有体会,叙议结合,水乳交融。有些总结看起来只有情况而无体会,但事实上,情况中所归纳的做法大多已包含了经验的成分,只不过没有进一步加以理性地提炼和明确地表述而已。这一类的总结,常见于以回顾工作实绩为主,不需要强调经验体会的时候。

3. 结语

简要说明将来一段时间工作或学习的打算和思路,但并非必要部分。

(三) 落款

包括署名和日期,写在正文的右下方。如果所署名称已体现在标题中或注明于标题下,则此处可省略不写。日期在标题下已注明的话,也可省略。

附:示例

中共 ×× 市委 20×× 年工作总结

一

20××年,我市各级党组织认真贯彻落实党的××大以来中央历届全会精神,按照省委的总体工作部署,组织和带领全市人民抓紧抓好以经济建设为中心的各项工作,夺取了两个文明建设的新胜利。

——经济在加强宏观调控环境中保持了快速增长。全市上下齐心协力,排难而进,加强农业,主攻工业,大力发展乡镇企业、个体私营经济和招商引资,努力开拓市场、搞活流通,保持了全市经济快速、健康发展。全市实现国内生产总值 192 亿元(现价,下同),比上年(下同)增长 13%(可比价,下同);工农业总产值 255.6 亿元,增长 14.11%,其中工业总产值 119.88 亿元,增长 20.44%;财政收入(老口径)实现 16.75 亿元,增长 17.02%;农民人均纯收入 1 800 元,增加 52 元;社会消费品零售总额 62.1 亿元,增长 17.5%;商品零售价格涨幅为 6.1%;人口出生率 17% 以内。经济发展的特色进一步形成:全市特色农业产值 49.7 亿元,占农业总产值的 36.8%;果业面积达 246.46 万亩,其中脐橙、甜柚等优质水果面积达 106 万亩,水果总产 45.68 万吨,增加 11.28 万吨,新增果业开发面积 43.67 万亩;特种养殖业总产值 9 亿元,翻了一番;个体私营经济进一步发展,提供税收 4.3 亿元,增长 20%;全市新批外资项目 148 个,签约外资额 1.51 亿美元,实际进资 8 933 万美元,增长 38.51%。扶贫攻坚成效显著,一年中减少贫困人口 20 万。交通、能源、通信等基础设施进一步改善,后劲增强。

——改革向纵深推进。按照突出一个重点(国有企业改革),拓展两个层次(小城镇和铁路沿线七县市综合改革试点),建立和健全五个体系(市场、国资营运、社会保障、宏观调控和政府对农业的扶持保护体系),实现两个转变(经济体制和经济增长方式的转变)的改革思路,继续推进了改革开放。坚持"抓大放小",已组建的 7 户股份有限公司和 22 户有限责任公司,实行了按《公司法》运作;大胆学习和借鉴外地改革经验,出台了《国有小企业实行股份合作制的试行办法》,积极开展了联合、兼并、托管、租赁、拍卖、股份合作制等多项改革,目前已有 28 家企业完成了股份合作制改造,职工股金达 1 000 多万元。18 个建制镇的综合改革试点工作起步良好。铁路沿线七县市综合改革稳步推开,促进了开放开发。在农村着力实施了农业产业化战略,以"公司加农户"为主要形式的合作经济组织达 3 000 多个,形成了一批"龙头"企业。以搞活地产品流通为突破口,出台了《关于强化促销措施搞活地产品流通的意见》,推动了流通体制的改革。

——党的建设进一步加强。(略)

——精神文明建设出现了新局面。(略)

一年来的工作,成绩是主要的,但也存在一些困难和问题。一是部分国有企业生产经营困难、效益滑坡,部分企业转制存在"空转"现象,没有在求实效上下功夫;二是农业基础还比较脆弱,防灾抗灾能力较差,农民增收缓慢的问题仍很突出,尤其是库区部分农民还出现了"返贫"现象;三是……;四是……;五是少数干部的作风仍存在不实的问题,官僚主义、形式主义未得到彻底克服,"文山会海"屡禁不止,影响了工作效率的提高。

二

回顾过去一年的工作,我们的主要体会是:

1. 抓发展必须保稳定,保稳定为的是促发展。这方面,我们既有经验,也有教训。7 月份,×× 县四个乡镇出现群体性上访事件后,市委采取了一系列措施,迅速平息了事态,稳定了群众情绪。更重要的是,不失时机地引导各级干部从中吸取教训,在全市范围内普遍对农民负担情况开展查纠活动,取消了一批不合理项目和不正确收费方法,受到了群众欢迎;抽调了 2 358 名机关干部,深入到 5 个县市 58 个乡镇开展了为期一个月的宣传农村政策暨勤政爱民活动,与群众实行"三同",帮助群众抗灾救灾,发展生产,密切了干群关系。在城镇广泛开展了"扶贫济困送温暖"活动,帮助困难企业解决职工的生活困难,减少了不安定因素。稳定压倒一切,没有一个稳定的环境,什么事情也干不成,这一条我们应该牢牢记取。作为一级班子、一名领导干部,既要兴一方经济,又要保一方平安,否则就是失职。

　　2. 解放思想无止境,要着眼于不断解决新问题。年初,面对发展的困境,我们再次在全市开展了进一步解放思想的大学习、大讨论,提出以开拓市场、搞活流通为突破口,推动改革开放向纵深发展。领导机关带头解放思想,组织了部分机关干部赴外地帮助本地企业开拓市场、推销产品。解放思想天地宽,使我市特色农业、个体私营经济和招商引资等项工作在全省创出了一定特色。解放思想是我们做好各项工作的法宝,只有进一步掌握和用好这个法宝,工作才能创特色、争一流。同时,解放思想不能满足现状,而要根据不断变化的形势,研究新情况,解决新问题,进入新境界。

　　3. 发展来自"合力","合力"来自"同心"。(略)

　　4. 只抓经济发展而不抓社会进步的做法是短视的,也是危险的。(略)

　　5. 能否加快发展,干部素质始终带有根本性。提高干部素质,首要的问题在于学习。为了加强各级领导班子的思想作风建设,市委除了组织各县市几套班子领导成员集中学习党和国家的重要文件精神外,还组织全市乡(镇、场)党委书记集中培训,市委领导分头授课,帮助他们掌握政策法律,增强公仆意识,提高领导水平。市委还注意在平常工作中发现好的典型,总结推广他们的先进经验;对素质不高特别是作风恶劣的极少数干部,及时作出必要的处理。实践证明,干部素质问题,抓与不抓效果大不一样。只有不断提高干部素质,干部队伍的战斗力、凝聚力才能不断增强,各项任务目标才能顺利实现。

从上面节选的例文中可看到,总结的写作,除了层次清楚、语言精练这些和计划等事务文书相通的基本要求外,还应做到如下几点:

一要实事求是。总结应一切从实际出发,用事实说话,不能以偏概全,更不能无中生有。所用的数据、事例,都必须真实、准确、典型。展示成绩、经验的同时,也应指出问题、教训。如上例中,情况部分在陈述了所取得的成绩之后,又相当尖锐地指出了五个方面的问题;体会部分的第一点,对负面的事实并不回避,确实是从经验与教训中综合而来。

二要材料丰富。充分地占有材料,是总结写作成功的重要因素。上例中,所概括的每一方面的情况、每一点体会之下,都有很多的数据或事实作为支撑,因此让人感觉内容充实,说服力强。

三要善于提炼。总结中不仅应有事实的陈述,而且应有一定的理性分析。写作者要对各种材料进行去粗取精、去伪存真、由此及彼、由表及里的思考,发现规律性的东西,使感性认识上升到理性认识。上例对成绩的概括和问题的分析,就是理性的思考的结果,而体会的归纳,更是体现了较好的理论思维。

四要写出特色。总结既要有全局性的眼光,又不能面面俱到,主次不分,更不能陈陈相因。即使是在同一个单位、同一项工作中,每年总会有一些新事物、新现象、新变化、新发展,更不用说不同单位、不同工作之间了。抓住这些不同之处来写,就会写出个性,写出特色,写出新意。上例作为一份党委工作总结,无论是情况还是体会部分,都与同级政府机关的总结有所不同,它的出发点和重心,都体现了党委工作的性质和特点。

第五节　规定　办法

■ 一、规定

规定是党政机关、社会团体或企事业单位对特定范围内的工作和事务提出原则要求、执行标准和实施措施等的规约性文体。它的制定,有时是为了贯彻实施某项具体的政策、法令、法规,有时是为了加强某方面的管理,保证某项工作、活动的顺利进行,其使用范围比较广泛,所指向的对象有大有小,时效、篇幅有长有短,发文者的级别有高有低,制发方式也比较灵活,可用文件的形式直接发布,也可作为附件,用命令或通知的形式发布。

规定的结构大多由首部、正文两个部分组成,有时还会有落款。

(一) 首部

首部包括标题以及制发的时间、依据等内容。标题主要有三种形式:一是事由加文种,如《关于领导干部报告个人有关事项的规定》;二是制发机关、事由加文种,如《广东省物价局关于价格行政执法管辖的规定》;三是适用范围、事由加文种,如《江苏省内部审计工作规定》。在文种之前,有时会根据规定的条款数量、内容性质、时间效力等加上"几项""若干""补充""有关""试行""暂行"等修饰语,如《公安部关于城镇暂住人口管理的暂行规定》。对于制发机关的级别较高、事由重要、适用范围较广的规定,一般会在标题之下用括号注明制发的时间、依据(如××年××月××日××单位在××次会议上通过,或文件号)等,如果这类规定是随命令、令、通知等公文同时发布的话,这项内容可以不写。

(二) 正文

规定的正文有章条式和条目式两种写法。

1. 章条式

需要表述的内容较复杂、涉及面较广、篇幅较长的规定,可采用章条式的写法,即将正文内容分成若干章,章下又列出若干条。第一章一般冠以总则之名,说明制定本规定的原因、依据、目的、意义、指导思想、基本原则、适用范围等;最末一章一般为附则,说明规定的解释权、实施时间等事宜;中间的若干章为分则,说明规定的具体事项、要求等实质性内容,每章根据内容的不同而标出不同的名称。见下例:

广东省内部审计工作规定

第一章 总 则

第一条 为了加强内部审计工作,建立健全内部审计制度,提高内部审计工作质量,充分发挥内部审计作用,根据《中华人民共和国审计法》《中华人民共和国审计法实施条例》等法律法规,结合本省实际,制定本规定。

第二条 本规定适用于本省行政区域内国家机关、事业单位、国有企业、社会团体等依法属于审计机关审计监督对象的单位(以下简称单位)的内部审计工作,以及审计机关对内部审计工作的业务指导和监督。

(略)

第五条 单位应当依照有关法律、法规、规章以及国家和本省有关规定,结合本单位实际情况,建立健全内部审计制度,明确内部审计工作的领导体制、机构设置、人员配备、经费保障、职责权限、审计程序、审计结果运用和责任追究等。

第二章 内部审计机构和人员管理

第六条 国家机关、事业单位、社会团体应当按照机构编制管理规定,结合本单位实际,明确或者指定履行内部审计职责的内设机构。

法律、法规、规章等要求设立独立内部审计机构的,单位应当按照有关规定设立内部审计机构。

省属国有企业集团本部应当设立独立内部审计机构;其他国有企业可以根据实际情况设立独立内部审计机构。

单位负责财务工作的机构不得同时履行内部审计职责。

(略)

第十八条 单位应当充分利用社会审计力量开展内部审计工作。除涉密事项外,内部审计机构可以根据工作需要向社会购买审计服务。

内部审计机构委托社会审计机构独立实施审计项目的,应当审定实施方案,加强跟踪检查,并对采用的审计结果负责。

第三章 内部审计机构职责和权限

第十九条 内部审计机构应当履行下列职责:

(一) 对本单位及所属单位贯彻落实国家及本地区重大政策措施情况进行审计;

（二）对本单位及所属单位的发展规划、重大决策以及年度业务计划执行情况进行审计；

（三）对本单位及所属单位的财政财务收支进行审计；

（略）

（十二）根据国家有关规定和本单位要求办理的其他事项。

第二十条　内部审计机构应当将内部审计结果和发现的重大违纪违法问题线索,及时报告本单位主要负责人和上一级单位的内部审计机构。

（略）

第四章　内部审计程序

第二十七条　内部审计机构应当根据年度审计项目计划,在审计项目实施前组成审计组。

审计组实行组长负责制。

（略）

第五章　内部审计结果运用

第四十条　单位应当建立健全内部审计发现问题的整改机制。

被审计单位主要负责人为内部审计整改第一责任人。

（略）

第六章　审计机关的指导和监督

第四十四条　审计机关应当将内部审计指导和监督工作纳入年度工作计划,与审计业务工作同部署、同落实、同检查、同考核。

审计机关应当制定内部审计年度工作要点或者指导意见,加强对各单位内部审计工作的业务指导和监督。

（略）

第七章　责任追究

第四十九条　单位违反本规定,未建立内部审计制度或者未开展内部审计工作的,由审计机关责令改正;情节严重的,对单位主要负责人和其他直接责任人员,审计机关认为应当追究责任的,可以向纪律检查委员会、监察委员会提出给予处理的建议。

单位违反本规定,未及时移送内部审计发现的重大违纪违法问题线索的,由有权机关对直接负责的主管人员和其他直接责任人员进行处理;涉嫌违法犯罪的,移送有关国家机关依法处理。

（略）

第八章　附　则

第五十三条　本规定自 2019 年 6 月 1 日起施行。

2. 条目式

表述的内容相对简单的规定,多采用条目式的写法,即不设章,只有条。它一般在开头用一段文字或一两个条目说明制定规定的原因、意义、依据等,然后逐条列出规定的具体事项、相关要求、适用范围等,最后的一两个条目说明解释权、实施时间等。见下例:

湖南省女职工劳动保护特别规定

(2019 年 12 月 9 日湖南省人民政府令第 298 号公布　自 2020 年 3 月 8 日起施行)

第一条　为了减少和解决女职工在劳动中因生理特点造成的特殊困难,保护女职工健康,根据国务院《女职工劳动保护特别规定》,结合本省实际,制定本规定。

第二条　本省行政区域内的国家机关、企事业单位、社会团体、个体经济组织、民办非企业单位以及其他社会组织(以下统称用人单位)及其女职工,适用本规定。

第三条　用人单位应当采取下列措施,加强对女职工的劳动保护:

(一)建立健全女职工劳动保护制度,明确相应机构及人员负责女职工劳动保护工作;

(二)为女职工提供符合国家规定的工作环境、劳动条件和劳动保护用品;

(略)

(六)法律法规规章规定的其他措施。

第四条　用人单位不得在劳动合同、聘用合同或其他合同中与女职工约定限制或者变相限制其结婚、生育等合法权益的内容。(略)

第五条　用人单位与职工方订立的集体合同、女职工权益保护专项集体合同,应当明确女职工劳动保护内容。(略)

第六条　用人单位给予经期女职工下列保护:(略)

第七条　用人单位给予孕期女职工下列劳动保护:(略)

第八条　女职工生育享受 98 天产假,其中产前可以休假 15 天;难产的,增加产假 15 天;生育多胞胎的,每多生育一个婴儿,增加产假 15 天。符合法定生育条件的,依法享受奖励产假 60 天。

(略)

第二十一条　用人单位违反本规定,侵害女职工合法权益的,由县级以上人民政府人力资源社会保障、应急管理部门责令改正。

第二十二条　用人单位违反本规定,侵害女职工合法权益的,女职工可以依法向有关部门投诉举报,也可以依法向劳动人事争议调解仲裁机构申请调解仲裁,对仲裁裁决不服的,依法向人民法院提起诉讼。

女职工依法向人力资源社会保障、应急管理、卫生健康、医疗保障等部门或者工会、妇女组织投诉举报的,收到投诉举报的部门和组织应当依法及时调查处理,或者在5日内转送有权处理的部门调查处理。调查处理结果应当告知女职工。

第二十三条　本规定自2020年3月8日起施行。1992年3月31日施行的《湖南省〈女职工劳动保护规定〉实施办法》同时废止。

(三) 落款

有的规定需在正文的右下方写明制发机关的名称和日期。如果上述内容在规定的标题中已出现或在标题下已注明,或者规定是随上级领导机关的公文所发布,那么可以省略不写。如上例《湖南省女职工劳动保护特别规定》,是由湖南省人民政府令第298号发布的,令的内容为:"《湖南省女职工劳动保护特别规定》已经2019年11月27日省人民政府第53次常务会议通过,现予公布,自2020年3月8日起施行。"制发机关的名称、日期在政府令中已有说明,就不需重复了。

规定的写作要注意以下两点:一是内容方面,对上要符合党和国家的有关方针、政策、法律、法规以及上级领导部门的有关规定,对下要符合实施范围内的实际情况,具体明确,具有较强的针对性和可操作性;二是形式方面,要做到条理清晰,层次分明,逻辑严谨,语言准确规范。

二、办法

办法是党政机关、企事业单位为了贯彻执行某些法令、条例、规定或开展某方面的工作而拟定方法、步骤、措施等所形成的规约性公文。它主要有两种类型:一是实施性办法,它以某一项或某一类的法令、条例为主要依据,对其整体或部分条文在特定范围内的实施提出具体的要求、措施等,具有派生性,如《〈中国共产党党员领导干部廉洁从政若干准则〉实施办法》;二是管理性办法,它是各类机关单位在自己的管理权限范围内,为保证某项工作规范有序地进行而制定,不一定有明确具体的法令、条例依据,具有较强的独立性,如《企业国有资产产权登记管理办法》。

办法的结构一般由首部和正文组成。

(一) 首部

首部中的标题为必备要素。发布的单位、依据、实施时间等要素,在随同命令、令、通知等公文形式进行发布时可省略,但在单独使用时,一般应在标题之下用括号注明。

标题的写法主要有两种:一是适用范围、事由加文种,如《高等学校学生应征入伍服义务兵役国家资助办法》《江西省实施〈工伤保险条例〉办法》等;二是事由加文种,如《婚姻登记办法》《〈中华人民共和国保守国家秘密法〉实施条例》等。

(二)正文

办法的写法和规定一样,主要有章条式和条目式两种:

1. 章条式

涉及面广、篇幅较长者采用章条式:总则为一章,下面分几条阐述制定办法的目的、意义、依据、适用范围等;分则设若干章,或在一章之下设节,节下再逐条列出具体的方法、步骤、规定、要求等;附则说明办法的解释权、实施日期等。(可参见"规定·章条式"格式)

2. 条目式

从开始到结束都以条为目,前面的一条或数条写目的、意义、依据、适用范围、基本原则等,中间的若干条目写具体的规定、措施、步骤等,最后的一两条写执行的要求、实施的时间等。(可参见"规定·条目式"格式)

办法的写作要求与规定相似:内容既要符合法令、法规、条例的精神,又要结合相关的工作实践,将措施、规定具体化,体现针对性和可操作性,保证能产生实际的效果;形式上必须做到条理清晰、结构严谨、表述准确,不能模棱两可、含糊不清,更不能自相矛盾。

第六节 消息 通讯

消息和通讯都是新闻报道的重要体裁,之所以置于"实用文体"中讲述,是因为在传媒社会信息时代,阅读和收听新闻或者在网络上发布自己所见所闻的新鲜事,已经成为人们的一种生活方式,因此,提高传媒素养,了解并掌握相关的新闻知识,会写几种最主要的新闻文体是必要的。

■ 一、新闻概说

什么是新闻?国际国内、学界业界有不少的定义,也有不少流行的说法,如"狗咬人不是新闻,人咬狗才是新闻",这是从反常的角度看;又如"能让站在后院篱笆旁闲谈的大婶惊呼一声'妈呀'的就是新闻",这是从受众的惊奇或事物的突然性的角度看。通行的定义是曾任中宣部部长的陆定一在延安时期的说法:

新闻是新近发生的事实的报道。这一定义是大体合适的,因为它揭示了新闻的两个基本品格。无论报道主体是谁、传播媒介(渠道)是什么(报纸、广播、电视、网络),新闻都不能缺少这两个基本品格。新闻的这两个基本品格是:

1. 真实

事实是新闻的本源,真实是新闻的生命。整个新闻学从根本上讲,就是建立在事实的基础上,也就是建立在真实性基础上的,因为事实就是真实的(从存在论的角度看,没有假事实,只有假报道、假陈述)。新闻写作的真实性,就是指新闻写作必须报道事实而且必须通过报道反映客观事物的本来面貌。

2. 新鲜

新闻的本质是传递信息,信息的作用是消除人们认识上的不确定性。一条新闻,一旦为人们知晓,不确定变成了确定,其告知信息的使命便已完成。因此,新闻是最讲究所提供的信息的新鲜性的,它必须是新近的所见所闻,是新事物、新情况、新动态、新问题、新经验、新人物等。也因此,新闻写作是最讲究时效性的,即讲究迅速及时。所谓"独家新闻",所谓媒体竞争,主要体现在对时效性的认识和拼抢上。讲究时效,便成为新闻写作最基本的要求。

■ 二、消息

消息是传播新闻的最主要的形式。它以简明扼要的文字,准确、迅速地报道国内外新近发生的各种有价值的信息。就像所有的实用文写作都是有规矩的写作一样,消息的写作也是有规矩、有劝诫、有限制、有要求的写作。请看示例:

中国政府恢复对香港行使主权

新华社北京7月1日电　1997年7月1日零时,在香港会议展览中心新翼举行的中英香港政权交接仪式上,英国的米字旗刚刚落下,中国的五星红旗徐徐升起。中国政府向全世界宣布恢复对香港行使主权。

仪式上易旗的过程不到两分钟,它标志着英国在香港实行了一个半世纪的殖民统治的终结。

中国国家主席江泽民、国务院总理李鹏,英国王储查尔斯王子、首相布莱尔,同中英两国政府代表团其他成员一起参加了这一历史盛典。

江泽民主席在交接仪式上讲话时说,香港回归祖国标志着"香港的发展从此进入一个崭新的时代",香港回归后,"中国政府将坚定不移地推行'一国两制'、'港人治港'、高度自治的基本方针,保持香港原有的社会、经济制度和生活方式不变,法律基本不变"。

40多个国家和地区、30多个国际组织和地区性组织的代表,各国驻港总领事，海外华侨及华人代表，以及香港社会各界人士应邀出席了通过电视向全球直播的仪式。

在仪式举行的同时，中国人民解放军驻港部队先头部队同英军驻港部队在军营里举行防务交接仪式；中华人民共和国外交部驻香港特别行政区特派员公署大厦升起了五星红旗；海关职员和警察等纪律部队成员的领章、肩章图案上的英国皇家标志，立即被香港特别行政区的象征——紫荆花所取代。

香港自古就是中国的领土。英国强迫中国清朝政府分别于 1842 年、1860 年和 1898 年签订了 3 个不平等条约，侵占了整个香港地区。1984 年，中英两国政府签署了关于香港问题的联合声明，宣布中国政府将于 1997 年 7 月 1 日恢复对香港行使主权。

整个中国为百年国耻得以洗雪而沸腾，各地张灯结彩举行各种庆祝活动，成了中国人民自信心和自豪感的大展示。男女老幼都以各自喜欢的方式庆祝中华民族这一世纪盛事。许多人彻夜不眠收看电视直播节目。

在首都北京，10 万群众的联欢活动把天安门广场变成了一片欢腾的海洋。当距 7 月 1 日零时还有 10 秒钟时，人们面对倒计时牌，有节奏地齐声高喊："10，9，8……"当倒计时牌上的显示锁定在"0"时，鼓乐喧天，欢声雷动，10 里以外都能听到。

在"割让香港"的不平等条约《南京条约》的议约地南京静海寺，7 月 1 日零时，人们按响了"警世钟"155 响的最后一响，象征着 155 年的国耻的终结，告诫人们永远不要忘记落后挨打的历史教训。

在东莞市虎门镇，人们用五彩缤纷的焰火告慰民族英雄林则徐和在鸦片战争中牺牲的先烈们。林则徐在中国是一位家喻户晓的民族英雄，他因主持了 1839 年虎门销烟奋起抗英而受到敬仰。

林则徐的五世孙凌青在接受记者采访时说："香港回归这一历史性事件无疑将大大激发我们这一代的爱国主义热情，而当今爱国主义的最好体现就是在共产党的领导下推进中国的改革开放和现代化建设。"

这一盛事受到国际社会的普遍赞扬。联合国秘书长安南早些时候曾说："所有的人都会从（这一事件）中获益，不论是香港人，还是中国内地人，或是世界其他国家和地区的人。"

多次民意测验表明，香港 600 多万同胞对未来充满信心。香港特别行政区首任行政长官董建华说："7 月 1 日，与其说是香港一个历史的终结，不如说是一个新纪元的开始。香港将以骄人的成绩跨入 21 世纪。"

这是一篇堪称经典的动态消息，其最大的特色在于选材典型。所谓典型，就是有代表性，能反映事物的本质。本篇总体写了三个内容：一是通过"易旗""换防""改徽"证实中国政府恢复了对香港行使主权,因为旗帜、防务和国家机器所属成员佩戴的徽章,都是一个国家主权的象征和体现;二是表现"整个中国为百年国耻得以洗雪而沸腾",中国这么大,东西南北中,选择什么地方表现才有代表性? 作者选择了北京、南京、东莞,这是很有眼光的,这些地点是与香港的历史和今天的现实紧密相连的;最后,选择林则徐的五世孙凌青、时任联合国秘书长的安南和香港首任特首董建华,通过直接引语表明对事实的认识与评价,也是极有代表性的,既有空间的广度,更有历史的深度。

该文具有消息这一文体必备的所有元素。

(一) 消息的要素

消息最重要的是清晰而准确地告诉读者"5W1H"。"5W"也被称为新闻的"五要素"(加"1H"后称为"六要素"),即 When(什么时间:"1997 年 7 月 1 日零时"),Where(什么地点:"香港会议展览中心新翼"),What(发生了什么事:"中英香港政权交接"),Who(什么人参与了这件事:江泽民、李鹏等),Why(事件的起因:"恢复对香港行使主权"),How(这件事是怎样发生的:"英国在香港实行了一个半世纪的殖民统治的终结")。

(二) 消息的标志

消息有自己的独特的外在标志,即消息头。也就是在标题下、导语前,一般都有"本报讯"或"×× 社 ×× 月 ×× 日电"的字样。消息头分为"电"与"讯"两大类:"电"主要为通讯社的消息头所采用,"讯"主要为报社自己的记者或通讯员写的稿件运用的消息头形式,消息头还有表明消息来源和明确消息的发布单位的作用。

(三) 消息的标题

消息的标题是消息的重要组成部分,是消息所报道的事实的最集中、最精练的概括。

1. 标题的种类

按不同的分类标准,消息标题可以分为以下几类:从标题的结构形式来分,消息的标题可分为单式题和复式题;根据表现方法和表现重点不同,可分为实题和虚题两种。

单式题是指消息只用了一个(种)概括了消息主题或是主要事实的标题。这样的标题由主题构成。主题,也叫主标、正题,是消息中最主要事实的概括表达。例文所拟"中国政府恢复对香港行使主权"就是单式题。复式题由主题和辅题组合而成。辅题,主要用来辅助主题,起到补充、说明、解释主题的作用,不能脱离主题独立存在。辅题又分为以下几种:

(1) 引题,也称"肩题"。在主题之前。例如:

　　（引）一艘驶自南宋的船——

　　（主）开启中国水下考古新航程

　（2）副题。在主题之后。例如：

　　（主）人大常委会公布五年立法规划

　　（副）有十一项涉及生态文明建设

　　复式题一般分为三种形式，一种是主引式，即标题由主题和引题组成。另一种是主副式，即标题由主题和副题组成。还有一种是完全式，即由引题、主题和副题组成，例如：

　　（引）中央组织部印发《意见》

　　（主）进一步规范党政领导干部在企业兼职任职

　　（副）意见要求，党政领导干部不得"两头占"，不能既保留公务员身份及相关待遇，又在企业领取报酬

　　根据表现方法和表现重点不同，消息标题可分为实题和虚题两种。实题指消息标题中叙述事实的部分。它着眼于叙述，着重表现具体的人物、动作和事件等。虚题指消息标题中发表议论的部分，它着眼于说理，着重说明原则、道理、愿望等。一则消息可以没有虚题，只有实题，反之则不能成题。

　　2. 标题的要求

　　（1）文字简练。标题是对新闻事件简洁的概括，它必须简明扼要，让读者对于新闻的要点，或最主要的新闻事实一目了然。

　　（2）题文一致。这里说的题文一致，具体来说有两个意思。第一，标题所写的事实，应该是新闻中应有的事实，不能无中生有；第二，标题所报道的事实，可以是几个基本事实中选择的一个事实，但是要顾及事件的原貌，不能以偏概全，歪曲基本事实。

　　（3）表达生动。《福特对纽约说死了拉倒》——纽约《每日新闻》前编辑主任威廉·布林克想到的这个标题，立即在当时引起轰动并被美国主编们奉为经典。当时的纽约市财政举步维艰，接近破产。而时任美国总统福特拒绝了纽约市的求援，并认为纽约的危机是它肆意挥霍和用财不当造成的。这个标题远比布林克开始时想到的《福特拒绝援救纽约》《福特对援救本市说不》形象生动，给人强烈的冲击力。

　　在消息标题的制作上，不得不提醒的是，在网络迅猛发展、媒体市场化步伐加快及竞争日益加剧的媒介环境中，要特别注意避免"标题党"行为。所谓"标题党"，是对在以互联网为代表的媒体上通过制作耸人听闻或者媚俗、低俗、庸俗等的标题来吸引网民的注意力，置新闻内容的基本事实于不顾，以达到增加点击量、知名度等目的的一部分网站编辑、记者、管理者和网民的总称。"'标题

党'为了提炼成'语不惊人死不休'的标题，不惜断章取义、夸张夸大、张冠李戴甚至歪曲事实、制造假新闻，根本不管社会责任甚至不顾道德底线，其危害越来越大。"①

　　例如：标题是《一个"真正的荡妇"》，内容却是一个姑娘在荡秋千。标题是《月光下的禽兽行为》，写的却是两只小虫子在嬉戏。而在《这5位中国年轻人，正在让世界颤抖！》的标题下，说的则是5位中国年轻人"正在各自的研究领域影响和改变世界"。《中国将成为网络强国：2050年世界无敌》报道的是我国公布建设网络强国的时间表和路线图。《大学校长的秘密情史，太让人意外了！》说的是一位大学校长对书籍的热爱……诸如此类，不一而足。

　　因此，消息标题的制作，还必须讲究概念的准确和逻辑的严谨，讲究修辞运用的合理与恰当等，否则，便与标题的要求、作用和意义相去甚远了。

（四）消息的导语

　　导语是消息所特有的，是消息的开头部分。作者要用简洁的文字陈述最主要的内容，以引导读者进一步阅读该消息。如上例中："1997年7月1日零时，在香港会议展览中心新翼举行的中英香港政权交接仪式上，英国的米字旗刚刚落下，中国的五星红旗徐徐升起。中国政府向全世界宣布恢复对香港行使主权。"简洁明了地讲述了事件概况，并引发了读者的阅读兴趣。

　　美国著名新闻学者麦尔文·曼切尔曾说，写好导语相当于写好消息。另一位美国新闻学者杰克·海敦说，导语是能否吸引人往下看的关键，是促使读者读下去的诱饵。

　　导语主要有以下几项重要的任务和作用。

　　（1）"一眼便知"。清晰地陈述新闻事件的要素和轮廓。

　　（2）"一见钟情"。激发读者的阅读兴趣并接下来阅读全文。

　　（3）"一锤定音"。为报道定下基调。导语位于消息的开篇，确定了整篇报道的基调，把握住了整篇报道的关键。这决定了主体部分材料的取舍和展开的重点。

　　（4）语言简明，叙事清晰。语言简洁、明了，叙事清晰，是导语写作最基本的要求之一。

　　请看下面两条优秀导语。

　　　　本报讯（记者　高坡）从昨天起，昆山31万多农民也可以和城里人一样"刷卡"看病了！（第十五届中国新闻奖一等奖消息作品《昆山31万农民刷卡看病》的导语）

---

① 朱继东：《"标题党"泛滥的危害、根源和对策》，《新闻爱好者》2012年第17期。

本报讯(记者 石磊)祖籍沧州的郑先生在沪经商数年,前不久他从上海返乡,连遇两个"没想到"。(第十三届中国新闻奖一等奖消息作品《我省交通图五年七变》的导语)

以上两条导语都是一句话,有概述型导语,也有描述型导语,新闻价值都极为突出,信息传递效果非常明显。文字也很讲究,令人过目不忘。

(五) 消息的主体与结尾

消息一般由导语、主体和结尾组成。消息的主体又称消息的躯干,是消息主题详细的展开和描述。消息主体的作用可以概括为展开和补充导语以及补充新的事实等。总之,消息主体的作用就是让读者对于新闻事件有一个具体、全面的认识。

可以说,例文导语之后属于主体与结尾的所有段落,都是对"中国政府恢复对香港行使主权"这一事实的展开与补充。

消息的结尾主要有自然性结尾、补充性结尾、议论性结尾几种常见的方式。不过,文无定式,消息的结尾远不止这三种,能起到深化消息的主题和强化传播效果的作用的结尾,都堪称妙笔生花。如下例:

别了,"不列颠尼亚"

············

从 1841 年 1 月 26 日英国远征军第一次将米字旗插上港岛,至 1997 年 7 月 1 日五星红旗在香港升起,一共过去了 156 年 5 个月零 4 天,大英帝国从海上来,又从海上去。

这篇同为报道香港回归的消息以"大英帝国从海上来,又从海上去"结尾,看似平淡,但意味深长,耐人寻味。

(六) 消息的结构

消息最常用的结构形式是"倒金字塔式"和"沙漏式"两种。

"倒金字塔式"结构按事实所蕴含的信息的重要程度依次排列,越是重要的信息越是先说。世界新闻史上堪称经典的是:

肯尼迪遇刺丧命
约翰逊继任美国总统

(路透社达拉斯 1963 年 11 月 22 日电)急电:肯尼迪总统今天在这里遭到刺客枪击身死。

总统与夫人同乘一辆车中,刺客发三弹,命中总统头部。

总统被紧急送入医院,并经输血,但不久身死。

官方消息说,总统下午 1 时逝世。

副总统约翰逊将继任总统。

"沙漏式"结构犹如古代计时的沙漏,由一个"倒金字塔式"的导语和一个"金字塔式"(按时间先后依次排序称"金字塔式")的主体及结尾构成。运用这一结构形式的新闻报道,一般要有一个好的导语,将重要的新闻事实放在最前头,以吸引读者;接下来再按照事情发展的顺序依次叙述。示例《中国政府恢复对香港行使主权》的结构从整体上说就是"沙漏式"结构,但其间又采取了其他结构形式,如写北京、南京、东莞虎门的情况时采取的则是平行的"横式结构"。"沙漏式"结构是消息报道中使用最多的。

(七) 新闻背景

例文中:"香港自古就是中国的领土。英国强迫中国清朝政府分别于 1842 年、1860 年和 1898 年签订了 3 个不平等条约,侵占了整个香港地区。1984 年,中英两国政府签署了关于香港问题的联合声明,宣布中国政府将于 1997 年 7 月 1 日恢复对香港行使主权。"这段文字是新闻背景。新闻背景是指在新闻事实之外,对新闻事实或新闻事实的某一部分进行解释、补充、烘托的材料,通俗的说法是"用来说明新事实的旧事实"。

新闻背景可用于包括消息在内的所有新闻报道,是新闻报道必不可少的部分,甚至可以说"没有无背景的新闻"。它能够把新闻事件置于相关的语境中,不仅能使受众更准确、清晰、全面地了解事实,还能帮助受众进一步了解事件的意义。

(八) 引语

上例"香港特别行政区首任行政长官董建华说:'7 月 1 日,与其说是香港一个历史的终结,不如说是一个新纪元的开始。香港将以骄人的成绩跨入 21 世纪'"中带引号的文字为直接引语。此外,文中凌青、安南等人的话也是直接引语。直接引语是引语的一种,它由必不可少的四个元素构成,即说话人(董建华)、言语行为动词(说)、引号("")和言语本身(引号内文字)。引语尤其是直接引语是所有新闻报道中使用最多甚至是不可或缺的。因为直接引语是采访中获得的被采访者的原话,特别能体现新闻的真实性;而且,如果说"用事实说话"是新闻报道的基本原则和基本方法的话,直接引语更是"说话",即表明写作者观点态度的最好的方法,借别人的嘴说自己想说的话,即新闻报道的"借嘴说话"。

除直接引语外,引语类型还有间接引语(指对言语有分析的转述,形式上具备说话人、言语和言语行为动词三个要素),自由间接引语(指抛开说话人和言语行为动词,而仅对言语进行有分析地转述)和切取引语(直接引用人物话语中的一个词组,甚至一个词,以突出或强调人物的某个观点或观点的某个方面)。

（九）消息的主要种类及其写作

1. 动态消息

动态消息是对新近发生的具有新闻价值的事实进行及时报道的一种消息形式。狭义上的消息就是指动态消息。前引例文《中国政府恢复对香港行使主权》就是动态消息。

动态消息的特征有:短、快、实。"短":动态消息一般篇幅不长,多则七八百个字,少则二三百个字。"快":动态消息时间因素比较突出,它就是以突出时间上的"快"而见长的,它要求在事情刚刚发生时就进行报道。"实":动态消息是事实性新闻,它报道的对象是新近发生的事实,而且是一事一报。这些事实可能是突发的不可预知事件,如战争、政变、灾祸等,可能是非突发性事件,也就是可以预知的事件,指人为安排的事件,如重大庆典、世界杯、奥运会、科学实验、重要会议等,这些都是动态消息的报道内容。动态消息比其他的新闻要求更客观。

2. 综合消息

综合消息是指把诸多有一定内在联系的事实围绕一个主题组织在一起进行报道的消息形式。综合消息一般报道面比较宽,既有面的形势、规模、趋向,又有典型事例的说明和分析,它是对事实的整体性把握。

综合消息的新闻价值蕴含于事实的联系中。准确地概括事实,有效地综合与分析材料,才能达到报道的目的。综合消息的多个材料,必须围绕一个主题,并对这个主题进行有效的报道。写作综合消息时,作者往往可以在分析材料的基础上提出自己的观点。综合消息的结论必须客观、公正,不能以偏概全,更不能与列出的材料毫无关系。

3. 简讯

简讯又称简明新闻、短讯,是一种用最简洁、最概括的言语报道事实的新闻文体。它一般不交代事情发生的经过和背景,没有多余的解释,以最快的速度,将事情的简要情况迅速地报道出去。简讯的篇幅非常精短,至多一两百字,少则几十字。简讯虽然简短,但并不代表所报道的消息分量轻或者新闻性弱,有时为了以最快的速度报道新闻事实,重大新闻往往也会以简讯的形式出现。如2003年3月20日,一些媒体发了这样一条简讯:"北京时间今天10点35分,伊拉克战争打响。"

简讯往往以三种形式出现,一种是一句话新闻,没有标题,而是用一个单句或一个复句表述新闻事实;一种是一段话简讯,用一段话来介绍新闻事实;第三种是分段式简讯,篇幅往往是两三个段落。

4. 会议消息

会议消息的来源比较单一,它并不是单个新闻事件的发展变化,而是某种意见、观点或是决策的反映,所以其来源往往是重要人物的讲话、公布的文件、召开的会议等。

要写好会议消息,最重要的是要对信息来源提供的资料进行核实和挖掘,不能别人提供什么,就报道什么。此外记者还有向读者解释新闻背景和术语的义务。例如,一个没有相关生物学知识背景的读者,当他读到诸如"K 型雄性不育系""K 型雄性不育恢复系""1B\1R 类型小麦 K 型雄性不育系的三系配套工作"这类的术语时,他的第一反应可能是不知所云。读者会说我为什么要知道这些? 又如一些与人们生活息息相关的法令、政策的出台,读者最想要知道的是,这个法令会对自己带来什么样的影响,但是如果报道中只有法令的内容,只有专业化的法律术语,受众往往无法理解,也很难与自身联系起来。

在实际操作中,往往有两个方法被运用。一个是提供必需而充实的新闻背景,另一个方法是采访相关的专家,请他们来解读。

5. 述评消息

述评消息是一种夹叙夹议的新闻报道体裁。它以报道新近发生的事实为基础,以剖析、评论事实的原因和本质为目的。这里的评论主要是引用他人的话,达到"借嘴说话"的目的,它是一种述议结合的消息形式。

述评消息是新闻报道和新闻评论相结合的一种边缘文体。首先,它侧重于述,以叙述新闻事实为主,但是它也要评,要求围绕新闻事实进行一定的议论和评论,评价新闻事件的性质并揭示它的内涵和发展方向。述评消息必须对新闻事件进行报道,但是它的目的不在于告诉受众发生了什么事,而是为什么会发生,以及对于这个事实的看法。因而述评消息的对象是有现实性、针对性以及代表性的问题。一些重大的政治事件,或者是针对社会上某种倾向,写作者可以通过述评消息提醒人们加以注意。某些错误思想,需要加以纠正,可通过述评消息以正视听。选择好有针对性的题材,述评消息才能有的放矢,才能有新意。

述评消息与新闻评论不同。新闻评论重点在"评",往往以寥寥数十字交代新闻事件,引出议题,绝大部分的篇幅是评论;而述评消息以"述"为主,留给评论的空间有限。所以述评消息中的评论要精,观点要鲜明、独到、中肯,要能击中问题要害。除此之外,还要讲求逻辑清晰,层次分明。大量的事实材料如何排列,分析和推理的层次如何推进,这些都要做到环环相扣,防止颠三倒四、前后矛盾。

■■ 三、通讯

通讯是中国独有的新闻文体,由"通信"衍变而来。早在清末民初,报道外地重要新闻,除了发电讯外,就是刊载通信。当时发电报的价格十分昂贵,而且电讯只能针对时效性非常强的重大事件,报道其中最重要的事实。需要详细报道新闻事实就只能依靠通信了。后来电讯价格大大下降,通信也改由电报传递,是为通讯。

(一)通讯的定义和特点

通讯是一种运用叙述、描写、议论等多种表达方式,及时地、详细地、形象地报道新闻人物和新闻事件的新闻体裁。这个定义也蕴含着或揭示了这种体裁的特点:

1. 新闻性

通讯是一种新闻报道文体,它必须遵守新闻的基本规律,同时也具有新闻报道的基本特征。第一,通讯报道的对象必须是事实。第二,这个事实还必须是有新闻价值的事实。第三,必须要用事实说话,因为真实也是通讯的生命。

通讯也有一个时效性的问题,虽然相对于消息而言,通讯的时间限制要宽松一些,但是通讯往往是就当前社会普遍关注的事件或问题所作的详细而深入的报道,不仅要向读者传达信息,还要起到舆论引导的作用。

2. 详细的报道

通讯是一种详细深入报道的文体,它要清楚地介绍事情的来龙去脉,生动地再现现场。通讯要比消息具体、丰富得多。很多重大事件,往往是先发一个消息,概括地介绍这个新闻事件,然后再发通讯,让读者有一个具体、详细而深入的了解。

3. 倾注感情的文体

相对于消息而言,通讯能更多、更直接地表达主观情感。这些感受可以通过主题的提炼表达出来,也可以通过材料的选择,或是通过充满感情的叙述文字乃至直接议论,或者对事实的分析等方式表达出来。

4. 表现手法多样

通讯的表现手法是多样的,它可以兼用各种表达方式,以叙述、描写为主,以议论和抒情为辅;通讯的叙述人称多元,相对于消息一般以第三人称(记者)来叙述而言,通讯有以第一人称叙述的,也有以第二人称来叙述的;通讯的篇幅较为灵活,一般数千字,长的也有几万字;通讯的语言,除了要求准确、具体、通俗外,还要求有文采。

(二)通讯的主题与材料

通讯是长篇的新闻报道,其写作必须要考虑如何提炼主题和如何选择材料。

1. 提炼主题

鲜明的目的性是通讯写作的主要特征,目的性蕴含在通讯的思想、观点中,它是通过确定主题和表现主题实现的。

通讯提炼主题的方法主要有两种：

（1）依据事实，提炼主题。这种提炼主题的方法强调观点从材料中来，重在分析事实材料并从材料中归纳出其内在联系，得出具有统率材料的观点，这个观点就是主题。

（2）预设主题，用事实印证。作者在写作甚至在采访之前就有了一个思想，然后围绕这个思想去寻找材料。但是切记，采写之前的这个思想并不是拍脑袋凭空而来，它本身就是在对大量事实的认知的基础上形成的。例如，大量的事实证明改革开放取得了伟大成就，那么，以"改革开放取得了伟大成就"为主题去采访、去写作，就不是无源之水、无本之木。2008 年改革开放 30 年之际，《光明日报》就以此为主题，从"衣""食""住""行"多方面组织了系列报道，产生了广泛的影响。因此，新闻报道的组织设置中，就有"报道中心""新闻策划"等。

2. 选择材料

当主题明确之后，接下来的就是紧紧围绕主题选择与组织材料。选择与组织材料的基本方法是"骨干事例 + 细节 + 一般性叙述材料"。

（1）骨干事例。这是通讯写作中最重要的材料，指的是能反映事物本质的材料。一般来说，这样的材料要求事实比较完整、意义比较突出和具有代表性。魏巍写抗美援朝的著名的战地通讯《谁是最可爱的人》足资借鉴。在采访的过程中，"在朝鲜的每一天，我都被一些东西感动着，我的思想感情的潮水，在放纵奔流着"。他搜集了许许多多志愿军感人的事例，写作初稿时，他左挑右选依依不舍地还是用了二十多个事例。在《人民日报》编辑的指导下，他反反复复地修改，最后只用了三个事例，就完全地表现了志愿军战士是"最可爱的人"这一重大主题。这三个事例是："松骨峰战斗"——对敌；"马玉祥救朝鲜孩子"——对友；"防空洞里吃雪"——对己。三个事例从不同的侧面反映出了志愿军战士的本质。由此可知，骨干事例的选择一要有典型性，二要紧紧围绕主题，三是切忌重复。

（2）细节。细节是事实的细微之处。在通讯中，它有时是事实的片段，有时是有一定情节的小故事，有时就是一句话，有时又是一个特写镜头、一幅画面。俗话说"细微之处见精神"，刻画细节，既能让读者从细微之处见出事实的真实面貌，又能将通讯写得有血有肉。

（3）一般性叙述材料。即文章中一般面上的叙述，包括过渡衔接性的材料。

（三）通讯的种类及其写作

根据写作题材的不同，通讯可分为以写人为主的人物通讯，以写事为主的事件通讯，以写地为主的风貌通讯和以反映工作情况、社会问题为主的工作通讯等。

1. 人物通讯

人物通讯是反映特定人物的事迹和思想风貌的通讯样式。人物通讯是最常见且影响深远的一种通讯体裁。人物通讯也为我们展示了一大批典型形象,如雷锋、焦裕禄、陈景润、孔繁森、吴天祥等。这类人物通讯又被称为典型报道,典型报道是反映社会面貌、弘扬时代精神、树立社会风范的具有中国特色的新闻报道形式。

(1)人物通讯的写作对象。

① 先进人物(典型报道)。先进人物是一个有着中国特色的名词,它有自己独特的内涵,通常是指站在时代潮头,出色地完成党和政府的工作,成为推动工作开展的模范典型人物,或是能反映不同时代道德要求的代表人物。对于先进人物的报道讲求多层次、多角度、人性化。如《县委书记的榜样焦裕禄》《生命的支柱——张海迪之歌》等佳作,就体现了这些特点。

② 著名人物。著名人物从来就是读者想了解的对象。他们的奋斗历程,他们的精神世界,他们可跟读者分享的趣事,甚至他们的日常生活,都可以成为报道的题材。对这些政界、学界、商界、文艺界、体育界等各领域的著名人物的报道,经常能引起关注,引导舆论。例如《两弹元勋邓稼先》《"当代毕昇"王选》就是这样的佳作。

③ 弱势群体、平凡人物。狭义的弱势群体是指生活在社会底层的人们,他们因为自己的生存状态和命运而为人所关注。比如被拖欠工资的农民工、无钱医治的重病患者、无人照看的留守儿童等。对于弱势群体和平凡人物的关注和帮助,有助于社会的理性和公平的发展。

④ 与新闻事件相关联的人物。此类人物指因为新闻事件而成为公众瞩目的对象,用通俗的话来说,就是近一段时间很"火"的人物。新闻人物可能是一些话题人物,如"棱镜门"事件的主角斯诺登;也可以是某个领域里出现的新的人物,如因《疯狂的石头》而声名鹊起的第六代导演宁浩等。

(2)人物通讯写作表现人物的几种方法。

① 用白描的方法刻画人物。白描本指简单的线条勾勒,是一种绘画的技法。鲁迅对作为写作手法的白描有一个著名的论断:极省俭地画出一个人的眼睛。通讯写作中的白描法,是指用人物本来的面目来表现他们的特点,包括肖像描写、动作描写、语言描写和心理描写等。白描手法是表现人物的最好的方法,因为它生动、朴实、简洁,容易突出人物的个性和特点,还因为它能保证新闻的真实性。

② 用侧面描写烘托人物。即通过对其他人或其他物的描述来揭示人物的性格,刻画人物形象,突出通讯的主题。虽然看起来没对人物进行正面的描写,但是所有的文字与细节,都是围绕主要人物来进行的。

总之,写人物通讯一定要注意这几个方面:一是所选的人物必须是能体现时代精神的人物,而通讯的主题也必须紧扣时代脉搏。二是重在写人,应突出他们的特点,即把人物刻画得生动些、真实些、感人些。人物通讯是一种新闻文体,永远不能凭空想象和无限拔高。

2. 事件通讯

事件通讯是以较为重要的事件为对象进行详细报道的一种通讯体裁。较为重要的事件是指具有比较重要的社会和历史意义的,受到公众普遍关注的事件。事件通讯往往要详细深入地报道事件的起因、经过、结果以及内幕,以揭示这个事件的真相和意义。

(1) 事件通讯的写作对象。

① 有重大历史意义的事件。有重大历史意义的事件,必然是具有重大新闻价值的事件,也是众多媒体争先恐后报道的对象。这些事件并不是孤立的,它们的发生有着深刻的社会和自然原因,也会带来深远的影响。典型的如《东方风来满眼春——邓小平同志在深圳纪实》等。

② 有社会意义的事件。这些事件虽然不能震惊中外,也可能一下子看不出其历史意义,甚至只是一些平凡人的平凡事,但是这些事有着典型性,能较为鲜明地反映我们所处社会的面貌。如《一个工程师出走的反思》《抢财神——河南农村见闻》等,记录的就是有社会意义的事件。

③ 备受公众关注的新闻事件。新闻事件是指当前发生的,备受公众瞩目的事件,如《飞向太平洋——我国运载火箭发射目击记》《请看法轮功是咋回事》等记录的都是这样的新闻事件。

④ 有新闻价值的历史事件。有些历史事件,因为种种原因,从未披露但具有新闻价值。这些事件可能是解密后的政治事件,也可能是长期以来一直有争议的事情,现在终于有了定论。总之,只要有合适的新闻由头,这些事件就可以报道。

(2) 事件通讯的写作要求。

① 清晰地描述事实。事件通讯的基本内容是具有新闻价值的事件,所以叙述清晰是事件通讯写作最基本的要求。这里的清晰,是指对于事件的起因、发展、转折、高潮和结局等有一个清晰的交代。只有把整个过程交代清楚,才能让读者对于这个事件以及这个事件的价值、意义有一个清晰的认识。清晰还包括对于事件叙述顺序的安排。无论是按照时间顺序还是使用倒叙、插叙,或是采用对话的形式,对于事件的叙述要层次分明。一篇通讯的主体往往会围绕主题说好几层意思,所以合理地安排层次就成了关键。层次井然有序,就会使通讯形成一个有机的整体。

具体不是说要面面俱到,而是对于要报道的细节,进行具体而不是抽象的描写。某些通讯,喜欢使用一些抽象的词语,如"花团锦簇""高朋满座"等。记者必须要仔细观察,写出有特点的细节。

② 生动真实地描绘情景。事件通讯的写作非常讲究描绘情景。描绘情景就是描绘事件现场的具体情况。要对现场情况进行生动形象的描写,记者必须迅速赶往现场,搜集现场材料。现场材料的搜集有三种途径,一是记者亲历事件现场,作为事件的目击者,亲历事件的整个发展过程,获得第一手资料;或者是记者采访事发之后的现场;第三种是记者通过采访事件当事人了解事件的经过。由于亲历现场获得的是第一手资料,感受的是事件发生时的现场气氛,更有利于记者写出真实生动的报道。

3. 风貌通讯

风貌通讯是以地方风貌为报道对象的新闻报道文体。它必须遵守新闻的基本规律,必须真实、新鲜,讲求新闻价值。

风貌通讯起源于我国古代山水游记,它从旅行者的视角出发,通过景物、风俗等变化的描写,反映时代精神、社会风貌。中国新闻史上的许多佳作都是风貌通讯,如瞿秋白的《饿乡纪程》《赤都心史》,邹韬奋的《萍踪寄语》《萍踪忆语》,范长江的《中国的西北角》《塞上行》等,这些作品都紧扣时代脉搏,反映了一时一地的重大变化。

(1) 风貌通讯的写作对象。

① 社会主义的建设成就。这一类的通讯侧重写各地或各条战线的建设成就。惯用今昔对比,是风貌通讯中主要的表现形式。如《新唐山扫描》,作者利用唐山承办全运会的新闻由头,描写了唐山在大地震 15 年后的经济建设的巨大成就。

② 风土人情、精神面貌。中国地大物博,民族众多,不同的地方,风物不同,不同的民族,风俗迥异,这些都能激起读者的兴趣。如《中国日报》的《人迹罕至的藏乡》,这篇通讯报道的是中国人口最少的玉门乡。这个乡位于西藏南部群山的中印边界,1997 年前全乡仅桑杰曲巴与两个女儿一共三人。这里没有任何通信设施,没有诊所,没有电。父女三人与 80 头牦牛、三匹马和一只藏獒相依为命。曲巴为了守卫国土,一直坚守在他的家园。这篇通讯让读者感知了藏域风情,以及曲巴一家人的生活状况和生存信念。

③ 名胜古迹,文化遗产。这类通讯侧重写一些历史人文景观或自然景观。通过对中外名胜古迹的描写,使人领略文化韵味,启发思绪,陶冶情操。例如穆青的《水城威尼斯》《金字塔夕照》,新华社记者洪健的《千岛湖水绿如蓝》等就是侧重于这方面的通讯。

除了以上三种内容外,各地的特产、著名的机构、建筑以及一些展览会、博览会等也是风貌通讯写作的对象。

（2）风貌通讯的写作要求。

① 真实而新鲜。与所有的新闻报道文体一样，风貌通讯，尤其是建设成就方面的报道，必须真实、全面。比方说有些城市大搞建设，高楼林立，道路四通八达，这是事实。但这是某些官员盲目追求政绩搞的形象建设，当地经济建设并不成功，百姓的生活水平提高得很慢，甚至停步不前。这些就不是建设成就。《焦点访谈》曾曝光某市政府强制要求城市当街的房屋必须是两层以上的楼房，结果有的居民苦于无钱修房，只能在原有的楼层上临街的一面修一堵墙。如果记者不深入采访调查，仅仅被表面的现象迷惑，甚至因为某些原因有意造假，那么就会为读者所唾弃，也不利于社会主义的经济建设。新鲜就是要告诉读者一些新鲜的东西，比如用本地人的目光去看外地，观察它的概貌，探求它的神秘感，以满足人们求新求知的要求。

② 精选材料，突出特点与变化。风貌通讯是以地方风貌为报道对象的新闻报道文体，记者必须突出对象的特点来写，比如写风土人情、名胜古迹时突出地方独特的历史、独特的风物和独特的民情等；写建设成就突出今昔变化等，这样才能使读者耳目一新。

4. 工作通讯

工作通讯是介绍工作中的经验，探讨工作中的问题的一种通讯体裁。与人物通讯侧重写人、事件通讯侧重写事、风貌通讯侧重写地不同，工作通讯则要侧重写工作中的问题。这些问题包括已经解决了的问题和正在思考、准备着手解决的问题。对已经解决了的问题加以报道，是要介绍解决过程中的经验或教训，给人以启示；对未解决问题的报道，则要揭示这个问题的重要性，引起人们尤其是业内人士的关注和思考。

工作通讯有两个基本的特点：一是问题性。凡是工作通讯必然要提出一个或几个相关联的问题，它的写作思路基本上是提出问题、分析问题、解决问题。二是指导性。工作通讯提出了工作中亟待解决的新问题以及总结工作中的新经验，所以它对于解决工作上的相关问题和社会上的相关问题都有很强的指导性，对于广大的读者如何认识相关的问题也具有很强的指导性。

（1）工作通讯的写作对象。

① 总结工作中的成功经验。我国媒体的性质是党、国家和人民的耳目喉舌，这样的性质和定位，让经验总结性的报道成为中国独有的报道题材。报道典型经验，除了采取综合消息的形式以外，还可以采用工作通讯这种形式。相较消息，工作通讯因为篇幅的关系，可以更具深度。报道成功的经验的目的，是通过介绍这些典型的经验，对本行业以及其他行业的相关工作提供借鉴和指导。如

1996 年 3 月 26 日《光明日报》刊发的《扭亏为盈大变化》，报道了工业重地辽宁鞍山钢铁公司终于实现了扭亏为盈。这对于其他身处困境的国企是具有指导意义的。

② 反映工作中的问题和教训。这类通讯侧重反映工作中出现的问题，揭示这些问题和教训的普遍性，引起政府和社会的注意，以推动工作的顺利进行。如《渤海二号钻井船翻沉事故说明了什么？》等。

③ 剖析工作中的难点问题，探讨解决的方法。这类通讯较多体现在分析型报道上，也被称为"深度报道"。它的目的是通过调查展示工作过程中的各种问题和矛盾，对此进行解剖和分析，找出问题的原因，探寻可能的解决方案。它的选题主要扣住工作中的难点问题和大众舆论关注的热点问题，如《药价追踪》《西部贫困探源》等。

(2) 工作通讯的写作要求。

① 从全局高度选准问题。工作通讯是写问题的，写的是重要问题、热点问题、难点问题等。题材的选择，就要求从全局高度，发现和分析问题，而这些问题通常都要求具有针对性和典型性。

② 从群众角度写作。工作通讯的对象不仅仅是领导和专家，它的主要读者是广大的群众。但是某些工作通讯总是以领导的角度来写，这当然不为广大读者所喜欢，因为这看起来与他们无关。写好工作通讯，特别是报道有关政策或者工作的重点时，要力求找到与老百姓利益的结合点。

③ 提出新观点。工作通讯的取材一般都是重要问题，这些问题甚至是由改革开放中新旧两种体制碰撞和摩擦产生。这些问题的特点是往往没有固定的答案，也没有类似的答案，但是这些都是极富新闻价值的新闻，是工作成功推进甚至是社会主义建设都无法绕开的问题。这就要求写作者有一定的针对性和目的性地提出新的观点。

第七节　微　博

随着互联网与移动通信技术的发展与应用，人们使用网络与智能手机进行信息、情感交流成了生活常态，一批新的文体形式也应运而生，人们将它们称为网络新文体，它们主要有帖子、博客、微博、短信、微信等。它们由其独特的传播、发布方式而得名，其功能复杂多样，体式交错变化，有的还在发展与形成之中，基本属于应用文大类。本节重点介绍微博这一被广泛使用的文体。

　　昨夜回家很晚，土豆还没睡。捏着把干花满屋子转悠，说是想给妹妹早上摘的小野花喝点水。不忍心说花已枯萎没法救，还是帮他找来花器灌了水,看他虔诚地把干花放了进去。早上,其中几朵居然奇迹般昂起头,活了过来。🌼🌸(2020 年 5 月 5 日 13:54)

——姚晨 V

【未来可期! #7 岁小学生案板下学习一个月#】近日,一组#小女孩案板下上网课#的照片感动众多网友。女孩叫柯恩雅,今年七岁,是湖北五峰渔洋关镇一年级的学生。4 月 3 日复工后,父母在集贸市场卖卤菜,她就一直在卤菜店的案板下上网课,已坚持一个多月。网友:案板上是生活,案板下是未来。[❤](2020 年 5 月 7 日 8:27)

——人民日报 V

　　女演员姚晨很早就在新浪网开了微博。她的微博不到两个月就跃居关注榜首位,仅六个月就成为首个粉丝数突破百万的博主,此后长期位居新浪微博"风云榜·人气总榜"第一。截至 2020 年 5 月 18 日,她微博的粉丝数已经高达 8 383 万。姚晨因此获得"微博女王"美称。人们在总结姚晨的个人微博成功的经验时,时常提及的几个关键词是:真实、亲民、勤奋、客观以及开得起玩笑。据说,她平均每天要发 7 条微博,被称为"微博劳模";她愿意轻松大方地与公众分享她的私生活,曾自嘲是"三八冠军"。比如,2020 年 5 月 5 日她发的这条微博,写的是其儿子土豆的小心思,关爱妹妹,关爱小花,要给小花"喝点水",还真把快干的花唤活了,让小花"昂起头"了。字里行间,表达了姚晨作为母亲的小骄傲、小开心,充满了百姓日常生活的情趣,没有明星生活的高大上,更没有矫饰和造作,很接地气。短短的文字,让人欢喜。

　　《人民日报》作为中国共产党中央委员会的机关报,是中国第一大报,被联合国教科文组织评为世界上最具权威性、最有影响力的十大报纸之一。《人民日报》这样一份以政治性、权威性、严肃性为主要特色的媒体,在移动互联网大潮的冲击下,在微博已经产生强大社会影响的传播环境里,也在寻找自己的网络生存位置。如今,《人民日报》报业集团不仅创办了人民网网站,而且向网民开放微博平台,并注册了法人微博账号。它在新浪微博平台开通了以"参与、沟通、记录时代"为口号的《人民日报》法人微博账号。这一账号有数目庞大的粉丝群。比如截至 2020 年 5 月 18 日,这一账号粉丝数已经高达 1 亿 1 699 万,位居所有传统媒体微博之首。与纸质《人民日报》当时日均大约 320 万份的发行量相比,《人民日报》法人微博粉丝量是它的约 36 倍。《人民日报》法人微博可以说是专业微博、新闻微博、机构官方微博等多种类型微博的代表,具有比较广泛的代表性。从示例引述的这则微博的具体内容来看,其用"【】"将类似传统新闻标题的提示核心内容的文字包括起来,强化信息重点,方便读者迅速捕捉信息;引用网友的评论"案板上是生活,案板下是未来",增强了信息的互动性,树立了更加亲民、平易的媒体形象;信息主体部分用"7 岁小学生案板下学习一个月"这类严谨而专业的新闻表述,体现了所传信息的客观性、严谨性;最后用上"[❤]"这样温馨可爱的表情符,凸显它的亲和力及与粉丝的互动。以上这些,均展现了与纸质版报纸不同的、既权威可信又亲切可爱的传播形象与策略。

微博是微博客(MicroBlog)的简称。它是一个建立在用户间关注与被关注关系基础上的分享、传播以及获取信息的平台。用户可以通过手机、电脑等终端设备组建自己的信息交流人际网络,并以 140 字左右长度 [①] 的短信息形式发布最新动态和思想观点。

世界上最早也是最著名的微博是 2006 年在美国面世的推特(twitter)[②] 网站。微博这一中文名称源于 2009 年 8 月新浪推出的"新浪微博",自此微博正式进入中国网民的网络生活。[③] 国内较有影响的微博服务提供商有新浪微博、腾讯微博、网易微博、搜狐微博以及凤凰微博等多家,但人气最旺、影响最大的还属新浪微博(已于 2014 年 3 月 27 日更名为"微博"),其他几家也已先后停止服务,退出了这一市场。截至 2020 年初,中国网民的微博使用率已达 42.5%,每月活跃用户人数已达到 5.16 亿,日活跃用户人数已经增长到 2.22 亿,微博已经成为中国网民上网最为喜爱、最为主流的应用之一。

微博写作,也就是为微博平台生产信息。你可以表达任何感兴趣的、想传递分享的信息,哪怕只有一个叹词,一个表情符号都可以。据说,当年博客技术先驱、部落格(Blogger)网站的创始人埃文·威廉姆斯(Evan Williams)等人之所以选择推特命名这一新的互联网信息服务形式,就是因为推特对应的英文表示一种鸟叫声,鸟叫的声音短、频率快、叽叽喳喳,琐碎随意但自由真实的特征符合其内涵。同样,在微博中你可以将每天生活中各种有趣的事情、突发的感想,通过较短的语句或者图片、各种表情符号随时随地发布到互联网中与大家分享。人们可以通过微博方便地记录自己的生活点滴,表达、分享自己的心情与思考,用"@"或者私信联络朋友,用"#"制造或参与热点话题讨论,当然还可以通过关注

---

① 早期严格限制字数,现在已经基本放开限制。超过 140 字的微博发布后,部分内容被折叠隐藏,用户点击"全文"后可看到全部内容。另外,有可将文字内容转变为图片的工具,发布者用这一工具可发布长于 140 字的微博。有的微博字数多达 1 万字左右。

② 推特是 twitter 的非官方中译名。其创意就是想要能够通过手机短信在互联网上随时随地发布、分享信息,所以对内容的长度限制在 2 条短信(140 字)内,以免过度增加用户的费用压力,而且可以保证方便快捷的使用。

③ 此前 2007 年以来出现过饭否、叽歪、嘀咕等多个中国版的推特网站,但没有使用微博这一名词。

任何你感兴趣、同时也使用微博的人，"围观"各类名人大 V，随时了解他们的动态。

微博之所以能够成为当今最为热门的网络应用，其关键在于它使用方便、表达自由，具有信息个性化、交往社会化等特性，具备了很强的网络黏性（即对用户的吸附性）。再加上新浪继续营造早在博客时代就惯用的名人效应，大量推出各路名人微博，不断制造各种微博大 V，使得普通用户自然而然地对其产生表达方式依赖、信息来源依赖和交往路径依赖。所以，就微博的本性说来，它作为一种生活化、社会化的网络社交工具：生活是日常琐屑的、丰富多样的、无一定形式的，微博也就不需有特别的形式；生活中有什么样的法律与伦理的规范，微博写作与使用自然也需要相应遵循。但如果设置的规矩太多，反而使得表达不自由、不自在、不方便、有压力，说不定微博就像曾经红火过的某些网络应用一样，也就逐渐丧失了优势和吸引力，其社会影响力也就随即消失了。

在微博使用中，如果我们没有特别的目的与追求，只是一般性参与，只是在其中自娱自乐，那自然可以随心转写，信笔评批。但随着使用微博的人数增加，微博的社会作用增强，公共性扩大，人们日益重视它、利用它，它的影响力也日益增大，从而出现了众多的"玩"微博之外的目的。如今人们已经纷纷通过微博来树立更好的社会形象，使自己在现实社会生活中具备更高的知名度和更大的影响力；各类社会机构也希望通过微博凝聚人气，扩大影响，进行产品与服务的营销等。如果要实现这些目的，讲究微博的写作规律、要求就显得有了必要，也有了方向。

要扩大自己微博的影响力，提高知名度，增加粉丝数目，需要综合运用多种传播技巧，完善微博使用中的各种细节。比如账号前台尽量使用实名并通过加 V 认证[①]，尽量使用真实的个人头像或者个性化的机构标志，尽量完善信息资料，准确使用分类标签，打出精彩的、个性化的自我介绍，这样会显得你更加可信、可亲、个性突出而且有交流的诚意；保持一定的更新频率，多发表新鲜有营养的原创内容，多用"#……#"方式参与各种公共话题讨论，多关注社会热点，适度转发高质量的相关微博，保持自己账号的活跃度，这样可以增加粉丝；热情地 @ 自己的好友或者有影响力的微博，多关注他人，也可能为自己带来更多关注。在具体原创微博写作中还可以注意如下方面的要求：

---

① 北京市 2011 年 12 月发布的《北京市微博客发展管理若干规定》根据"后台实名，前台自愿"的原则，要求微博用户在注册时必须使用真实身份信息，但用户昵称可自愿选择。新浪、腾讯、搜狐、网易等各大网站微博都已在 2012 年 3 月 16 日全部实行实名制。这一天之后未进行实名认证的微博老用户，将不能发言、转发，只能浏览。此外，新浪微博等还针对有一定知名度的公众人物提供身份认证服务，认证通过后，账户名后会出现"V"字符号。

一、突出特色主题与内容

除非已经是明星、名人,你生活中的各种琐屑细节、八卦逸闻才会有较多的人感兴趣。普通人、一般的社会机构的微博若想获得超出日常生活圈、工作圈的影响,还需有意识地选择自己擅长的、有一定专业积累的特色主题与内容,给自己设立一定的限制,不要求全贪多,一锅杂烩,要尽量突出自己的个性与特色,增加在微博海洋中的辨识度。不仅个人微博需要突出主题与内容的特色,政府、企业等机构的官方微博同样也需要在这方面形成个性与特色。机构最好能够围绕自身的主要社会职能,紧扣自身的本职工作,传递权威信息,提供及时服务,树立亲民形象。比如:

> 【#顾客吃饭被免单洗一下午碗答谢# 粉面馆老板受触动贴出暖心小纸条:有困难请告诉我[❤]】在长沙一间粉面馆里,老板张贴出了一张告示,"有困难请小声告诉我,我们免费提供午餐和晚餐"。曾女士说去年冬天,一位顾客吃完后说没有钱,曾女士给他免单后,他坚持留下来洗了一下午的碗。这件事,给了曾女士很大的触动。想了一晚上后,她和丈夫决定打印了店门口的那张小纸条,在未来的日子里无偿帮助生活中遇到困难的人。(2020 年 5 月 18 日 23:53)
>
> ——头条新闻 V

这样的微博严格说来就已经是一条温暖的关于回报、公益、感恩的特色短新闻。此外,这条微博还配了短视频,成为一条多媒体信息的综合播报,得到了很多的转发和盛赞。可见真实的特色主题和内容,是一条微博信息从信息海洋里跳脱出来的关键。

二、准确生动地表述事实

一条具有吸引力与传播力,能够得到广泛关注与转发的微博,会讲故事,能为读者提供准确、精彩、生动的事实特别重要。且先浏览一则个人微博:

> 小时候最期待"叮叮哐"敲麻糖的声音,记忆里爷爷总自己发麦芽熬糖给我们扯麦芽糖,从一捧麦子到一筐麦子,不过是生命的轮回。麦芽能熬糖,麦秆能编帽,面粉能做各种美食:包子、凉皮、肉夹馍、麻花、面条、烤面筋……快告诉我你最喜欢什么面食吧! #李子柒 童年小零食# #微博厨房大赛# #朝花柒拾# (2020 年 5 月 19 日 12:00)
>
> ——李子柒 V

"李子柒 V"是现今的网络红人李子柒的微博。这条微博写到的"叮叮哐"敲麻糖的声音，爷爷发麦芽熬麦芽糖的回忆，从自己的切身记忆和感受写起，以期唤起网友们的同类感受，号召大家参与"＃李子柒 童年小零食＃＃微博厨房大赛＃＃朝花柒拾＃"等微博主题讨论，强化与网友的互动。从这短短一段有声有色有味的亲切文字里，人们会感觉到她的走红是有其道理的。

再浏览一则机构官方微博的内容：

【今天，中国第一所希望小学 30 岁了［❤］】1989 年，共青团中央、中国青少年发展基金会发起建立希望工程。1990 年初，金寨县希望小学正式开建。同年 5 月 19 日，新教学楼启用。如今它已是拥有两个校区、数栋校舍与多媒体教学设备的现代化学校，学生近 2 000 人，教职工近百人。"希望之火"，30 年生生不息。(2019 年 5 月 19 日 11:40)

——共青团中央 V

"共青团中央 V"的这则微博实际上属于政务微博权威信息的发布类型。它既有传统新闻体裁所要求的具体新闻事实与新闻要素、精准客观的叙述，又有微博新闻更为看重的细节性、具体性信息，还有能够引人共鸣的人格化评论，感叹"30岁了""'希望之火'，30 年生生不息"。

■■ 三、精警智慧地提炼观点

一则优秀的微博，除了信息的准确性、实用性以及事实的生动性、趣味性之外，还要在观点、认识上有深度，有智慧，紧贴现实，表达精警，合情合理，直入人心。微博因其微，特别适合表达格言式的观点，所以微博平台中到处可见各种充满生活智慧的段子、格言，且往往一语中的、一针见血。如果要原创，则作者既要有阅历与智慧，又要有爱心和关怀。

【夜读：人生有三把钥匙：接受、改变、离开】时刻记得这三点，更加从容生活，迎来广阔天地：① 当你选择面对和接受时，内心的恐惧反而会逐渐消解，焦虑也能被逐渐放下；② 要想虎口求生，就要学着改变现状，与绝境斗智斗勇；③ 不要在应该放弃的时候过度消耗自己，也不要在可以转身的时候还恋恋不舍。(2020 年 5 月 18 日 16:24)

——人民日报 V

一改纸媒版报纸很庄重严肃的面孔，《人民日报》法人微博不仅仅满足于报新闻，传信息，而且也开始变得青春励志，展现温馨与关怀，甚至还学着玩幽默、卖萌。上述微博就是其经常在给受众道"早安""晚安"时发布的富有哲理思想的文字,感喟人生要学会的三种技能:接受、改变和离开。文字很短,回味却很长,充满人生智慧。

四、运用真诚质朴的语言

微博常被人戏称"围脖",它构建的是一个人际交往网络。微博又被称为"自媒体",它打造的是一个自我经营的媒体公共空间。交往网络、公共空间属性使它能够分享信息,交流情感;人际属性、自我特征使它可以、也应该袒露真心,表达诚意。能够在微博中表现真自我、展示真性情的人或者机构,往往更能够受到人们的欢迎。

> 减脂一周,今儿逮着家人挨个问我瘦了没? 刚才抓住土豆,他说瘦了。我不信,逼他指出到底哪里瘦了? 他认真指了指上腹部,我才放过了他。这小子一路小跑下楼,边跑边喊:妈妈神经病啦! ［摊手］(2020 年 5 月 1 日 2:50)
> ——姚晨 V

微博一个很重要的魅力来源就是它给人们提供了可以真诚、真实交流的表达空间。上面这条微博就是姚晨的一条碎碎念式的微博,母亲和儿子之间日常生活的真挚、质朴的气息跃然纸上。很多网友跟在后面感叹她儿子土豆:"求生欲很强,知道先跑再喊。"在评论区一片"哈哈"声中,姚晨实现了与网友的融洽互动。

五、适当运用多媒体元素

一般来说,微博写作内容的主体部分是文字。由于互联网传播本身具有的多媒体优势,在写作微博时,应当适度运用微博平台的多媒体元素,以增强传播效果,丰富所传信息的内容。

目前微博平台已能很好地支持以文字附加图片或者短视频的形式发布微博,博主也可以选择将短视频转变为 Gif 动态图像文件。在所有的多媒体元素中,图片以及表情符号是微博中使用频率最高、范围最广的元素。有人说,当今世界已进入"读图时代",在微博写作中,有意识地采用文字 + 图片,或者文字 + 表情符号等多种形式,适当、准确地插入合适的图片、图示信息,有利于更广泛、更有效地传递、分享信息。现在的智能手机大都带有照相、录视频功能。人们通过简单的操作程序拍好相关对象的照片或视频后,再经过简单处理即可发布到微博上,为增加微博的信息量和提升传播效果提供了技术支持。随着 5G 网络的发展,更高质量的图片、更长的视频的导入将不再存在技术瓶颈,微博多媒体元素的使用将更加自由和方便。

■ ■ 六、遵守相关法律与伦理规范

没有规矩,不成方圆。微博作者在微博的使用和写作中,需要遵守相关的法律与伦理道德规范,既包括在普遍的社会生活中需要遵守的法律法规、道德规范,也包括在互联网应用中应该特别遵守的法律法规和伦理规范。具体到微博写作,特别需要提出注意的规范有以下两个方面:第一,要尊重所有粉丝和表达对象的合法权益;第二,要特别注意遵守新闻传播的相关法规和纪律。

尊重所有粉丝和表达对象的合法权益,要求微博作者始终保持理智的态度。特别是在与某些粉丝或者事件当事人发生争执的时候,作者容易失去理智和风度,造成言语伤人、自毁形象的后果。遵守新闻传播的相关法规和纪律,主要是要确保自己所传播、分享的信息的真实性、准确性和合法性。一些自媒体微博的作者不是专业的新闻工作者,对新闻传播的各种法规和纪律了解不多、不透,对网络中各种信息的辨别能力不强,对某些敏感信息可能造成的社会影响估计不足,最后可能造成无法估量的损失,产生比较严重的后果。有时即使是新闻从业人员,只要稍有疏忽大意,也可能出现这类问题。

第八节　申　　论

申论试卷由注意事项、给定资料和作答要求三部分组成。申论考试按照中央机关及其省级直属机构职位、市(地)级及以下直属机构职位的不同要求,分别命制试题。

中央机关及其省级直属机构职位申论考试主要测查报考者的阅读理解能力、综合分析能力、提出和解决问题能力、文字表达能力。

阅读理解能力——全面把握给定资料的相关内容,准确理解给定资料的含义,准确提炼事实所包含的观点,并揭示所反映的本质问题。

综合分析能力——对给定资料的全部或部分的内容、观点或问题进行分析和归纳,多角度地思考资料内容,作出合理的推断或评价。

提出和解决问题能力——准确理解把握给定资料所反映的问题,提出解决问题的措施或办法。

文字表达能力——熟练使用指定的语种,运用说明、陈述、议论等方式,准确规范、简明畅达地表述思想观点。

市(地)级及以下直属机构职位申论考试主要测查报考者的阅读理解能力、贯彻执行能力、解决问题能力和文字表达能力。

阅读理解能力——能够理解给定资料的主要内容,把握给定资料各部

分之间的关系,对给定资料所涉及的观点、事实作出恰当的解释。

贯彻执行能力——能够准确理解工作目标和组织意图,遵循依法行政的原则,根据客观实际情况,及时有效地完成任务。

解决问题能力——对给定资料所反映的问题进行分析,并提出解决的措施或办法。

文字表达能力——熟练使用指定的语种,对事件、观点进行准确合理的说明、陈述或阐释。

——《中央机关及其直属机构 2020 年度考试录用
公务员公共科目笔试考试大纲》

申论作为现实生活中用得较少而又影响很大的一种文体,它是在中央组织部和国家人事部将申论作为国家公务员考试录用科目后,由一种考试形式和目标衍生而来的。从上引考试大纲可以看出,中央机关及其省级直属机构职位申论考试主要测查报考者的阅读理解能力、综合分析能力、提出和解决问题能力、文字表达能力,市(地)级及以下直属机构职位申论考试主要测查报考者的阅读理解能力、贯彻执行能力、解决问题能力和文字表达能力,同时,也可以间接看出申论的内涵、性质、目标、要求和基本的作答或写作方法。

一、申论的内涵和性质

因为申论源于国家各级各类公务员及参照公务员性质的事业单位人员的选拔考试,所以其内涵和性质也就包括与考试相关的三个方面:一个考试科目、一种考试形式、一种应试文体。

作为一个考试科目,就其内涵而言,申论是为检测应试者处理各种公务应当具备的基本能力和素养服务的,其考查对象是未来的公务员或参照公务员性质的事业单位工作人员,其性质自然就是一种职业和职位的选拔考试。

作为一种考试形式,申论是专门为选拔公务员及参照公务员性质的事业单位人员而设定的一种规范性考试。该考试通过提供若干篇阅读材料,从不同角度要求应试者以模拟公务员的身份通过回答问题或者写出限定字数的文章,来检测其是否具备充当公务员的能力和潜质。现在有一些企业也采用申论这一考试形式招聘员工。

作为一种应试文体,其内涵自然是与考试形式和内容紧密相关的,即要符合题目的要求,用相应的形式进行概括、判断、说明或议论。其性质则具有模拟性,也就是对公务员日常工作的一种模拟,包括阅读、理解公文或事务性文书,或者按一定要求或根据特定材料,以某种身份撰拟某种公文或事务性文书,又或者搜集整理某方面的材料,通过分类、归纳、分析来发现问题,辨明是非,在必要的时候提出解决问题的方法并进行论证,为领导者了解情况或进行决策提供参考,仍属于公务性文书的范畴。

■■ 二、申论考试的分类

申论考试根据职位属性的不同,分为综合管理类和行政执法类两个类型的考试。综合管理类用于选拔政府公务员,分中央机关及其省级直属机构和市(地)级及以下直属机构两个层级,也就是通常所谓国家公务员考试和地方公务员考试。前者安排在每年 10 月或 11 月,后者一般安排在每年 4 月。行政执法类用于选拔公安、海关、工商、税务、质检、药监、环保等履行社会管理与市场监管职能的行政执法部门的基层单位公务员,人力资源和社会保障等部门履行监管、处罚、稽查等职责,参照公务员管理的事业编人员,通常也以这类考试选拔。行政执法类考试单独命题,通常与综合管理类考试同时进行。

■■ 三、申论的目标与要求

申论的内涵包括与考试相关的三个方面,而考试科目和考试题型又是紧密相关甚至二位一体的,所以申论的目标实际上也包括两个方面:

其一,真实地反映出应试者胜任公务员工作的能力或潜力,同时能在一定程度上看出应试者的道德素质和价值取向。比如,在题干中选取一些涉及某类或某种现实问题或社会现象的材料,来了解应试者对相关材料的把握、判断和分析能力,进而了解其在政治、经济、法律、文化、教育、管理等各方面的基本素养。比如在题干中列举一些有争议的观点或有倾向性的抉择,来了解应试者的世界观、人生观、价值观。

其二,真实地反映出应试者的材料驾驭能力和文字表达能力,尤其是对公文或事务性文书的理解和撰拟能力。申论除直接要求代拟的外,虽然与公文或事务性文书不完全相同,但要求能体现出应试者的理论水平和分析问题、解决问题的能力,能满足公务员理解和撰写公文或事务性文书的实际工作需要,则是毫无疑义的。

申论的考试要求在每年的考试大纲和试卷上的注意事项中都有或详或略的说明,主要都是针对阅读理解、综合分析、提出和解决问题以及文字表达等能力方面提出的要求。只是因为层级和考试类型的不同,针对工作性质、内容和职责的不同,具体要求也就略有不同。相对而言,中央机关及其省级直属机构的公务员考试对应试者发现、提出、解决问题的能力要求较高,而市(地)级及以下直属机构的公务员因为主要从事基层工作,所以其相关考试更注重对理解、贯彻、执行能力的考查。现在地方公务员考试多数还将乡镇级独立出来,处理具体问题的能力成为考查的重点。行政执法类公务员直接履行监管、处罚、稽查等现场执法职责,重在执行性和强制性,所以这类公务员考试的考查重点就是法律、法规的准确把握和执行的能力。

四、申论考试的特点

申论考试不同于其他考试,因为其测试的重心是考查对给定材料的阅读、理解、概括、分析和把握的能力,以及由此而体现出的分析情况、提出对策、解决问题的能力和文字表达能力,所以它具有与其他考试明显不同的特点。

其一,综合性强。申论考试是为选拔公务员服务的,而公务员必须具备较强的政治理论水平和较全面的综合知识素养,所以尽管每年的命题都是围绕某一个现实的社会问题或某一种突出的社会现象选取材料,但内容往往会涉及多个方面、多个层次,材料中的观点也往往是多种多样的,甚至会有一些截然相反的看法和意见,因此就需要应试者具有较强的理论水平,不仅对一些马克思主义理论、党和国家的方针政策、相关的法律法规比较熟悉,而且还要能比较熟练地加以运用,同时还要具备一些其他方面的知识,并且能综合地运用到答题或写作中来。

其二,针对性强。虽然给定的材料比较多,阅读量比较大,但其核心内容不是社会热点问题,就是应该引起全社会高度关注和重视的问题,其中必定有一个中心的主题。考查目标和命题思路会让每个人都可以有话说,而且作为未来的公务员,必定要知道该怎么说。

其三,主观性强。除第一题具有一定的客观性外,其他两个题目乃至整体上都是主观性比较强的,应试者既可以从不同角度着眼,也可以用不同的语言概括和表述,在分析和解决问题时也可以采用不同的方法,只要具有较强的可行性或可操作性就行。

与之相应,作为应试文体的申论写作,与其他一般应用文的写作也具有一些明显的差异。

第一是主题的确定性。虽然为了考查应试者发现问题的能力,申论考试中给定的材料往往内容较多而头绪纷繁复杂,主题和方向一般不会在题目中直接体现出来,尤其是要求自拟题目展开论述的,更不会直接标明主题。但是,无论各篇材料的类型和内容在表面上有多大的不同,其相互之间必定有某种内在的相关性,并会同时指向某一个特定的主题。所以在阅读时要善于从概括和比较中抓住主题,申论写作则要围绕中心进行论述。

第二是身份的虚拟性。虽然应试者可以对给定材料中反映的问题各抒己见,见仁见智,但因为考试是针对未来公务员的考查和选拔的,所以也就很自然地对应试者的身份和立足点具有一定的虚拟性,即应试者要以材料中要求的公务员的身份和立场进行思考和表达,尤其是在阐述观点、论证方案时,要结合公文的主导性和代言性,把握好角色和定位,在内容和措辞甚至语气上,都要符合特定的虚拟身份。

第三是写作体裁的灵活性。申论作为一种应试文体虽然逐渐形成了一些定式,通常是第一题以概述为主,第二题以判断为主,第三题以代言为主,第四题以说明为主,第五题以议论为主,但在实际考试中对写作体裁往往并没有具体的限定,可能涉及公务员在工作过程中接触到的和撰写的各类正式公文与日常事务文书体裁,具有较强的灵活性,所以应试者对各种公文和事务性文书的体裁和特点都要有所了解。只有事先有所了解,才能在临场的写作中准确把握,恰当、准确地运用相应的体裁。

第四是语言表达的规范性。虽然语言表达的风格和技巧往往因人而异,但因为申论写作在一定程度上是对公文和事务性文书写作的一种模拟,所以其语言表达的要求是比较规范的,既不能有文学性的想象和抒情,也不能因为个人的主观好恶而表现出态度上和表述上的偏颇,必须做到全面、客观、公正、准确、简明、清晰。

■■ 五、申论考试的题型

公务员申论考试通常都是给出 5 篇左右总阅读量 8 000 ~ 10 000 字的材料,要求回答几个问题,或者写出限定字数的文章。通常为四至五个题,基本题型大致为:

1. 归纳概括题

考试目标为概括材料中的基本内容,要求能尽快全面、准确地概括出整篇材料或部分材料中的相关要点,尤其是陈述其中的隐含要点。

2. 综合分析题

又分为启示题、解语题、解词题、观点题、辨析题、本质题、关系题、评价题等。最常见的包括启示型分析、评论型分析和词句或观点理解阐释三种。

3. 公文和应用文写作题

本题形式虽然基本固定,但涉及的代拟文章类型很多,所以要对各种公文和事务性文书的基本格式、内容、规范和要求都比较熟悉,而且要注意代拟的身份。

4. 对策题

本题考查的是提出和解决问题的能力,所以既要能够发现问题,还要能够进行分析和判断,进而提出针对性和可行性强的对策。

5. 作文题

作文题考查的虽然主要是写作能力，但同时是对应试者综合素质的全面检测，所以思想境界、理论水平、政策把握、知识积累、思维方式、文字表达等方面，都在考查之中。此题是区分应试者水平高下的关键所在。

《2022 年国家公务员考试申论试卷（行政执法类）》的题目如下：

问题一

"给定资料 1"反映了 N 市积极落实惠企政策的有关情况，请简述其主要做法及成效。（15 分）

要求：全面、准确、有条理。不超过 250 字。

问题二

根据给定材料 2，谈谈对"现在撤掉的是'眼中的柜台'，但我们更要在撤掉'心中的柜台'上下功夫"这句话的理解。（15 分）

要求：分析全面，条理清晰，不超过 300 字。

问题三

J 市税务局积极优化税收服务，为群众办实事，采取了多项举措，效果良好，请根据材料 3，就 J 市税务局如何进一步强化举措，巩固成果，形成长效机制，写一份工作建议。（20 分）

要求：

(1) 紧扣资料，内容全面；

(2) 建议具有针对性，可行性；

(3) 准确简明，条理清晰；

(4) 不超过 500 字。

问题四

有关部门拟召开一场以"严执法，优服务，促发展"为主题的经验交流会。请根据"给定资料 4"，撰写一份关于 L 海关的工作经验交流材料提纲。（20 分）

要求：

(1) 紧扣资料，内容全面；

(2) 准确简明，条理清晰；

(3) 不超过 500 字。

问题五

《反食品浪费法》实施后，G 市市场监管局出具的首张《责令改正通知书》引发了社会热议。请根据材料 5，以 G 市市场监管局的名义写一封公

开信,回应社会关切,正确引领舆论,营造良好的执法环境。(30分)

要求:

(1)观点鲜明,内容全面;

(2)逻辑清晰,用语恰当;

(3)字数 800～1000 字。

虽然不同题的分值、字数和具体要求可能有不同,难易程度上也有差异,但其基本形式和内涵是一致的,都是通过给定材料,由应试者在对相关材料进行阅读、理解、概括、引申、综合和分析的基础上,以概括、判断、说明或议论的方式,对相关问题作出回答或写作一篇文章。其性质则无外乎对应试者的知识、能力和思想水平的综合考查。

六、申论材料的内容和主题

申论考试的目的是要求应试者能够准确理解、概括材料中所反映的主要内容,全面分析内容所涉及的各个方面,在把握材料主旨和精神的基础上,形成并提出自己的观点、思路或解决方案,准确流畅地用文字表达出来,所以材料的内容通常会围绕某一个或某几个特定的社会问题或社会现象,给出多种观点,提供多角度、多方面的实例或数据。虽然各篇材料会有一个相对集中的主题,但具体内容往往比较复杂。还值得注意的是,虽然给出的所有材料都是有用的,但多数时候其中有一篇是次要的,甚至是用作干扰或误导的,所以要准确把握材料的内容,就必须围绕大多数材料集中的主题,对每一篇材料的主要内容尽可能以关键词的形式作出概括。与此同时,还要注意结合各题的题干要求,着重把握相关内容。

因为申论特殊的本质属性和强烈的现实针对性是有限定的,所以其主题就主要归属或涉及的范畴而言,大致有以下几个方面,而且分别可以用若干关键词来概括:

(1)思想道德类:道德、思想、观念、文明、公正、公平、诚信、奉献、爱、爱心、爱国。

(2)政治法律类:政策、法律、法规、制度、理念、国情、职能、政绩、民生、民主、廉政、引导、宣传、舆论、作风、形象、责任、管理、信息、城镇化、基础设施建设、公共服务、公共安全、维权、犯罪、突发事件。

(3)经济类:经济、利益、风险、生态、资源、产业、金融、交通、能源、水利、房地产、环保、竞争、垄断、质量、价格、安全、监管、联合、互利、共赢、分配、地方保护、贸易争端、劳资关系。

(4)教育文化类:教育、知识、科学、文化、学校、学生、教材、网络、影视、新闻、创新、知识产权、文化遗产、文化经典、国民素质。

（5）医药卫生类：医保、疾控、药品、医患关系。

（6）社会生活类：秩序、风气、和谐、协调、社保、贫富、帮助、救济、抚恤、回馈、团队、个性、关系、婚姻、家庭、赡养、抚养、人生、工作、事业、就业、创业、生活、健康、食品、时尚、娱乐、消费、暴力、色情。

以上各方面只是大致分类，各主题之下还可能包含不同的具体内容，可以概括出不同的关键词，有的关键词可以交叉归入不同类别，所以不能只是简单去套。当然，申论材料都是有核心的，也就是有一个相对集中的主题，因而无论材料包含什么内容，涉及什么方面，总能以少量关键词进行概括，应试者只要对概括出的各关键词的内涵进行分类，就总能提炼出可涵盖全部内容的抽象概念，即主题词，从而明确共同的主题。如果出现了能同时归入不同类别或涉及两个不同类别问题的关键词，应试者就要从不同的角度着眼进行分析和把握。譬如政府决策与公共资源利用、经济方面的听证制度，同时属于政治和经济类；水资源和水价问题，则同属于经济和社会生活类。出现这种情况，应试者要从多方面、多角度着眼进行写作。

七、申论考试的准备与训练

尽管申论每年都难住了不少应试者，但应试者只要根据其特点与要求认真地加以分析和研究，还是能找到一些规律、方法和技巧的。

首先是知识储备问题。申论考试是为选拔国家和地方党政机关公务员及参照公务员性质的事业单位人员服务的，其目标很明确，形式也相对固定，而所选用的材料不是关乎某种社会现实问题，就是反映某类社会现象，不是时政热点就是社会热点，甚至是二者兼具。所以应考型知识储备也并不是无章可循的，概括起来就是三个方面的内容：一是对政治理论的了解，对党和国家的路线、方针、政策以及一些法律法规的熟悉；二是对公务员一般工作程序和内容的了解，对各类公文或事务性文书体裁与写法的把握；三是对各种时政和社会热点问题的关注。看起来涉及面很宽泛，实际上，前两个方面都可以从各种形式、途径中学到，从人民网、新华网等官方媒体了解到，甚至可以通过专门的针对性学习或培训来解决，而后一个方面只要在平时的日常生活中稍微留意，也可以注意到。这些问题和现象要么关乎国计民生，要么影响社会的稳定与发展，要么反映大多数人的愿望，要么引起了广泛的争议，往往或直接或间接地与大多数人紧密相关，因而成了公共事件、公共话题，多半还是党和政府要解决或者要引起全社会重视的问题，往往会在各种媒体上有报道，在街头巷尾有议论，在网络上有传播，而且还往往会伴随出现一些使用频率较高的固定词语或代称，其出现或引起普遍关注的时间就在近期。

其次是模拟训练问题。应试者可以根据当年考试大纲的要求,根据近期的时政或社会热点问题,分类选取一些材料,结合前一年或前几年的考题要求,尝试进行答题和写作,对需要用到而不了解的理论、政策、法律、规章、文体等,及时了解并掌握。

八、申论考试的答题原则与基本方法

申论考试中,无论是概括性、判断性、说明性小题的解答,还是论述性大小文章的撰写,都需要掌握一些基本的原则与方法。

(一)紧扣并活用材料

无论是指定了某一特定材料,还是笼统要求就给定的材料回答问题、撰写文章,原材料都是概括、归纳、判断、说明或论述的基础。一方面,虽然在说明和论述时可以进一步引申、展开,必要时也可以广征博引,但绝不能离开题目的要求和材料的主题甚至基本内容,东拉西扯或展开文学性的想象、抒情;另一方面,除概括、说明时必要的摘引和论述中关键词、主题句的借用外,不要直接简单地照抄原材料中的内容,尤其不要简单地将各材料中的内容集中或分段罗列,而应以分类归纳的方式进行阐述,材料中涉及的人和事也不能简单地作为论述中的佐证运用。既要明确体现出与原材料的紧密联系,又要反映出对原材料的提炼、加工。尤其要注意的是,给定的每一篇材料都是有用的,只是某些篇章中可能有迷惑性的或多余的信息。

(二)协调全面性和突出性

当给定材料内容较多或反映的问题较多的时候,应试者既要把每一篇或每一段的主要内容都概括进来,又要突出重点,尽量围绕主要的、本质性的问题进行分析和论述,并适当兼顾其他方面。在分清主次的情况下分析原因、实质、影响和提出解决方案时,也要有对应的多角度、多方式,做到主干突出,枝叶丰满,同时又互相联系,互相照应。

(三)注重政治性和正确性

申论中要求说明和论证的问题,通常都是时政热点或社会热点问题,同时也往往是社会各界普遍关心、关注的问题,有的还可能涉及不同的利益群体,包含一些具有争议甚至敏感的内容,而申论的写作又往往具有模拟性,即使没有具体指定以什么身份,也具有代拟、代言的性质,所以应试者在分析问题的原因、实质、影响和提出解决方案时,必须要模拟公务员的身份,而且要具有公务员的政治觉悟,态度端正,观点正确,切忌掺杂个人情绪,甚至借题发挥。

(四) 论点重在实践性

申论的考查重点是应试者发现问题、分析问题和解决问题的能力。所以在分析原因、论证对策时,应试者固然需要理论的支持,但切忌泛泛地讲大道理,或者大段引用理论,或者乱用一些难理解的理论词汇,要尽量化抽象为具体,融理论于事实中,多用事实说话,做到深入浅出,切实可行。

(五) 论据注意通俗性

论据是为说明或佐证论点服务的,因为申论写作实质上是模拟公文或事务性文书写作的,所以其中的论据应该选用那些一般读者都熟知或容易理解的知识、材料和事例,在作必要的阐释时也要简明扼要,合情合理。即使是专业性数据,也要尽量使用明白易懂的方式表达。

(六) 方案讲究可行性

提出和论证解决问题的方案,是整个申论的归结点,也是应试者解决问题能力的直接体现。根据问题的表现、原因、影响提出对策并不难,难就难在可行性论证。提出的对策如果无法实行,就没有任何意义,所以在论证中不仅要先考虑所提出的主张或对策是不是有实施的条件,而且还要考虑可能会受到哪些主客观因素的影响和制约,怎么去避免或解决。尤其是在有多种方案可以选择的情况下,要选择那些最简便易行的,至少要以这类方案为主。同时还应注意的是,方案中涉及的要素无非是政府、行为主体和受体、政策、制度和法律法规、经济投入和效益、科学技术与手段、宣传和教育,哪些要包括,哪个为主,哪个为辅,则因问题的性质和类型不同而有所不同。

(七) 慢审题快作答

审题是答对、答全的基础,所以审题要认真细致,先弄清题目要求,然后尽量把每篇材料中的要点和体现中心思想的关键词都找出来,最好是逐段标注,然后分类归纳,提炼全部线索,形成整体认识,再以同类关键词最多的方面为主,概括出能够涵盖全部关键词的抽象概念进行说明或论述,同时兼顾其他次要方面。这样自然就不会出现偏题、跑题或遗漏重要内容的问题。关键词通常不在文章或段落开头的主题句中,就在文章或段落最后的结论句中,只有极个别的在中间的核心句中。在找出的关键词太多的情况下,可以放开表面性的,抓住本质性的。关键词内涵太窄而不便归类的,可以通过其典型性的启示性意义推理、延伸。个别难以概括出关键词的,可以先画出核心句,再去归类、概括。准确审题后,应该马上快速作答,把想到的迅速形成文字,中途发现有遗漏或错误,可以先放开或在草稿纸上记上关键词,待全题答完或全文写完后再去处理。在思路连贯、一气呵成的情况下写出来的东西往往会比较顺畅,不会出现因为中途的修改或补充打乱了思路,导致后面本想写的内容想不起来的现象,所以不是明显的错误不必修改,不是重要的遗漏不必增补。考试之前,通过模拟训练测算和调整时间的安排和把握,可以避免出现临场时间不够的情况。

(八) 行文简洁规范

无论是概括、说明,还是阐释、论证,都要简明扼要地呈现核心内容或主要观点,让人一目了然。基本的方法就是每一段都用关键词或主题句引领,即概括性短文先列出关键词,判断性短文先表明赞成或反对的意见,代言性和说明性短文先呈现出要点,论述性大文章先写出主题句。最好做到段与段之间的关键词或主题句能在形式上基本对应。

(九) 书写工整清晰

一笔漂亮的字不是一时可以练出的,考试中和试卷上也不可能去展示书法,但是,书写工整,卷面清洁,不说会赢得评卷者的印象分,至少也能让评卷者愿意多看一眼,由此也就可能赢得高看一眼。

九、申论作文的基本要求

申论作文写作的基本要求主要包括以下六个方面:

其一,主题要鲜明。要能准确地从给定的材料中概括出中心主题,包括某一篇指定材料中所表现出的主题和各篇材料中所表现出的或内在联系中所反映出的共同主题。中心主题可以通过对给定材料的主要内容、主要问题或主要观点进行分析、整理、归纳、概括得出。虽然各篇材料的内容所属范畴可能完全不同,但能放在一起,必定是说明或反映某一个共同问题或现象的,这也就是阅读的核心和写作的目标。中心主题的准确把握,是申论写作成败的关键,尤其在要求自拟标题进行写作时,切中主题而又有新意,是文章出彩的前提和基础。值得注意的是,虽然给定的材料会有一个共同的核心主题,但各篇材料所反映的往往是不同角度或不同方面的问题,侧重点各有不同,在概括问题与分析性质、原因、影响及提出对策时,都必须认真归纳、综合,从而使主题的把握更准确而全面。

其二,观点要明确。无论是在概括性、说明性还是在论述性的写作中,观点都必须明确、全面、具体、客观。尤其是在要作出判断和选择的时候,观点的倾向性应该是一致的,不能忽左忽右,似是而非。对材料中一些似是而非的观点,要能作出准确的判断和区分,给予明确的否定和批驳。无论是概括性、说明性的小文章,还是论述性的大文章,都要用关键词或者主题句的形式一开始就表明观点。值得注意的是,在表明观点时,既不能含糊其词,也不能过于绝对、武断,诸如可能、也许、似乎、好像、绝对、势必、必定之类的词要尽量慎用。

其三,内容要充实。内容充实与否,是应试者材料概括能力、分析和解决问题能力以及语言表达能力高低的直接体现,概括、判断和说明性的小文章要做到全面、客观、明确,论述性的大文章要做到充实、完整、合理。原材料中的具体的内容,可以通过对所给材料概括关键词的方式得出,只是通常还需要归纳、合并,形成一个个具体的主题。文章中的内容,应该结合材料,有的放矢,把要说明的问题尽量说清,使要考虑的方面尽量全面,而且申述、论说要有理有据,能透过现象看本质,避免就事论事,流于表面化、形式化。值得注意的是,每一篇给定材料甚至其中每一段的内容都是有用的,即使不是要求应试者能够总结、归纳的,也是会起到迷惑、混淆作用的,所以无论是在阅读中还是在写作中,都要认真甄别,全面把握,避免单一化、片面化;强调写作中的内容充实,并不是要面面俱到,轻重主次不分。

其四,层次要清晰。层次是否清晰,逻辑是否谨严,是反映应试者思维能力和组织能力强弱的基本途径,其最简单的把握就是对内容或观点进行归纳、分类,然后分清轻重主次,一事一段集中表述,在条理化中做到重点突出,详略得当,并且避免交叉重复。

其五,论述要充分。论述充分,有理有据,是所有论述性文章的共同要求。申论作为一种应试文体,同时又是公文或政府机关事务性文书的一种模拟,所以,最后一部分的论述性文章不仅要求应试者能根据给定的材料发现问题,分析原因,还要能紧扣材料,提出解决问题的方案和对策,并且方案和对策还要具有较强的针对性和可行性。虽然篇幅有限定,但论述要充分,既要有多方面、多角度、多层次的观点和办法,又要理论联系实际,言之成理,述之有物,没有空话、套话,具有较强的可信度和说服力。

其六,文笔要流畅。申论的考试目标是对应试者综合素质和多方面能力的全面考察和衡量。概括和归纳能力,发现、分析和解决问题的能力固然是考查和测评的重点,但逻辑思维能力和语言表达能力无疑也是一个很重要的方面。尤其是论述性的大文章,如何做到逻辑谨严而文笔流畅,文风端庄而语言生动,就是一个很值得重视的问题。结构对称而不呆板,用词准确而多样,语句规范而不僵化,适当运用排比和对偶,是做到文笔流畅的基础。

十、申论作文的写作技巧

申论作文固然是为考试而作的,但它又不同于一般考试的作文。从性质和要求上来说,它主要是对公文或事务性文书的一种模拟,在申论的写作中,除必须把握好通常的考试答题和作文的基本要求与方法外,还必须根据其性质、特点、目标和要求具备一些相应的写作技巧。

(一)主题把握

对于主题的把握,是写好各种文章的基础和关键。命题作文要审题,材料作文要提炼主题,即使是自主拟题的写作,也先要明确主题的定位,所以在申论写作中,先通过认真阅读,准确理解材料的主题,也就成了写出好文章的关键。只有把握了材料的主题和题目的要求,有的放矢,才能做到中心明确,立意准确。值得注意的是,正如一个主题可以包含多方面的内容,有些内容也可以同时隶属于不同的主题,所以只能通过内容的关联性和共同指向来明确相对集中的主题。而且无论指定材料中的具体内容如何,都应该围绕核心内容概括正面的主题。

(二)标题拟定

需要根据材料自拟标题的,必须紧扣材料的主题,在标题中包含能概括主题的核心词,最好还能表明论断,力求中心突出而用语新颖,必要时可以采用灵活的主标题和具体的副标题相结合的方法。值得注意的是,所拟标题不要简单直接地以要求的内容或对象为题,而只是题中要包含它。同时,要把握好要求拟题的重心或侧重点所在,不能转换题意,比如题目要求"就材料中所反映的环境污染问题自拟标题进行论述",那么材料中所反映的,必定是环境污染带来的触目惊心的危害,而要求解决的,则是环境保护和治理问题,而不是要你再去分析环境污染带来的后果,所以,自拟标题可以是"保护环境,刻不容缓""多管齐下,还一片蓝天碧水""从严治理是根治环境污染的根本出路"之类。

(三)结构布置

申论的结构虽然也像其他论述性文章一样,可以有多种形式,但在实际写作中,逐渐形成了一种相对固定的模式,即通常由总论、分析与判断、对策与可行性研究、结论四个部分构成。其中总论部分既是文章的开始,也是文章的核心,其内容包括扼要地概括问题,说明实质,提出主张;分析与判断部分包括分析问题或现象的由来、成因、实质、特征,判断问题的对错、影响或现象的是非、得失,有的还需要分析和判断相结合,说明问题的严重性、迫切性以及重视和解决问题的必要性、重要性和可能性;对策与可行性研究则要包括明确的方案和可行性的论证,也就是提出具体的做法,说明理由,阐释可行的条件;结论则是对全文的总括,需要在概括核心主张的基础上,说明能达到的或期望的目标。

(四)论点阐释

论点是文章的中心,要写出好的申论,不仅立论要准确,做到观点鲜明,而且要一开始就正面切入主题,也就是在对材料中提出的问题或反映的现象进行认真分析,从而在对其实质有了清晰认识的基础上,在文章开头的总论中就提出明确的主张或者看法。材料中涉及的问题或者现象虽然包括不同的方面,有的还可能因为似是而非影响对是非的判断,但不会出现总体上是非不明、对错参半的情况。即使某些问题和现象存在正面、负面因素或积极、消极作用并存的情况,但必定有一方面是主要的、突出的,所以务必要针对主要的、重点的方面立论。

（五）论述展开

申论写作是建立在给定材料和相关要求之上的，与其他类型的材料作文有相通之处，也就是要在材料的基础上进行概括、分析和评判。但申论与其他类型的材料作文又有所不同，那就是其他类型的材料作文有可能只要求能够发现问题，判明是非，作出客观的分析和评价就可以了，而申论则还要求能够提出解决问题的方法，并进行可行性论证，所以其论述也就要求更加深入、具体。通常情况下，申论论述可以从两个方面着手：

其一是原因、实质、影响的分析或者是非、得失的评判。这一方面与其他材料作文的写法相同，只要简明扼要地分条说明包括哪些方面或者判定是什么、会怎样就行了。虽然可能涉及多个角度或多个方面，而且往往影响到对策分析的全面性、完整性，但多数情况下不必进一步说明为什么，只要注意好全面性和准确性的把握就行，最好以提纲式理清层次关系，分条阐述。

其二是对策的提出和论证。这一方面是整个申论的重点甚至核心所在，也是考核分析问题和解决问题能力，体现综合素养和文采的主要地方。不同的问题有不同的解决方法，不同的现象要以不同的方式去引导、改变或消除，所以在这一部分可以尽情发挥，只要是能够想到而又能够述之有据或言之成理并且切实可行的，都可以不拘一格地写进来。值得注意的是，申论的对策研究逐步被归结到八个方面，甚至还被一些人称为所谓"申论万能八条"。事实上，并不是所有问题的解决或所有现象的评判与引导都需要涉及它所包含的八个方面，即使都需要涉及，也并不是简单呆板地列举出八条纲目就可以说明和解决问题的。只是这八个方面确实具有突出的典型性、代表性和重要性，所以对策研究可以以这八个方面的内容为基础，根据具体材料和问题或现象加以灵活把握和运用，并尽量根据或围绕主题属性和类型提出更具体、细致的针对性做法，适当说明理由。这八个方面包括：

1. 领导重视，提高认识

领导的重视往往是解决问题的前提和基础，甚至其关注程度直接影响问题解决的速度，倡导什么样的理念、增加哪一方面的意识、提高什么样的认识、高度重视或密切关注某方面的问题、加强对某方面的调查研究、从源头上理清什么问题的来龙去脉、从本质上认清什么现象的实质、把什么问题纳入议事日程甚至提高到战略高度、实行主要领导负责制、确立和健全问责制、完善引咎辞职制，是解决相关问题的保障。

2. 加强宣传，营造氛围

各种宣传机构和媒体是坚持正确的舆论导向、传播正能量的重要阵地，舆论的引导、媒体的宣传，往往是统一思想、提高认识、营造氛围最有效的手段，是促进问题解决的强大推动力。通过各种传媒以各种形式广泛的引导、宣传，提高广大人民群众对相关问题的认识，在全社会营造出良好的氛围，树立相关的榜样，做好相应的示范，是解决问题的思想保障。

3. 教育培训，提高素质

教育是提高生产力的重要因素，素质是决定事业成败的关键因素。通过全面的或者某一方面专门性的教育以提高广大领导干部的公仆意识、勤政意识和相关方面的素质，提高广大工作人员的业务素质，提高广大人民群众的主人翁意识和相关素养，是解决相关问题的知识保障。

4. 健全政策法规，完善制度

好的制度和规则能够界定责、权、利的边界和行为的空间，能够使人有规可依，使事有章可循，能够促进组织、团体、群体乃至整个社会的协调有序，能够合理有效地安排、分配和运用资源，能够提高办事效率，规避或者减小不确定性的风险，形成稳定的预期和特定的认知模式，因而完善相关制度，制定相关政策，建立、健全相关规则，是解决问题的制度保障。

5. 组织协调，形成机制

建立良好的组织协调机制，是实行有效管理，促进相关职能部门相互配合、相互协调的有效手段，同时也是凝聚人心、加强活力，调动各种积极因素的制度化、系统化方法，所以加强组织协调，建立包括激励、监督、反馈和科学决策等相关机制，是解决问题的组织保障。

6. 增加投入，依靠科技

物质是基础，投入是支撑，科技是动力，所以在相关方面大力增加财政投入和贷款支持，依靠相关的技术，是解决问题的资金和技术保障。

7. 加强监督，全面落实

在很多情况下，许多社会问题的出现不是因为无法可依，而是因为有法不依、执法不严、违法不究。由于监管不到位，法律、法规往往在执行过程中出现走形式的情况，因此，加强领导、组织、舆论和群众的多渠道监管、监督，认真制订并严格执行有关的法律、法规和程序，确定并严格执行科学合理的评价和考核制度，是解决相关问题的程序保障。

8. 总结反思，借鉴经验

经验的总结、教训的吸取，有助于作出更科学的决策，找到更准确有效的方法，减少各种失误，正所谓他山之石，可以攻玉，国内外的各种先进经验也是很好的借鉴依据，能认真总结成绩，发现问题，不断学习，是抓住内因、利用外因、解决问题、促进发展的有力保障。

这八条对大多数问题确实具有普遍意义，但运用时要结合具体的实际问题有所取舍,有所合并和细化,进一步与具体的措施和方法结合起来,并适当说明贯彻落实的可行性。除此之外,材料中提出的问题或反映的现象都是具有一定独特性的,因此也就不是这八个方面的对策都可以简单解决的,还必须有一些专门性的或者具有针对性的方法和措施,而且要能明确主体,也就是由什么机关或部门通过什么途径落实、监管、核查。譬如农业、农村、农民问题,就还涉及土地、水利、规模化、产业化、商品化、剩余劳动力转移、城乡经济一体化、留守老人、留守儿童等多方面的问题,而就业难和用工荒问题还涉及人口政策、就业和择业观念、人才培养结构、自主创业引导、经济结构调整、产业升级、就业服务体系、统一的劳动力市场、退休年龄、养老保险等或直接或间接的问题。很多问题无论是在宏观上还是在微观上,都包含着诸多复杂的因素,涉及很多方面的内容,所以既要有普遍意义上的基本对策,也还要有专业性、专门性的具体对策,具体的措施和方法。应试者可以通过对照原因和影响的分析,一一提出具体的方案或方法。

(六) 论据运用

论据的运用主要包括三个方面。一是材料的驾驭,也就是可以概括性地将材料中提供的一些数据、典型事例作为论证依据,但不能是原材料的简单照抄、罗列,而且在能选用别的论据的时候,尽量不要用这一类的材料作为论据。对于材料的驾驭应主要表现在对于材料的分析、理解、提炼上,而不是直接运用上。二是身边事例的选取,最好选取一些大家都熟知的人、事、物、数据,既能使大家都能明白,又能体现知识积累。三是尽量运用一些经典论据,包括党和政府的正式文件、统计数据,以及一些先圣先贤或名流大家的著名论断,譬如党的二十大报告、"十四五"规划、政府工作报告、党和政府的一些重大决策、国家统计局或其他一些权威机构发布的有关数据、各种媒体报道的典型人物与事例等,都是很好的论据材料,应试者平时要多记一些。

(七) 结论概括

所谓结论,就是以简明扼要的文字对全文内容进行总结,文字虽短,但非常重要。好的结论在形式上既能概括全文,又能与开头呼应,在内容上则既要概括出核心主张,又要上升到理论高度,最好同时还能突出实践的可行性和目标的可观性。譬如关于城市建设的问题,无论材料中涉及什么具体内容,如科学规划、以人为本、与城镇化战略协调、有利于可持续发展等,无疑会是文章中涉及的主要问题,所以应试者在结论中也要尽量把这些内容涵盖进去。

(八) 范例对照

在考前的准备和模拟训练中,多看一些权威机构发布的真题解析与文章评点,对照检查应该突出的重点、注意的问题和自身的不足,进行有针对性的训练和提高。在把握主题、理清思路后,应试者也可以参照曾经阅读过的优秀申论,以优秀的范文为蓝本,体会公务员的行政思维,选择、综合、优化适合自己的写作模板,往往能收到好的效果。只是要注意,借鉴和参照,不等于简单的模仿甚至套用。

附:示例

高度关注明天"谁来种地"

"让农业成为有奔头的产业,让农民成为体面的职业,让农村成为安居乐业的美丽家园。"不久前闭幕的中央农村工作会议,从战略层面高度关注明天"谁来种地"的问题,围绕"解决好人的问题"作出了重要决策部署,这必将对我国农业农村发展和整个经济社会发展影响深远。

如果说近20年前"谁来养活中国"的悲观论调已经被事实所否定,如今"谁来种地"已然是个摆在我们面前的现实问题。这些年,我国农业劳动力老龄化很快,据测算,2013年农业从业人员中50岁以上的比重已超过40%。同老龄化一并出现的还有农业从业人员女性化和低文化程度化。出去的不愿回乡干农业,留下的不安心搞农业,这种现象比较普遍。长此以往,再过10年、20年,谁来种地?如果不及时解决这些问题,农业后继乏人将日益严重。这不是杞人忧天,而是必须面对的严峻挑战。

正如习近平总书记指出的,农村经济社会发展,说到底,关键在人。没有人,没有劳动力,粮食安全谈不上,现代农业谈不上,一切都谈不上。"谁来种地"这个问题,实际上就是愿不愿意种地、会不会种地、什么人来种地、怎样种地的问题。充分调动人的积极性,把加快培育新型农业经营主体作为一项重大战略,正是破解种地困局的关键所在。

富裕农民,才会让人有盼头、让农业有吸引力。2012年农民人均纯收入中,来自农业的收入比重已经降到26.6%,农业收入对不少农户而言正在变成"副业"。在此背景下,做强农业、提升效益,需要提高种地集约经营、规模经营、社会化服务水平,需要发展家庭农场、专业大户、农民合作社等新型主体,同时重视普通农户的生产发展,千方百计增加农民务农收入,从而增强农业吸引力,让愿意种地的青壮年多起来。

提高农民,才会让人有能力,让农业有后劲。从国际经验看,培育新型农民是推动农业现代化的重要举措。与传统农民不同,新型农民不仅要有文化、懂技术、会经营,而且要深度参与市场竞争。凡事预则立,不预则废。下好农业人才培养的先手棋,加大农业职业教育和技术培训力度,把培养青年农民纳入国家实用人才培养计划,让更多大中专院校特别是农业院校毕业生扎根农村,我们才能造就宏大的新型农民队伍,确保农业后继有人。

扶持农民,才能让人有定力、让农业有保障。农业面对自然灾害和市场波动双重风险,国家的支持保护必不可少。尤其针对农业投入难、融资难等现实问题,需要加大农业投入力度,建立适合农业农村特点的金融体系,为农业发展开辟新的融资渠道。以良好务农条件和环境抗风险、增动力,是稳定务农预期、提振种地者信心的基础。

一分耕耘,一分收获。站在新的发展起点上,牢牢抓住吸引年轻人务农、培育职业农民等工作重点,把中央惠农、强农、兴农的各项政策措施落到实处,我们就能为农业发展提供坚实人力基础和保障,让希望的田野焕发勃勃生机,结出累累硕果。

(文章来源于《人民日报》2014 年 1 月 10 日社论,收录时有改动)

【阅读推荐书目】

1. 任淑梅编著:《职海起锚:大学生求职面试一本通》,群众出版社2003年版。

2. 张浩主编:《办公室主任常用合同协议范本大全》,中国言实出版社 2011年版。

3. 张宇编著:《怎样写调查报告》,中国民主法制出版社 2008 年版。

4. 何纯编著:《当代传媒新闻写作教程》(修订版),湘潭大学出版社 2012年版。

5. 颜雄主编:《百年新闻经典》,湖南大学出版社 2000 年版。

6. 欧阳友权:《网络文学词典》,世界图书出版公司 2012 年版。

7. 申论科目当年考试大纲与历年真题。

【思考与练习题】

1. 假设你是毕业生,请根据自己的实际情况给有求职意向的政府部门、国企、外企等拟一份求职信。

2. 围绕大家关注的校园文化现象,展开社会调查,撰写一份调查报告。

3. 请为个人或某部门写一份学习或工作方面的年度计划。

4. 请就你近期所从事的某项活动写一份情况总结。

5. 试写几种不同类型的消息。

6. 写一篇 5 000 字左右的人物通讯或风貌通讯。

7. 何谓微博? 微博写作有哪些要求?

8. 请拟写一条向自己的朋友致以节日问候的微博。

第九章　学术文体

一时代之学术，必有其新材料与新问题。取用此材料，以研求问题，则为此时代学术之新潮流。治学之士，得预于此潮流者，谓之预流（借用佛教初果之名）。其未得预者，谓之未入流。此古今学术史之通义，非彼闭门造车之徒，所能同喻者也。

——陈寅恪《陈垣敦煌劫余录序》[①]

卜辞的研究要感谢王国维，是他首先由卜辞中把殷代的先公先王剔发了出来，使《史记·殷本纪》和《帝王世纪》等书所传的殷代王统得到了物证，并且改正了它们的讹传。……均抉发了三千年来所久被埋没的秘密。我们要说殷墟的发现是新史学的开端，王国维的业绩是新史学的开山，那样评价是不算过分的。

——郭沫若《古代研究的自我批判》[②]

学术创新是人类文明进步的根本性动力。中国现代学术的成熟是以王国维、陈寅恪等人的学术创新为标志的，其要义为发现新材料、提出新问题、运用新方法、得出新观点等。而学术创新成果的发表运用的就是学术文体。上引郭文所评议的对象就是具有划时代意义的王国维的学术论文《殷卜辞中所见先公先王考》。

学术文体与创作文体、实用文体不同，是指以发展学术、传播或普及学术为目的而撰写的论说性或说明性文体。学术文体主要包括学术论文、实验报告、科普说明文等。学术论文和实验报告是对自己的研究成果的表述，是学术研究的一个环节；而科普说明文是对已有研究成果的介绍，是学术研究的普及工作。从表达方式上来看，学术论文主要以议论为主，科普说明文以说明为主，实验报告介于两者之间，既有议论，又有说明，而重在说明。大学期间，大学生一般要撰写学年论文、毕业论文（设计）或实验报告。学年论文、毕业论文即属于学术论文。

[①]《陈寅恪文集之三·金明馆丛稿二编》，上海古籍出版社 1980 年版，第 236 页。
[②]《郭沫若全集》（历史编第 2 卷），人民出版社 1982 年版，第 6 页。

第一节　学　术　论　文

学术论文是公布科学研究成果和表达学术观点的论说性文章,具有学术性、理论性、科学性、创造性等特点。它是传播学术成果的重要方式,是发展学术研究的重要动力,是培养学术人才的重要方法。因此,学术论文具有重大意义和价值。大学生也应学习如何撰写学术论文,以提升个人的思维能力,培养初步的科学研究能力。

一、学术论文界说

（一）学术论文的定义

学术论文是公布科学研究成果和表达学术观点的论说性文章。具体来说,是某一学术课题在实验性、理论性和观测性上具有新的科学研究成果或创新见解的科学记录;或是某种已知原理应用于实际中取得新进展的科学总结。学术论文可用于提供学术会议上宣读、交流或讨论,可在学术刊物上发表,可用于申请授予学位。

学术论文应提供新的科研信息,其内容应有所发现,有所发明,有所创造,有所前进,而不是重复、模仿、抄袭前人的工作。

（二）学术论文的特点

1. 学术性

学术是指专门的、系统的学问与知识。学术论文是学术成果的载体。学术成果是研究者对学术问题进行研究而得出的结论,其研究对象、研究结果都属于学术的范畴。

2. 科学性

学术论文是科学研究活动的结果。观点正确,材料真实,实验可逆,论证严谨,是学术论文的科学性要求。

3. 理论性

学术论文应具有一定的理论价值,要揭示事物的本质,反映客观规律。理论性学术论文主要是研究理论问题,必须运用理论进行论证。应用性学术论文研究的问题是从实际中提出来的,其研究结果也是要解决实际的问题,但是其逻辑的论证必须要以理论作为前提,研究的结果也要提升到反映事物本质和规律的高度,其对实际问题的解决才具有普遍的适用性。因此,应用性学术论文同样具有理论性。

4. 创造性

学术研究工作的主要目的是要推动学科的发展,学术论文必然要提出创新的学术观点,要有所发现,有所发明,有所创造,有所前进,才能实现学术研究的目标。简单地说,在实践上,要解决问题;在理论上,要提出新见。否则学术研究和学术论文就失去了价值和意义。创造性是学术论文的最重要特征。

(三) 学术论文的分类

学术论文按标准的不同可以分成不同的类别。按研究工作性质来分,学术论文可分为一般性学术论文和规定性学术论文:一般性学术论文是指专业研究者在学术期刊、论文合集上发表的学术论文(包括在学术会议上宣读的论文);规定性学术论文指大学生、研究生按规定完成的学术论文,又可分为学年论文和学位论文,其中学位论文(又称毕业论文)按学位级别又可分为学士学位论文、硕士学位论文、博士学位论文三级。按学科分,可将学术论文分为自然科学论文和社会科学论文,以下又可按学科门类、一级学科、学科方向分别细分。按内容分,可分为基础理论研究论文与应用性研究论文;再分细一点,可分为理论专题型、系统综述型、描述说明型、实验观测型四种。

二、学术论文准备

学术论文的准备主要包括专业学习、论文选题和搜集材料。

(一) 专业学习

在撰写学术论文之前,必须经过较长时间的专业学习和训练,大学生除了课程学习之外,还应阅读一定的专业书籍。张世英先生在谈如何打好哲学史研究的基础时说:

> 哲学史的资料来源,最重要的是哲学家本人的著作。问题是哲学家的著作浩如烟海,究竟从何下手? 有几位青年朋友,已经是大学哲学系的毕业生了,在大学期间泛泛读过北京大学外国哲学教研室编的《西方古典哲学原著选辑》,现在决定搞西方哲学史,很想花三四年的时间系统地精读一些原著,要我替他们开个基本的书目。我觉得这是一件很困难的事;什么叫作"基本的"? 五本? 十本? 还是十五本? 你说这些是"基本的",我也可以说那些是"基本的";你可以在三四年内读完,我却要五六年,也许有人只要两年。所有这些,都很难确定。但这几位朋友的问题也许不是没有代表性,所以我还是硬着头皮借这个机会开个所谓"基本的"书目(限于西方古典哲学),供大家参考,希望能起到抛砖引玉的作用。
>
> 1. 柏拉图:《理想国》;2. 亚里斯多德:《形而上学》;3. 笛卡尔:《哲学原理》;4. 斯宾诺莎:《伦理学》;5. 洛克:《人类理智论》;6. 莱布尼兹:《人类理智新论》;7. 贝克莱:《人类知识原理》;8. 休谟:《人类理智研究》;9. 康德:《纯粹理性批判》;10. 黑格尔:《小逻辑》。

这个书目，是在假定已经泛读过《西方古典哲学原著选辑》（"古希腊罗马"、"十六—十八世纪西欧各国哲学"、"十八世纪法国哲学"和"十八世纪末十九世纪初德国哲学"）的前提下拟定的。有些很重要的哲学家如十八世纪法国唯物论者和费尔巴哈的著作，《选辑》已经收得比较全面、比较完整，这里没有列入。①

这一段话虽然谈的是哲学史研究，但同样适用于其他学科。当然这是对专业研究者来说的，但是精读几本本专业、本研究领域最经典的原著，对大学生的学术积累和训练而言也是必要的。每门课程都有对应的经典原著，在主要课程学习的同时可以读一两本与本课程相关的经典原著。到写学年论文时可以多读一两本选题所属学科领域的经典，到做毕业论文时再读一两本。既然是经典就要精读，精读就要读出心得，有心得就要写出来，这是学术研究的起点。除了精读，还要泛读；以精读为主，泛读则多多益善。

（二）论文选题

一般来说，所谓选题就是选择和确立论文所研究的对象和目标。选题不等于题目，论文题目是为论文拟制的标题，而选题主要指的是论文的研究对象。选题一旦确立一般不能变动，而题目则可以反复修改。论文写作是从选题开始的。只有先确定写什么，然后才知道怎么写。如果没有研究的对象和目标，论文写作就无从谈起。那么，选题的原则如何呢？中国著名的语言学家、教育家、中国现代语言学奠基人之一王力先生同语言学研究生谈如何写论文时说：

论文的范围不宜太大……范围大了，你一定讲得不深入、不透彻……讨论问题要深入，深入了就是好文章。好到什么程度？就是要好到能作为中国语言学的好文章流传下来。这叫做小题目做大文章。最近一期的《中国语文》上，头一篇文章是周定一同志写的，题目叫《所字别义》。"所"字的一种意义，别人不注意，没有讲到，他从现代北方话一直追溯到宋代，甚至追溯到先秦，写得很深入。这种文章值得提倡，就是要写这种文章。大家知道，王引之写的《经传释词》是一本好书，他拿一个一个虚词来讲，每个虚词的解释独立出来都是一篇论文，有几个虚词讲得好到没有法子形容了。比如他讲"终"字，总计不到一千字，讲得很透彻，证据确凿。看了他的解释，我们不但知道了虚词"终"是什么意思，而且也学到了他的科学方法。所以说小题目可以写出大文章。

——王力《谈谈写论文》②

① 张世英：《北窗呓语——张世英随笔》，东方出版社 1998 年版，第 267~268 页。
② 王力等：《怎样写学术论文》，北京大学出版社 1981 年版，第 1~2 页。

王力先生虽然谈的是研究生学位论文和毕业论文的选题问题,但实际上是讲所有学术论文的选题问题,同样适用于大学生的学年论文、毕业论文等。因此,大学生学术论文的选题原则也是宜小,题目小才写得透,写得深,写得好,才有学术价值。小题而能大作,是因为小题有新意,有学术价值。

除了选题的原则,我们还应注意以下几个问题:

1. 选题的来源

选题从何而来? 一般有三种途径,一是"自拟",二是"课题",三是"指定"。"自拟"就是由自己提出选题。论文写作,最理想的选题应该是自己提出来的。发现问题、提出问题是选题的逻辑起点,而在学习和生活中,发现问题的途径很多,由阅读的启发、学习的疑问、实践的体会、工作的需要等都可能发现问题从而提出问题。所谓"课题",一是参与别人的尤其是老师主持的研究课题,二是自己申请到的课题。所谓"指定",就是自己提不出选题,由老师等指定。做指定的选题研究要注意两个问题:一是要与专业相关,二是自己力所能及。

2. 选题的方法

选题的方法概括起来有以下几种:

(1) 根据自己的爱好与特长选题。选题时,注意自己的兴趣爱好与特长,发挥自己某方面的优势,常常能取得好的效果。

(2) 从学习的疑问处选题。在学习的过程中,疑问总是存在的,有疑问,恰是选题产生的机遇。

(3) 从现实需要选题。现实中许多问题都需要得到新的解释,研究和回答现实中的实际问题,常常成为论文选题的重要来源。

(4) 从学术热点选题。每个学科在一定的时期内都会出现某些学术热点。这些热点或是具有很强的现实意义,或是涉及学科的基本理论建设。关注这些热点,也比较容易找到选题。

(5) 从边缘(交叉)学科选题。边缘(交叉)学科的特点是运用一门或几门学科的概念、方法研究另一门学科的对象或交叉领域的对象,使不同学科的方法和对象有机地结合起来。这会产生许多新的选题。

3. 选题的论证与确立

找到选题之后,接下来就要对选题进行论证。所谓选题论证,就是考察和分析选题的学术价值和可行性。通过论证,确立选题,以便尽快进入下一步的研究。

(1) 学术价值的论证。即判断选题是否具有学术性,值不值得研究。一般可以从三个方面来判断:一看选题在本学科体系中的地位。这需要了解本学科研究的历史与现状,需要做相关的文献梳理工作,或者说,需要了解本学科尤其是与选题相关的"学术小史"。二看选题对于现实生活的意义。三看自己对选题能提出多少创新性的见解。

(2) 可行性论证。能否完成选题的研究,常常取决于以下两个因素:①选题的大小。选题大小很难有个量化的标准,主要看是否适合自己做,一般可采用缩小或扩大的方法确定,如中国女记者研究 > 中国现代女记者研究 > 中国现代女记者通讯作品研究 > 中国现代女记者通讯作品语言风格研究。②选题的难易。这与选题的大小相关,但也是相对的,是因人而异的,总之应以适宜为准。

(三) 搜集材料

材料是论文写作的基本原料,是提炼和形成论文主要观点的基础,是论点得以成立的必要依据,是支撑论点的基石与支柱。因此,材料的搜集、整理、分析和选择是极其重要的。王力先生也谈了学术论文如何搜集材料这一问题:

> 所谓准备,主要就是充分占有材料。一个小小的题目,我们就要占有很多的材料,往往是几十万字,要做几千几万张卡片。刚才我说的加拿大那位教授的轻唇化的文章,后边列的参考文章有好几十篇。这是一方面,占有材料,参考人家的看法。再一方面,更重要的,如《所字别义》,把具有人家没有讲到的那种意义的"所"字能找到的都找出来,随时留意,做出札记或卡片。你别看写出来文章只有一万字,几千字,收集的材料却是几十万字。这叫做充分占有材料,材料越多越好。材料不够就写不出好文章,只能放弃,等将来材料够了再写。

> ——王力《谈谈写论文》①

王力先生认为写学术论文应充分占有材料,材料越多越好,所谓"竭泽而渔"。王国维撰写的《殷卜辞中所见先公先王考》就是穷尽了材料,既穷尽了纸上材料,又穷尽了地下材料(如甲骨文、金文等),王国维称之为二重证据法。当然大学生写学术论文不像专业研究者,但与选题直接相关的材料一定要穷尽,间接相关的材料则以精为宜,以能帮助解决问题为宜。

以上所说的是材料搜集的原则:越多越好。此外,我们还应进一步了解以下几个问题:

1. 材料的类别

学术论文写作需要用到的材料,根据不同的标准,大体可以分为如下几类:

(1) 根据搜集的方式,可分为直接材料和间接材料。直接材料又称原始材料或第一手材料,指的是研究者直接参加社会实践活动和科学实验活动等所获取的材料,也包括与选题直接相关的文字材料,如研究《诗经》的赋比兴特点,《诗

---

① 王力等:《怎样写学术论文》,北京大学出版社 1981 年版,第 4 页。

经》这本书就是直接材料。间接材料又称第二手材料、第三手材料,指的是研究者通过阅读、检索等方法获得的与选题相关的研究性材料,或由他人提供的材料。以前例《诗经》研究而言,则前人或他人研究《诗经》的成果就是间接材料。

(2) 根据材料的性质,可分为事实性材料和观念性材料。事实性材料即客观存在的具体事物或书籍、文章(含电子出版物)提供的具体事实,包括人物、事件、数字等。这类材料一般都具有真实、可信和零散的特征。观念性材料就是指来源于实践,经作者观察、实践、抽象后逐步形成的观点或已经被实践验证的真理,包括科学的原理、定义、定律、结论、看法,以及日常生活中流传的名言、警句、格言、谚语、俗语等。观念性材料具有理性、权威、科学等特征。

(3) 根据形态和用途,材料还可分为下列几类:个别性材料和综合性材料、中心材料和背景材料、历史材料和现实材料、正面材料和反面材料,等等。

2. 材料的搜集

材料搜集的方法主要有四种。(1) 观察。观察是积极运用各种感官去摄取和积储各种表象的活动,是作者采集第一手资料最常用的方法。通过观察,作者不仅可以获得真实生动的材料,还可以提高对客观事物的理解、认知乃至激发创作灵感。(2) 实地调查。实地调查是指在一个确定的范围内对所研究的对象进行实地考察、搜集材料,用以统计分析,探讨和推断研究对象的状况的方法。(3) 阅读检索。阅读检索是指通过图书文献包括电子文献获取材料的研究方法,这种方法获取的大多为间接材料。(4) 实验。实验就是根据一定的研究目的,运用相应的物质手段(实验仪器设备等),主动干预或控制对象,模拟自然现象或自然过程,以便在典型环境中或特定条件下获得科学事实的一种方法。与观察法相比,实验法是一种更为安全、深入和更为重要的搜集感性材料的方法。在验证科学假说和检验科学认识方面,它更主动、及时和有效,更容易发现新现象、新事实和新规律。

3. 材料的整理

研究者搜集到论文写作所需的翔实的材料之后,还需要对材料进行整理。材料的整理也就是对材料的再加工,使之成为可用的材料。这个再加工的过程,就是“去粗取精、去伪存真、由此及彼、由表及里”的提炼过程,也是研究者发挥主动性和创造性的认识过程。通过对材料的验证,判断其真与伪、有用与无用、主与次、优与劣、重与轻等,选择对论文撰写有价值的材料。

材料的整理大体上分为三个步骤:(1) 鉴别与取舍。根据真实性、适用性、充分性、新颖性和典型性原则对获取的材料进行核实、分析、比较,从中选择可用的材料。(2) 归纳与分类。在对材料进行鉴别并做出取舍之后,所得材料还是零散的、无序的,这就要继续进行全面的归纳与分类,使其条理化、系统化。当然,这种分类不必太严密,主要由论文写作的需求而定,一般采用观点分类法或项目分类法。观点分类法就是以一个个观点为统领,把与这个观点相关的材料汇集在一起,形成一个个材料系列;项目分类法就是将选题研究按进程分成几个项目,然后将材料按项目属性归类即可。(3) 初步形成论点与论据。论文的论点不是凭空臆造、主观想象出来的,所谓"观点从材料中来",即论点来自丰富的材料、产生于对材料细致的分析与研究之中。论点的论证过程就是摆事实、讲道理的过程。

只有确定了选题、准备了充分可用的材料并提炼了观点之后,方可进入学术论文的写作阶段。

■■ 三、学术论文写作

学术论文的写作一般要经过构思、撰写、修改等阶段。而学术论文的撰写阶段主要是论证过程。本小节重点谈学术论文的构思和论证这两个问题。

(一) 构思

构思就是打腹稿,朱光潜先生于此问题有详细的论述:

> 语言和思想毕竟是不能割裂开来的,在运用思想时就要运用语言,在运用语言时也就要运用思想。语言和思想都不是静止的,而是不断在生发的,在生发中语言和思想在密切联系中互相推动着。据我个人的经验,把全篇文章先打好腹稿而后把它原封不动地誊写出来,那是极稀有的事。在多数场合,我并不打什么腹稿,只是对要说的道理先有些零星片断的想法,也许经过了一番组织,有一个大致不差的粗轮廓,一切都有待进一步的发展。这里有一个很重要的关键,就是对所要说的道理总要有一些情感,如果对它毫无情感,勉强敷衍公事地把它写下去,结果就只会是一篇干巴巴的应酬文字,索然无味。如果对它有深厚的情感,就会兴会淋漓,全神贯注,思致风发,新的意思就会源源不断地涌现出来。这是写作的一种乐境,往往也是写作的一个难关。意思既然来得多了,问题也就复杂化了。新的意思和原来的意思不免发生矛盾,这个意思和那个意思也许接不上头,原来自以为明确的东西也许毕竟还是紊乱的模糊的乃至于错误的。有许多话要说,究竟从何说起? 哪个应先说,哪个应后说? 哪个应割爱,哪个应作为重点? 主从的关系如何安排? 这时候面前就像出现一团乱丝,"剪不断,理还乱",思路好像走入一条死胡同,虽然遭到堵塞,左也不是,右也不是,不免心烦意乱。这就是难产的痛苦,也是一个考验的时刻。有两种情况要避免。一种松懈下去,蒙混过关,结果就只会是失败,理不通文也就不通。另一种是趁着心烦意乱的时候勉强继续绞脑浆,往往是越绞越乱,越想越烦。这时候最好是暂时把它放下,让头脑冷静下去,得了足够的休息,等精力

再旺时再把它提起来,进行一番冷静的分析,做到"表里精粗无不到",自然就会"一旦豁然贯通",令人感到"山穷水尽疑无路,柳暗花明又一村"的乐趣。在这种情况下写出的文章总会是意到笔随,文从字顺,内容与形式都是一气呵成的。

——朱光潜《漫谈说理文》[①]

朱光潜先生在这里特别强调学术论文的构思并不是要求将所有要表达的观点想清楚,其实只要求有一个大致的"轮廓",但它必须要有一个思想与语言、情感互动的过程。三者一旦互动到交融的时候,也就是"豁然贯通"、观点体系形成的时候,构思才算完成,下一步的撰写才能顺利进行。具体来说,学术论文的构思有如下一些要求。

1. 构思要围绕论题展开

构思的重要任务就是考虑如何取舍材料、安排结构。论题作为学术论文的研究对象与目标,它是贯穿全文的主线。论文能否写得条理清晰、脉络分明,关键在于能否使全文始终紧紧围绕这一主线展开。只有紧扣论题取舍材料、安排结构,论文才能突出有创造性的学术研究成果,实现自身的写作目的;才能具备应有的学术价值,产生应有的社会作用。

2. 结构要求严谨完整

论文的结构一般都要求按逻辑关系展开,要求符合客观事物的内在联系和规律,符合科学研究逻辑。有时它以提出问题(为何要研究该论题)、分析问题(该论题目前存在的问题、原因是什么)、解决问题(如何认识、处理)等层次展开,有时它以渊源、现状、影响以及对策等层次展开,有时它从平行的几个方面展开,不管以何种结构方式展开,它都应逻辑严谨、结构完整。为达到这一要求,学术论文写作一般都要求先拟写提纲,这是构思的具体落实。拟写提纲可以进一步理清思路、突出重点、深化研究,也有利于保证文章的整体性和方便多人合作研究。

3. 构思要摸准读者需求

学术论文的读者对象一般都是同行专业读者,因此,其构思要从满足专业读者的需要的角度去用心。学术论文无论是材料的取舍,还是表达的深度与广度的选择,以及全文论证的重点,都要考虑专业读者的知识水准和学术需求。一般来说,新材料、新数据可多写,老材料、老论据要少写或者不写;新观点要突出强调、重点论证,而常识性的、一般性的观点则要少写或者不写。

(二) 论证

将构思的成果写出来,就是提纲。接下来,就是论文的正式撰写。论文主要

[①] 王力等:《怎样写学术论文》,北京大学出版社 1981 年版,第 38~39 页。

包括绪论、本论、结论三个部分,其中最重要的是本论部分,而本论最重要的则是如何论证观点。王力先生在谈学术论文的论证时说:

> 撰写论文,第一点,也是最重要的一点,就是要运用逻辑思维。如果没有科学头脑,就写不出科学论文。所谓科学头脑,也就是逻辑的头脑。我常常说,科研有两个条件,一个条件是时间,一个条件是分析能力。没有时间就没法充分占有材料。要有分析能力就要有科学的头脑,逻辑的头脑。我们知道,逻辑上讲两种科学方法,一个是演绎,一个是归纳。所谓演绎,就是从一般到特殊;所谓归纳,就是从特殊到一般。我们搞科研,要先用归纳,再用演绎,不能反过来,一反过来就坏了。……

> 第二点,写起论文来,要层次分明。先说什么,后说什么,这很重要。《文心雕龙》有一篇文章叫"附会",就是讲篇章结构,讲层次的。这一点跟逻辑很有关系,有了科学头脑,文章就能层次分明……你怎么研究的,就怎么写,从头讲起,引导读者逐渐深入,逐渐到你的结论上来……所以,写科学论文,一般的地方要很扼要地讲。相反,在你发明的地方,在你如何得出这个结论的地方,要讲得很详细,要讲透。不详细,就不能深入,没有价值,也说不服人家。

> **—— 王力《谈谈写论文》**[①]

王力先生在这里提到了两种基本的论证方法:一是归纳,一是演绎。论证是先归纳,再演绎,不能反过来。归纳的基础就是充分占有资料,这一点最为重要。最好是完全归纳,确实不能做到完全归纳的,也应多找旁证。孤证不立,材料越丰富,结论越正确。绝不能先有结论,再找材料。当然论证的方法还有很多,但都属于这两个基本方法。另外,学术论文的论证应注意层次分明,先说什么,后说什么,要有逻辑。也应注意详略得当,一般的地方要略,有创见的地方要详,要透,要深,要能说服人。

此外,学术论文的论证还特别需要注意遵守相关的学术规范与学术道德,要严格遵守教育部颁发的《学位论文作假行为处理办法》中的相关规定。论证过程中的学术伦理主要体现在要确保论文的真实性、原创性,不得伪造事实与数据,不得剽窃他人作品和学术成果。具体而言就是文中用来论证观点的所有论据(包括所有引语、图表、数据、事实)必须真实、准确、可靠,经得起调查验证;所有引用、借用的文字都已经严谨、规范地标明出处。同时,在论证过程中,学术论文还要求在文中要尽量使用严谨、准确的专业术语进行表达,尤其是在表达主要

[①] 王力等:《怎样写学术论文》,北京大学出版社 1981 年版,第 5~10 页。

结论、观点时。必要时,要对重要的术语进行严格定义,并确保其内涵与外延在文中始终稳定一致。

四、学术论文格式

学术论文的格式是学术论文撰写规范的体现,规范的格式有助于提高论文的质量,大学生的学术论文写作一定要符合相关学术论文的格式要求。

不同类型的学术论文格式不尽相同,而不同的管理部门对学术论文的格式要求也各不相同。一般来说,学术论文的格式主要分前置、主体、附录、结尾四个部分,各部分又包括若干项。

1. 前置部分

(1) 封面。封面是学位论文的外表面,提供论文基本的信息,并起保护作用。封面不是必不可少的,学术论文如作为期刊、书籍或其他出版物的一部分,无须封面;如作为预印本、抽印本等单行本时,或者作为学位论文,一般都会有封面。封面上可包括分类号、本单位编号、题名和副题名或分册题名、责任者姓名、申请学位级别、专业名称、导师姓名、工作完成日期等内容。

(2) 题名(标题)。题名是以最恰当、最简明的词语反映学术内容中最重要的特定内容的逻辑组合。题名所用词语,必须考虑有助于选定关键词和编制题录、索引等,可以为检索提供特定的实用信息。题名应该避免使用不常见的缩略词、首字母缩写字、字符、代号和公式等。题名一般不宜超过 20 字。学术论文如果用作国际交流,应有外文(多用英文)题名。外文题名一般不宜超过 10 个实词。下列情况可以有副题名:题名语意未尽,用副题名补充说明论文中的特定内容;其他有必要用副题名作为引申或说明者。

(3) 摘要。摘要是学术论文的内容不加注释和评论的简短陈述。学术论文一般应有摘要,为了国际交流,还应有外文(多用英文)摘要。摘要应具有独立性和自含性,即不阅读论文的全文,就能获得必要的信息。摘要中有数据,有结论,是一篇完整的短文,可以独立使用,可以引用,可以用于推广。摘要的内容应包含论文的主要信息,供读者确定有无必要阅读全文,也供文摘等二次文献采用。摘要一般应说明研究工作的目的、实验方法、结果和最终结论等,而重点是结果和结论。中文摘要一般不宜超过 300 字,外文摘要不宜超过 250 个实词,如遇特殊需要,字数可以略多。学术论文的摘要一般置于题名和作者之后、正文之前。

(4) 关键词。关键词是为了配合文献标引工作,从论文中选取出来用以表示全文主题内容信息款目的单词或术语。每篇论文选取 3~8 个词作为关键词,以显著的字符另起一行,排在摘要的左下方。如有可能,尽量用《汉语主题词》等词表提供的规范词。为了国际交流,应标注与中文对应的英文关键词。

（5）目次页。长篇论文可以有目次页，短文无须目次页。目次页由论文的篇、章、条、附录、题录等的序号、名称和页码组成。

（6）插图和附表清单。论文中如图表较多，可以分别列出清单置于目次页之后。图的清单应有序号、图题和页码。表的清单应有序号、表题和页码。

（7）符号、标志、缩略词、首字母缩写、计量单位、名词、术语等的注释表。该表应置于图表清单之后。

2. 主体部分

主体部分的编写格式可由作者自定，但一般由引言（或绪论）开始，以结论或讨论结束。论文的每一章、条的格式和版面安排，要求大体整齐，层次清楚。

（1）引言（或绪论）。引言（或绪论）简要说明研究工作的目的、范围、相关领域的前人工作和知识空白、理论基础和分析、研究设想、研究方法和实验设计、预期结果和意义等。应言简意赅，不要与摘要雷同，也不要成为摘要的注释。

比较短的论文可以只用小段文字作为引言，该引言主要是引出本文的研究对象、提出研究的问题。

学位论文需要反映作者确已掌握了坚实的基础理论和系统的专门知识，具有开阔的科学视野，对研究方案作了充分论证，因此，必须对与本选题有关的既往研究和研究成果做历史回顾与综合评述。这种引言可以单独成章，用足够的文字叙述。

（2）正文。论文的正文是核心部分，占主要篇幅，可以包括调查对象、实验和观测方法、仪器设备、材料原料、实验和观测结果、计算方法和编程原理、数据资料、经过加工整理的图表、形成的论点和导出的结论等。研究工作涉及的学科、选题、研究方法、工作进程、结果表达方式等有很大的差异，因此对正文内容不能作统一的规定。但是，必须实事求是，客观真切，准确完备，合乎逻辑，层次分明，简练可读。

（3）结论。论文的结论是最终的、总体的结论，不是正文中各段小结的简单重复或累加。结论应该准确、完整、明确、精练。如果不能导出应有的结论，也可以没有结论而进行必要的讨论。可以在结论和讨论中提出建议、研究设想、改进意见、尚待解决的问题等。

（4）致谢。

（5）参考文献。按照《信息与文献　参考文献著录规则》（GB/T 7714—2015）的规定执行。

3. 附录部分（可选项）

附录是论文主体的补充项目，并不是必需的。附录与正文连续编页码。每一附录均另页起。

4. 结尾部分(可选项)

为了将论文迅速存储入计算机,可以提供有关输入数据。可以编排分类索引、著者索引、关键词索引等。

第二节 实 验 报 告

将实验的目的、方法、过程、结果等记录下来,经过整理写成的书面汇报,就叫实验报告。它是实验工作的全面总结和系统概括,是实验工作不可缺少的一个重要环节。实验报告必须在科学实验的基础上进行,撰写实验报告是一项非常严肃、认真的工作,切忌草率、马虎,哪怕是一个细微的变化,比如一个小数点,都不能忽视。写作实验报告的过程,是对所测取的数据加以处理,对所观察的现象加以分析并从中找出其内在联系以至客观规律的过程。写作者必须要开动脑筋,钻研问题,耐心计算,仔细写作。因此,撰写实验报告,对于理工科大学生以及相关研究人员来讲,是一项必不可少的基础训练和工作。书写实验报告要使用统一规格的实验报告纸,要求字迹端正、文字通顺、内容简明扼要、数据记录整洁、图表规范、结果正确、讨论认真。

一份完整的实验报告通常包括下述内容:(1)实验名称;(2)实验目的;(3)实验原理;(4)实验仪器设备;(5)实验内容及步骤;(6)数据记录及处理;(7)讨论及回答思考题;(8)原始实验数据草表,该表作为附件附在实验报告后面,交实验报告时一并交给指导老师。本节重点讲解前十项内容。

一、实验名称

实验报告的名称,又称标题,列在报告的最前面。实验名称应简洁、鲜明、准确。字数要尽量少,一目了然,能恰当反映实验的内容。

二、实验目的

实验目的,须简明扼要地说明为什么要进行本实验,实验要解决什么问题。

三、实验原理

在理解的基础上,用简短的文字扼要地阐述实验原理,切忌整篇照抄,力求做到图文并茂。

画出必要的实验装置示意图,如图不止一张,应依次编号。

必须用简明扼要的语言进行归纳阐述,文字务必清晰、通顺。

表明实验所用的公式及简要的推导过程,说明公式中各物理量的意义和单位,以及公式的适用条件。

四、实验仪器设备

每一个实验中用到的仪器设备是根据实验内容的要求来配置的。在书写这部分内容时应根据实验的实际情况如实记录仪器的名称、型号、规格和数量。

五、实验内容及步骤

简明扼要地写出实验的主要内容,根据实际操作程序,按时间的先后将其划分为几个步骤,并用阿拉伯数字在前面标上序号,使其条理清晰。

六、数据记录及处理

数据记录是将实验过程中记录在原始数据记录表格里的测量数据重新整理,并填入数据表格。数据处理是把测量所得的原始数据根据误差估算、测量结果的表示方法以及数据处理的基本方法来进行处理。如采用作图法、图解法时,应根据作图法的要求,画出相关的曲线后再求解。

七、讨论及回答思考题

讨论内容包括对在实验过程中出现的现象进行分析和解释,实验结果的误差分析,实验的改进意见及实验心得和体会等。一篇好的实验报告,除了有准确的测量记录和正确的数据处理、结论外,还应该对结果作出合理的分析讨论,从中找到被研究事物的运动规律,并且判断自己的实验或研究工作是否可信。一份只有数据记录和结果计算的报告,其实只展现了测试操作人员的测试记录工作。至于数据结果的好坏、实验过程还存在哪些问题、还要在哪些方面进一步研究和完善,等等,都需要去思考、分析和判断,从而提高理论联系实际的能力、综合能力和创新能力。

最后,对指导书中提出的思考题用自己掌握的理论知识进行回答。

附:示例

(一)实验名称:一级反应——蔗糖的转化

(二)实验目的

1. 根据物质的光学性质,用测定旋光度的方法测定蔗糖水溶液在酸催化作用下的反应速率常数和半衰期。

2. 了解该反应的反应物浓度与旋光度之间的关系及一级反应的动力学特征。

3. 了解旋光仪的基本原理,掌握其使用方法及在化学反应动力学测定中的应用。

（三）实验原理

反应速率只与某反应物浓度成正比的反应称为一级反应，即速率方程为：

$$r = -\frac{dc}{dt} = kc \tag{1}$$

式中 c 是反应物 t 时刻的浓度，k 是反应速率常数。积分上式得：

$$\ln\frac{c_0}{c} = kt \tag{2}$$

式中 c_0 为 $t=0$ 时刻的反应物浓度。

一级反应具有以下特点：以 $\ln c$ 对于 t 作图，得一直线，其斜率 $m=-k$。

蔗糖在酸性溶液中的水解反应为

$$C_{12}H_{22}O_{11}(蔗糖) + H_2O \xrightarrow{H^+} C_6H_{12}O_6(葡萄糖) + C_6H_{12}O_6(果糖)$$

该反应的反应速率与蔗糖、水和氢离子三者的浓度均有关。在氢离子浓度不变的条件下，反应速率只与蔗糖浓度和水的浓度有关，但由于水是大量的，在反应过程中水的浓度可视为不变。在这个情况下，反应速率只与蔗糖浓度的一次方成正比，其动力学方程式符合 $r = Kc$ 式，所以此反应为准一级反应。蔗糖及其水解产物都是旋光性物质。本实验就是利用反应体系在水解过程中旋光性质的变化来跟踪反应进程。蔗糖、葡萄糖和果糖的比旋光度分别为：蔗糖 $[\alpha]_D^{20} = 66.5°$，葡萄糖 $[\alpha]_D^{20} = 52.5°$，果糖 $[\alpha]_D^{20} = -91.9°$。正值表示右旋，负值表示左旋。

由于果糖的左旋性大于葡萄糖的右旋性，因此随着水解反应的进行，产物浓度的增加，反应体系的旋光度将由正值经零变为负值。导出蔗糖的浓度 c_0、c 与反应体系旋光度之间的关系。

在其他条件不变的情况下，旋光度 α 与物质的浓度成正比，即 $\alpha = Kc$，式中 $K = [\alpha]_D^t l$。

因旋光度具有加和性，所以溶液的旋光度为各组分旋光度之和。设反应时刻为 0、t 和 ∞ 时，溶液旋光度分别为 α_0、α_t 和 α_∞，则得到：

$$\ln\frac{\alpha_0 - \alpha_\infty}{\alpha_t - \alpha_\infty} = kt \tag{3}$$

改写成：

$$\ln(\alpha_t - \alpha_0) = -kt + \ln(\alpha_0 - \alpha_\infty) \tag{4}$$

由上式可以看出，以 $\ln(\alpha_t - \alpha_\infty)$ 对 t 作图可得一直线，由直线的斜率 $(m=-k)$ 即可求得反应速率系数 k，由截距可得到 α_0。

（四）实验仪器及试剂

WZZ-1 型自动指示旋光仪 1 台；20 cm 旋光管（带有恒温水外套）1 个；恒温槽 1 台；粗天平 1 台；移液管（25 mL）2 支；烧杯（50 mL、500 mL）各 1 支；双叉管 1 支；1~4 mol·dm^{-3}HCl 溶液；蔗糖（A·R）。

（五）实验步骤

1. 将恒温槽调节 20℃恒温。

2. 粗略称 5 g 蔗糖，放入 50 mL 烧杯中，加水至 40 mL 使之完全溶解（若溶液混浊需进行过滤），用移液管取 25 mL 蔗糖溶液和 25 mL 的 2~4 mol·dm^{-3} 的 HCl 溶液分别注入双叉管的两个叉管中（注意勿使两溶液混合），然后盖上胶塞将此双叉管置于恒温槽中恒温。

3. 旋光仪零点的校正。

打开旋光仪开关预热（使用方法见 WZZ-1 型自动指示旋光仪）。洗净旋光管的各部件，注入蒸馏水使液体在管口形成一凸面，将玻璃片从正上方盖下，再盖上盖，用螺旋帽旋紧，勿使漏水或有气泡形成（若有小气泡，将其赶到旋光管的扩大部分），注意不要过分用力，以不漏为准。用滤纸擦净旋光管两端玻璃片，然后放入旋光仪中，按测量键，待数据稳定后清零。将旋光管的蒸馏水倒掉，擦干待用。

4. α_t 的测定。

待双叉管恒温后（不能少于 10 分钟），摇动双叉管使两种溶液充分混合，同时按下秒表作为反应开始的时间，迅速用少量混合液洗旋光管两次，然后用混合液注满旋光管，盖好盖子（检查是否漏液或形成气泡），擦净旋光管两端玻璃片，立即置于旋光仪中，待数据稳定后读取其旋光度的同时记下时间。前 15 分钟里，每 1 分钟记一个数据，然后每间隔 2 分钟记录一个数据，测定到 60 分钟。

5. α_∞ 的测定。

为了得到反应结束时的旋光度 α_∞，将步骤 4 中的剩余混合液保存好，置于 50~55℃的水浴温热 30 分钟（注意勿使温度过高），使水解完全。然后冷却至实验温度，再按上述操作，将此混合液装入旋光管，测其旋光度，此值即可认为是 α_∞。

实验结束后应立即将旋光管洗净擦干，防止酸对旋光管的腐蚀和蔗糖对玻璃片、盖套的黏合，双叉管洗净后放入烘箱中烘干。

（六）数据记录与处理

1. 将所测的实验数据记录于下表中：

2. 以 $\ln(\alpha_t - \alpha_\infty)$ 对 t 作图，由所得直线的斜率求出 k

实验温度：297.2K　　HCl 浓度：4.0 mol·L^{-1}　　　α_∞：-5.5

反应时间 t/min	原始 α_t/(°)	曲线拟合后 α_t	$\alpha_t - \alpha_\infty$/(°)	$\ln(\alpha_t - \alpha_\infty)$
2	9.5	11.614 29	17.114 29	2.839 91
3	9.05	10.463 35	15.963 35	2.770 3
4	8.8	9.366 07	14.866 07	2.699 08
5	8.5	8.322 45	13.822 45	2.626 29
6	7.45	7.332 48	12.832 48	2.551 98
7	6.95	6.396 17	11.896 17	2.476 22
8	6.55	5.513 51	11.013 51	2.399 12
9	5.6	4.684 51	10.184 51	2.320 87
10	5.1	3.909 16	9.409 16	2.241 68
11	4.6	3.187 47	8.687 47	2.161 88
12	4.2	2.519 44	8.019 44	2.081 87
13	3.7	1.905 06	7.405 06	2.002 16
14	3.15	1.344 34	6.844 34	1.923 42
15	2.9	0.837 28	6.337 28	1.846 45
17	2.55	0.383 87	5.883 87	1.772 21
19	1.8	−0.015 89	5.484 11	1.701 86
21	1.15	−0.361 99	5.138 01	1.636 67
23	0.55	4.845 57	4.845 57	1.578 07
25	0	4.606 78	4.606 78	1.527 53

3. 以 $\ln(\alpha_t - \alpha_\infty)$ 对 t 作图，见下图。由所得直线的斜率求出 k。

$$\ln(\alpha_t - \alpha_\infty) = -0.043\ 59\ t + 2.807\ 86$$

即：$k = 0.043\ 59\ \text{min}^{-1} = 2.615\ 4\ \text{s}^{-1}$

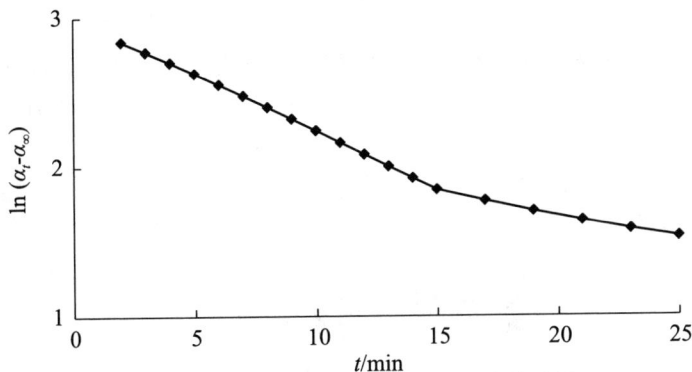

附图 蔗糖水解反应 $\ln(\alpha_t - \alpha_\infty)$ 与 t 的关系图

4. 计算蔗糖水解反应的半衰期 $t_{1/2}$。

$t_{1/2} = \ln 2/k = 15.9$ min

（七）思考题

1. 为什么可以用上皿天平称蔗糖，而不用分析天平进行精确称量？

答：从本实验的实验原理中我们了解到，一级反应的反应速率常数和半衰期均与起始浓度无关，因此蔗糖的起始浓度可以粗略配制。

2. 为什么可以用蒸馏水校正零点？就本实验而言，是否一定要进行零点校正？

答：用蒸馏水校正零点是由于蒸馏水的旋光度为零。就本实验而言，可不必进行零点校正。因为实验测定反应速率常数时，是以 $\ln(\alpha_t - \alpha_\infty)$ 对时间 t 作图，若仪器的零点不准，α_t 和 α_∞ 偏差相同的数值，刚好相互抵消，因此不会影响测量结果。

3. 用移液管量取蔗糖溶液时是否要求体积精确？

答：用移液管量取蔗糖溶液时要求体积精确。因为只有体积精确才能保证盐酸的浓度刚好稀释一倍，使盐酸的浓度为 1.0 mol·dm^{-3}。反应速率常数 k 与盐酸（催化剂）的浓度有关，本实验所测定的反应速率常数 k 要求盐酸的浓度正好是 1.0 mol·dm^{-3}。

4. 在测量蔗糖转化速率常数时，选用长的旋光管好？还是短的旋光管好？

答：选用较长的旋光管好。根据公式 $[\alpha]_D^{20} = \dfrac{\alpha 1\,000}{Lc}$，在其他条件不变的情况下，$L$ 越长，α 越大，α 测量的相对误差越小。

5. 如何判断某一旋光物质是左旋还是右旋？

答：根据公式 $[\alpha]_D^{20} = \dfrac{\alpha 1\,000}{Lc}$，在其他条件不变的情况下，$\alpha$ 与浓度成正

比。配制若干不同浓度的溶液,测定其旋光度 α 即可判断。

6. 本实验中旋光仪的光源改用其他波长的单色光而不用钠光灯可以吗?

答:这要取决于所用光源的波长,波长接近钠黄光或比钠黄光的波长长时可以采用,因为单色光的散射作用与波长有关,波长越短,散射作用越强,而在本实验中所观察的是透过光,因此应选用波长较长的单色光,通常选用钠黄光。

第三节　科普说明文

冬天一定有很多人受到感冒的困扰。美国耶鲁大学的一项最新研究指出,比起人体正常的核心体温,鼻腔里的寒冷温度条件更利于那些引起普通感冒的病毒进行复制。这一发现或许可以解释一个流行但存在争议的观念:天气冷的时候更容易感冒。

鼻病毒,是引起普通感冒的最常见病毒。它们在较为凉爽的鼻腔环境中比在温暖的肺部更容易复制。然而,耶鲁大学免疫生物学教授、本课题主要研究者之一岩崎明子 (Akiko Iwasaki) 指出,之前的研究主要是针对体温是如何对病毒产生影响的,而不是免疫系统。

为了探究温度与免疫应答之间的关系,岩崎明子和一个由艾伦·福克斯曼(Ellen Foxman)带领的跨学科的研究团队对小鼠气道上皮细胞展开了研究。他们对比了细胞在不同温度下培养时鼻病毒的免疫反应。岩崎说:"我们发现与核心体温条件相比,在低于体温的条件下细胞对鼻病毒的固有免疫应答出现了缺陷。"

这项研究还提示,温度变化影响的是免疫应答而不是病毒本身。研究人员对免疫系统感受器基因缺陷的小鼠的气道细胞内的病毒复制进行了观察,该感受器在抗病毒反应中负责监测病毒的出现。他们发现当出现这样的免疫缺陷时,病毒可以在较高温度条件下进行复制。岩崎解释说:"这证明除了病毒本身,宿主的反应也是影响病毒复制的主要因素。"

虽然该研究的实验对象是小鼠,但它为人类提供了有益的线索,要知道人类之中有约 20% 的人鼻腔里一年到头长期存在着鼻病毒。岩崎说道:"一般来说,温度越低,机体对病毒的固有免疫应答作用越低。"换言之,这一研究结果印证了那句老话,天冷要注意保暖,甚至要武装到鼻子,才能避免感冒。

耶鲁大学的研究人员也希望这一研究可以有助于揭示体温是如何对其他疾病的免疫应答产生影响的,比如儿童哮喘。福克斯曼说,普通感冒对许多人来说只是件无关痛痒的烦心事,而患有哮喘的儿童却可出现严重的呼吸障碍。接下来研究人员可能会针对与鼻病毒诱导的哮喘有关的免疫应答进行探索。

——健康朝九晚五:《天冷为什么爱感冒？》

中文网站"果壳网"以"科技有意思"为旗号,致力于利用网络宣传、普及各种最新的、与日常生活密切关联的科技知识,已产生了较广泛的影响。《天冷为什么爱感冒？》这篇科普说明文从人们生活中常见的"天气冷的时候更容易感冒"这一现象出发,通过描述免疫生物学界对普通感冒最常见的鼻病毒与气温之间关系的相关研究,明确指出温度越低,机体对病毒的固有免疫应答作用越低,最后告诫大家天冷注意保暖,避免感冒。文章语言准确严谨、通俗易懂,内容直观形象。这样的科普说明文,可以真正成为普通人的生活科学伙伴。

一、科普说明文概说

(一) 科普说明文的定义

科普说明文是说明文的一个分支,它是以介绍、普及科学技术知识和推广应用科学技术成果为目的,以说明为主要表达方式的一种应用性文体。在科学技术迅速发展的时代,我们不但需要精深的科学论著,也需要科普作品。科普说明文是在科技工作者与广大群众之间架设的知识和技能的桥梁。人们通过阅读科普作品,可以从中获取信息,开阔眼界,增长知识,掌握技能,有利于提高全民族的科学文化素质,促进社会物质文明和精神文明的建设。科学技术与科普说明文互相依存,相互促进。一方面,科学技术的发展是科普说明文的写作基础,没有科学技术的发展,科普说明文将是无源之水;另一方面,科研人员也可以通过阅读和写作科普说明文来积累知识、获取信息、得到启示,从而促进科技创新。

(二) 科普说明文的类别

科普说明文按表现的方式方法可分为两类:一类是科学说明文;另一类是科学小品文。

科学说明文以传授一般科学知识为目的,要求有很强的科学性,严格遵循科学的原理,语言简洁平实,浅显易懂。按文章的性质、作用又可将科学说明文分为解说性科学说明文与介绍性科学说明文两种。解说性科学说明文着重解说某项先进科学技术的目的、意义、成因、关系、效能、用途以及某项措施获得成效的原因等,它的目的是通过宣传完成科学普及的任务,促进群众对各项新技术的推广和运用,如《十万个为什么》《中国石拱桥》等。介绍性科学说明文重点介绍各项科学技术的形态、构造、操作方法、具体措施等,目的在于使群众了解操作过程,掌握具体的方法与做法,以便学习效仿,如《景泰蓝的制作》等。

科学小品文也称知识小品或文艺性说明文,它用小品文的笔调,即借助某些文学写作手法,将科学内容生动、形象地表达出来。科学小品文以深入浅出、饶有趣味的方式进行叙述,夹叙夹议地讲述道理,或简明扼要、生动具体地进行描写和说明。它用文学笔法来写,寓科学性、知识性、趣味性、娱乐性为一体,使读者在文学欣赏中获得科学知识。科学家高士其创作了大量的科学小品,如《细菌的衣食住行》《我们的抗敌英雄》等,这些文章通俗易懂,引人入胜,既普及了科学知识,又给读者以思想启发。

(三) 科普说明文的特点

1. 知识性

科普说明文是以介绍、普及科学知识为目的的说明文,知识性是它的主要特点。它的内容涉及自然界、人类社会和人们思维的有关知识,内容范围非常广泛。写科普说明文,本身就是以科学知识为题材,除了内容要绝对真实外,概念要明确,判断要恰当,下定义要科学,表述事物的规律要严密,揭示事物内部的联系要准确,说明事物的异同要分明,要正确地反映说明对象的科学性。

2. 单一性

科普说明文虽然涉猎的内容范围非常广,但一篇科普说明文,通常只说明一种科学现象、介绍一个方面的科学知识、讲清一个科学道理。这种内容的单一性,既可使内容集中、介绍充分、易于理解与掌握,也可使篇幅大大缩短。有的文章的标题就是文章说明的中心,便于读者阅读和接受。

3. 通俗性

科普说明文是向广大读者传播科学知识,推广科学技术的说明文,是写给普通大众看的,不是写给专家看的。因此,它必须运用浅显易懂的语言将高深的知识向读者作深入浅出的介绍和说明,做到深奥的知识通俗化,难懂的理论概念形象化,让读者喜欢看、看得懂。

4. 趣味性

为了达到普及科学知识的目的,科普说明文要尽力吸引更多的读者。这就要求作者把科普文章写得新鲜生动,富有趣味。与科学论文相比,科普说明文的趣味更浓,它的趣味性不仅体现在题材上,更多体现在通过多种表现手法渲染、强化出来的种种情趣上。像科学小品文就采用文学的手段,使其表现的对象妙趣横生。

二、科普说明文写作

(一) 科普说明文的结构

科普说明文的结构相对比较简单,除了标题之外,文章主体一般由引言、正文和结尾组成。其中,标题和正文是科普说明文必有的部分,而引言和结尾却视文章需要可有可无。

1. 标题

科普说明文的标题以概括文章的内容为主,应把文章的主要内容直接、清晰地概括出来,让人一看标题就知道文章是介绍什么科学知识的,如《最早的桥》《看云识天气》《有记忆的金属》《辐射污染及辐射安全》《花儿为什么这样红?》《灰尘的旅行》等。

有的科普说明文以双标题形式出现,由主、副标题组成。这里的主标题用以概括文章内容,副标题则是对于主标题内容进行补充说明,或者使文章限制在一定范围内,使内容更加明确,如《雾——使农业高产,却又传播疾病》《科学的“千里眼”“顺风耳”——现代通信技术介绍》等。

2. 引言

科普说明文的开头,往往有一个引言部分。引言主要用来揭示文章的主题,它可根据文章的需要,或解说概念、介绍背景知识;或表明对象的意义及作用;或概括内容、特点,以此形成一个总括,为下文阐述提供依据。如《话说台风的来龙去脉》的引言:

> 台湾地区的显著灾变天气有寒潮、干旱、梅雨以及台风,其中以台风最为强烈,也最为大众所关切与熟悉。但是,对于有关台风之种种问题,除了从事气象作业及研究的工作人员,一般大众最有印象的也许就是它的灾害了。本文除介绍台风之利害得失以外,亦将介绍一些和台风有关的常识,期能使大家对它增加认识与了解。
>
> ——陈泰然《话说台风的来龙去脉》①

引言一般自成一段,也有与正文部分结合在一起的。引言是对一篇文章作初步介绍,目的在于使读者了解文章的内容,形成一个初步的总体印象,吸引读者的注意,唤起读者的阅读愿望,以实现科普的目的。这部分的写作,文字要简练,语言要生动,内容要概括。引言不宜过长,常常在 100 字左右较为适度。但也可根据文章内容的需要,可长可短,甚至不用引言。总之,引言要达到紧扣主题、服务于主题的作用。

3. 正文

科普说明文的正文是文章的主体和核心部分,有关说明对象的各种知识就是在这一部分充分展开表达的。这部分的写法没有一定之规,但在结构上要做

---

① 《台湾科普文选》编辑组编:《台湾科普文选》,科学普及出版社 1982 年版,第 200 页。

到由近及远、由浅入深，层层深入地揭示事物本质。常见的结构方式有三种。

第一，时间顺序。即按照事物发生、发展的时间先后来组织材料。这种结构方式常用于说明生产建设、科研工作和事物形成的过程，以及改造大自然过程的特征、本质及其规律性等。如叶圣陶的《景泰蓝的制作》就是按景泰蓝的制作步骤来写作的。景泰蓝的工艺程序是制胎→掐丝→点蓝→烧蓝→打磨→镀金。文章严格按照景泰蓝的六大生产工序依次逐项介绍，在介绍景泰蓝的制作中突出手工操作这一特点，赞扬了手工艺工人的精湛技艺，对中华民族的智慧和创造才能予以歌颂。

第二，空间顺序。即按照事物的空间存在形式，从外到内，从上到下，从前到后，由远及近，从局部到整体或按其相反的顺序来安排和组织材料。这种结构方式常用于说明物体的形状、构造、特征、本质等。如《宇宙的边疆》一文是按照空间顺序，由大尺度空间向小尺度空间推进介绍的。作者先介绍宇宙并说明人类探索宇宙的意义，紧接着介绍星系，再介绍恒星，随后介绍行星和太阳系，最后回归介绍人类的家园。

第三，逻辑顺序。即按照事物或事理的内部联系及人们认识事物的过程来安排说明顺序。写作时，就可按照事物间的因果、并列、递进、简单至复杂、轻重等关系来组织材料。如童裳亮的《海洋与生命》一文就是按照因果关系来安排材料的。文章先亮出观点："生命在海洋里诞生绝不是偶然的，海洋的物理和化学性质，使它成为孕育原始生命的摇篮。"然后逐一说明原因。首先，水是生物的重要组成部分，生命在海洋里诞生，就不会有缺水之忧；其次，水是一种良好的溶剂，海水中含有许多生命所必需的无机盐和溶解氧，原始生命可以轻松从水中获取；再次，水具有很高的热容量，加之海洋浩大，它的温度变化较小；最后，水可以阻挡阳光中的紫外线。最后得出结论："这一切都是原始生命得以产生和发展的必要条件。"

除了上述这些组织材料的方法外，还可以按照内容的主次来组织，甚至可以用对比的方式来安排和组织材料。为了反映客观事物和表达中心思想，一篇文章往往包括两种或两种以上的综合结构和格式。不管采用什么样的结构和格式，都要根据内容的需要，把内容和形式统一起来。

4. 结尾

结尾并不是科普说明文的必备元素，许多文章在主体结束时全文就自然收束了。但科普说明文的结尾也很重要，它可以帮助读者对主体部分已介绍的内容加深印象，还能引导读者展开想象，激发读者的求知欲。科普说明文常见的结尾方式有以下几种：总结全文；指出当前存在的问题；提一些要求与建议；展望未来的发展前景；提醒人们注意吸收新的知识，如在结尾处告诉读者相关知识还有很多,可注意阅读。无论采用何种结尾方式,都应简明扼要。

(二)科普说明文的写作要求

1. 选题要考虑作者的专业及读者的需要

为了保证科普说明文中知识的科学性,作者就要选择自己熟悉的题材来写。许多科学家写科普说明文,都是从自己研究的领域里选题的,如数学家华罗庚的《浅谈数》,物理学家严济慈的《我在你们的眼睛里确实是倒立的》,桥梁专家茅以升的《桥话》等,都是如此。这充分说明,写自己熟悉的题材,是写好科普说明文的前提。但科普说明文的读者对象是广大群众,选题时应考虑读者的需要,选择大众关心的问题,才会受到大众的欢迎。

科普说明文常见的题材包括以下几个方面:一是日常生活中的科学知识。像《看云识天气》《日常生活中颈椎病的预防措施》《雾霾天为何增多》等。二是介绍我国政府的方针政策或发展规划。党的十六大以来,对"三农"问题非常重视,为提高农民收入,在农村普及科技知识十分重要,这类文章也非常多,如《水田化学除草方法》《家兔养殖常见问题解答》等。三是介绍我国重大科技成就。如围绕着我国载人航天飞行出现的大量航天飞行的科普文章,从"神一"写到"神十"。四是围绕当前国内国际发生的重大新闻介绍相关的知识。如《禽鸟粪便是人感染禽流感源头吗?》《三聚氰胺你了解多少》。五是满足人们的好奇心和求知欲的知识。如《十万个为什么》中关于数学、物理、化学、天文、地球、生命等基础知识的文章都可称为经典之作。

2. 运用正确的说明方法

科普说明文是以说明为主的文体,在写作时,要根据写作的内容及目的采用恰当的说明方法,做到内容与形式的统一。常用的说明方法包括下定义、作解说、分类法、比较法、举例法、引用法、数据法、图表法等。

下定义就是用简明、科学的语言准确地解释说明对象的内涵,从而更科学、更概括地揭示事物的本质。如《认识人类最基本的资源——土壤》一文中对土壤的定义:"地球表面的一层受过风化,随母岩、地形、气候、生物,以及时间等因子之影响而变化的自然体。"

作解说指对事物或事理的某些性质和特点进行适当解说的一种说明方法。如《看云识天气》中提到的"虹",文章注释为:"夏天雨过天晴,太阳对面的云幕上,常会挂一条彩色圆弧,这就是'虹'。"作解说与下定义最大的区别在于,下定义注重事物的本质,而作解说注重于对说明对象外观的表象、性质和特点的描述,更为通俗易懂。

分类法是将被说明的对象按照一定的标准划分成不同的类别,分类加以说明,使说明更有条理性。叶圣陶的《苏州园林》从园林的设计者和匠师们讲究亭台轩榭的布局、假山池沼的配合、花草树木的映衬、近景远景的层次等方面说明了苏州园林如美术画一般的原因。苏州园林是一种非常复杂的建筑，文章通过分类说明，使读者对苏州园林的各个方面的特点有一个全面、透彻、具体的了解。

比较法是将 A 和 B 加以比较，使说明对象的特征更加鲜明。在比较法的运用中，通常是将某些抽象的或者是人们比较陌生的事物，与具体的或者大家已经熟悉的事物相比较，使事物的特征在比较中显现出来。在作比较的时候，可以是同类相比，也可以是异类相比；可以对事物进行横比，也可以对事物进行纵比。在《雄伟的人民大会堂》一文中，写到宴会厅的建筑面积很大，有五千个席位、七千平方米。这种说明已非常具体了，但读者会感觉抽象。最后作者将它与足球场相比，说它"比一个足球场还大"，读者对宴会厅大小的认识顿时具象了。

举例法引用典型事例帮助说明，从而达到认识清楚、印象深刻之作用。如《中国石拱桥》一文就是以赵州桥和卢沟桥为例，说明我国石拱桥的主要特点。

引用法是引用科学结论、名人名言、诗词、典故等进行补充说明，其作用是使论据确凿充分，增强说服力和启发性，而且语言精练，含蓄典雅。像《看云识天气》中就引用了许多谚语来说明云和天气之间的关系。如"日晕三更雨，月晕午时风""东虹轰隆西虹雨""朝霞不出门，晚霞行千里"，等等。

数据法是科普说明文常用的说明方法，指引用准确的数字辅助说明，使文章更加具体、真实、有说服力。

图表法是借助图片、表格等进行说明，它可使说明内容更加直观形象。

科普说明文所运用的说明方法远不止以上这些。它除了大量运用说明这种表达方式，也会运用叙述、描写、议论等表达方式以及比喻、拟人等修辞手法帮助说明，使科普说明文更加生动。但无论如何，写作时都应以说明为主，切忌喧宾夺主。

3. 语言要兼具科学性和通俗性

科普说明文的说明对象是科学知识，所以要求其语言具有科学性，即语言文字准确、严密。具体来说，在遣词造句方面要精确、合乎语法规律，要准确地运用专门术语、概括性词语，造句要注意句子内部及句子之间的逻辑性，要选用科学的修饰、限制词语。只有这样，才能确保科普说明文的科学性。

科普说明文的任务就是普及科学知识，把深奥难懂的科学知识变为广大群众能接受的普及读物的内容。这就要求科普说明文的语言必须具有通俗性，能够深入浅出地讲述科学知识。要做到通俗性，语言应该简洁、浅显、平实，即使采用描写、形容等表达方式和某些修辞手段，其目的仍然是为了解说明白，不是为了炫技。

【阅读推荐书目】

1. 王力等:《怎样写学术论文》,北京大学出版社 1981 年版。

2.［美］温克勒等:《学术论文写作手册》(第 7 版),北京大学出版社 2008 年版。

【思考与练习题】

1. 列出所在专业当代最权威的十篇学术论文,并作简明提要。

2. 做一次实验,写一篇实验报告。

3. 什么叫科普说明文? 它有哪些类型? 写作科普说明文要注意什么?

4. 自选对象,写一篇科普说明文。

后记

时下，全国许多高校面向各本科专业开设了名为"大学写作""基础写作"的公共基础课程，我们认为，这是很有战略眼光的高等教育人才培养改革举措。这一举措不仅意味着教学理念和课程内容的改革，更彰显出一种立足于时代与社会的迫切需求而对人才素养、知识、技能全方位培养的用心。

湘潭大学文学与新闻学院在写作学教研方面一直有着丰厚的底蕴和优良的传统。早在 20 世纪 80 年代初，当时还是中文系，写作学教研室就已群贤荟萃，盛极一时：当时共有十多位教师，其中教授就曾有七位，先后编写出版过《现代写作学教程》《现代文心》等一批广有影响的高校教材和研究专著。当我们在 2013 年暑期组织编写《大学基础写作教程》之初，瞻望前贤，面对学子，首要考虑的问题就是如何继往开来，守正出新。编写一本理论厚重又实际好用、体例新颖且全面精要的大学公共基础课写作教材便成了所有编写者的共识。其意如此，其效若何？还需请教海内贤哲同仁，还需倾听莘莘学子的心声，还需以教学实践来检验。

本教材的编写队伍应该算是整齐的，其中有九位教授，八位副教授，绝大多数具有博士学位。所有编写人员均术有专攻、业有所成，在所承担的任务领域或相关领域有长期的教学实践和丰硕的科研成果。具体分工如下：

第一章、第八章第七节 　　　　　　　　　　何　纯

第二章第一节、第五章、第八章第八节 　　　王洁群

第二章第二节 　　　　　　　　　　　　　　田　华

第二章第三节 　　　　　　　　　　　　　　吕　斌

第三章 　　　　　　　　　　　　　　　　　赵成林

第四章第一节 　　　　　　　　　　　　　　蒋金星

第四章第二节 　　　　　　　　　　　　　　李军华

第四章第三节 　　　　　　　　　　　　　　刘晓丽

第六章第一节 　　　　　　　　　　　　　　郑长天

第六章第二节、第八章第六节 　　　　　　　宋德发

第六章第三节 　　　　　　　　　　　　　　莫立民

第六章第四节 　　　　　　　　　　　　　　谷文彬

第七章 　　　　　　　　　　　　　　　　　黄春霞

第八章第一、二节	唐晓玲
第八章第三节	漆凌云
第八章第四、五节	符继成
第八章第九节	喻几凡
第九章第一节	雷　磊
第九章第二节	王学业
第九章第三节	童　真

感谢国家级教学名师、国家社科基金评委、博士生导师季水河教授审阅全稿并拨冗为序；感谢本院院长、博士生导师李剑波教授倾情召集组织；感谢湘潭大学化学学院副院长、博士生导师王学业教授的大力支持；感谢学校教务处对编写工作给予的指导与支持；感谢本院资料室梁海燕老师不辞辛劳、不厌其烦地为我们提供大量资料！

感谢高等教育出版社云慧霞副编审、魏然编辑。她们的专业素养与敬业精神予我们以深刻的印象与深深的感动。

主　编
2013 年 10 月 30 日于湘潭大学

修订后记

为配合开设全校性公共基础课"基础写作"，湘潭大学文学与新闻学院组织编写了《大学基础写作教程》，2014年，该教材由高等教育出版社出版发行。教材面世后，为省内外多所高校使用，颇受欢迎。

为了提高教材质量，2019年，我们启动修订工作。章节安排，大体依旧。唯《构思论》章增加了《构思的内涵》，《实用文体》章删除了《诉状》《短信》。其他修订的主要内容包括润色文字，修正观点、理论，增加新案例，增加思考题，等等。尤其重要的是删削了原作中一些概念、特征、分类等静态阐释的内容，代之以"怎么写"的方法、技巧分析和介绍，以求增强教材的可操作性。这个努力，我想它的方向是正确的，与写作课开设的目的是相符的。

2014年第一版《大学基础写作教程》，由何纯教授、王洁群教授和我任主编。此次修订，受何教授、王教授推举，由我担任主编。我才疏学浅，幸得各位作者的大力支持配合，修订任务才得以完成。

本次修订，原则上是初版作者修订自己所写部分，唯有"文学文体"章的"戏剧"节，另请谷文彬博士撰写。

本书蒙武汉大学文学院教授委员会主席陈文新教授赐序，宛如寒素村姑戴了一条漂亮头巾。感谢陈老师！本书获2020年"湘潭大学精品教材建设基金出版资助"项目支持，在此谨向当时主管教学的廖永安副校长、教务处喻祖国处长和宋德发副处长表达衷心的谢意。感谢高等教育出版社编辑罗京女士，为本书出版做了大量细致的工作。

赵成林
二〇二三年元月四日于湘南学院